Manfred Bruhn

Marketingübungen

Manfred Bruhn

Marketingübungen

Basiswissen, Aufgaben, Lösungen

Selbständiges Lerntraining
für Studium und Beruf

GABLER

Die Deutsche Bibliothek – CIP-Einheitsaufnahme
Ein Titeldatensatz für diese Publikation ist bei
Der Deutschen Bibliothek erhältlich.

Prof. Dr. Manfred Bruhn ist Ordinarius für Betriebswirtschaftslehre, insbesondere Marketing und Unternehmensführung am Wirtschaftswissenschaftlichen Zentrum (WWZ) der Universität Basel.

Petersgraben 51
CH-4051 Basel
Tel: +41 (0) 61-267 32 22
Fax: +41 (0) 61-267 28 38
Email:manfred.bruhn@unibas.ch
http://www.wwz.unibas.ch/marketing

Zur Vertiefung der im vorliegenden Übungsbuch angesprochenen Inhalte kann das Lehrbuch „Marketing. Grundlagen für Studium und Praxis" herangezogen werden. Es vermittelt die gesamten Grundlagen des Marketing und nimmt dabei konsequent Bezug auf die Praxis.

Dozierende an Universitäten, Fachhochschulen, Akademien u.ä. können die in diesem Buch enthaltenen Abbildungen als Folienset per Internet beziehen.

Mit der CD-ROM „Marketing Interaktiv" liegt zusätzlich ein multimediales Begleitmedium zum Grundlagenbuch vor. Mit Hilfe eines interaktiven Lehrbuchs und einem Aufgabenmodul wird ein computergestütztes Selbststudium ermöglicht.

1. Auflage Juli 2001

Lektorat: Barbara Roscher / Jutta Hinrichsen

Der Gabler Verlag ist ein Unternehmen der Fachverlagsgruppe BertelsmannSpringer.

www.gabler.de

Gedruckt auf säurefreiem und chlorfrei gebleichtem Papier.

Umschlaggestaltung: Ulrike Weigel, www.CorporateDesignGroup.de, Wiesbaden
Druck und buchbinderische Verarbeitung: Hubert & Co., Göttingen
Printed in Germany

ISBN 3-409-11640-0

Vorwort

Die Entwicklung des Marketing von einer betrieblichen Funktion zu einem Leitkonzept der Unternehmensführung hat neben den Veränderungen innerhalb der Unternehmen auch zu Konsequenzen in der Marketingausbildung geführt. Sowohl in der Erstausbildung als auch in der Weiterbildung kommt es darauf an, Philosophie, Konzepte und Instrumente des Marketing auf konkrete Fragestellungen der Praxis zu übertragen.

Durch das Aufgreifen praxisnaher Fragestellungen des Marketing versucht das vorliegende Buch, einen Beitrag hierzu zu leisten. Es beinhaltet in zehn Kapiteln Aufgaben und Lösungen zu den Teilbereichen Marketingplanung, Marketingstrategie, Produkt-, Preis-, Kommunikations- und Vertriebspolitik, Marketingorganisation und -controlling. Damit folgt das Buch in seiner Struktur dem Lehrbuch *„Marketing. Grundlagen für Studium und Praxis“* und kann ideal parallel zu diesem eingesetzt werden. Gleichzeitig erlaubt eine jeder Aufgabenlösung vorangestellte kurze Einführung in die jeweils behandelte Thematik auch eine vom Lehrbuch unabhängige Nutzung. Ergänzend kann die CD-ROM *„Marketing Interaktiv“* für das computergestützte Selbststudium der Marketinglehre genutzt werden.

Das vorliegende Buch richtet sich an Studierende der Betriebswirtschaftslehre im Grundstudium und Führungskräfte, die eine Zusatzqualifikation im Marketing suchen. Es soll die Vertiefung des Grundlagenwissens erleichtern und kann entsprechend z.B. auch zur Prüfungsvorbereitung eingesetzt werden.

Jedes Kapitel ist in einen Aufgaben- und Lösungsteil unterteilt. Für einen optimalen Lerneffekt empfiehlt es sich, zunächst die Aufgaben selbstständig zu lösen und erst dann einen Abgleich mit den Lösungshinweisen vorzunehmen; auf diese Weise kann das eigene Wissen überprüft und leicht ergänzt werden. Die bewusst als Transferfragen konzipierten Aufgaben können alternativ z.B. auch im Rahmen von Gruppenarbeiten diskutiert werden bzw. sind – aus Sicht von Lehrenden – auch als Beispiele im Rahmen von Vorlesungen und/oder als Übungsaufgaben in Tutoriaten/Übungen einsetzbar. Alle Aufgaben sind prinzipiell unabhängig voneinander und in beliebiger Reihenfolge lösbar.

Mein Dank für die vielfältige Unterstützung des Buches gilt den beteiligten Mitarbeitern meines Lehrstuhls, vor allem Dipl.-Kfm. Martin Ahlert, Dipl.-Ök. Astrid Frommeyer, Dipl.-Kfm. Florian Siems und Dipl.-Kfm. Marcus Stumpf sowie den studentischen Hilfskräften Rainer Burkhalter, Dirk Steffen und Mathias Treyer. Mein ganz besonderer Dank gilt Herrn Dipl.-Kfm. Florian Siems, der das gesamte Projekt betreut und sich intensiv engagiert hat.

Mit dem Buch ist die Hoffnung verbunden, dass die Leser sich die Grundlagen des Marketing praxisnah erarbeiten können. Für Hinweise und Anregungen bin ich dankbar.

Basel, im Mai 2001 *Professor Dr. Manfred Bruhn*

Marketing. Grundlagen für Studium und Praxis

Zur Vertiefung der im vorliegenden Übungsbuch angesprochenen Inhalte kann dieses **Lehrbuch** herangezogen werden. Es vermittelt die gesamten Grundlagen des Marketing und nimmt dabei konsequent Bezug auf die Praxis. Die anwendungsorientierte Darstellung soll den Leser in die Lage versetzen, Marketingprobleme zu analysieren und eigenständig Problemlösungen zu erarbeiten.

Behandelte **Themenschwerpunkte** sind:

- Marketingplanung,
- Strategisches Marketing,
- Marketingforschung,
- Produkt- und Preispolitik,
- Kommunikations- und Vertriebspolitik sowie
- Marketingorganisation und Marketingcontrolling.

Studierende und Praktiker erhalten in kompakter Weise eine systematische Einführung in die Denkweisen des Marketing und lernen Prinzipien, Entscheidungstatbestände, Konzepte und Instrumente des Marketing kennen.

Marketing. Grundlagen für Studium und Praxis.
Gabler Verlag, Wiesbaden 2001, ISBN 3-409-53646-9

CD-ROM *Marketing Interaktiv*

Ergänzend zum Lehrbuch ist eine **CD-ROM** für das computergestützte Selbststudium der Marketinglehre erschienen. Ziel der CD-ROM ist es, durch die beispielhafte Ergänzung, Vertiefung und Kontrolle gelesener Inhalte eine Qualitätssteigerung in der Marketingausbildung zu erreichen.

Die CD-ROM beinhaltet zum einen ein **interaktives Lehrbuch**, das sich aus ca. 2.000 Bildschirmseiten, 300 Grafiken und Animationen sowie zahlreichen multimedialen Beispielen aus der Unternehmenspraxis zusammensetzt. Eine Verknüpfungsstruktur dieser „Informationseinheiten" ermöglicht es dem Nutzer, die Grundlagen des Marketing gemäß seinem Interesse individuell kennenzulernen und gezielt zu vertiefen. Zum anderen bietet die CD-ROM durch ein integriertes **Aufgabenmodul** anhand von ca. 600 Fragen und Lösungen die Möglichkeit zur Überprüfung der Lernfortschritte.

CD-ROM *Marketing Interaktiv*
Gabler Verlag, Wiesbaden 1999, ISBN 3-409-19841-5

Inhalt

Kapitel 1: Grundbegriffe und -konzepte des Marketing (Aufgaben)

Aufgabe 1-1

Begriff und Merkmale des Marketing

Die seit über 35 Jahren in den neuen Bundesländern ansässige Brauerei „Fässchen-Pils AG" produziert und verkauft auf dem nationalen Markt verschiedene Biersorten sowie weitere Erfrischungsgetränke. Das Unternehmen will den neuen Anforderungen des Wettbewerbs in den alten Bundesländern entgegentreten, indem es eine **marktorientierte Führung** einführt.

Welche **Anpassungserfordernisse** ergeben sich für die Brauerei „Fässchen-Pils AG" bei der Implementierung einer marktorientierten Führung?

Aufgabe 1-2

Entwicklungsphasen des Marketing

Das im Jahre 1944 von Hans Delting Sen. gegründete und inzwischen als Traditionsunternehmen am Markt etablierte Elektronikunternehmen „Delta AG" hat in seiner Entwicklung **verschiedene Phasen der Marktbearbeitung** durchlaufen. Nach einer **Anlaufphase** von mehreren Jahren gelang es dem Unternehmen Mitte der **50er Jahre**, einen Schwarzweißfernseher für die breite Masse auf den Markt zu bringen. In den Folgejahren baute das Unternehmen kontinuierlich seine Produktionskapazitäten aus, so dass bereits Anfang der **60er Jahre** die Marktführerschaft erreicht werden konnte. Man versuchte nun, den Fernseher nicht mehr nur über den Fachhandel zu vertreiben, sondern auch andere Vertriebswege – insbesondere preisorientierte Betriebsformen – für den Vertrieb des Fernsehers zu nutzen. Gleichzeitig wurde das Logisiksystem modernisiert. Anfang der **70er Jahre** erfolgte eine Produktdifferenzierung, so dass für jedes Kundensegment Bildschirme mit spezifischen Eigenschaften (z.B. Farbfernseher mit anspruchsvoller Fernbedienung) angeboten werden konnten. In den **80er Jahren** führte „Delta AG" als erstes Unternehmen der Branche einen „full-time"-Reparatur-Service und gleichzeitig außergewöhnlich lange Garantiezeiten ein. In den **90er**

Jahren startete die „Delta AG“ gemeinsam mit ihrem Hauptkonkurrenten „Ultima“ eine Kooperation im Bereich Forschung und Entwicklung, um der zunehmend auf den Markt drängenden internationalen Konkurrenz gewappnet zu sein. Seit **Anfang des Jahres** laufen bei „Delta AG“ eine Vielzahl neuer Projekte an, z.B. der Vertrieb von Fernsehern, Computerbildschirmen und Flachbildschirmen über das Internet.

Ordnen Sie die Veränderungen in der Marktbearbeitung der „Delta AG“ den unterschiedlichen **Phasen der Entwicklung des Marketing** zu und beschreiben Sie die Merkmale jeder Phase!

Aufgabe 1-3

Marktabgrenzung und Marktsegmentierung

Die „Railmax AG“ ist ein ehemals staatliches und inzwischen privatisiertes Bahnunternehmen. Die Kernleistung des Unternehmens besteht in der Beförderung von Personen und Gütern. Dabei werden sowohl Transporte über lange wie über kurze Strecken angeboten.

Nach wie vor schreibt das Unternehmen in der Geschäftssparte Personenverkehr rote Zahlen. Man glaubt, dass der Absatzmarkt nicht optimal bearbeitet wird. Bisher unterscheidet man die Zielgruppen der Geschäftsreisenden und der Privatpersonen.

Man hat Sie damit beauftragt, für die **Sparte Personenverkehr** erneut eine Marktabgrenzung für das Unternehmen vorzunehmen und einen Vorschlag für eine differenziertere Marktbearbeitung zu erarbeiten. Dadurch soll zukünftig eine systematische Bearbeitung des Absatzmarktes sichergestellt werden.

(a) Geben Sie einen Überblick darüber, wie das **Marketingsystem** der „Railmax AG“ für die Sparte Personenverkehr aussehen könnte!

(b) Grenzen Sie den **relevanten Markt** der „Railmax AG“ nach geeigneten Kriterien ab!

Aufgabe 1-4

Aufgaben des Marketingmanagements

Die „Sonnen Ski & Surf GmbH“ ist ein mittelständischer Sportartikelhersteller, der in Deutschland Ski, Surfbretter und Segel vertreibt. Die für die Fertigung benötigten Materialien bezieht das Unternehmen von verschiedenen Zulieferern. Verkauft werden die Produkte einerseits ab Lager und über den Fachhandel an die Konsumenten, andererseits werden Touristikdienstleister mit eigenen Ski- bzw. Surfstationen direkt beliefert. Das Unternehmen beschäftigt mittlerweile 75 Mitarbeiter. Eine weitere Expansion der Aktivitäten auch in das europäische Ausland ist geplant. Vor diesem Hintergrund hat man Sie eingestellt und mit der Aufgabe betraut, eine Marketingabteilung im Unternehmen aufzubauen.

(a) Welche **Aufgaben des Marketingmanagements** fallen bei der „Sonnen Ski & Surf GmbH“ an?

(b) Erarbeiten Sie jeweils für die von Ansoff vorgeschlagenen **Marktbearbeitungsstrategien** einen Vorschlag, wie Sie die dort generell gültige Marketingaufgabe für die „Sonnen Ski & Surf GmbH“ umsetzen könnten!

Aufgabe 1-5

Marketing als marktorientiertes Entscheidungsverhalten

Die „Phonica AG“ ist ein Unternehmen der Telekommunikationsbranche, das neben einem Mobilfunknetz der neuen Generation auch die Telefonie über das Festnetz anbietet. Der Bereich Internet wird über einen Kooperationspartner abgewickelt. Ihre Produkte bietet die „Phonica AG“ in einer größeren Anzahl eigener Verkaufs- und Servicestellen an. Ein Großteil des Mobilfunkgeschäftes wird darüber hinaus über den Fachhandel abgewickelt.

Seit der Liberalisierung sieht sich die „Phonica AG“ als inzwischen privatisierter – ehemalig staatlicher – Marktführer neben einer zunehmenden Konkurrenz auch dem Erfordernis ausgesetzt, eine höhere Serviceorientierung in den Köpfen seiner Mitarbeiter zu erreichen. Das Wechselverhalten der Kunden ist durch die Möglichkeit, mit einer „call-by-call-Nummer“ stets den günstigsten Anbieter zu nutzen, deutlich angewachsen. Dem versucht die „Phonica AG“ z.B. durch besonders günstige „preselect“-Tarife entgegenzutreten.

Die Mobiltelefone bezieht die „Phonica AG" ausschließlich über den Anbieter „GDL". Inzwischen sind der „Phonica AG" durch zahlreiche Unternehmenszusammenschlüsse mächtige Konkurrenten erwachsen.

In neuester Zeit fand eine limitierte Vergabe von „UMTS"-Mobilfunklizenzen im nationalen Markt statt. Um eine Lizenz zu erhalten, musste die „Phonica AG" hohe Investitionen tätigen. Für das kommende Geschäftsjahr strebt die Unternehmensführung das Ziel einer Gewinnerhöhung um 1,4 Prozent auf 1 Mrd. GE an.

(a) Kennzeichnen Sie systematisch die Bestimmungsfaktoren der **Marketingsituation** der „Phonica AG"!

(b) Welche weiteren ökonomischen und psychologischen **Marketingziele** sind neben dem genannten Ziel der Gewinnsteigerung um 1,4 Prozent von zentraler Bedeutung für die „Phonica AG"? Nennen Sie mögliche Zielsetzungen für psychologische Marketingziele und erläutern Sie, welche Anforderungen bei der Zielfestsetzung zu berücksichtigen sind!

(c) Welche **Marketinginstrumente** könnten eingesetzt werden, um die von Ihnen vorgeschlagenen Ziele des Unternehmens zu erreichen?

Aufgabe 1-6

Paradigmenwechsel im Marketing

Die Versicherung „Happy-Crash AG" bietet Kfz- sowie Lebensversicherungen auf dem nationalen Markt Deutschland an. Der Vorstandsvorsitzende der Versicherung hat über den Wechsel vom Transaktions- zum Beziehungsmarketing gehört. Er möchte nun wissen, was dieser Wechsel für das Marketing der „Happy-Crash AG" bedeutet.

Nehmen Sie eine **Systematisierung** beispielhafter Marketinginstrumente nach den 3 Rs im Marketing für das Versicherungsunternehmen „Happy-Crash AG" vor!

Aufgabe 1-7

Institutionelle Besonderheiten des Marketing

Je nach Branche und Art der erstellten Leistung ergeben sich spezifische Herausforderungen und **Branchenbesonderheiten** des Marketing. Stellen Sie diese beispielhaft für folgende Unternehmen dar:

(a) Das Unternehmen „Zahn-Fix AG" produziert **Zahnpasta** für den Konsumgütermarkt.

(b) Der **Flugzeugbauer** „Airworks AG" produziert Langstreckenflugzeuge für den internationalen Industriegütermarkt.

(c) Das **Bauunternehmen** „Easybuild AG" ist ein nationaler Dienstleister in Deutschland.

(d) Das **Theater** „Schaulust" ist eine staatliche Institution im Non-Profit-Bereich.

Kapitel 1: Grundbegriffe und -konzepte des Marketing (Lösungshinweise)

Lösungshinweise Aufgabe 1-1

Dem **Begriffsverständnis** des Marketing liegt der Grundgedanke einer konsequenten Ausrichtung des gesamten Unternehmens an den Bedürfnissen des Marktes zugrunde. „Marketing ist eine **unternehmerische Denkhaltung**. Sie konkretisiert sich in der **Analyse, Planung, Organisation, Durchführung und Kontrolle** sämtlicher interner und externer Unternehmensaktivitäten, die durch eine Ausrichtung der Unternehmensleistungen am Kundennutzen im Sinne einer **konsequenten Kundenorientierung** darauf abzielen, absatzmarktorientierte Unternehmensziele zu erreichen.“ (*Bruhn* 2001). Marketing ist nicht nur eine **betriebliche Funktion** (neben Beschaffung, Produktion und Finanzierung usw.), sondern v.a. eine **unternehmerische Denkhaltung** und ein **Leitkonzept** der Unternehmensführung.

Für die Brauerei „Fässchen-Pils AG“ ergeben sich bei Einführung einer marktorientierten Unternehmensführung folgende zentrale **Implikationen**:

- Wenn die Brauerei „Fässchen-Pils AG“ **markt- und kundenorientiert** geführt werden soll, dann stehen entsprechend die Erfordernisse des Marktes und des Kundennutzens, nicht der Verkauf vorhandener Produkte, im Zentrum des Marketing. Dieser Philosophie muss sich im gesamten Unternehmen durchsetzen. Hierzu empfehlen sich Workshops für die Mitarbeitenden und ggf. Weiterbildungsmaßnahmen.
- Nach dem aktuellen Marketingverständnis hat eine **Ausrichtung am Kundennutzen** zu erfolgen. Die „Fässchen-Pils AG“ muss sich hierzu überlegen, in welchen Bereichen des Leistungsprogrammes zusätzliche Nutzenpotenziale vorhanden sind, die den Wert der Produkte für den Kunden steigern können. Ein Beispiel wäre das zusätzliche Angebot von 10-Flaschen-Kästen, wenn bisher nur Kästen mit 20 Flaschen verkauft wurden, die den nicht-motorisierten Abnehmern Probleme beim Transport bereiteten.

- Sämtliche Unternehmensaktivitäten unterliegen von nun an **systematischen Planungs- und Entscheidungsprozessen**. Beispielsweise sollte der Einsatz von Kommunikationsinstrumenten für die einzelnen Biermarken der „Fässchen-Pils AG" systematisch durch eine Situationsanalyse, Zielformulierung, Strategieausrichtung, Budgetierung usw. bis hin zur Kontrolle geplant werden.
- Für das Erzielen von Markterfolgen sollten **kreative und innovative Problemlösungen** gesucht werden. Z.B. legte der Trend nach Lightprodukten Anfang der 90er Jahre die Entwicklung von Light- und alkoholfreiem Bier nahe.
- Es sollte eine **Integration sämtlicher Marketingaktivitäten** erfolgen, um die Wirkung der einzelnen Maßnahmen gegenüber dem Kunden zu erhöhen. Hierzu zählt ein Abstimmen einzelner von der „Fässchen-Pils AG" eingesetzter Kommunikationsmaßnahmen (z.B. Plakat- und Printwerbung für die Biermarken) untereinander ebenso wie die Abstimmung der gesamten Kommunikationspolitik mit der Vertriebspolitik. Ein Beispiel für eine derartige Integration von Kommunikations- und Vertriebspolitik wäre, bei einer Stärke der „Fässchen-Pils AG" beim Absatz über Gaststätten z.B. das Trinken von „Fässchen-Pils"-Bier in Gaststätten in der Werbung aufzugreifen.

Lösungshinweise Aufgabe 1-2

Die **Denkhaltung des Marketing** hat sich vor dem Hintergrund der sich wandelnden Wettbewerbsbedingungen in den vergangenen Jahrzehnten kontinuierlich verändert und weiterentwickelt. Folgende Phasen können voneinander abgegrenzt werden:

In der **Phase der Produktionsorientiertung** liegen keine Engpässe im Absatzmarkt vor. Vielmehr steht in dieser Verkäufermarktsituation die Bewältigung der Produktionsprobleme im Vordergrund.

In der **Phase der Verkaufsorientierung** kommt dem Vertrieb die Aufgabe zu, die erstellten Produkte mit Hilfe des Außendienstes zu verkaufen.

In der **Phase der Marktorientierung** liegen erste Sättigungserscheinungen in den Märkten vor, die dazu führten, dass Unternehmen nach dem Prinzip der differenzierten Marktbearbeitung (Marksegmentierung) vorgehen.

In der **Phase der Wettbewerbsorientierung** müssen Unternehmen zur Konkurrenzabgrenzung darauf achten, strategische Wettbewerbsvorteile aufzubauen und im Markt durchzusetzen.

In der **Phase der Umfeldorientierung** gewinnt bei einer zunehmenden Dynamik der Technologie, der politisch-rechtlichen Rahmenbedingungen u.a.m. zusätzlich der Zeitwettbewerb an Bedeutung.

In der **Phase des Hyperwettbewerbs** ist zu erwarten, dass in Zukunft der Wettbewerb noch vielschichtiger, aggressiver, schneller und komplexer wird als bisher.

Die Veränderungen in der Marktbearbeitung bei **„Delta AG"** können den Entwicklungsphasen wie folgt zugeordnet werden:

Phase der Produktionsorientierung: In den 50er Jahren hatte kaum ein Haushalt einen Fernseher. Das Angebot an verschiedenen Modellen war klein – es gab lediglich das Schwarzweißfernsehen. Die zentrale Aufgabe der „Delta AG" bestand darin, den deutlichen Nachfrageüberhang nach Fernsehern dadurch zu decken, dass der Produktionsbereich kontinuierlich ausgebaut und somit eine ausreichende Produktion sichergestellt wurde. In dieser Phase handelte es sich um einen typischen **Verkäufermarkt** – deshalb waren diejenigen Unternehmen erfolgreich, denen es mit Massenproduktion gelang, die Bedürfnisse möglichst vieler Konsumenten kostengünstig zu befriedigen.

Phase der Verkaufsorientierung: In dieser Phase verlagerte sich für die „Delta AG" der Engpass von der Produktion hin zum **Vertrieb** der Fernseher: Zum einen wird dies deutlich durch die Modernisierung des Logistiksystems. Zum anderen wurden neue Vertriebskanäle (in erster Linie preisorientierte Vertriebsformen) erschlossen, um den Distributionsgrad zu erhöhen.

Phase der Marktorientierung: Aus dem Verkäufermarkt war ein **Käufermarkt** geworden. Der Engpass verlagerte sich für „Delta AG" nun vom Vertrieb hin zum **Abnehmer** als entscheidenden Engpassfaktor. Wichtig wurde eine differenzierte Marktbearbeitung, um die spezifischen Bedürfnisse der Abnehmer optimal zu befriedigen. Bei „Delta AG" wurde eine umfassende Marktsegmentierung durchgeführt. Durch die Differenzierung des Leistungsangebots (z.B. Farbfernseher, Computerbildschirme für Unternehmen und für den Heimbedarf) erfolgte eine gezielte Bearbeitung lukrativer Marktsegmente (z.B. Privathaushalte sowie klein- und mittelständische Unternehmen).

Phase der Wettbewerbsorientierung: Die zentrale Aufgabe des Marketing bestand nun darin, **strategische Wettbewerbsvorteile** gegenüber den Konkurrenten aufzubauen, durchzusetzen und am Markt zu verteidigen. Das Marketing der „Delta AG" arbeitete in dieser Phase intensiv an der Erreichung einer USP (Unique Selling Proposition), um bei den Konsumenten eindeutige Präferenzen für die eigenen Produkte zu schaffen. Dies wurde z.B. durch eine klare Profilierungsstrategie im Bereich Service durch Einführung eines „full-time"-Service und außergewöhnlich langen Garantiezeiten zu erreichen versucht.

Phase der Umfeldorientierung: Durch die sich immer schneller wandelnden ökologischen, politischen, technologischen und gesellschaftlichen Veränderungen auf dem Markt für Unterhaltungselektronik wurde für „Delta AG" neben dem Kosten- und Qualitätswettbewerb nun auch die **Zeitkompenente** ein immer wichtiger werdender Faktor. Auf technologische Neuerungen, wie z.B. Videobeamer, Flachbildmonitor, musste das Marketing möglichst frühzeitig mit entsprechenden Aktivitäten reagieren. Die Kooperationen mit dem Hauptkonkurrenten „Ultima" im Bereich Forschung und Entwicklung wurde beispielsweise eingegangen, um den immer kürzer werdenen Produktlebenszyklen – z.B. bei Computerbildschirmen – bei mindestens gleich bleibender Entwicklungsdauer begegnen zu können.

Phase des Hyperwettbewerbs: Zur Zeit erlebt „Delta AG" eine Entwicklung, die durch einen zunehmend vielschichtiger, aggressiver, schneller und komplexer werdenden Wettbewerb gekennzeichnet ist. Ob eine Ausrichtung lediglich an den Erfolgsfaktoren der Vergangenheit ausreichend ist, um auch künftig erfolgreich am Markt bestehen zu können, ist momentan noch nicht abzusehen. Deshalb arbeitet man derzeit an verschiedenen Projekten, z.B. einer umfassend angelegten Imagekampagne oder dem Vertrieb über das Internet.

Lösungshinweise Aufgabe 1-3

Die **Marktabgrenzung und -segmentierung** bildet den Ausgangspunkt der marktorientierten Führung eines Unternehmens. Für die Bestimmung des relevanten Marktes ist eine Analyse des Marketingsystems vorzunehmen. Das **Marketingsystem**, in dem ein Unternehmen und die anderen Marktteilnehmer tätig sind, wird determiniert durch Marktstrukturen und Marktprozesse.

Zunächst sind die **Marktstrukturen** zu analysieren, d.h., die Marktteilnehmer auf Anbieterseite (Hersteller und Absatzmittler) sowie auf Nachfragerseite (Private Konsumenten, Wiederverkäufer (Handel), Industrielle Abnehmer (Unternehmen), Öffentliche Abnehmer (Staatliche Institutionen) sind zu identifizieren.

In einem nächsten Schritt sind die **Marktprozesse** zu analysieren. Dies umfasst die Analyse der Beziehungsstrukturen bzw. der marktbezogenen Transaktionen zwischen den einzelnen Marktteilnehmern, z.B. Analyse der Güter- und Informationsströme, aber auch Betrachtung von Konkurrenz-, Macht- und Kooperationsbeziehungen.

Als Nächstes kann der **relevante Markt** eines Unternehmens z.B. in sachlicher, räumlicher, zeitlicher, produkt- oder kundenbezogener Hinsicht abgegrenzt werden. Die Beantwortung der Frage nach dem relevanten Markt ist von zentraler Bedeutung für das Unternehmen, da auf ihrer Grundlage eine Vielzahl weiterer strategischer Marketingentscheidungen, wie z.B. die Marktsegmentierung oder die Festlegung von Strategischen Geschäftseinheiten getroffen werden.

Durch die **Marktsegmentierung** wird versucht, den Gesamtmarkt nach bestimmten Segmentierungskriterien in homogene Teilmärkte aufzuteilen, deren differenzierte Bearbeitung vorteilhaft erscheint.

Teilaufgabe (a)

Das **Marketingsystem**, in dem die „Railmax AG" tätig ist, wird determiniert durch folgende Marktstrukturen und -prozesse:

- **Marktstruktur**: Die „Railmax AG" ist ein Dienstleistungsunternehmen, das auf einem – mit Ausnahme von wenigen privaten Kurzstreckenanbietern – monopolistischen Markt (Bahnreisen) agiert. Die Nachfragerseite besteht aus privaten und geschäftlichen Endkonsumenten in den Bereichen Personen- und Gütertransport.
- **Marktprozesse**: Die „Railmax AG" befördert Personen auf langen und kurzen Strecken an allen Tagen der Wochen und rund um die Uhr. Seit der Privatisierung unterteilt sich die „Railmax AG" in die Sparten Infrastruktur und Betrieb. Durch die Sparte Infrastruktur werden Gebäude (z.B. Bahnhöfe), das Schienennetz und die Züge bereitgestellt und instand gehalten. Die Sparte Betrieb ist für das operative Geschäft der Bahntransporte verantwortlich. Für den Personenverkehr sind dies z.B. die Organisation des Fahrkartenverkaufes (z.B. über Reisebüros) und die Informationsübermittlung hin zum Kunden. Diese wird in den unternehmenseigenen Bahnhöfen, in den Zügen oder über Touristikunternehmen abgewickelt (vgl. Schaubild 1-1).

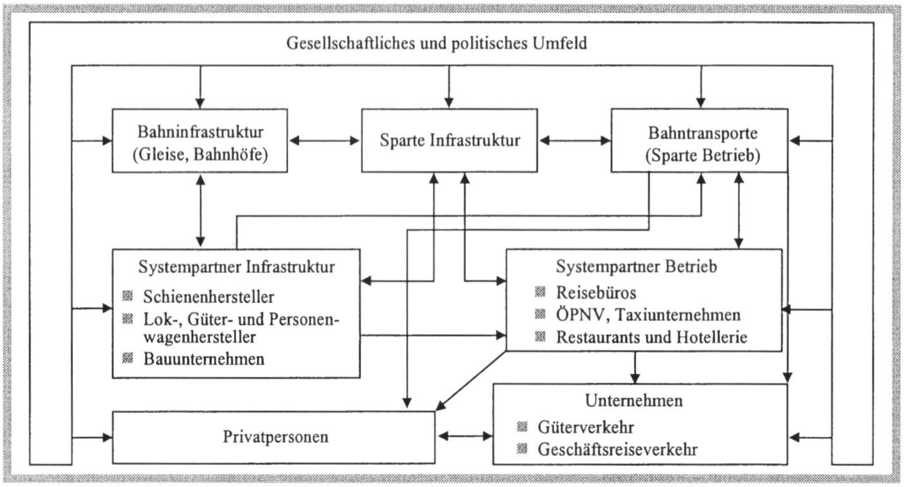

Schaubild 1-1: Vereinfachte Darstellung des Marketingsystems der „Railmax AG“

Teilaufgabe (b)

Der **relevante Markt** der „Railmax AG“ umfasst alle für die Kauf- und Verkaufsentscheidungen bedeutsamen Austauschbeziehungen ihrer Leistungen in räumlicher und sachlicher Hinsicht.

- **Sachliche Abgrenzung**: Die Leistung der „Railmax AG“ besteht im Transport von Personen. Mit dieser Transportdienstleistung tritt man in einen Wettbewerb mit Pkw, Schiffen, Flugzeugen, dem ÖPNV und ggf. weiteren Fortbewegungsmitteln, wie z.B. Fahrrad und Motorrad.
- **Räumliche Abgrenzung**: Die „Railmax AG“ bietet ihre Transportdienstleistung auf dem deutschen Markt an. Daher konkurriert man mit regionalen (z.B. Regionalbahnen), nationalen (z.B. Schifffahrt) oder europäischen Anbietern (z.B. Fluggesellschaften), je nach Verkehrsmittel.

Als weitere Ansatzpunkte der Marktabgrenzung können herangezogen werden:

- **Produkt- bzw. problemlösungsbezogene Marktabgrenzung**: Das Angebot von Transportdienstleistungen der „Railmax AG“ kann abgegrenzt werden nach der Güterart (z.B. Markt für Zugverkehr), nach der Produkttechnologie (z.B. Transport auf der Schiene) oder nach dem Problem (z.B. Fortbewegung im Raum). Ein häufiges Problem der Unternehmenspraxis ist die zu starke Orientierung an dem eigenen Leistungsprogramm und folglich eine zu enge Abgrenzung des relevanten Marktes. Der „Markt für Zugverkehr“ aus Sicht der Bahn wäre deutlich zu eng, weil das Konsumbedürfnis der Fortbewegung von A nach B auch von Pkw, Flugzeug oder ÖPNV übernommen werden kann. Der relevante Markt der „Railmax AG“ ist somit der „Markt für Fortbewegung“.

- **Kundenbezogene Marktabgrenzung**: Die Beschreibung der Nutzerschaft der Transportdienstleistungen der „Railmax AG“ dient der näheren Beschreibung von Strukturen und Prozessen im „Markt für Fortbewegung“. Eine kundenbezogene Abgrenzung kann z.B. anhand von Merkmalen der Nachfrager bzw. Kunden wie z.B. Alter, Einkommen, Geschlecht, Arbeits- und Wohnort, Nutzungsintensität, vorgenommen werden.

Bei der Frage der Abgrenzung des relevanten Marktes für die „Railmax AG“ sollten sämtliche aus **Kundensicht** denkbaren Substitutionsmöglichkeiten der Unternehmensleistung durch andere Leistungen (Pkw, Flugzeug usw.) berücksichtigt werden.

Lösungshinweise Aufgabe 1-4

Das Marketingmanagement beschäftigt sich mit der systematischen Erarbeitung des Leistungsprogramms und dessen Durchsetzung im Markt. Ein Marketingmanager wird mit einer Vielzahl unterschiedlicher Aufgaben konfrontiert, wobei die Aufgabenschwerpunkte je nach Unternehmen und Branchenzugehörigkeit variieren können.

Teilaufgabe (a)

Grundsätzlich sind sechs **Aufgabenbereiche** des Marketingmanagements zu unterscheiden:

(1) Produktbezogene Aufgaben

Ausgehend von den bestehenden Produkten besteht eine Aufgabe des Marketing darin, das Leistungsprogramm permanent an die **Kundenwünsche anzupassen** (Produktverbesserung, Produktdifferenzierung, Produktinnovation). Für die „Sonnen Ski & Surf GmbH“ bedeutet dies beispielsweise, dass laufend Verbesserungen an den Gleiteigenschaften der Ski und der Surfbretter vorzunehmen sind, wenn man dauerhaft mit der Konkurrenz Schritt halten will. Mit der Differenzierung nach Profi-, Amateur- und Anfängerski bzw. -Surfbrettern kann beispielsweise eine zielgenaue Marktbearbeitung erreicht werden. Produktinnovationen, wie z.B. in der Größe verstellbare Segel, schaffen darüber hinaus Präferenzen für die eigenen Produkte.

(2) Marktbezogene Aufgaben

Hier können vier Aufgabenbereiche unterschieden werden: **Marktdurchdringung** (Bearbeitung bestehender Märkte), **Markterschließung** (Bearbeitung neuer Marktsegmente), **Sortimentserweiterung** (Einführung neuer Produkte auf vorhandenen Märkten) und **Diversifikation** (Erschließung neuer Märkte mit neuen Produkten) (vgl. ausführlich Teilaufgabe (b)).

(3) Kundenbezogene Aufgaben

In der heutigen Zeit stellt das Erreichen von **Kundenzufriedenheit und Kundenbindung** eine zentrale Aufgabe des Marketing dar. Die „Sonnen Ski & Surf GmbH" könnte zur Realisierung dieses Ziels z.B. ein Kundenbindungsprogramm einführen (Servicekarte beim Kauf eines Skis). Von zentraler Bedeutung für den Geschäftserfolg ist auch das gezielte **Management der Kundenstruktur**, d.h., Erfolg versprechende Kunden müssen identifiziert (z.B. Teilnehmer einer Surfmeisterschaft, die als Meinungsführer gelten) und anschließend gezielt bearbeitet werden.

(4) Handelsbezogene Aufgaben

Durch die zunehmende Macht des Handels (Handelskonzentration, Handelsmarken, Globalisierung des Handels) ist eine wichtige Aufgabe des Marketing in der optimalen **Beziehungsgestaltung und -pflege zum Handel** zu sehen. Die „Sonnen Ski & Surf GmbH" könnte in diesem Bereich z.B. handelsgerichtete Verkaufsförderungsaktionen durchführen (Surfprofi, der bei der Wahl des geeigneten Surfbrettes im Fachgeschäft berät). Von großer Wichtigkeit ist auch die **Erschließung weiterer Vertriebskanäle** (z.B. Reiseveranstalter (Verleih der Ski vor Ort) oder das Internet).

(5) Konkurrenzbezogene Aufgaben

Für ein expandierendes Unternehmen wie die „Sonnen Ski & Surf GmbH" reicht es heute nicht mehr aus, ein innovatives Produkt auf den Markt zu bringen. Vielmehr besteht die **Notwendigkeit der Profilierung** gegenüber den Konkurrenten. Will man im zunehmendem Wettbewerb bestehen, ist die **Suche nach dauerhaften Wettbewerbsvorteilen** (z.B. könnte dies durch eine weltweite Präsenz an Surfverleihstationen erreicht werden), die **Absicherung der Marktstellung** gegenüber potenziellen Konkurrenten (z.B. durch langfristige Vertragsabschlüsse mit Reiseveranstaltern), aber auch die **Festlegung der grundsätzlichen**

Verhaltensweisen gegenüber den Wettbewerbern (z.B. Kooperation im Bereich der Forschung und Entwicklung mit dem Hauptkonkurrenten) erforderlich.

(6) Unternehmensbezogene Aufgaben

Um marktorientierte Unternehmensaufgaben erfüllen zu können ist es erforderlich, die **innerbetrieblichen Voraussetzungen** für den Erfolg am Markt zu schaffen. Der Aufbau einer Marketingabteilung bei der „Sonnen Ski & Surf GmbH" ermöglicht hierzu, sämtliche marktorientierten Aktivitäten zu koordinieren und zu integrieren sowie **interne Prozesse** zu optimieren (z.B. durch Einsatz von Produktmanagern und Key-Account-Managern). Gleichzeitig könnte die **Motivation der Mitarbeiter** durch interne Maßnahmen erhöht werden (z.B. durch Ski-Trainings oder durch Verschenken von Premiumski oder -surfbrettern an hervorragende Mitarbeiter).

Teilaufgabe (b)

In Anlehnung an die Produkt-Markt-Matrix von *Ansoff* (vgl. Schaubild 1-2) können **vier Aufgabenbereiche** unterschieden werden: Marktdurchdringung (Bearbeitung bestehender Märkte), Markterschließung (Bearbeitung neuer Marktsegmente), Sortimentserweiterung (Einführung neuer Produkte auf vorhandenen Märkten) und Diversifikation (Erschließung neuer Märkte mit neuen Produkten).

Märkte / Produkte	Vorhanden	Neu
Vorhanden	Marktdurchdringung	Markterschließung
Neu	Sortimentserweiterung	Diversifikation

Schaubild 1-2: Produkt-Markt-Matrix zur Strukturierung von Marktaufgaben (Quelle: Ansoff 1966)

Innerhalb der **marktbezogenen Aufgaben** des Marketingmanagements bieten sich dem Sportartikelhersteller „Sonnen Ski & Surf GmbH" beispielsweise folgende Optionen:

- **Marktdurchdringung**: Um den vorhandenen Markt mit den bereits bestehenden Produkten besser auszuschöpfen, könnte die „Sonnen Ski & Surf GmbH" z.B. im Bereich Ski den Werbeeinsatz erhöhen. Es könnte eine Werbekampagne für einen Anfängerski durchgeführt werden, mit der gezielt die bisherigen „Nicht- bzw. Wenig-Skifahrer" angesprochen werden. Andere mögliche Maßnahmen könnten die Durchführung von Sonderaktionen am Point-of-Sale, die Entwicklung eines neuen Designs für einen bestehenden Ski oder die Einführung eines Rabatt-/Bonussystems, bei dem die Kunden, die immer das neueste Modell kaufen, einen Preisnachlass erhalten, sein. Die Ausschöpfung des vorhanden Marktes mit vorhandenen Produkten kann somit durch Maßnahmen wie intensive Marktbearbeitung, Relaunches, Imitationen, Erhöhung der Verwenderintensität (Rabatt- oder Bonussystem bei wiederholtem Kauf) erfolgen. Dadurch werden folgende Ziele erreicht: Abwerben von Kunden der Konkurrenz, Akquisition bisheriger Nichtverwender usw.

- **Markterschließung**: Das Angebot der „Sonnen Ski & Surf GmbH" beschränkt sich bisher auf Deutschland. Künftig könnte eine Bearbeitung auch weiterer Märkte des europäischen Auslands, insbesondere Österreichs, Italiens und der Schweiz, erfolgen. Die „Sonnen Ski & Surf GmbH" könnte – um weitere Märkte mit ihren bestehenden Produkten zu erschließen – beispielsweise den Vertrieb von Ski und Surfboards über das Internet anbieten. Eine weitere Möglichkeit wäre die Kooperation mit einem Partner im Ausland oder die selbständige Erschließung geographisch neuer Märkte (z.B. Asien). Der Versuch, vorhandene Produkte auch auf anderen (für die „Sonnen Ski & Surf GmbH" neuen) Märkten anzubieten, kann z.B. durch Maßnahmen wie Anpassung der Produkte für neue Verwenderzwecke (neue Anwendungsbereiche, z.B. neue Kunststoffe für Surfbretter), Erschließung neuer Distributionskanäle (Internet), Internationalisierung (neue geographische Märkte) erreicht werden. Dadurch können Ziele, wie z.B. die Erschließung neuer Marktsegmente (Branchen, Abnehmergruppen) mit bestehenden Produkten, die Erhöhung der Produktion und des Absatzvolumens, die Risikostreuung und die Anpassung an Internationalisierungstendenzen der Konkurrenz, erreicht werden.

- **Sortimentserweiterung**: Die „Sonnen Ski & Surf GmbH" könnte auch ihr Produktangebot erweitern, indem das Unternehmen z.B. für die Skiproduktion neue Technologien entwickelt oder einsetzt. Es könnte versucht werden, Innovationen bzw. Marktneuheiten zu entwickeln und diese auf den vorhandenen Märkten anzubieten (beispielsweise die Einführung eines neuen Carvingski mit Tiefschneetauglichkeit). Durch Maßnahmen, wie z.B. die Einführung von Markt- bzw. Firmeninnovationen (z.B. Nachfolgemodell des Slalomski), neuer Produktlinien (z.B. Raceski) oder neuer Dienstleistungen (z.B. Saisonverleih) können Ziele wie die Akquisition bisheriger Nichtverwender, das Setzen neuer Standards oder die Profilierung gegenüber der Konkurrenz erreicht werden.

- **Diversifikation**: Um das Risiko wachsenden Wettbewerbs und geringerer Margen im Kerngeschäft der „Sonnen Ski & Surf GmbH“ zu verringern, könnte das Unternehmen versuchen, sich weitere Standbeine zu schaffen – z.B. durch Eintritt in bislang unbekannte Märkte bzw. Beschäftigung mit bislang nicht zum Angebot zählenden Produkten und Leistungen (z.B. Betätigung als Reiseveranstalter oder Anbieter von Sportversicherungen). Das Ausbrechen aus dem bisherigen Betätigungsfeld könnte durch Maßnahmen der horizontalen Diversifikation (gleiche Wirtschaftsstufe, z.B. Herstellung von Schneemobilen) oder der vertikalen Diversifikation (Vorwärts- oder Rückwärtsintegration) erfolgen. Dadurch könnten die Ziele der Risikostreuung und der Erschließung neuer Geschäftsfelder erreicht werden.

Lösungshinweise Aufgabe 1-5

Marketing als **marktorientiertes Entscheidungsverhalten** bedeutet, dass in einer gegebenen Marketingsituation die Konsequenzen des Einsatzes von Marketinginstrumenten im Hinblick auf die Erreichung der Marketingziele zu analysieren sind. Die Marketingsituation ist charakterisiert durch den status quo, die Entwicklungstendenzen dieses Marktes sowie sämtliche Faktoren, die darauf einen Einfluss haben. Die Situationsvariablen können unterschieden werden in **beeinflussbare** (interne Größen wie finanzielle Mittel, Einsatz von Marketinginstrumenten und Anzahl der Mitarbeiter) und **nicht-beeinflussbare** Variablen (sämtliche externen Größen, wie Entwicklungen des Unternehmensumfeldes u.a.m.).

Teilaufgabe (a)

Für eine systematische Vorgehensweise ist eine separate **Analyse** der internen Faktoren (Stärken und Schwächen im Vergleich zum Hauptkonkurrenten) und externen Faktoren (Chancen und Risiken, die sich im Umfeld der Unternehmung ergeben) der „Phonica AG“ vorzunehmen.

Relevante Faktoren im Rahmen der **Chancen-Risiken-Analyse**:

- **Marktsituation**: Der Telekommunikationsbereich weist ein hohes Marktvolumen mit hohen Wachstumsraten auf. Durch zunehmenden Wettbewerb sinken die Renditen.
- **Kundensituation**: Der Kunde erwartet eine hohe Qualität und guten Service zu möglichst geringen Preisen. Die Wechselbereitschaft der Kunden ist durch die Liberalisierung des Telekommunikationsmarktes und durch die Möglichkeit des „call-by-call" erheblich gestiegen.
- **Handelssituation**: Die Anbieter von Telekommunikationsprodukten und -leistungen verkaufen ihre Produkte einerseits über den Handel (Fachhandel oder preisgünstige Vertriebsformen, wie z.B. Discounter), andererseits über eigene Verkaufsstellen. Wer nicht über ein eigenes dichtes Händlernetz verfügt, ist auf die Kooperation mit anderen Unternehmen angewiesen. Die preisgünstigen Vertriebsformen spielen hinsichtlich der Erreichung eines hohen Distributionsgrades eine wichtige Rolle, jedoch sind hier für den Anbieter Renditeverluste aufgrund hoher Handelsmacht zu erwarten.
- **Lieferantensituation**: Im Bereich der Mobiltelefonie kooperieren die Anbieter von Telekommunikationsdienstleistungen häufig mit wenigen ausgewählten Zubehörherstellern. Die Anzahl der bei den Endkonsumenten anerkannten Zulieferern insgesamt ist ebenfalls gering. Hier könnten somit Abhängigkeiten zwischen Telekommunikationsanbieter und ihren Zulieferern entstehen.
- **Konkurrenzsituation**: Seit der Liberalisierung haben die Anzahl und die Größe der Konkurrenten zugenommen. Die Wettbewerbsintensität im Markt ist stark angestiegen. Inzwischen teilen sich wenige große Telekommunikationskonzerne den Markt.
- **Umfeldsituation**: Neue Technologien haben zu einer limitierten Vergabe der sog. „UMTS"-Lizenzen geführt. Unternehmen müssen hohe Investitionen sowohl in die Lizenzgebühren als auch in die Technologie der mobilen Datenübertragungstechnologie investieren. Mit einer weiteren Technologiedynamik ist zu rechnen.

Für eine **Stärken-Schwächen-Analyse** der „Phonica-AG" sind u.a. folgende Faktoren zu nennen:

- **Marktstellung**: Als ehemaliger Monopolist und Marktführer hat die „Phonica AG" nach wie vor eine führende Marktstellung inne.

- **Leistungsprogramm**: Das Leistungsprogramm der „Phonica-AG“ umfasst sowohl die Festnetz- als auch die Mobiltelefonie. Der Bereich Internet wird über Kooperationspartner abgewickelt.
- **Kapitalausstattung**: Das Unternehmen ist hervorragend mit Kapital ausgestattet.
- **Vertriebsorganisation**: Der Vertrieb der eigenen Produkte und Leistungen erfolgt zum einen direkt über eigene Verkaufsstellen, zum anderen indirekt über den Fachhandel.
- **Unternehmensimage**: Der „Phonica AG“ haftet nach wie vor das Image des ehemaligen Staatsunternehmens an: Schlechtes Preis-Leistungs-Verhältnis, mangelnde Kundenorientierung, fehlende Flexibilität.

Teilaufgabe (b)

Aus dem **Oberziel der Gewinnsteigerung** der „Phonica AG“ sind Marketingziele abzuleiten und zu konkretisieren. In Verbindung mit den Marketingstrategien bestimmen sie die künftigen Entwicklungen nach Ausmaß, Gebiet und Richtung. Für die „Phonica AG“ sind ökonomische und psychologische Marketingziele bedeutsam:

Ökonomische Marketingziele sind neben dem Gewinn der Deckungsbeitrag, die Rendite, der Umsatz, der Absatz sowie der Marktanteil (absolut und relativ).

Psychologische Marketingziele unterstützen die Erreichung ökonomischer Ziele (Zielkomplementarität). Die Erreichung psychologischer Ziele wird mit Methoden der Marktforschung gemessen. Als mögliche Zielsetzungen der „Phonica AG“ können genannt werden:

- **Bekanntheitsgrad**: Der Bekanntheitsgrad der „Phonica AG“ als ehemaliger staatlicher Marktführer (Monopol) wird nahezu 100 Prozent betragen. Zielsetzungen zur Steigerung der Bekanntheit machen daher wenig Sinn.
- **Image**: Der „Phonica AG“ könnte nach wie vor das Vorurteil eines „verstaubten“, nicht-kundenorientierten Staatsbetriebes anhaften. Als Ziel könnte formuliert werden, dass mindestens zehn Prozent der Kunden im Bereich der Festnetztelefonie im nationalen Markt das Unternehmen innerhalb der nächsten zwei Jahre als „innovativ, preisgünstig und kundenorientiert“ bewerten.

- **Kundenzufriedenheit**: Bezüglich der Zufriedenheit der Kunden könnte das Ziel definiert werden, dass jedes Jahr eine Steigerung um zehn Prozent für „sehr zufriedene“ oder „zufriedene“ „Phonica“-Kunden erreicht werden soll.
- **Kundenbindung**: Die im Rahmen der Liberalisierung entstandenen Wettbewerber von „Phonica“ lassen die Zielsetzung der Kundenbindung für „Phonica“ relevant werden. Durch die Erreichung von Zielsetzungen in vorgelagerten Bereichen (z.B. Image, Kundenzufriedenheit) kann die Kundenbindungsrate möglicherweise trotz der „call-by-call“-Angebote erhöht werden. Beispielsweise könnte das Ziel der Reduzierung der Wechselquote gebundener Kunden um zwei Prozent p.a. definiert werden.

Marketingziele müssen nach unterschiedlichen Ausprägungen spezifiziert werden, damit sie neben der Motivationsfunktion auch die Steuerungs- und Kontrollfunktion erfüllen können. Die Spezifizierung der Ziele muss erfolgen nach dem **Zielinhalt** (Was soll erreicht werden?), dem **Zielausmaß** (In welchem Umfang soll das Ziel erreicht werden?), dem **Zielsegment** (In welchem Marktsegment soll das Ziel erreicht werden?), dem **Zielgebiet** (In welchem Gebiet soll das Ziel erreicht werden?) und der **Zielperiode** (Bis wann soll das Ziel erreicht werden?).

Teilaufgabe (c)

Die Marketingziele sollen durch **Einsatz der Marketinginstrumente** erreicht werden. Um die für „Phonica“ vorgeschlagenen Ziele erreichen zu können, könnten beispielsweise folgende Instrumente eingesetzt werden:

- **Produktpolitik**: Um das Ziel eines innovativen und kundenorientierten Images zu erreichen, könnten im Rahmen der Produktpolitik beispielsweise Produktinnovationen (z.B. international einsetzbare Handys) oder die Verbesserung von Serviceleistungen (z.B. Auskunftsdienste) durchgeführt werden.
- **Preispolitik**: Die Ziele der Steigerung der Kundenzufriedenheit und des preisgünstigen Images könnten beispielsweise durch verbesserte Zahlungsbedingungen, geringere Preise (z.B. Preisdifferenzierung) sowie die Einführung von Boni erreicht werden.
- **Kommunikationspolitik**: Das Ziel eines innovativen und preisgünstigen Images könnte durch eine umfassende Imagekampagne (Mediawerbung) erreicht werden. Kundenorientierung könnte die „Phonica“ beispielsweise durch den Einsatz von Kundenbindungsinstrumenten, z.B. Kundenclubs, Kundenzeitschriften, Call Center usw., demonstrieren.

- **Vertriebspolitik**: Der Vertrieb über eigene Verkaufsstellen ermöglicht es „Phonica“, bei entsprechender Ausbildung und geeigneten Anreizsystemen für die Mitarbeiter den Kunden einen hohen Service zu bieten.

Lösungshinweise Aufgabe 1-6

Marktorientiertes Entscheidungsverhalten setzt den Einsatz differenzierter Marketinginstrumente im Marketing voraus, die dem neuesten Stand der Entwicklung der Marketingwissenschaft entsprechen. In den vergangenen Jahren sind eine Vielzahl neuer Marketinginstrumente entstanden, die für die Profilierung im Wettbewerb nötig sind.

3Rs / 4Ps	Recruitment	Retention	Recovery
	Kundenakquisition mit Fokus Kundendialog	**Kundenbindung mit Fokus Kundenzufriedenheit**	**Kundenrückgewinnung mit Fokus Wechselbarrieren**
Product	▪ Kfz-Versicherung gekoppelt mit Aktienfonds ▪ Rund-um-die-Uhr-Betreuung ▪ Sonderleistungen	▪ Sofortige Schadensregulierung ▪ Individueller Kundenberater	▪ Individuelle Versicherungsverträge ▪ Value-Added-Services
Price	▪ günstige Einsteigertarife ▪ Sonderaktionen	▪ Günstigere Tarife als die Konkurrenz ▪ Tarifvorteile bei Abschluss mehrerer Versicherungen	▪ Rabatte/Boni ▪ Einmalige Zahlung bei Wiederaufnahme ▪ Sondertarife
Promotion	▪ Direct-Mails an Führerscheinneulinge ▪ Internetpräsenz ▪ Sponsoring einer Tourenwagenrally	▪ Kundenzeitschriften ▪ Direct-Mails ▪ Kundenclubs	▪ Telefonmarketing ▪ Persönliches Gespräch mit Versicherungsberater ▪ Einladung zu Events
Place	▪ Internetvertrieb ▪ Aktionen in Fahrschulen	▪ Online-Beratung ▪ Vertreterbesuche	▪ Vertreterbesuche

Schaubild 1-3: Systematisierung beispielhafter Marketinginstrumente nach den 3 Rs im Marketing für das Versicherungsunternehmen „Happy-Crash AG“

Der Wandel vom klassischen Transaktionsmarketing (Einsatz der 4Ps) hin zum **Beziehungsmarketing** (auch **Relationship Marketing** genannt) entspricht dem Wechsel von einer „inside-out“- hin zu einer „outside-in“-Sichtweise. Das Unternehmen entwickelt nun nicht mehr nur ein Marketingmix, um damit den Markt bzw. die Teilmärkte zu bearbeiten und Geschäftsabschlüsse zu tätigen (inside-out), sondern berücksichtigt nun die speziellen Beziehungen des Unternehmens zu seinen Kundensegmenten und deren Erwartungen (outside-in). Dadurch soll eine bessere Erfüllung der Kundenerwartungen erreicht werden. Im Relationship Marketing besteht die Kernaufgabe des Marketing somit in der Pflege und Gestaltung von Geschäftsbeziehungen.

Der Instrumenteeinsatz wird deshalb im Rahmen des Relationship Marketing insbesondere unter dem Aspekt der verschiedenen **Phasen einer Geschäftsbeziehung** gesehen. Eine Systematisierung der Marketinginstrumente erfolgt danach, ob das Unternehmen primär neue Kunden gewinnen (**Recruitment**), vorhandene Kunden an sich binden (**Retention**) oder unzufriedene Kunden halten bzw. zurückgewinnen will (**Recovery**).

Schaubild 1-3 zeigt eine Systematisierung beispielhafter Marketinginstrumente nach den 3 Rs im Marketing für das Versicherungsunternehmen „Happy-Crash AG“.

Lösungshinweise Aufgabe 1-7

Die institutionellen **Besonderheiten** einer Leistung sind bei der Ausarbeitung eines Marketingkonzeptes stets zu berücksichtigen. Auf die wesentlichen Unterschiede zwischen **Konsumgüter-, Industriegüter-, Dienstleistungs- und Nonprofit-Marketing** wird in der Lösung der Aufgabe im Folgenden beispielhaft eingegangen.

Teilaufgabe (a)

Die institutionellen Besonderheiten für den **Zahnpastahersteller** „Zahn-Fix AG“ sind folgende:

- Bei Zahnpasta handelt es sich um ein kurzlebiges Verbrauchsgut. Die Wiederkaufzyklen sind entsprechend kurz.
- Das Unternehmen gehört zu dem Typ von Unternehmen, die Massenmarketing betreiben. Dennoch kann es versuchen, bestimmte Zielgruppen gezielt anzusprechen (z.B. durch Kinderzahncreme, Raucherzahncreme, Parodontose- und Kariesprophylaxe, Paste für frischen Atem). Die einzelnen Produkte werden dabei von Produktmanagern betreut, die ihre Zielgruppen genau kennen.

- Durch intensive Mediawerbung wird versucht, den Bekanntheitsgrad zu steigern und gleichzeitig durch eine konsequente Markenführung ein gutes Image aufzubauen und zu pflegen.
- In einigen Anwendungsbereichen finden – auch durch das Auftreten preisgünstiger Me-too-Produkte – Preiskämpfe statt (z.B. Paste für frischen Atem), die einhergehend mit zunehmend kurzen Produktlebenszyklen zu einer Verschärfung der Wettbewerbssituation für die „Zahn-Fix AG" führen.
- Die „Zahn-Fix AG" vertreibt ihre Produkte über unterschiedliche Vertriebskanäle (z.B. Supermärkte und preisgünstige Betriebsformen), um einen hohen Distributionsgrad zu erreichen.
- Für die großen Kunden der „Zahn-Fix AG" (Handelskonzerne) entwickelt das Unternehmen handelsgerichtete Marketingkonzeptionen und setzt darüber hinaus Key-Account-Manager ein.

Teilaufgabe (b)

Die institutionellen Besonderheiten für den **Flugzeugbauer** „Airworks AG" sind folgende:

- Die „Airworks AG" stellt hochkomplexe Langstreckenflugzeuge mit einer sehr hohen Lebensdauer her. Die Wiederbeschaffungszyklen sind folglich extrem lang.
- Auf Abnehmerseite entscheiden nicht einzelne Personen, sondern sog. Buying Center (BC) über die Anschaffung eines Flugzeuges. Die Zusammensetzung dieser BC hat einen großen Einfluss auf einen erfolgreichen Geschäftsabschluss. In vielen BC sitzen beispielsweise Piloten einer Airline. In solchen Fällen erscheint es vorteilhaft, insbesondere auf Vorteile wie Komfort im Cockpit, Sicherheit des Flugzeuges und die einfache Bedienbarkeit hinzuweisen.
- Zwischen Vertretern der „Airworks AG" und den Mitgliedern des BC einer Airline herrscht rege Interaktion über Produktvorteile, Lieferungs- und Zahlungskonditionen. Im Sinne der Beziehungsorientierung lädt das Unternehmen daher i.d.R. die Vertreter eines BC kaufinteressierter Airlines zu einer Besichtung der Produktionsstätten ein.
- Bei derart teuren und sicherheitssensitiven Investitionen spielen das Vertrauen und die persönliche Kommunikation eine besonders wichtige Rolle. Daher nimmt sich der Vorstand der „Airworks AG" gerne die Zeit, ihre potenziellen Kunden über Zuliefererfirmen und firmeninterne Entwicklungen

(z.B. der seit kurzem etablierten Personalentwicklungsabteilung) zu orientieren.

- Die „Airworks AG" hat eine vergleichsweise geringe Zahl an – überwiegend internationalen – Kunden. Deshalb werden die Flugzeuge individuell nach Wunsch des Kunden gefertigt – das bedeutet letztlich die Verfolgung eines Individualmarketing. So variiert etwa der Sitzplatzabstand von Airline zu Airline.
- Die „Airworks AG" verkauft aber nicht nur die Flugzeuge, sondern eine Systemlösung. Sie bietet beispielsweise umfangreiche Schulungen für die Piloten einer Airline an. In der Nachkaufbetreuung bietet sie auch die kostengünstige Wartung ihrer Flugzeuge u.a.m. an.

Teilaufgabe (c)

Die institutionellen Besonderheiten für die **Bauunternehmung** „Easybuild AG" sind folgende:

- Bautätigkeiten sind – wie auch bei anderen Dienstleistungen – überwiegend immateriell, und damit nicht lager- und transportfähig. Deshalb ist es sehr wichtig für die „Easybuild AG", ihre Leistungsfähigkeit im Rahmen des Marketingkonzeptes herauszustellen und ihr Know-how (z.B. durch Angabe von Referenzbaustellen) zu belegen. Gerade weil die Leistungserstellung für den Bauherren oft nicht nachvollziehbar ist (z.B. Geschwindigkeit und Qualität der Bauarbeiter), ist es für die Erlangung eines Auftrages wichtig, dem potenziellen Bauherren Imagemerkmale (z.B. Seriosität, Vertrauenswürdigkeit und Kostengünstigkeit) zu vermitteln.
- Es findet eine Integration des Auftraggebers und somit des externen Faktors statt, z.B. wenn Probleme auftreten oder Entscheidungen während der Bautätigkeit getroffen werden müssen.
- Als zentrales Marketingproblem ist die Sicherstellung einer konstanten Dienstleistungsqualität zu nennen. Je nach Bauleiter, Wetterbedingungen, Jahreszeit und Qualität der Arbeitskräfte kann diese schwanken. Wichtig ist daher insbesondere die Schulung, Qualifikation und die Motivation der Mitarbeiter. Für den Aufbau von Mitarbeitermotivation spielt auch das Interne Marketing eine bedeutende Rolle. Bei der „Easybuild AG" wird jedem Mitarbeiter das Gefühl vermittelt, dass er eine wichtige Rolle im Gesamtablauf spielt. Daher wird versucht, jedem Mitarbeiter auf seiner Stufe das nötige Empowerment zu geben.

- Ein weiteres wichtiges Merkmal ist die persönliche Kommunikation, die insbesondere bei Baustellenbegehungen und Schadensregulierungsgesprächen viel Einfühlungsvermögen erfordert.
- Der Aufbau einer Dienstleistungsmarke, wie es die „Easybuild AG" darstellt, gestaltet sich schwierig. So ist z.B. die Baustelle zwar während des Bauvorgangs mit dem Namen des Unternehmens ausgeschildert – nach Fertigstellung des Bauwerks verschwindet allerdings der Firmenname.

Teilaufgabe (d)

Die institutionellen Besonderheiten für das **Theater** „Schaulust" sind folgende:

- Das Theater „Schaulust" wird staatlich unterstützt und verfolgt keine erwerbswirtschaftlichen Ziele. Vielmehr stehen kulturelle, soziale und teilweise auch politische Zielsetzungen im Vordergrund.
- Die Charakterisierung des Produktes bzw. der Leistung ist mit Problemen verbunden.
- Die genaue Bestimmung der Nachfrager erscheint ebenso schwierig wie eine Abgrenzung der Zielgruppe.
- Den Mitarbeitern des Theaters kommt besondere Bedeutung zu. Zum einen tragen sie durch die Simultanität von Leistungserbringung (Theateraufführung) und Leistungsnachfrage (Besuch der Theateraufführung) wesentlich zur Leistungswahrnehmung aus Sicht der Kunden (Theaterbesucher) bei. Zum anderen werden die Theateraufführungen evtl. auch durch nebenberuflich im Theater tätige Mitarbeiter durchgeführt oder unterstützt.
- Von Seiten der Theaterleitung und der Mitarbeitenden könnten evtl. Hemmschwellen gegenüber der Vermarktung bzw. dem Grad und der Art der Vermarktung bestehen.

Kapitel 2: Festlegung des Marketingplans (Aufgaben)

Aufgabe 2-1

Marketing als Managementfunktion

Die „Printfast GmbH" ist ein Hersteller von Druckern und Scannern, der bisher ausschließlich in Deutschland aktiv ist. Im folgenden Jahr plant die „Printfast GmbH" die Einführung des neuen Multifunktionsdruckers „PF-Multi". Als Marketingleiter der „Printfast GmbH" bereiten Sie das Kick-off-Meeting für die Erstellung des diesjährigen Marketingplans vor. Die kürzlich neu eingestellten Mitarbeiter sollen außerdem während des ersten Meetings über die Anforderungen, denen ein Marketingplan gerecht werden sollte, orientiert werden.

(a) Welche **Argumente** für die Erstellung eines Marketingplans führen Sie an?

(b) Stellen Sie die **Anforderungen** dar, denen der Marketingplan der „Printfast GmbH" gerecht werden sollte, und erarbeiten Sie entsprechende Vorschläge, wie dies erreicht werden könnte!

Aufgabe 2-2

Analyse der Marketingsituation

Die „MIDO Mobilfunk AG" ist ein Hersteller von Mobiltelefonen, der bisher nur auf dem europäischen Markt tätig ist. Er bietet neben herkömmlichen Mobiltelefonen auch spezielle Autotelefone, Satellitentelefone und mobile Faxgeräte an. Mit den Produkten „MIDO-Mobitel" und „MIDO-MobileFax" nimmt die „MIDO Mobilfunk AG" eine führende Position im Segment qualitativ hochwertiger Mobiltelefone ein. Zwar war die Entwicklung des Marktvolumens für Mobiltelefone in den letzten Jahren sehr positiv, dafür stieg aber auch die Zahl der Konkurrenten deutlich an. Neue Übertragungsstandards (z.B. UMTS) deuten auf eine hohe Technologiedynamik im Markt für Mobiltelefonie hin. Außerdem ist in den vergangenen Jahren ein konsequenter Anstieg der **Anforderungen** der Konsumenten zu verzeichnen gewesen. Die „MIDO Mobilfunk AG“ kooperiert mit den wichtigsten Telekommunikationsunternehmen und hat ein sehr gutes Image. Leider ist es dem Unternehmen bisher nicht gelungen, ein internetfähiges Mobiltelefon zur Serienreife zu bringen. Vermutet wird, dass dies auf die überdurchschnittlich langen Produktentwicklungszeiten der F&E-Abteilung zurückzuführen ist.

(a) Grenzen Sie den **relevanten Markt** der „MIDO Mobilfunk AG“ ab!

(b) Führen Sie eine **SWOT-Analyse** für die „MIDO Mobilfunk AG“ durch! Erarbeiten Sie hierfür zunächst die relevanten unternehmensexternen (Chancen/Risiken) und unternehmensinternen Einflussfaktoren (Stärken/Schwächen) der „MIDO Mobilfunk AG“! Erstellen Sie anschließend die SWOT-Matrix!

(c) Leiten Sie die zentrale **Marketingproblemstellung** der „MIDO Mobilfunk AG“ ab!

Aufgabe 2-3

Festlegung der Marktsegmente und Marketingziele

Die „Ziegenmatt AG“ vertreibt ihre Produkte – Zigarren, Pfeifen und Pfeifentabak – vorwiegend über Absatzmittler (Facheinzelhandel für Tabakwaren) im deutschsprachigen Raum. Als Marktsegmente hat man die Segmente „Zigarren“ (z.B. mit der Marke „MatsCigar“) und „Pfeifen“ festgelegt. Auf der letzten Vorstandssitzung der „Ziegenmatt AG“ wurden folgende **Zielvereinbarungen** getroffen: Die Umsatzrendite soll in den kommenden zwei Jahren von sieben auf neun Prozent gesteigert werden. Zudem sollen der Bekanntheitsgrad sowie die Kunden- und Mitarbeiterzufriedenheit gesteigert werden.

(a) Zeigen Sie anhand von Beispielen für die „Ziegenmatt AG“ auf, in welcher **Zielbeziehung** die Ziele Umsatzrendite und Bekanntheitsgrad, Bekanntheitsgrad und Umsatz sowie Kunden- und Mitarbeiterzufriedenheit zueinander stehen!

(b) Inwiefern ist das vom Vorstand vorgegebene **Ziel** der Steigerung der Umsatzrendite unvollständig? Ergänzen Sie fehlende Aspekte!

Aufgabe 2-4

Formulierung der Marketingstrategie

Der Reifenhersteller „Brake AG“ bietet im Marktsegment der Kfz-Bereifung drei verschiedene, qualitativ hochwertige und im Markt bekannte Versionen an: Den Sommerreifen „ClassicSun“, den Sportreifen „BR-Sports“ mit unterschiedlichen Profilen und den Allroundreifen „BrakeAll“, der eine Innovation auf dem Markt für Allroundreifen darstellt. Der Vertrieb erfolgt über Autohäuser, Kfz-Zubehörläden und via Internet (direkt ab Werk). In den letzten Jahren hat der überwiegende Teil der Hersteller fusioniert oder ist aus dem Markt ausgeschieden.

Entwickeln Sie für das Marktsegment der Kfz-Bereifung der „Brake AG“ eine denkbare **Marketingstrategie**!

Aufgabe 2-5

Bestimmung des Marketingbudgets

Die „Lighter GmbH“ ist ein Hersteller von exklusiven Feuerzeugen und Feuerwerkskörpern. Das Marktvolumen für exklusive Feuerzeuge wird für das kommende Jahr auf sechs Mio. Stück geschätzt, der Marktanteil der „Lighter GmbH“ auf sechs Prozent. Als Marketingleiter gehen Sie davon aus, dass sich für die exklusiven Feuerzeuge im kommenden Jahr ein durchschnittlicher Abgabepreis von 200 GE bei variablen Kosten von 150 GE realisieren lässt. Sie erwarten darüber hinaus für die Sparte „Feuerzeuge“ Fixkosten für die Kostenstelle „Gebäude und Fuhrpark“ in Höhe von 2,8 Mio. GE und für „Löhne und Gehälter“ weitere sieben Mio. GE. Auf der letzten Geschäftsleitungssitzung wurde Ihnen mitgeteilt, dass man Ihnen – trotz aller Überzeugungsversuche – lediglich zehn Prozent des Gewinns als **Marketingbudget** für das kommende Jahr bereitstellt.

(a) Über welchen Betrag als **Marketingbudget** werden Sie als Marketingleiter der „Lighter GmbH“ voraussichtlich im kommenden Jahr verfügen?

(b) Wie beurteilen Sie die **Vorgehensweise** der Geschäftsführung bei der Festlegung der Höhe des Marketingbudgets? Welche **alternativen Konzepte** kennen Sie und wie sind diese zu bewerten?

Aufgabe 2-6

Festlegung der Marketingmaßnahmen

Die „Visito GmbH“, ein Anbieter von Visitenkarten und personalisiertem Briefpapier mit hoher Qualität, musste im vergangenen Geschäftsjahr einen Umsatzeinbruch in der Sparte „Visitenkarten“ hinnehmen. Dies wird zum einen auf einen neu in den Markt eingetretenen Konkurrenten zurückgeführt, der seine Visitenkarten über Automaten in Kaufhäusern verkauft. Zum anderen ist durch die zunehmende Ausstattung der Haushalte mit Personal Computern in Verbindung mit qualitativ hochwertigen Druckern ein deutlicher Nachfragerückgang zu verzeichnen gewesen.

Nennen Sie denkbare **Marketingmaßnahmen** für die „Visito GmbH“, die geeignet erscheinen, das Marktsegment „Visitenkarten“ im kommenden Geschäftsjahr wieder in ein Umsatzplus zu führen!

Aufgabe 2-7

Ebenen der Marketingplanung

Sie sind Marketingleiter der „Elekton AG“, einem weltweit tätigen Elektronikhersteller im Bereich Belüftungssysteme. Das Produktprogramm umfasst Ventilatoren und Klimaanlagen. In der Sparte „Ventilatoren“ bietet die „Elekton AG“ Deckenventilatoren unter der Dachmarke „Primeur“ sowie Standventilatoren zum einen als Billigversion unter dem Markennamen „Easy&Cool“ und zum anderen als Luxusversion unter dem Markennamen „Exklusiv“ – jeweils als „Mini“ und als „Maxi“-Version mit jeweils unterschiedlicher Stärke (Watt) an. Produkte der Sparte Klimaanlagen werden unter der Dachmarke „Elekton-Climatic“ vermarktet.

Welche **Ebenen** der Marketingplanung können beispielhaft für die „Elekton AG“ unterschieden werden?

Kapitel 2: Festlegung des Marketingplans (Lösungshinweise)

Lösungshinweise Aufgabe 2-1

Marketing als Managementfunktion erfordert ein systematisches Entscheidungsverhalten. Dieses lässt sich durch den in Schaubild 2-1 dargestellten **idealtypischen Managementprozess** – mit den klassischen Phasen der Analyse, Planung, Durchführung und Kontrolle – realisieren. Von zentraler Bedeutung für das Marketingmanagement ist die kontinuierliche Marketingplanung. Gegenstand der Marketingplanung ist die Analyse- und Planungsphase des Managementprozesses, das Ergebnis ist ein **Marketingplan** (als Jahresplan). Dieser dient dem Marketingverantwortlichen bei der Umsetzung der Marketingaktivitäten in Teilschritten.

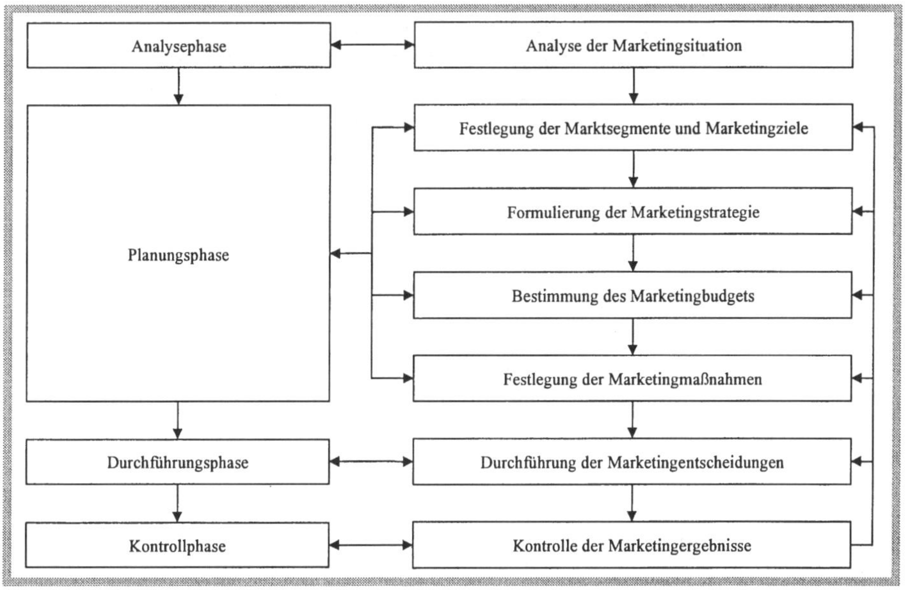

Schaubild 2-1: Marketing als Planungsprozess

Im Rahmen des **Marketingplans** sind die folgenden Fragen zu beantworten:

- Welche **Maßnahmen** werden
- zu welchem **Zeitpunkt** für
- welche **Produkte** mit
- welchem **Aufwand** und mit
- welchem **Ziel** durchgeführt?

Teilaufgabe (a)

Es existieren eine Reihe von Vorteilen, die für die Erstellung eines Marketingplans der „Printfast GmbH" sprechen. Der Marketingplan ist zunächst Ausdruck eines entscheidungsorientierten Vorgehens im Rahmen des Managementprozesses. Dies bedeutet, dass sämtliche Marketingmaßnahmen, die die „Printfast GmbH" durchführt, nicht willkürlich, sondern fundiert und systematisch ausgewählt werden. Der Marketingplan bildet somit für den Marketingmanager und dessen Mitarbeiter die Basis für die Umsetzung der Marketingstrategie.

Der Marketingplan ermöglicht die **Identifikation von Chancen und Risiken**. Hinsichtlich des neu einzuführenden Multifunktionsdruckers „PF-Multi" besteht z.B. die Chance, einen neuen Standard zu setzen, aber auch Risiken, z.B. dass sich neue Produkte anderer Hersteller als Standard durchsetzen oder dass Billiganbieter aus Fernost den Multifunktionsdrucker für die Abnehmer unattraktiv machen. Des Weiteren dient dieser der **Förderung der Ziel- und Zukunftsorientierung**. Dadurch, dass z.B. sämtliche Maßnahmen der Einführung des „PF-Multi" geplant werden, müssen frühzeitig Szenarien der Markteinführung durchdacht und realistische Ziele formuliert werden. Der Marketingplan bedingt und ermöglicht zugleich die **Koordination von Zielen, Strategien und Entscheidungen**. Im Hinblick auf die Markteinführung des „PF-Multi" bedeutet dies, dass z.B. die Entscheidung für eine Exklusivvertriebsstrategie mit der generellen Strategie der Markteinführung (z.B. Setzen eines Standards durch möglichst rasche und breite Marktabdeckung) und mit den formulierten Zielen komplementär sein muss. Der Marketingplan dient auch der **Information und Motivation der Mitarbeiter**. Die Markteinführung eines neuen Produktes ist eine sehr komplexe Aufgabe mit vielen Einzelschritten. Der Marketingplan informiert z.B. darüber, in welcher Phase der Markteinführung sich der „PF-Multi" befindet, welche Ziele bisher erreicht wurden und welche nicht. Die Zerlegung der komplexen Aufgabe „Markteinführung" in kleinere Arbeitsschritte dient schließlich auch der Motivation der Mitarbeiter. Die Festlegung von Zielen, Strategien und Maßnahmen in Form eines Marketingplans unterstützt darüber hinaus die **Erfolgskontrolle**.

Teilaufgabe (b)

Im kommenden Jahr plant die „Printfast GmbH“ die Einführung des neuen Multifunktionsdruckers „PF-Multi“.

Für die Marketingplanung bedeutet dies, dass bereits jetzt sämtliche begleitenden Maßnahmen der Produkteinführung des „PF-Multi“ berücksichtigt werden müssen. Gleichzeitig wird deutlich, dass eine kontinuierliche Marketingplanung stattfinden muss, sollen Veränderungen (etwa im Produktprogramm) der „Printfast GmbH“ berücksichtigt werden. Des Weiteren muss der Marketingplan folgende Anforderungen erfüllen:

Zeitliche Anforderungen: Die Erstellung des Marketingplans für die „Printfast GmbH“ muss frühzeitig erfolgen, d.h., es müssen bereits jetzt sämtliche Maßnahmen etwa für die Einführung des „PF-Multi“ im nächsten Jahr geplant und budgetiert werden.

Inhaltliche Anforderungen: Die Marketingplanung hat vollständig zu erfolgen, d.h. Besonderheiten, wie z.B. die Einführung des „PF-Multi“, müssen in der Marketingplanung berücksichtigt werden.

Formale Anforderungen: Es würde nicht ausreichen, wenn Sie als Marketingleiter mit Ihren Mitarbeitern den Marketingplan lediglich mündlich festlegen. Zum einen bestünde die Gefahr, dass die Verantwortlichen bei nicht ordnungsgemäßer Durchführung von Maßnahmen keine Verantwortung übernehmen, zum anderen könnten wichtige Details einfach in Vergessenheit geraten oder Überschneidungen bei der Durchführung von Maßnahmen (z.B. zeitgleiche Durchführung der Bekanntmachung des neuen Druckers in unterschiedlichen Medien mit einander widersprüchlichen Aussagen) entstehen. Erst die schriftliche Fixierung ermöglicht es, Verbindlichkeit der Planungen zu dokumentieren (sowohl gegenüber der Geschäftsleitung als auch gegenüber den ausführenden Mitarbeitern). Sie ist somit Mittel der internen Kommunikation gegenüber involvierten Personen, aber auch gegenüber anderen Abteilungen usw.

Konzeptionelle Anforderungen: Es sollten bereits jetzt sämtliche Maßnahmen für die Einführung des „PF-Multi“ geplant, festgelegt und budgetiert werden. Falls sich jedoch im Zeitverlauf Änderungen ergeben, z.B. in der Form, dass der Hauptkonkurrent zeitlich vor der Einführung des eigenen Multifunktionsdruckers ein ähnliches Produkt in den Markt einführt, muss genügend Flexibilität (z.B. im

Hinblick auf Werbekampagnen) vorhanden sein, um bestehende Planungen anzupassen, zu ändern oder ganz zu verwerfen.

Organisatorische Anforderungen: Die „Printfast GmbH" hatte in ihren Anfängen noch keine klaren Regelungen darüber, wer im Rahmen des Planungsprozesses für was verantwortlich ist. Als Marketingleiter haben Sie sehr schnell die Notwendigkeit erkannt, dass für eine erfolgreiche Marketingplanung eine möglichst eindeutige und transparente Festlegung der Verantwortlichen und Aufgabenbereiche im Rahmen des Planungsprozesses notwendig ist. Seitdem existiert eine detaillierte Übersicht darüber, wer bis wann mit wem welche Aufgaben im Rahmen des Planungsprozesses zu erfüllen hat.

Lösungshinweise Aufgabe 2-2

Die **Bestimmung der Märkte**, in denen ein Unternehmen aktiv sein möchte, ist wesentlicher Bestandteil der Marketingplanung. Der **relevante Markt** beschreibt das Tätigkeitsfeld eines Unternehmens. Mit der Abgrenzung des relevanten Marktes ergeben sich wichtige Fragestellungen, wie etwa die Bestimmung der Konkurrenzprodukte, die Höhe des Marktanteils u.a.m.

Im Rahmen der Analyse der Marketingsituation kann die **SWOT-Analyse** (**S**trenghts, **W**eaknesses, **O**pportunities, **T**hreats) eingesetzt werden. Hier erfolgt eine systematische Gegenüberstellung der (unternehmensexternen) Chancen und Risiken sowie der (unternehmensinternen) Stärken und Schwächen.

Der **Ablauf einer SWOT-Analyse** besteht allgemein aus vier Schritten:

(1) Erfassung der relevanten unternehmensexternen Einflussgrößen des Unternehmens.

(2) Unternehmensexterne Chancen-Risiken-Analyse.

(3) Unternehmensinterne Stärken-Schwächen-Analyse.

(4) Verknüpfung der unternehmensexternen Chancen und Risiken mit den unternehmensinternen Stärken und Schwächen.

Teilaufgabe (a)

Die Marktabgrenzung für die „MIDO Mobilfunk AG" kann wie folgt vorgenommen werden:

- **Produktorientiert** (eng): Mit ihren hochwertigen Mobiltelefonen konkurriert die „MIDO Mobilfunk AG" mit anderen anerkannten Herstellern (z.B. mit Nokia, Motorola, Ericsson) im Bereich **hochwertiger Mobiltelefone**.

- **Produktorientiert** (weit): Abstrahiert man von der hohen Qualität der Mobiltelefone der „MIDO Mobilfunk AG" und betrachtet den Gesamtmarkt der Produkte, so konkurriert das Unternehmen mit sämtlichen Herstellern von Produkten für **Mobiltelefonie**.

- **Problem-/nutzenorientiert**: Die „MIDO Mobilfunk AG" stellt neben Mobiltelefonen auch mobile Faxgeräte her. Aus Nachfragersicht bestehen unterschiedliche Möglichkeiten, mobil zu kommunizieren – dies kann auch über andere Wege geschehen (z.B. Pager). Insofern ist die „MIDO Mobilfunk AG" auf dem Markt für **Mobilkommunikation** tätig.

- **Nutzenorientiert** (erweitert): Abstrahiert man von der reinen Problemlösungsorientierung der Produkte der „MIDO Mobilfunk AG", dann können weitere Aspekte für die Marktabgrenzung herangezogen werden. Das Produkt „MIDO-Mobitel" beispielsweise kann wegen dessen hochwertigen Image schon als Prestigeobjekt bezeichnet werden (ähnlich wie z.B. einer Uhr von Breitling oder Rolex). Insofern könnte die „MIDO Mobilfunk AG" ihren relevanten Markt auch als Markt für **Lifestyle-Produkte** ansehen.

Teilaufgabe (b)

Für die „MIDO Mobilfunk AG" ergibt sich der folgende Ablauf bei der Erstellung der SWOT-Matrix:

(1) Auflistung der relevanten unternehmensexternen Einflussgrößen

Für die Erfassung relevanter unternehmensexterner Einflussgrößen empfiehlt sich ein systematisches Vorgehen. Dabei können verschiedene unternehmensexterne Situationsbereiche (quantitative und qualitative Faktoren) einbezogen werden, die die „MIDO Mobilfunk AG" beeinflussen bzw. für die Marketingaktivitäten von Bedeutung sind, die gleichzeitig von dem Unternehmen selbst nicht (oder nur geringfügig) beeinflusst werden können. Hier können genannt werden:

- **Quantitativ**: Steigende Zahl der Konkurrenten, positive Entwicklung des Marktvolumens.

- **Qualitativ**: Technologiedynamik (neue Übertragungsstandards), höhere Anforderungen der Konsumenten.

Von großer Bedeutung sind auch **Prognosen** über die zukünftige Entwicklung der Marketingdaten, die bei der „MIDO Mobilfunk AG“ künftig auf Basis von Daten der Vergangenheit vorgenommen werden könnten (Trends).

(2) Externe Chancen-Risiken-Analyse

Nachdem im ersten Schritt eine Auflistung unternehmensexterner Größen erfolgte, sind nun die Marktchancen und -risiken der „MIDO Mobilfunk AG“ aufzulisten.

Chancen der „MIDO Mobilfunk AG“:

- Wachstum des deutschen Marktes für Mobiltelefone,
- Wachstum der internationalen Märkte für Mobiltelefone,
- neue Übertragungsstandards (z.B. UMTS) in der Mobiltelefonie.

Risiken der „MIDO Mobilfunk AG“:

- Steigende Erwartungen der Kunden an die Leistungsqualität (Erreichbarkeit, Individualität usw.),
- hohe Macht auf Seiten der Telekommunikationsunternehmen,
- aggressives Auftreten neuer Billigkonkurrenten im deutschen Markt,
- vermehrt strategische Allianzen konkurrierender Anbieter.

(3) Interne Stärken-Schwächen-Analyse

Im Vergleich zur Konkurrenz sind nun unter Berücksichtigung der Marktstellung und den zur Verfügung stehenden Ressourcen die **Stärken und Schwächen** der „MIDO Mobilfunk AG“ herauszuarbeiten. Die Stärken der „MIDO Mobilfunk AG“ liegen dabei in der relativen Fähigkeit, im Vergleich zum Wettbewerb Marktchancen zu nutzen bzw. Marktrisiken zu entgehen.

Stärken der „MIDO Mobilfunk AG“:

- Führende Position im Segment qualitativ hochwertiger Mobiltelefone,
- Kooperationen mit den wichtigsten Telekommunikationsunternehmen,
- sehr gutes Image der Produkte.

Schwächen der „MIDO Mobilfunk AG“:

- Kein serienreifes, internetfähiges Mobiltelefon,
- lange Produktentwicklungszeiten.

(4) Verknüpfung der unternehmensexternen Chancen-Risiken mit den unternehmensinternen Stärken-Schwächen

Im Rahmen der SWOT-Analyse erfolgt die Zusammenführung von unternehmensinternen und -externen Faktoren in Form einer **SWOT-Matrix** (vgl. Schaubild 2-2).

	Chancen	Risiken
Stärken	Weltweit wachsende Mobiltelefonmärkte Kooperation mit den wichtigsten Telekommunikationsunternehmen	Konzentrationstendenzen auf dem Markt der Mobilfunkanbieter Qualitativ hochwertige Mobiltelefone
Schwächen	Neue Übertragungsstandards in der Mobiltelefonie Lange Produktentwicklungszeiten	Steigende Erwartungen der Kunden an Leistungsqualität Kein serienreifes, internetfähiges Mobiltelefon

Schaubild 2-2: SWOT-Matrix der „MIDO Mobilfunk AG"

Teilaufgabe (c)

Durch die Kooperation mit den wichtigsten Telekommunikationsunternehmen eröffnet sich der „MIDO Mobilfunk AG" die Möglichkeit, am weltweit wachsenden Markt für Mobiltelefone zu partizipieren. Zwar sind zunehmend Konzentrationstendenzen auf dem Markt für Mobilfunkanbieter zu beobachten, was die Wettbewerbsintensität erhöhen und die Renditen mittel- bis langfristig schmälern könnte, dem kann die „MIDO Mobilfunk AG" jedoch entgegensetzen, dass sie qualitativ hochwertige Mobiltelefone verkauft.

Der Markt für Mobilkommunikation ist gekennzeichnet durch eine Technologiedynamik. Dies drückt sich beispielsweise in der Entwicklung neuer Übertragungsstandards aus (z.B. UMTS). Hier besteht die Chance für innovative Unternehmen, bessere Technologien zu entwickeln, neue Standards zu setzen und dadurch neue Märkte zu erschließen. Die „MIDO Mobilfunk AG" produziert zwar Mobiltelefone mit hoher Qualität, die Produktentwicklungszeiten sind jedoch zu lang, so dass die Gefahr besteht, dass das Unternehmen künftig mit den neuesten Entwicklungen nicht Schritt halten kann. Einhergehend mit den steigenden Erwartungen der Kunden an die Leistungsqualität besteht aktuell für die „MIDO Mobilfunk AG" ein dringender Handlungsbedarf – und das ist die **zentrale Marketingproblemstellung** – bezüglich der Entwicklung eines internetfähigen Mobiltelefons. Es besteht sonst die Gefahr, dass nicht nur die Endkunden, sondern auch die Telekommunikationsunternehmen – sollte sich die Nutzung des Internets über Mobiltelefone als Standard durchsetzen – von der „MIDO Mobilfunk AG" zur Konkurrenz abwandern. Als mögliche Lösung für letzteres Problem sind z.B. das Outsourcing der F&E-Abteilung, die Kooperation mit einem Konkurrenten im Bereich F&E oder der Einkauf von Know-how zu nennen.

Lösungshinweise Aufgabe 2-3

Neben der Bestimmung des relevanten Marktes und der Festlegung der Marktsegmente ist auch die **Bestimmung von Zielen** von hoher Bedeutung für den Unternehmenserfolg. Damit Ziele neben der Motivationsfunktion auch die Steuerungs- und Kontrollfunktion erfüllen können, müssen diese nach unterschiedlichen Aspekten spezifiziert (operationalisiert) werden. Die **Operationalisierung von Zielen** muss im Hinblick auf die folgenden Aspekte erfolgen:

- dem **Zielinhalt** (Was soll erreicht werden?),
- dem **Zielausmaß** (In welchem Umfang soll das Ziel erreicht werden?),
- dem **Zielsegment** (In welchem Marktsegment soll das Ziel erreicht werden?),
- dem **Zielgebiet** (In welchem Gebiet soll das Ziel erreicht werden?) und
- der **Zielperiode** (Bis wann soll das Ziel erreicht werden?).

Zu unterscheiden sind komplementäre, konfligierende und indifferente Zielbeziehungen:

- **Komplementär**: Die Erreichung von Ziel A unterstützt die Erreichung von Ziel B.
- **Konfligierend**: Die Erreichung von Ziel A beeinträchtigt die Erreichung von Ziel B.

- **Indifferent:** Die Erreichung von Ziel A hat keinen Einfluss auf die Erreichung von Ziel B.

Teilaufgabe (a)

Folgende **Zielbeziehungen** der „Ziegenmatt AG" können genannt werden:

- **Umsatzrendite und Bekanntheitsgrad**: Die Schaffung eines hohen Bekanntheitsgrades (z.B. des Markennamens „MatsCigar") setzt i.d.R. den Einsatz intensiver Kommunikationsmaßnahmen voraus, die Kosten verursachen. Zwar kann erreicht werden, dass die Erhöhung des Bekanntheitsgrades zu erhöhten Umsätzen führt, gleichzeitig steigen aber auch die Kosten. Die „Ziegenmatt AG" muss hier den goldenen Mittelweg suchen. Somit handelt es sich um **konfligierende** Zielsetzungen.
- **Bekanntheitsgrad und Umsatz**: Bei der „Ziegenmatt AG" war die Schaffung eines hohen Bekanntheitsgrades i.V.m. einem guten Image über Jahre hinweg das erklärte Ziel aller Anstrengungen. Man ging davon aus, dass ein hoher Bekanntheitsgrad (vorökonomisches Ziel) die Kauf- und Verwendungsbereitschaft, z.B. der „MatsCigar"-Kunden, erhöhen würde. Dass diese Annahme richtig war, zeigte sich daran, dass im Laufe der Zeit sämtliche Fachgeschäfte mit einem guten Namen die Produkte der „Ziegenmatt AG" in ihr Sortiment aufnahmen. So konnten hohe Umsatzsteigerungen erreicht werden. Es handelt sich somit um **komplementäre** Zielsetzungen.
- **Mitarbeiterzufriedenheit und Kundenzufriedenheit**: Bei der „Ziegenmatt AG" geht man davon aus, dass eine hohe Mitarbeiterzufriedenheit die Höhe der Kundenzufriedenheit begünstigt. Aus diesem Grunde hat man bei der „Ziegenmatt AG" eine Abteilung Personalentwicklung etabliert und ist bestrebt, hochmotivierte und kompetente Mitarbeiter als Vertreter in die Fachgeschäfte zu entsenden. Folglich handelt es sich auch hier um **komplementäre** Zielsetzungen.

Teilaufgabe (b)

Das vom Vorstand der „Ziegenmatt AG" postulierte Ziel der Steigerung der Umsatzrendite von sieben auf neun Prozent in den kommen zwei Jahren ist spezifiziert nach dem Zielinhalt (Steigerung der Umsatzrendite), dem Zielausmaß (zwei Prozent) und der Zielperiode (zwei Jahre). Es fehlt die Spezifizierung nach dem **Zielsegment** und dem **Zielgebiet**. Eine Spezifizierung müsste beispielsweise für Pfeifenraucher (Zielsegment) und die Stadt München (Zielgebiet) erfolgen. Eine

Spezifizierung der Ziele der Steigerung des Bekanntheitsgrades sowie der Kunden- und Mitarbeiterzufriedenheit fehlt völlig.

Lösungshinweise Aufgabe 2-4

Die **Marketingstrategie** gibt die mittel- bis langfristigen Schwerpunkte in der Marktbearbeitung eines Unternehmens – insbesondere im Hinblick auf die differenzierte Kundenbearbeitung, die Zusammenarbeit mit Absatzmittlern oder die Abgrenzung gegenüber der Konkurrenz – wieder und ist für jedes Marktsegment zu entwickeln.

Die Marketingstrategie dient dem Unternehmen dazu, die zentrale **Marketingproblemstellung** zu lösen, um dadurch die Marketingziele zu erreichen.

Eine mögliche Strategie für die „Brake AG" besteht darin, der zunehmenden Wettbewerbsintensität und Konzentrationstendenzen in der Branche durch einen verstärkten Einsatz der Marketinginstrumente zu begegnen und dabei die hohe Qualität der eigenen Produkte („ClassicSun"), die hohe Bedeutung im Bereich Sportbereifung („BR-Sports") sowie die Innovativität der eigenen Produkte („BrakeAll") den Kunden als Wettbewerbsvorteile gegenüber der Konkurrenz zu kommunizieren.

Lösungshinweise Aufgabe 2-5

Gleichzeitig mit der Planung der Marketingmaßnahmen sind die finanziellen Möglichkeiten des Unternehmens zu prüfen, die für die Zielerreichung (z.B. Bekanntheitsgrad) bzw. den Einsatz der Marketinginstrumente zur Verfügung stehen. Die Durchführbarkeit einer Marketingstrategie hängt somit in entscheidendem Maße von der **Höhe des Marketingbudgets** ab. Der Festlegung der Höhe des Marketingbudgets schließt sich dessen Aufteilung auf die verschiedenen Marketingabteilungen und Planungsobjekte an.

Die **Budgetplanung** vollzieht sich somit in folgenden Schritten: (1) Bestimmung der Budgethöhe, (2) sachliche und zeitliche Verteilung des Budgets auf Marketinginstrumente, Produkte, Kundengruppen, Vertriebskanäle usw.

Teilaufgabe (a)

Entsprechend dem geschätzten Marktvolumen von sechs Mio. verkauften Feuerzeugen im nächsten Jahr und einem prognostizierten Marktanteil von sechs Prozent kann davon ausgegangen werden, dass die „Lighter GmbH" im kommenden Jahr 360.000 exklusive Feuerzeuge verkaufen wird (Absatzvolumen). Bei einem Verkaufspreis von 200 GE ergibt sich hieraus ein Umsatzvolumen von 72 Mio. GE. Die Kosten für die Produktion von 360.000 Feuerzeugen betragen bei variablen Kosten von 150 GE pro Stück zunächst 54 Mio. GE. Es verbleibt somit ein Deckungsbeitrag von 18 Mio. GE. Berücksichtigt man in einem nächsten Schritt auch die fixen Kosten in Höhe von 2,8 Mio. GE für „Gebäude und Fuhrpark" sowie weitere sieben Mio. GE für „Löhne und Gehälter", so errechnet sich ein Gewinn in Höhe von 8,2 Mio. GE. Ihnen als Marketingleiter steht somit im folgenden Jahr ein **Marketingbudget** in Höhe von 820.000 GE zur Verfügung (vgl. Schaubild 2-3).

Marktvolumen	6.000.000 Stück
Marktanteil	6%
Absatzvolumen	360.000 Stück
Abgabepreis	200 GE
Umsatzvolumen	72.000.000 GE
Variable Kosten (pro Stück)	150 GE
Variable Kosten (gesamt)	54.000.000 GE
Deckungsbeitrag (DB)	18.000.000 GE
Löhne und Gehälter	7.000.000 GE
Gebäude und Fuhrpark	2.800.000 GE
Fixkosten (gesamt)	9.800.000 GE
Gewinn	8.200.000 GE
Anteil Ausgaben für Marketing	10%
Marketingbudget	820.000 GE

Schaubild 2-3: Schema zur Ermittlung des Marketingbudgets der „Lighter GmbH"

Teilaufgabe (b)

Die unter (a) beschriebene Vorgehensweise entspricht nicht dem Verständnis der marktorientierten Unternehmensführung des Marketing. Das Verfahren ist zum einen aufgrund der zahlreichen Schätzungen **subjektiv** (und damit auch manipulierbar), zum anderen ermittelt sich das Marketingbudget – rein verfahrenstechnisch – als Residualgröße. Damit wird der **Ursache-Wirkungs-Zusammenhang** zwischen Marketingaufwendungen und Markterfolg nicht berücksichtigt. Dieses Ermittlungsverfahren ist zum einen **ineffizient**, zum anderen können erhebliche **Risiken** für die „Lighter GmbH" entstehen: Erzielt die „Lighter GmbH" hohe Gewinne, wird möglicherweise ein zu hoher, d.h. ineffizienter Betrag für Marketingmaßnahmen ausgegeben. Realisiert die „Lighter GmbH" hingegen Verluste, müsste gerade in Marketing investiert werden, um wieder in die Gewinnzone zu kommen.

Der Grundgedanke des Marketing als marktorientierter Unternehmensführung ist, dass der **Einsatz des Marketing** den Umsatz stimulieren und nicht aus ihm resultieren soll.

Der „Lighter GmbH" stehen weitere alternative Ermittlungsverfahren für die Höhe des Marketingbudgets zur Verfügung:

- Prozentwert vom **Umsatz**,
- Orientierung am **Vorjahr**,
- Orientierung an Erfahrungswerten bzw. Durchschnitt der **Konkurrenz**.

Die hier genannten Verfahren wären für die „Lighter GmbH" zwar einfach, kostengünstig und schnell durchführbar. Allerdings sind diese ebenfalls subjektiv und berücksichtigen nicht den Ursache-Wirkungs-Zusammenhang.

Ebenfalls relativ einfach, aber den Ursache-Wirkungs-Zusammenhang beachtend, ist die sog. **Ziel-Maßnahmen-Kalkulation:** Bei diesem Verfahren werden in einem ersten Schritt die Marketingziele festgelegt, die durch das zu bestimmende Budget erreicht werden sollen (z.B. „Steigerung des Marktanteils bei exklusiven Feuerzeugen auf acht Prozent"). Anschließend ist zu überlegen, welche Maßnahmen zur Erreichung dieser Ziele notwendig sind (z.B. wöchentliche Schaltung einer doppelseitigen Farbanzeige in jeweils drei als exklusiv geltenden Zeitschriften). Die Summe der Kosten dieser Maßnahmen stellt dann das Marketingbudget dar.

Die „Lighter GmbH" könnte noch eine weitere Möglichkeit der Ermittlung des Marketingbudgets in Erwägung ziehen: Der **Einsatz von Optimierungsverfah-**

ren. Diese ermöglichen es zum einen, den Ursache-Wirkungs-Zusammenhang zu berücksichtigen sowie sämtliche relevante Einflussfaktoren mit in die Ermittlung einzubeziehen. Dafür sind diese Verfahren aber wesentlich aufwendiger, komplexer und zudem mit Unsicherheiten behaftet (z.B. Ermittlung der Marktreaktionsfunktion für Feuerzeuge – wie reagieren die Nachfrager auf die eingesetzten Marketinginstrumente, wie z.B. Werbebudget und Preis, unter Beachtung der Konkurrenzaktivitäten?).

Lösungshinweise Aufgabe 2-6

Die Planung des **Einsatzes der Marketinginstrumente** führt im Ergebnis zu einer nach Zeiteinheiten differenzierten Planung von Marketingmaßnahmen. Am Ende des Planungsprozesses steht die Marketingkontrolle, im Rahmen derer die Durchführung der Maßnhamen, der Zielerreichungsgrad sowie die Effizienz der getroffenen Marketingentscheidungen überprüft wird.

Für die „Visito GmbH" könnte der Einsatz folgender Marketinginstrumente bzw. -maßnahmen im Bereich der Produkt- bzw. Kommunikationspolitik sinnvoll sein:

- Durch die Veränderung der **Verpackungsgestaltung** – etwa einer praktischen, aber gleichzeitig exklusiv anmutenden Schachtel – der distribuierten Visitenkarten könnten Kaufpräferenzen für die eigenen Visitenkarten geschaffen werden, weil eine solche Verpackung weder mit dem PC hergestellt, noch am Automaten der Konkurrenz erworben werden kann.
- Denkbar wäre auch eine Veränderung im **Produktdesign**, z.B. das Anbieten neuer unkonventioneller Visitenkarten, etwa mit Elementen aus der Natur (Federn o.ä.).
- Von zentraler Bedeutung erscheint darüber hinaus die Anpassung der Werbestrategie, entweder hinsichtlich der **Werbebotschaft** oder hinsichtlich der genutzten **Medien**. Maßgebend für die Auswahl einer geeigneten Werbebotschaft bzw. des Mediums ist das Erreichen einer UCP (Unique Communication Proposition), um potenzielle Kunden auf die Vorteile der „Visito"-Produkte aufmerksam zu machen. Möglicherweise gelingt dies schon durch eine Anpassung der Werbebotschaft (z.B. „Ihre Visitenkarte kommt bei uns nicht aus dem Automaten").
- Denkbar wären auch spezielle Aktionen der **Verkaufsförderung** am Point of Sale, d.h. in den Kaufhäusern. Hier könnte sogar der Qualitätsunterschied

der „Visito“-Visitenkarten gegenüber denen aus dem Automaten demonstriert werden.

Analog könnten auch – ergänzend oder alternativ – zu den genannten Maßnahmen der Produkt- und Kommunikationspolitik für die Instrumente Preis- und Vertriebspolitik gezielte Maßnahmen geplant werden.

Lösungshinweise Aufgabe 2-7

Die Marketingplanung kann auf verschiedenen Ebenen erfolgen. Eine Übersicht über die **Ebenen der Marketingplanung** vermittelt Schaubild 2-4.

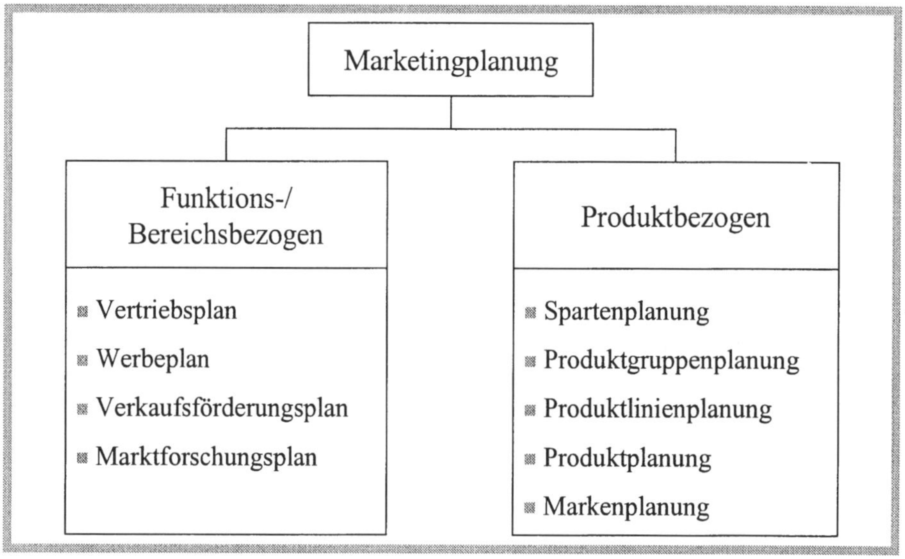

Schaubild 2-4: Ebenen der Marketingplanung bei der „Elekton AG“

Nach dem Objektbezug der Marketingplanung können für die Marketingplanung bei der „Elekton AG“ folgende zwei **Planungstypen** unterschieden werden:

(1) Funktions- oder bereichsbezogene Marketingplanung

Die **funktionsbezogenen** Marketingpläne können für die „Elekton AG“ zum einen als Ganzes, zum anderen aber auch für einzelne Geschäftsbereiche (z.B. Klimaanlagen und Ventilatoren) erstellt werden.

Mit der Festlegung des Objektbezugs der Planung ist auch die **Hierarchie der Marketingplanung** festzulegen. Zu unterscheiden sind die folgenden Planungsverfahren:

- **„Top-down-Planung"**: Hier ist der Gesamtplan der „Elekton AG" maßgeblich für die Erstellung der Bereichspläne (Vorgabe).
- **„Bottom-up-Planung"**: In diesem Planungsverfahren werden die einzelnen Bereichspläne zu einem Gesamtplan der „Elekton AG" aggregiert.
- **„Down-up-Planung"**: Hier erfolgt zunächst die Festlegung eines Rahmenplans auf Unternehmensebene („Elekton AG"), der anschließend auf Bereichsebene (z.B. Kundendienst für Klimaanlagen) zu konkretisieren ist.

Des Weiteren ist die **Zuständigkeit** der Marketingplanung auf den unterschiedlichen Ebenen festzulegen. Je nach Planungsbereich existieren verschiedene **Träger der Marketingplanung**: Als Marketingleiter tragen Sie die Verantwortung für den Gesamtplan, die Abteilungs- oder Bereichsleiter hingegen jeweils für ihre Abteilungs- bzw. Bereichspläne (z.B. Kundendienst Klimaanlagen, Reparaturservice Ventilatoren) und die Produktmanager für ihre Markenplanung (z.B. „Primeur", „Easy&Cool", „Elekton-Climatic").

(2) Produktbezogene Marketingplanung

Gegenstand der **produktbezogenen Marketingplanung** ist das Leistungsprogramm der „Elekton AG". Je nach Umfang können unterschieden werden:

- **Spartenplanung**: Diese bezieht sich auf verschiedene Produktklassen, die ein Kernbedürfnis der Kunden erfüllen (Sparte „Ventilatoren").
- **Produktgruppenplanung**: Hier erfolgt die Erstellung des Plans für eine Gruppe von Produkten, die innerhalb der Sparte ausgewählte Bedürfnisbereiche befriedigen, z.B. der Marketingplan für die Produktgruppe „Standventilatoren".
- **Produktlinienplanung**: Diese bezieht sich auf eine Reihe von Produkten, die in einem Bedarfszusammenhang stehen, z.B. der Marketingplan für die Produktlinie „Standventilatoren", und etwa der Billiglinie „Easy&Cool", also preisgünstigen Standventilatoren, die in erster Linie jüngere Zielgruppen ansprechen.
- **Produktplanung**: Hier erfolgt die Planung auf der Ebene verschiedener Produkttypen einer Produktlinie, z.B. der Marketingplan für die Produkttypen „Easy&Cool Mini" und „Easy&Cool Maxi".

- **Markenplanung**: Hier wird auf der Basis einzelner Markennamen der Produktlinie („Easy&Cool Mini 400W") bzw. einzelne Produkte (Dachmarke oder Einzelmarke) geplant, z.B. der Marketingplan für die Dachmarke „Easy&Cool" oder für die Einzelmarke „Primeur".

Die Planung erfolgt auch hier entweder „Top-down", „Bottom-up" oder „Down-up".

Kapitel 3: Entwicklung von Marketingstrategien (Aufgaben)

Aufgabe 3-1

Begriff und Merkmale von Marketingstrategien

Die „PUK GmbH“ ist ein Hersteller von Bürostühlen. Ihnen liegt eine aktuelle Marktprognose für Bürostühle vor, die von einem Wachstum des Marktpotenzials in Höhe von 15 Prozent für die kommenden zwei Jahre (Planungshorizont) ausgeht. Das Marktvolumen aller Wettbewerber im nationalen Markt hingegen soll lediglich um acht Prozent steigen. Die „PUK GmbH“ will die Zahl der Mitarbeiter deutlich aufstocken, weil mit den bestehenden Ressourcen die Aufträge nicht mehr zufrieden stellend bearbeitet werden können: Für einige Produkte existiert heute eine Warteliste von sechs Monaten. Als Marketingziele wurden die Erhöhung der Lieferbereitschaft und damit auch der Kundenzufriedenheit sowie die Erhöhung des Marktanteils festgelegt. Aus der Vergangenheit weiß man, dass die Werbewirkung von TV im Markt für Bürostühle am höchsten ist.

Als externer Berater ist es Ihre Aufgabe, die Geschäftsleitung bei der Entwicklung und Planung der Marketingstrategie zu unterstützen.

(a) Welche **Merkmale** sind kennzeichnend für die zu erstellende Marketingstrategie der „PUK GmbH“?

(b) Stellen Sie die **Anforderungen** dar, die bei der Planung der Marketingstrategie für die „PUK GmbH“ zu berücksichtigen sind! Wie sehen diese im vorliegenden Fall aus?

Aufgabe 3-2

Typen von Marketingstrategien

Die „Klim AG“ ist ein Hersteller von Bergsteigerausrüstung. Sie vertreibt ihre Produkte bisher nur über den Sportfachhandel. Sämtliche Produkte sind mit dem

Markenzeichen „KLIM" versehen. Die Marke „KLIM" hat ein hohes Qualitätsimage, gleichzeitig sind die Produkte im Hochpreisniveau angesiedelt. Die Geschäftsleitung überlegt derzeit, ob die Marketingstrategie geändert werden soll. Grund für diese Überlegungen ist ein rückläufiger Umsatz durch vermehrte Kundenabwanderung hin zu Handelsmarken kostengünstigerer Betriebsformen des Handels (z.B. Kaufhäuser). Gleichzeitig hat sich die Konkurrenzintensität auf dem Markt für Bergsteigerausrüstung verstärkt, nachdem die zwei größten Hauptkonkurrenten der „Klim AG" fusioniert haben. Eine Marktforschungsstudie hat ergeben, dass die Marke „KLIM" unter Profis noch die erste Wahl ist.

Welche **Marktbearbeitungsstrategie** auf unterschiedlichen Ebenen hatte die „Klim AG" bisher? Nennen Sie mögliche Ansatzpunkte für eine Neuausrichtung vor dem Hintergrund der dargestellten Problemsituation!

Aufgabe 3-3

Bildung Strategischer Geschäftseinheiten

Das Verlagsunternehmen „Amazonas AG" hat mit seinen vier Produkten im nationalen Markt nach 17 Jahren inzwischen eine bedeutende Stellung erlangt. In den Jahren 1998 und 1999 verschlechterte sich die Geschäftslage alarmierend. Der Konzernumsatz ging um ca. 35 Prozent von 1,45 Mrd. GE (1998) auf 942 Mio. GE (1999) zurück. Bisher orientierte man sich bei der Planung von Strategien stets an den vergangenen Umsätzen des Unternehmens – ein Planungsansatz, der in der gegebenen Situation nicht mehr tragfähig ist. Aufgrund der akuten Notlage des Unternehmens und der schwierigen Marktlage entschließt sich das Unternehmen daher, eine Projektgruppe „Strategische Planung" zu bilden. Zur Unterstützung der Projektgruppe werden Sie als externer Berater herangezogen.

In einem ersten Schritt werden zunächst **Strategische Geschäftseinheiten** des Unternehmens gebildet, die der strategischen Planung künftig zugrunde gelegt werden sollen. Aufgrund der aktuellen und zukünftigen Marktstellung definiert die Projektgruppe die vier folgenden SGE´s:

SGE 1: Tageszeitung

SGE 2: Lexikon

SGE 3: Sportmagazin

SGE 4: Wirtschaftsmagazin

Die Strategische Geschäftseinheit „Tageszeitung" stellt das Kerngeschäft der „Amazonas AG" dar. Bei der Tageszeitung handelt es sich um eine überregional anerkannte Tageszeitung, die auch im benachbarten europäischen Ausland verkauft wird. Die gesamte Organisation der „Amazonas AG" soll den neuen Strategischen Geschäftseinheiten angepasst werden.

(a) Skizzieren Sie kurz die **Anforderungen**, die bei der Bildung Strategischer Geschäftseinheiten zu berücksichtigen sind! Welche **Kritikpunkte** sprechen gegen die Auswahl der Strategischen Geschäftseinheiten bei der „Amazonas AG"?

(b) Nehmen Sie die Definition Strategischer Geschäftseinheiten für die „Amazonas AG" mit Hilfe des dreidimensionalen **Bezugsrahmens** von *Abell* vor und erläutern Sie die einzelnen Schritte! Welche **Fragen** sind bei der Bildung Strategischer Geschäftseinheiten zu stellen? Unterziehen Sie das Verfahren anschließend einer **kritischen Würdigung**!

Aufgabe 3-4

Auswahl und Abgrenzung von Marktsegmenten

Die „Zertar AG" ist ein Hersteller von EDV-Zubehör. Im Leistungsprogramm hat das Unternehmen eine Vielzahl von Produkten, die jeweils einer der beiden bestehenden SGE´s zugeordnet sind. Die SGE 1 „EDV-Zubehör für Endanwender" umfasst in erster Linie PC-Zubehör für den Heimbedarf, dazu zählen technisches Zubehör (Adapter, Kabel usw.), Peripheriegeräte (z.B. Scanner) und Software (z.B. Antivirenprogramme). Die SGE 2 „EDV-Zubehör für industrielle Großabnehmer" beinhaltet neben PC-Zubehör auch hochkomplexe Peripheriegeräte (z.B. maßgefertigte Steuerungsmodule für Produktionsstraßen). Insofern bietet die „Zertar AG" zum einen eine breite Produktpalette „einfachen" Zubehörs, zum anderen aber auch hochspezialisierte Nischenprodukte an. Die Produkte der SGE 1 werden über den Großhandel an Wiederverkäufer distribuiert. Eine Marktforschungsstudie hat ergeben, dass die Kunden von Produkten der SGE 1 überwiegend männlich und zwischen 14 und 65 Jahre alt sind. Die Studie hat drei Kundengruppen identifiziert, mit denen der Großteil des Umsatzes in der SGE 1 erwirtschaftet wird: (1) männliche Personen zwischen 14-25 Jahren (Produkte wie Grafikkarten, Joysticks usw.), (2) männliche Personen zwischen 25-49 Jahren (Laserdrucker, Beamer, Adapter) sowie (3) männliche Personen zwischen 49-65 Jahren (Internetkarten). Die Profitabilität der SGE 1 ist – im Vergleich zur SGE 2 – sehr niedrig. Dies wird auf die undifferenzierte Marktbearbeitung (z.B. keine auf Kundengruppen zugeschnittenen Werbekampagnen) zurückgeführt. Deshalb hat die Geschäftsleitung Sie beauftragt, im Rahmen einer Marktsegmentierung geeignete Marktsegmente für die SGE 1 auszuwählen und abzugrenzen, für die sich eine differenzierte Marktbearbeitung lohnt. Bei dieser Gelegenheit sollen auch gleich die bestehenden Marktsegmente der SGE 2 überprüft werden.

(a) Welche **Anforderungen** sind an die Kriterien zur Bildung von Marktsegmenten bei der „Zertar AG“ zu stellen?

(b) Nach welchen **Kriterien** sollte die Auswahl und Abgrenzung von Marktsegmenten für die SGE 1 „EDV-Zubehör für Endanwender“ der „Zertar AG“ vorgenommen werden? Bilden Sie Ihnen geeignet erscheinende **Marktsegmente** für die SGE 1 der „Zertar AG“!

(c) Welche Besonderheiten sind bei der SGE 2 zu beachten und welche **Kriterien** sollten zur Bildung von Marktsegmenten der SGE 2 „EDV-Zubehör für industrielle Großabnehmer“ der „Zertar AG“ herangezogen werden?

(d) Welche **Marktbearbeitungsstrategie** verfolgt die „Zertar AG“ mit ihren Produkten in den SGE 1 und 2?

Aufgabe 3-5

Lebenszyklusanalyse

Die „Negada GmbH“ stellt Fotoapparate und Videokameras für den deutschen Markt her. Im Angebot hat das Unternehmen vier Produkte. Der Fotoapparat „Negda classic“ ist eine herkömmliche Kleinbildkamera. Seit einigen Jahren ist die Umsatzentwicklung der „Negda classic“ rücklaufig, das Marktpotenzial ist weitgehend ausgeschöpft (gesättigter Markt) und es finden überwiegend nur noch Ersatzkäufe statt. Seit einiger Zeit bietet die „Negada GmbH“ eine Panoramabildkamera mit dem Namen „Negda panorama“ an. Inzwischen hat das Produkt einen hohen Bekanntheitsgrad erreicht und es werden hohe Zuwachsraten erzielt. Im vergangen Jahr wurde mit diesem Produkt erstmals die Gewinnzone erreicht. Bei dem neuesten Produkt der „Negada GmbH“ handelt es sich um eine Digitalkamera mit dem Namen „Negda Digital“, die die Fotoaufnahmen auf einem Mikrochip speichert. Die gespeicherten Bilder können anschließend mittels PC bearbeitet und ausgedruckt werden oder zur professionellen Entwicklung an einen Dienstleister gegeben werden. Für die Entwicklung dieses neuen Hoffnungsträgers musste die „Negada GmbH“ zahlreiche Investitionen tätigen. Der Umsatz, der mit der „Negda Digital“ erzielt wird, ist noch sehr gering. In der Folge realisiert die „Negada GmbH“ hier negative Deckungsbeiträge. Es scheint, als würden lediglich neugierige „Technikfreaks“ dieses Produkt kaufen. Ein weiteres Produkt ist eine VHS-Videokamara mit dem Namen „Negda Video“. Hier erfolgte in den vergangenen Jahren eine weitere absolute Marktausdehnung, die Wachstumsraten des Produktumsatzes nehmen jedoch ab. Die Folge ist eine sinkende Umsatzrentabilität. Der zuständige Produktmanager sieht sich der Problematik einer nachlassenden Wirkung der Marketinginstrumente gegenüber.

(a) Ordnen Sie die Produkte der „Negada GmbH“ der entsprechenden Phase des **Produktlebenszyklus** zu! Nennen Sie je einen möglichen Ansatzpunkt für die Ableitung strategischer Entscheidungen über den Einsatz von Marketinginstrumenten für jedes der Produkte!

(b) Welche zusätzlichen Implikationen für das strategische Marketing ergeben sich aus der **Marktlebenszyklusanalyse** für die Produkte?

Aufgabe 3-6

Positionierungsanalyse

Als Produktmanager der Strategischen Geschäftseinheit „Körperpflege“ der „BODYCARE AG“ sind Sie für die folgenden sechs Körperpflegeprodukte verantwortlich:

- **Produkt A**: „BODY woman special“ (Feuchtigkeitscreme für Damen ab 50).
- **Produkt B**: „BODY woman“ (Feuchtigkeitscreme für die Dame).
- **Produkt C**: „BODY man“ (Feuchtigkeitscreme für den Mann).
- **Produkt D**: „BODY J1“ (Anti-Falten Lotion für die Dame).
- **Produkt E**: „BODY dryhair“ (Haarwaschmittel für trockenes Haar).
- **Produkt F**: „BODY hair“ (Haarwaschmittel für normales Haar).

Geplant ist die Neueinführung eines neuartigen Haarwaschmittels auf Kräuterbasis mit dem Namen „BODY herb“. Mit Hilfe einer **Positionierungsanalyse** sollen die spezifischen Leistungsmerkmale der neuen Marke „BODY herb“ festgelegt werden. Der relevante Merkmalsraum wurde auf der Grundlage zweier Dimensionen, reinigend/schonend und Shampoo/Pflegespülung, festgelegt. Bei der Befragung einer repräsentativen Stichprobe wurde ermittelt, dass bei einem

Großteil der Konsumenten die Idealvorstellungen im Feld reinigend/Pflegespülung liegen (vgl. Schaubild 3-1).

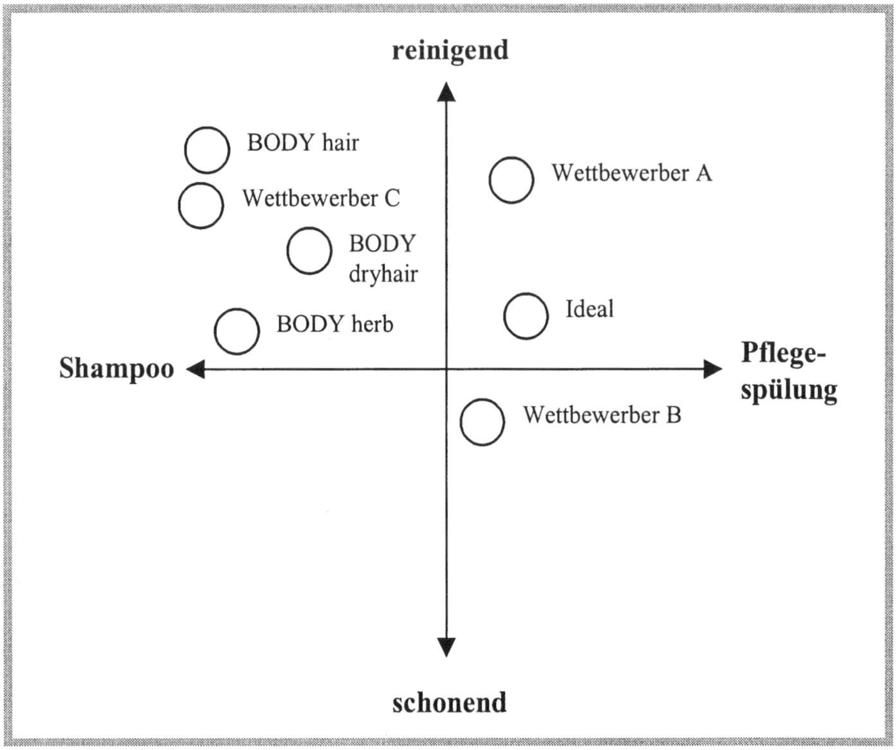

Schaubild 3-1: Positionierungsanalyse der „BODYCARE AG"

(a) Erläutern Sie die **Ziele und Aufgaben** der Positionierungsanalyse! Welche Informationen erhält die „BODYCARE AG" aufgrund der Positionierungsanalyse?

(b) Welche **strategischen Ansatzpunkte** ergeben sich für das neue Haarwaschmittel? Erläutern Sie die Vor- und Nachteile alternativer Positionierungen! Für welche strategische Positionierung würden Sie sich entscheiden?

(c) Nennen Sie die **Nachteile** der Positionierungsanalyse, die die „BODYCARE AG" bei Nutzung dieses Analyseinstrumentes beachten sollte!

Aufgabe 3-7

Portfolioanalyse

Die „Rulkan AG" stellt nicht-alkoholische Getränke für den europäischen Markt her. Im Programm hat das Unternehmen sechs Produkte, die in Ihren Verantwortungsbereich fallen:

- **Produkt A**: „Rulcola" (Colagetränk mit Coffein)
- **Produkt B**: „Rumineral con" (Mineralwasser mit Kohlensäure)
- **Produkt C**: „Rumineral sine" (Mineralwasser ohne Kohlensäure)
- **Produkt D**: „Rumineral medium" (Mineralwasser mit wenig Kohlensäure)
- **Produkt E**: „Rulanta" (Limonadengetränk mit Orangengeschmack)
- **Produkt F**: „Rulimette" (Limonadengetränk mit Limettengeschmack)

Über die einzelnen Produkte liegen die in Schaubild 3-2 dargestellten Produktinformationen vor.

Produkt	Umsatz (in 1.000 GE)	Marktvolumen (in 1.000 GE)	Marktwachstum (pro Jahr)	Umsatz des Hauptwettbewerbers (in 1.000 GE)
A	118	420	0%	190
B	350	1.100	+ 1%	310
C	28	75	+ 2%	27
D	490	3.800	+ 5%	2.600
E	101	430	+ 7%	190
F	680	1.600	+ 4%	500

Schaubild 3-2: Produktinformationen der „Rulkan AG"

(a) Erstellen Sie ein **Marktanteils-Marktwachstums-Portfolio** („Boston-Portfolio") für die sechs Produkte A, B, C, D, E und F der „Rulkan AG"! Nehmen Sie dabei die Grenzziehung der beiden Achsen so vor, dass zum einen eine mögliche Marktführerschaft deutlich wird und zum anderen eine Unterteilung in über- bzw. unterdurchnittliches Wachstum vorgenommen wird. Verdeutlichen Sie dabei auch graphisch die unterschiedliche Bedeutung der Produkte (i.S. einer Rangfolge, Maßstabstreue hierbei nicht notwendig) für den Gesamtumsatz der „Rulkan AG"!

(b) Erarbeiten Sie auf Basis des erstellten Ist-Portfolios mögliche strategische Stoßrichtungen **(Normstrategien)** für die von Ihnen betreuten Produkte!

(c) Welche **Vor- und Nachteile** hat die Verwendung dieses Portfolios?

Aufgabe 3-8

Abnehmergerichtete Strategien

Die „Nodga GmbH" stellt Blumendüngerprodukte für sämtliche Anwendungsbereiche her. Bisher wurden die qualitativ eher durchschnittlichen Produkte mit einer Niedrigpreisstrategie vertrieben. Zur Entscheidung steht die Anschaffung einer neuen Kompostieranlage, mit der die Qualität der Blumendüngerprodukte für Hauspflanzen wesentlich verbessert werden könnte. Gleichzeitig würden die Produktionskosten nur unerheblich ansteigen. Als neuer Geschäftsführer wollen Sie die Strategie der Marktbearbeitung in Bezug auf die Abnehmer festlegen.

Welche **abnehmergerichtete Strategie** verfolgte die „Nodga GmbH" bisher und welche Strategieoptionen stehen Ihnen heute zur Auswahl?

Aufgabe 3-9

Konkurrenzgerichtete Strategien

Die „Ocadom AG" stellt qualitativ hochwertige Pralinen für den deutschen Markt her. Die Marke „Dom Pralinen" befriedigt selbst höchste Qualitätsansprüche. Als Produktmanager für „Dom Pralinen" ist es Ihre Aufgabe, diesen Wettbewerbsvorteil zu nutzen, um im Bewusstsein der Kunden eine einzigartige Stellung (USP) zu erreichen. Die finanziellen Ressourcen der „Ocadom AG" sind allerdings – trotz des kürzlichen Börsenganges – zu gering, um eine internationale Marktbearbeitung (zumindest in den benachbarten Ländern) umsetzen zu können. Die Geschäftsleitung hat beschlossen, die Strategie der Marktführerschaft auch international zu verfolgen.

Welche Optionen bieten sich der „Ocadom AG" für die Festlegung einer Marktteilnehmerstrategie in Bezug auf die **Konkurrenz**?

Aufgabe 3-10

Absatzmittlergerichtete Strategien

Die „Rowo AG“ ist ein mittelständisches, in Bayern ansässiges Unternehmen, das Parfum für Damen und Herren herstellt. Das Angebot umfasst verschiedene Fragranzen, wie z.B. den Herrenduft „Man-Style“ oder den Damenduft „Manizer“. Ihre Düfte vertreibt die „Rowo AG“ deutschlandweit über den Handel. Der Vorstand plant für die kommenden drei Jahre eine deutliche Marktanteilsausweitung. Hierfür muss der Distributionsgrad für die eigenen Düfte deutlich erhöht werden. Darüber hinaus soll die Rentabilität der Produkte deutlich verbessert werden. Wegen der hohen Handelsmacht erscheint dies jedoch nicht ohne weiteres möglich. Außerdem besteht ein so großes Konkurrenzangebot, dass man es bereits als Erfolg werten würde, wenn keine Auslistung erfolgt.

Welche Möglichkeiten stehen der „Rowo AG“ im Rahmen der Festlegung ihrer **absatzmittlergerichteten Strategie** zur Verfügung, um die genannten Ziele zu erreichen?

Aufgabe 3-11

Instrumentalstrategien

Die „YOGU AG“ ist ein schwedischer Hersteller der Konsumgüterindustrie, der mit seinen Premiumjoghurts den deutschen Markt erschließen will. Bei der „YOGU AG“ handelt es sich um ein hochinnovatives Traditionsunternehmen, das zugleich Qualitätsführer im heimischen Markt ist und dort über ein hervorragendes Image verfügt. Langfristig ist die Bearbeitung des gesamten europäischen Marktes geplant. Im deutschen Markt sind bereits eine Vielzahl unterschiedlicher Joghurthersteller etabliert. Das Management der „YOGU AG“ betrachtet insbesondere das Unternehmen „Supergurt“ als künftigen Hauptkonkurrenten. „Supergurt“ vertreibt Joghurts vergleichbarer Qualität, jedoch zu besonders niedrigen Preisen und vorwiegend über Discounter. Die Anfrage über eine mögliche Listung der „YOGU“-Produkte bei den großen deutschen Discountern hat ergeben, dass für eine Listung unverhältnismäßig hohe Listungsgebühren bezahlt werden müssten. Die Firmenleitung der „YOGU AG“ hat sich daher dagegen entschieden, ihre Produkte über die Discount-Schiene zu vertreiben.

(a) Welche **Typen abnehmergerichteter Strategien** erscheinen für den Markteintritt in Deutschland grundsätzlich für die „YOGU AG“ geeignet?

Treffen Sie eine Entscheidung für eine Strategie nach der **Grundkonzeption von *Porter*** und begründen Sie diese!

(b) Welche **konkurrenzgerichtete Strategie** in Bezug auf den künftigen Hauptkonkurrenten „Supergurt“ schlagen Sie vor?

(c) Nehmen Sie die Wahl einer geeigneten **absatzmittlergerichteten Strategie** vor. Erläutern Sie, welche Faktoren außerdem bedeutsam sind!

(d) Treffen Sie eine Entscheidung über die Ausprägung einer geeigneten **Instrumentalstrategie** und begründen Sie Ihre Entscheidung!

Aufgabe 3-12

Implementierung von Marketingstrategien

Die Geschäftsleitung des Franchiseunternehmens „IBOR AG“, einer international tätigen Fastfood-Kette, hat ein umfassendes Strategiekonzept verabschiedet. Dies soll jetzt implementiert und in Maßnahmen umgesetzt werden. Bisher sind bereits folgende Maßnahmen zur Strategieimplementierung durchgeführt worden: Die Strategien wurden gemeinsam mit den verantwortlichen Mitarbeitern der „IBOR“-Systemzentrale und sämtlichen Franchisepartnern erarbeitet und nur dann verabschiedet, wenn sämtliche Beteiligten einstimmig für die Strategieinhalte und deren Umsetzung gestimmt haben. Allen Beteiligten – insbesondere den Franchisepartnern, die die Strategieinhalte an der Basis umsetzen sollen – liegen inzwischen detaillierte Pläne mit Spezifikationen einzelner Strategien und exakten Ablauf- und Terminzielen vor.

Sie werden als neuer Verantwortlicher für die Umsetzung der Gesamtunternehmensstrategie bestellt. Ihre erste Aufgabe ist es, sich zunächst mit den **Grundlagen der Strategieimplementierung** vertraut zu machen.

(a) Welche **Ziele** sollen mit der Strategieimplementierung erreicht werden und inwiefern wurden diese zum jetzigen Zeitpunkt berücksichtigt?

(b) Beschreiben Sie die **Barrieren**, die einer Implementierung der Strategien entgegenstehen und geben Sie je ein Beispiel für Maßnahmen, die geeignet erscheinen, die bei „IBOR AG“ auftretenden Barrieren zu umgehen!

Kapitel 3: Entwicklung von Marketingstrategien (Lösungshinweise)

Lösungshinweise Aufgabe 3-1

Der Aufbau **langfristiger Erfolgspositionen** eines Unternehmens erfordert einen Steuerungsmechanismus unternehmerischen Handelns, der in Form einer Marketingstrategie zugrunde gelegt werden sollte: Markt- und kundenorientiertes Verhalten eines Unternehmens setzt sich aus einer Vielzahl einzelner Aktivitäten zusammen, die es aufeinander abzustimmen gilt.

Der Weg, wie die strategischen Marketingziele eines Unternehmens zu erreichen sind, wird mit Marketingstrategien festgelegt. Sie beinhalten Entscheidungen zur Marktwahl und -bearbeitung. Die Festlegung erfolgt für Strategische Geschäftseinheiten eines Unternehmens in Form bedingter, mittel- bis langfristiger, globaler Verhaltenspläne.

Teilaufgabe (a)

Folgende **Merkmale** sind bei der Festlegung einer Marketingstrategie für die „PUK GmbH“ kennzeichnend:

Die Festlegung einer Marketingstrategie für die „PUK GmbH“ erfordert – bezogen auf den Planungshorizont – eine ausreichende **Informationsbasis** über die spezifischen Marktentwicklungen einerseits und über die unternehmensinterne Situation andererseits. Diese liegt zum einen in Form einer Marktprognose (Marktentwicklung) vor. Über die interne Situation der „PUK GmbH“ ist darüber hinaus bekannt, dass zurzeit erhebliche Engpässe in der Produktion bestehen. Die Festlegung des Marketingplans für die „PUK GmbH“ erfolgt auf dieser Informationsbasis, insofern ist sie als **bedingt** anzusehen: Ändert sich die unternehmensinterne oder -externe Situation (z.B. durch einen Absatzeinbruch für Bürostühle), so wird möglicherweise eine Anpassung der festgelegten Marketingstrategie erforderlich.

Die Festlegung der Marketingstrategie für die „PUK GmbH“ erfolgt in einem mittel- bis langfristigen **Zeithorizont**. Die Marketingstrategie sollte in einem noch überschaubaren Zeitraum hinsichtlich der Entwicklung von Umfeldinformationen und der Wirkung von Strategien verbindlich festgelegt werden. Es würde beispielsweise keinen Sinn machen, eine Strategie für die kommenden zehn Jahre festzulegen, wenn die „PUK GmbH" lediglich über Prognosen für die nächsten zwei Jahre verfügt.

Die Marketingstrategie stellt das **Bindeglied** zwischen strategischen Marketingzielen und operativen Marketingmaßnahmen dar. Hier werden keine Einzelmaßnahmen (z.B. Werbeaktion über verbesserten Service) geplant, sondern Schwerpunkte („Stoßrichtungen") der Marketingpolitik (z.B. Sicherung der Lieferfähigkeit) festgelegt.

Teilaufgabe (b)

Für die „PUK GmbH" ergeben sich folgende **Anforderungen** an die Entwicklung der Marketingstrategie:

- Die Marketingstrategie der „PUK GmbH" sollte dem Management **Hinweise** zur Realisation der festgelegten Marketingziele geben. Als Marketingziele wurden die Erhöhung der Lieferbereitschaft und damit auch der Kundenzufriedenheit sowie die Erhöhung des Marktanteils festgelegt. Die Strategie könnte nun Stoßrichtungen aufzeigen, mit deren Hilfe die Erreichung der genannten Ziele möglich wird, z.B. Erhöhung der Produktionskapazität und Ausbau des Distributionssystems sowie die Kooperation mit Wettbewerbern.
- Die „PUK GmbH" verfügt heute über zu wenig Ressourcen (Produktionskapazität), um die bestehenden Aufträge ohne Wartezeit abzuwickeln. Die Marketingstrategie sollte daher **Prioritäten** setzen hinsichtlich der zu bearbeitenden Marktsegmente, d.h., nicht lukrative und daher nicht zu bearbeitende Marktsegmente sind bewusst abzugrenzen.
- Die Marketingstrategie der „PUK GmbH" muss darüber hinaus Hinweise zur **zielführenden Steuerung** des Instrumenteeinsatzes und somit der Kanalisierung des Mitteleinsatzes geben (z.B. Hinweise über den Einsatz effektiver Marktbearbeitungsinstrumente wie TV-Werbung).
- Die **Konsequenzen** der festgelegten Strategie sollten dem Management der „PUK GmbH" aufgezeigt werden. Möglicherweise ergeben sich mit der Erhöhung der Mitarbeiterzahl organisatorische Konsequenzen, wie z.B. die Notwendigkeit der Einrichtung eines Betriebsrates.
- Von hoher Bedeutung ist, dass die Marketingstrategie der „PUK GmbH" für die einzelnen Entscheidungen im Marketingmix (z.B. Werbung nur in TV)

einen **verbindlichen Charakter** haben. Notwendig erscheint daher die schriftliche Fixierung der Marketingstrategie in Form eines Strategiepapiers.

- Dem Management der „PUK GmbH" sind geeignete Indikatoren zu nennen, mit deren Hilfe der **Zielerreichungsgrad** im Zeitablauf überprüft werden kann (strategisches Controlling), um ungewünschten Entwicklungen möglichst schnell begegnen zu können (z.B. unterdurchschnittliche Entwicklung des Marktanteils).

Lösungshinweise Aufgabe 3-2

Marketingstrategien können auf unterschiedlichen Ebenen und in verschiedenen Differenzierungsgraden festgelegt werden. Zweckmäßig erscheint die Unterscheidung in Marktwahl- und Marktbearbeitungsstrategien. Im Rahmen der **Marktwahlstrategien** wird die Bildung von Strategischen Geschäftseinheiten (SGE) vorgenommen. Im Rahmen der Marktsegmentierung erfolgt darauf aufbauend eine weitere Differenzierung nach unterschiedlichen Nachfragergruppen. Auf der Ebene der gebildeten SGE´s können **Marktbearbeitungsstrategien** festgelegt werden, d.h. die Festlegung des Verhaltens v.a. gegenüber Abnehmern, Konkurrenten und Absatzmittlern sowie die Festlegung der Schwerpunkte im Einsatz von Marketinginstrumenten.

Die bisherige **Marktbearbeitungsstrategie** der „Klim AG" auf unterschiedlichen Ebenen sowie mögliche Ansatzpunkte für eine Neuausrichtung lassen sich wie folgt kennzeichnen:

- **Abnehmergerichtete Strategie**: Mittels der abnehmergerichteten Strategie legt die „Klim AG" fest, welcher Kundennutzen bei den Abnehmern durch die Produkte und Leistungen des Unternehmens erfüllt werden sollen. Die „Klim AG" verfolgt eine Qualitätsführerschaft. Die Kundenabwanderung könnte jedoch ein Hinweis darauf sein, dass einige Handelsmarken inzwischen qualitativ vergleichbar und zugleich kostengünstiger sind. Die Erfolgsaussichten einer Outpacingstrategie, d.h. der Preissenkung bei gleich bleibender Qualität, möglicherweise einhergehend mit einer Erweiterung der Distributionskanäle (preisgünstigere Betriebsformen), könnten überprüft werden.

- **Konkurrenzgerichtete Strategie**: Hier erfolgt die Festlegung des Verhaltens der „Klim AG" gegenüber ihren Wettbewerbern. Bisher vertreibt die „Klim AG" ihre Produkte über den hochpreisigen Fachhandel. Zu überlegen ist, ob die billigere Konkurrenz der Handelsmarken dadurch umgangen werden könnte, indem die „Klim AG" beispielsweise selbst Handelsmarken produziert (Kooperationsstrategie) oder ihren bisherigen Vertrieb beibehält und z.B. ihre Werbeaktivitäten verstärkt (Konfliktstrategie).

- **Absatzmittlergerichteter Strategien**: Auf dieser Ebene erfolgt die Festlegung der Zusammenarbeit der „Klim AG" mit dem Handel, d.h. zum einen die Gestaltug der Absatzwege und zum anderen die Reaktion auf Aktivitäten des Handels. Bisher vertreibt die „Klim AG" ihre Produkte über den Fachhandel. Diese Strategie könnte beibehalten werden (Kooperationsstrategie), es könnten aber auch ein eigener Vertrieb über Verkaufsstellen oder Außendienst aufgebaut werden (Umgehungsstrategie).
- **Instrumentale Strategien**: Auf dieser Ebene legt das Management der „Klim AG" den Einsatz der Marketingmixinstrumente fest. Bisher verfolgt die „Klim AG" im Bereich der Produktstrategie eine hohe Qualität der Produkte. Dies spiegelt sich auch in der Preisstrategie (Hochpreisstrategie) wider.

Lösungshinweise Aufgabe 3-3

Allgemein können zwei **Typen von Marketingstrategien** unterschieden werden: Marktwahl- und Marktbearbeitungsstrategien. Im Rahmen der **Marktwahlstrategien** erfolgt die Auswahl der Märkte, in denen das Unternehmen aktiv werden möchte. Hier werden Strategische Geschäftsfelder ausgewählt und Strategische Geschäftseinheiten festgelegt. Im Rahmen der Marktsegmentierung erfolgt eine weitere Differenzierung nach unterschiedlichen Abnehmergruppen. (*Meffert* 1998, S. 225). Ist die Marktwahlentscheidung getroffen, erfolgt auf der Ebene der Strategischen Geschäftseinheiten die Festlegung der **Marktbearbeitungsstrategien**.

Teilaufgabe (a)

Strategische Geschäftseinheiten sind gedankliche Konstrukte, die voneinander abgegrenzte heterogene und in sich homogene Tätigkeitsfelder eines Unternehmens repräsentieren und eigenständige (Markt-)Aufgaben zu erfüllen haben.

Folgende **Anforderungen** sind bei der Bildung Strategischer Geschäftseinheiten zu berücksichtigen: Strategische Geschäftseinheiten

- sollten in ihrer Marktaufgabe **eigenständig** sein,
- sich von der Konkurrenz **abheben**,

- eine **bedeutende Marktstellung** erreichen (können),
- in sich **möglichst homogen** und untereinander heterogen sein.

Bei einer **kritischen Betrachtung** der Bildung der SGE's bei der „Amazonas AG" sind folgende Aspekte zu berücksichtigen:

Die SGE's der „Amazonas AG" wurden **nicht aus Nachfragersicht**, sondern lediglich auf der Basis bereits bestehender Produkte gebildet. Aus Nachfragersicht erfüllen sowohl die „Tageszeitung" als auch das „Wirtschaftsmagazin" das Bedürfnis nach aktuellen Informationen. Insofern ist hier die Frage nach der **Eigenständigkeit** der gebildeten SGE's zu stellen.

Darüber hinaus sind wegen der Orientierung an bestehenden Produkten die gebildeten SGE's als **nicht zukunftsorientiert** anzusehen. Des Weiteren heben sich die gebildeten SGE's nicht von der Konkurrenz ab.

Eine bedeutende Marktstellung können die gebildeten SGE's zwar erreichen. Weil die Bildung Strategischer Geschäftseinheiten auch **organisatorische Konsequenzen** im Unternehmen hat, werden bei einer separaten Bildung von SGE's für die Produkte „Tageszeitung", „Wirtschaftsmagazin" und „Sportmagazin" aber ähnliche Aufgaben, wie z.B. die Sportberichterstattung für das „Sportmagazin" und die für den Sportteil der „Tageszeitung" nicht gemeinsam durchgeführt. Die SGE's sind daher **nicht homogen** und untereinander heterogen, **Synergieeffekte** bleiben möglicherweise ungenutzt.

Bei der Bildung der SGE's sollten ferner die **Auswirkungen auf die bestehende Organisationsstruktur** des Unternehmens geprüft werden. Es macht beispielsweise wenig Sinn, jeweils eine Abteilung für den Wirtschaftsteil der „Tageszeitung" und eine für das „Wirtschaftsmagazin" einzurichten, wenn eine Abteilung beide Aufgaben übernehmen kann.

Teilaufgabe (b)

Die Definition Strategischer Geschäftseinheiten erfolgt nach *Abell* anhand eines **dreidimensionalen Bezugsrahmens** mit den Achsen „Kundengruppen", „Funktionserfüllung" und „Technologien" (vgl. Schaubild 3-3) in der Art, dass die folgenden Festlegungen zu treffen sind (*Abell* 1980):

(1) In der **Dimension „Kundengruppen"** wird festgelegt, wessen Bedürfnisse befriedigt werden sollen. Dazu werden die Abnehmer eines Produktes in Marktsegmenten zusammengefasst, die ähnliche Bedürfnisse aufweisen und hinsichtlich ihres Kaufverhaltens möglichst homogen sind.

(2) Innerhalb der **Dimension „Funktionserfüllung"** wird die Aufgabe eines Produktes definiert und festgelegt, welches Bedürfnis befriedigt werden soll.

(3) Die **Dimension „Technologien"** zeigt unterschiedliche Möglichkeiten auf, wie diese Bedürfnisse befriedigt werden können.

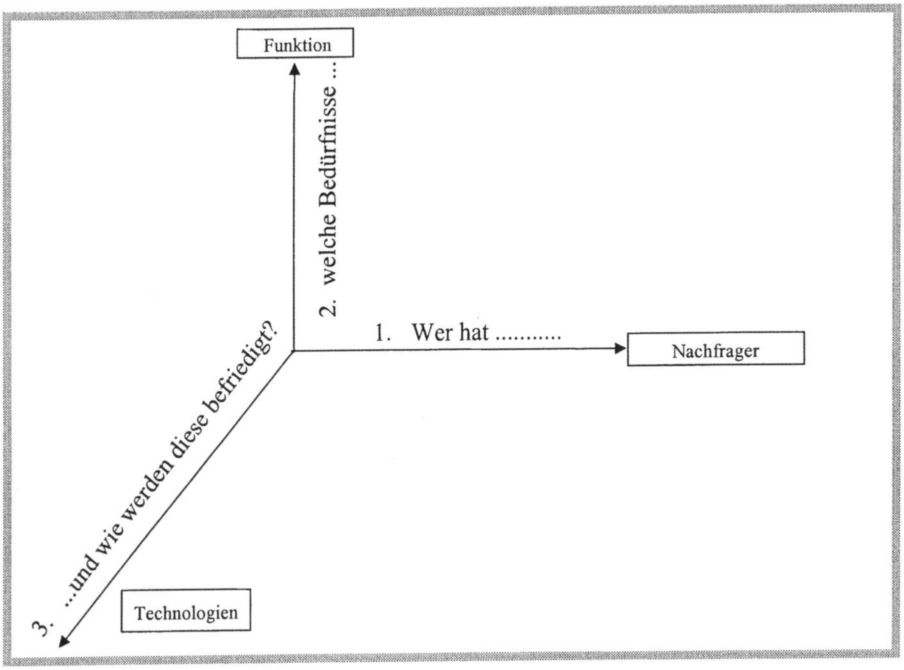

Schaubild 3-3: Definition der Strategischen Geschäftseinheiten nach Abell (Quelle: Abell 1980)

Für die „Amazonas AG" sind nun folgende Fragen zu stellen:

(1) **Wer hat** (z.B. private Haushalte, Vereine, Unternehmen, öffentliche Verwaltungen)

(2) **welche Bedürfnisse** (z.B. Unterhaltung, Allgemeinbildung, Fachliche Aus- und Weiterbildung, Nachrichtendienste) und

(3) **wie werden diese befriedigt** (z.B. Druckmedien, Akustische Medien, Audiovisuelle Medien, Interaktive Medien)?

Trägt man die genannten Beispiele auf den Achsen ein, so ergibt sich für die „Amazonas AG" ein Rahmen möglicher Strategischer Geschäftseinheiten, der sowohl die Bedürfnisse der Nachfrager (Marktorientierung), die potenziellen Nachfrager, als auch die verwendeten Technologien berücksichtigt (vgl. Schaubild 3-4).

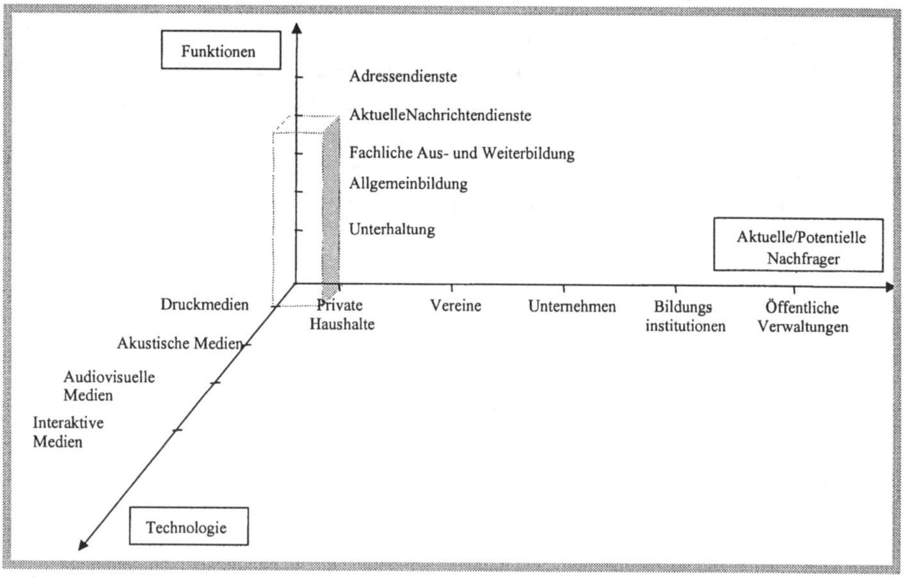

Schaubild 3-4: Definition Strategischer Geschäftseinheiten nach Abell am Beispiel des Verlages „Amazonas AG"

Eine auf dieser Basis mögliche Bildung Strategischer Geschäftseinheiten für die „Amazonas AG" könnte z.B. wie folgt vorgenommen werden:

- **SGE 1**: Aktuelle Nachrichtendienste für private Haushalte mit Druckmedien (darunter fielen die von der Projektgruppe der Amazonas gebildeten SGE´s 1: „Tageszeitung" und 4: „Wirtschaftsmagazin").
- **SGE 2**: Allgemeinbildung für private Haushalte mit Druckmedien (darunter würde die SGE 2 („Lexikon") fallen).
- **SGE 3**: Unterhaltung für private Haushalte mit Druckmedien (hier wäre die SGE 3 („Sportmagazin") zu subsumieren).

Das Verfahren von *Abell* kann zwar als der umfassendste Ansatz zur Definition Strategischer Geschäftseinheiten angesehen werden. Bei der Anwendung dieses Ansatzes sind jedoch folgende **Probleme** zu berücksichtigen (*Meffert* 1994):

- Die **räumliche Abgrenzung** des Marktes fehlt. Bei der hier vorgenommenen Bildung Strategischer Geschäftseinheiten für die „Amazonas AG" erfolgte keine Festlegung der Art, ob die Produkte regional, national oder international angeboten werden.
- In jedem Fall sollte darauf geachtet werden, dass die marktorientierte Definition von SGE's sich in Form klarer **Kompetenzen und Verantwortungen** für deren Führung in der Organisation der „Amazonas AG" widerspiegelt (z.B. Redaktion „Nachrichtendienst", „Allgemeinbildung"). Es erfolgt keine Überprüfung der **Übereinstimmung** von Abgrenzungskriterien mit der unternehmensinternen Organisationsstruktur.

Lösungshinweise Aufgabe 3-4

Eine differenzierte Marktbearbeitung erfordert – über die Bildung Strategischer Geschäftseinheiten hinaus – die weitere Zerlegung des relevanten Marktes in feinere Segmente des **Nachfragerverhaltens**, wobei die Marktsegmente in sich möglichst ähnlich (homogen), im Vergleich zu anderen Segmenten aber möglichst unähnlich (heterogen) sein sollten. Das Ziel der Marktsegmentierung ist es, die Unternehmensleistungen möglichst gut auf die Wünsche der unterschiedlichen Kundengruppen auszurichten. Von zentraler Bedeutung ist die Frage, wie die Marktsegmente bearbeitet werden sollen (Marktpräsenz) und welche Marktsegmente nicht bearbeitet werden sollen (Marktabgrenzung).

Unter **Marktsegmentierung** versteht man die Aufspaltung des „relevanten Marktes" in homogene Segmente bzw. Teilmärkte – sie bildet die Grundlage einer differenzierten Marktbearbeitung.

Teilaufgabe (a)

Die Geschäftsleitung der „Zertar AG" ist zu der Auffassung gelangt, dass die niedrige Profitabilität der SGE 1 möglicherweise auf eine unzureichende Marktsegmentierung – und damit einer ungenügend differenzierten Marktbearbeitung – zurückzuführen ist. Für eine zielführende Marktsegmentierung bei der „Zertar AG" ist sicherzustellen, dass folgende **Anforderungen an Marktsegmentierungskriterien** erfüllt werden (*Freter* 1992, S. 739; *Meffert* 2000, S. 186ff.):

- **Verhaltensrelevanz**: Die Marktsegmentierungskriterien sollten einen unmittelbaren Bezug zum Kaufverhalten der Nachfrager haben, d.h., eine Unterscheidung der Marktsegmente, z.B. nur anhand des Alters der Nachfrager, dürfte keine ausreichende Variable zur Erklärung des unterschiedlichen

Kaufverhaltens darstellen. Vielmehr sollten weitere Aspekte berücksichtigt werden, wie z.B. private oder berufliche Nutzung des PC im eigenen Heim, Nutzenerwartungen, Beruf, Einkommen, Geschlecht. Die Studie der „Zertar AG" identifiziert verschiedene Kundengruppen nach Alter, Beruf und Nutzenerwartungen.

- **Messbarkeit**: Der Verhaltensbezug der Marktsegmentierungskriterien muss eindeutig durch die vorhandenen Methoden der Marketingforschung erfassbar sein, d.h., die „Zertar AG" muss die zur Marktsegmentbildung herangezogenen Kriterien auch messen können. Probleme können sich beispielsweise hinsichtlich der Messung von Nutzenerwartungen, der Motive oder des Lebensstils von Konsumenten ergeben. Die aus der Studie der „Zertar AG" bekannten Kriterien wie Alter und Geschlecht sind messbar.
- **Zeitliche Stabilität**: Der Verhaltensbezug der Marktsegmentierungskriterien sollte für einen längeren Zeitraum stabil bleiben, denn wenn heute Marktsegmente gebildet werden, die es in ein bis zwei Jahren bereits nicht mehr geben wird, sind möglicherweise sämtliche Maßnahmen der „Zertar AG" hinsichtlich einer differenzierten Marktbearbeitung ineffektiv.
- **Bezug zur Marktbearbeitung**: Die „Zertar AG" möchte die Profitabilität der SGE 1 erhöhen. Die differenzierte Bearbeitung lukrativer Segmente – etwa selbständiger Versicherungsvertreter, die laufend Zubehör für ihren Laptop benötigen – erfordert, dass mittels der verwendeten Marktsegmentierungskriterien tatsächlich solche lukrative Segmente identifiziert werden können. Sämtliche Marktsegmente müssen ein hinreichendes Potenzial aufweisen, um eine eigenständige Bearbeitung ökonomisch rechtfertigen zu können.
- **Ansprechbarkeit und Zugänglichkeit**: Eine differenzierte Marktbearbeitung setzt voraus, dass die „Zertar AG" ihre Marktsegmente kommunikativ erreichen kann. Es muss z.B. möglich sein, die Segmente über Medien zu erreichen.

Werden mit Hilfe geeigneter Marktsegmentierungskriterien Segmente bei der „Zertar AG" gebildet, können diese sich auf folgende drei **Ebenen der Marktsegmentierung** beziehen:

- **Produkt-/Leistungsmerkmale**: Die Unterteilung nach Produkt- oder Leistungsmerkmalen könnte bei der „Zertar AG" z.B. nach „Standardzubehör", „Peripheriegeräte", „Spezialgeräte" und „Software" vorgenommen werden.

- **Bedürfnismerkmale bzw. Funktionen**: Eine Unterteilung des Gesamtmarktes nach Bedürfnismerkmalen bzw. Funktionen könnte bei der „Zertar AG" z.B. nach „Ersatzteilzubehör", „Upgrade-Zubehör" und „Support-Zubehör" vorgenommen werden.
- **Kundenmerkmale**: Die Bildung von Marktsegmenten aufgrund von Kundenmerkmalen könnte für die „Zertar AG" wie folgt vorgenommen werden: „Kunden unter 25 Jahren, die den PC überwiegend für Multimedia nutzen", „Berufstätige, die den PC für die Arbeit nutzen" sowie „Rentner, die den PC für Internet nutzen".

Teilaufgabe (b)

Für die „Zertar AG" kommt die Verwendung folgender **Segmentierungskriterien** in Frage, die Aufschluss geben über die Eigenschaften bzw. Struktur der Konsumenten (*Freter* 1983, *Steffenhagen* 2000, *Becker* 1998):

- **Demographische Kriterien**: Geschlecht, Alter, Familienstand, Haushaltsgröße, Wohnort u.a.
- **Sozioökonomische Kriterien**: Einkommen, Beruf, Ausbildung, soziale Schicht, Besitz- und Ausstattungsmerkmale u.a.
- **Psychologische Kriterien**: Allgemeine Persönlichkeitsmerkmale, Einstellungen, Präferenzen, Motive, Nutzenerwartungen, Lebensstile u.a.
- **Verhaltenskriterien**: Markenwahl, Einkaufsstättenwahl, Kaufintensitäten, Preisverhalten, Verwendungsverhalten, Mediennutzung u.a.

Die Marktsegmentierung kann auch **mehrdimensional** vorgenommen werden, beispielsweise in der Art, dass die Käufer von PC-Zubehör nach ihrer Preisbereitschaft in obere, mittlere und untere Preissegmente unterteilt wird, und die gebildeten Marktsegmente anschließend durch Heranziehen weiterer Kriterien beschrieben werden.

Für die SGE 1 „EDV-Zubehör für Endanwender" könnten sich folgende Marktsegmente ergeben:

- **Marktsegment 1**: „PC-Anwender mit Schwerpunkt Multimedia und PC-Games". Alter: 14-25 Jahre, männlich, überwiegend Schüler, Studenten, Auszubildende und Berufsstarter. Möglicherweise ist für die differenzierte Marktbearbeitung dieses Segments die Preisgünstigkeit ein geeigneter Ansatzpunkt.

- **Marktsegment 2**: „Berufliche PC-Verwender". Alter: 25-49 Jahre, überwiegend Besserverdiener in selbständiger oder angestellter Funktion mit hohen Ansprüchen an Professionalität und Funktionalität der Geräte. Für die „Zertar AG" ist hier die Vermittlung von Professionalität möglicherweise ein gutes Verkaufsargument.
- **Marktsegment 3**: „Ältere Berufstätige und Senioren". Alter: 49-65 Jahre, die mit ihrem PC in der Freizeit das Internet erforschen. Ein möglicher Ansatzpunkt für die „Zertar AG" wäre hier z.B. ein guter Service.

Teilaufgabe (c)

Die SGE 2 „EDV-Zubehör für industrielle Großabnehmer" der „Zertar AG" umfasst neben einfachem Zubehör auch hoch technisierte Nischenprodukte. Die Besonderheit, die bei einer differenzierten Marktbearbeitung von Marktsegmenten im Industriegüterbereich berücksichtigt werden muss, ist das **Buying Center**, d.h., die Großkunden der „Zertar AG" treffen ihre Beschaffungsentscheidungen in einem Einkaufsgremium. In einem solchen sind i.d.R. mehrere Personen aus unterschiedlichen Abteilungen des Unternehmens vertreten. Will die „Zertar AG" ihre Produkte erfolgreich an Großabnehmer verkaufen, so müssen zusätzlich zu personenbezogenen Marktsegmentierungskriterien (vgl. Teilaufgabe (b)) weitere Kriterien herangezogen werden. Grundlegende Kriterien sind:

- **Branchenbezogene Kriterien**: Art der Branche (z.B. haben Fahrzeughersteller andere Bedürfnisse als der Konsumgüterhandel?), Konkurrenzintensität (z.B. müssen Unternehmen in Märkten mit hoher Konkurrenzintensität anders angesprochen werden?) usw.
- **Unternehmensbezogene Kriterien**: Umsatzgrößenklasse (z.B. welche Kunden innerhalb einer Branche haben das größte Umsatzpotenzial für die „Zertar AG"?), Mitarbeiterzahl (z.B. wie viele PC´s muss die „Zertar AG" mit Zubehör ausstatten?), Kauf- und Produktverwendungsverhalten (z.B. werden nur Ersatzbeschaffungen getätigt, oder vorhandene EDV-Anlagen auch repariert?), Form der Aufbau- und Ablauforganisation (z.B. wer entscheidet über die Wahl der Zulieferer?) usw.
- **Gruppenbezogene Kriterien**: Größe und Zusammensetzung des Buying Center (wie viele Personen müssen überzeugt werden und welche Personen haben besonders viel Einfluss auf das Ergebnis?) usw.

Für die Bildung von Marktsegmenten für die SGE 2 bietet es sich an, dass die „Zertar AG" die genannten Marktsegmentierungskriterien nicht jeweils isoliert eingesetzt, sondern ihre Märkte **stufenweise** abgrenzt. In einem ersten Schritt könnte die Marktaufteilung nach unterschiedlichen Branchen der „Zertar AG“ erfolgen (z.B. Industrie, Handel) („Makrosegmentierung“). Anschließend könnte eine weitere Differenzierung der Marktsegmente nach weiteren Kritierien, wie Merkmalen des Buying Center („Mikrosegmentierung“), erfolgen.

Teilaufgabe (d)

Mit der SGE 1 verfolgt die „Zertar AG“ die Marktbearbeitungsstrategie der **Produktspezialisierung**. Mit seinen Strategischen Geschäftseinheiten deckt die „Zertar AG“ den Leistungsbereich „EDV-Zubehör“ ab. Diese Produkte werden sämtlichen Kunden angeboten: Produkte der SGE 1 für private Verwender, Produkte der SGE 2 für Großabnehmer. Mit einigen Produkten (z.B. maßgefertigtes Steuerungsmodul für eine Produktionsstraße) der SGE 2 verfolgt die „Zertar AG“ darüber hinaus eine Strategie der **Nischenspezialisierung**. Hier konzentriert sich das Unternehmen auf ausgewählte, lukrative Großkunden (Segment), für die sich eine eigenständige Marktbearbeitung anbietet.

Lösungshinweise Aufgabe 3-5

Die Lebenszyklusanalyse ist ein Analyseinstrument zur **Fundierung** strategischer Entscheidungen. Sie gibt dem Entscheidungsträger Hinweise auf erforderliche Schwerpunkte in der Marktbearbeitung sowie für den effektiven Einsatz der Marketinginstrumente.

Lebenszyklusanalysen in ihrer allgemeinen Form besagen, dass Produkte, Marken, Branchen oder Märkte – ähnlich natürlichen Organismen – eine begrenzte Lebensdauer aufweisen. Die Lebenzyklusanalyse versucht, Gesetzmäßigkeiten des Untersuchungsgegenstandes im Zeitablauf zu identifizieren, um so Schlussfolgerungen für die Marktbearbeitung zu generieren.

Zu unterscheiden sind die Produktlebenszyklusanalyse und die Marktlebenszyklusanalyse. Die **Produktlebenszyklusanalyse** ermöglicht die Zuordnung eigener Produkte sowie der Konkurrenzprodukte in die Phasen Einführung, Wachstum, Reife, Stagnation und Verfall. Die **Marktlebenszyklusanalyse** betrachtet den Lebenszyklus eines gesamten Marktes, der sich aus der Aggregation spezifischer Produktlebenszyklen ergibt und unterscheidet die Phasen Einführung, Wachstum, Reife, Sättigung und Schrumpfung. Auf der Basis beider Lebenszyklusanalysen kann die Ableitung geeigneter Marktbearbeitungsstrategien, wie z.B. Produkt-, Instrumental-, Absatzmittler- und Konkurrenzstrategien, vorgenommen werden.

Teilaufgabe (a)

Die Produkte der „Negada GmbH" können den im Folgenden aufgeführten **Produktlebenszyklusphasen** zugeordnet werden. Daraus ergeben sich jeweils mögliche Ansatzpunkte für strategische Entscheidungen hinsichtlich des Einsatzes von Marketinginstrumenten.

- **„Negda classic"**: Dieses Produkt befindet sich in der **Stagnationsphase**. Ein möglicher Ansatzpunkt für die Verbesserung der eigenen Marktstellung gegenüber der Konkurrenz ist eine Niedrigpreisstrategie.
- **„Negda Video"**: Die Videokamera befindet sich in der **Reifephase**, d.h., am Markt treten Sättigungserscheinungen auf. Ein möglicher Ansatzpunkt ist die Produktverbesserung (z.B. Akkus mit längerer Lebensdauer) oder die Produktdifferenzierung (z.B. Unterwasservideokameras).
- **„Negda Panorama"**: Diese Kamera ist in die **Wachstumsphase** einzuordnen. Als möglichen Ansatzpunkt für die Steigerung des eigenen Marktanteils ist die Verbesserung von Konditionen zu nennen, mit der weitere Absatzmittler (z.B. preisgünstige Betriebsformen) gewonnen werden könnten.
- **„Negda Digital"**: Diese Digitalkamera befindet sich in der **Einführungsphase**. Der Bekanntheitsgrad ist noch sehr gering. Ein möglicher Ansatzpunkt, um dieses Produkt zu pushen, ist in einem hohen Werbeeinsatz zu sehen.

Teilaufgabe (b)

Die Produkte der „Negada GmbH" können den im Folgenden dargestellten **Marktlebenzyklusphasen** zugeordnet werden. Daraus ergeben sich weitere Implikationen für das strategische Marketing.

- **„Negda classic"**: Der Markt für herkömmliche Kleinbildkameras befindet sich in der **Sättigungsphase**. Die Homogenität der Kleinbildkameras ist sehr hoch. Dies bedeutet, dass der Preis als Wettbewerbsvorteil eine zunehmend große Rolle spielt. Für die „Negada GmbH" bedeutet dies, dass z.B. Rationalisierungen in der Produktion und im Marketing (z.B. Vertrieb, Logistik) erforderlich sind, wenn das Unternehmen den Preiskampf überleben will.
- **„Negda Video"**: Der Markt für Videokameras befindet sich in der **Reifephase**, d.h., es treten zwar weitere Unternehmen in den Markt ein, was zu einem Wachstum des Marktes führt, die Wachstumsraten nehmen jedoch ab. Für die „Negada GmbH" bedeutet dies, dass beispielsweise nach neuen Ab-

satzmittlern gesucht werden sollte, um sich weitere Wachstumsmöglichkeiten zu erschließen.

- **„Negda Panorama“**: Der Markt für Panoramakameras befindet sich in der **Wachstumsphase**. Die Innovation hat sich inzwischen durchgesetzt, daher ist ein stark ansteigendes Marktwachstum und der vermehrte Eintritt von Konkurrenten zu beobachten. Die „Negada GmbH“ könnte durch Einsatz der Kommunikationsinstrumente versuchen, das Potenzial des Marktes möglichst weit auszuschöpfen.
- **„Negda Digital“**: Der Markt für Digitalkameras befindet sich in der **Entstehungsphase**. Dieser Markt wurde erst kürzlich von der „Negada GmbH“ und einigen Konkurrenten aufgebaut. Im Vordergrund aller Bemühungen steht die Durchsetzung eines Standards. Die „Negada GmbH“ sollte versuchen, mit ihrer Kamera einen technologischen Standard zu setzen.

Lösungshinweise Aufgabe 3-6

Die Positionierungsanalyse wird zu einer verfeinerten, psychologischen Segmentierung von Märkten eingesetzt und unterstützt markenstrategische Überlegungen. Sie orientiert sich an den von den Konsumenten wahrgenommenen Leistungsmerkmalen. Da es immer wichtiger wird, das eigene Leistungsangebot bezüglich der von den Kunden wahrgenommenen Eigenschaften von den Angeboten der Konkurrenz abzugrenzen, hat dieses Verfahren eine hohe Bedeutung.

Teilaufgabe (a)

Das **Ziel**, das die „BODYCARE AG“ mit dem Einsatz der Positionierungsanalyse verfolgt, besteht darin, die Unternehmensleistungen so zu gestalten, dass die vom Kunden wahrgenommenen Eigenschaften mit den von ihnen gewünschten (Soll-)Eigenschaften so weit wie möglich übereinstimmen. Die **Aufgaben** der Positionierungsanalyse sind in der Konkretisierung strategischer Stoßrichtungen im Rahmen der Repositionierung bzw. Neueinführung von Produkten zu sehen.

Das Management der „BODYCARE AG“ erhält auf Basis der durchgeführten Positionierungsanalyse die folgenden Informationen:

- Den vom Konsumenten wahrgenommenen **Eigenschaftsraum** (Shampoo/Pflegespülung und reinigend/schonend) für ihre Produkte,
- die **Platzierung** der eigenen Produkte/Leistungen sowie die der Konkurrenz,

- die **Idealposition** aus Konsumentensicht (vorwiegend reinigend/Pflegespülung),
- den **Grad der Übereinstimmung** zwischen Idealvorstellungen der Konsumenten und Realpositionen der einzelnen Marken und
- die bisher **vernachlässigten Marktsegmente** (alle bis auf reinigend/Shampoo).

Teilaufgabe (b)

Für die Positionierung des neuen Haarwaschmittels „BODY herb" sind folgende **strategische Ansatzpunkte** denkbar:

- **Beibehalten der aktuellen Positionierung**: Vorteil des Beibehaltens der für die BODY-Shampoos angestammten Positionierung ist die Unterstützung des Markenkerns „Reinigendes Shampoo". Allerdings besteht die Gefahr, dass den Konsumentenwünschen nicht in ausreichendem Maße Rechnung getragen wird, weil die Umfrage ergeben hat, dass das Ideal der Konsumenten im Feld „Reinigende Pflegespülung" liegt.
- **Repositionierung der Marke in Richtung „Ideal" im Rahmen der Einführung des neuen Haarwaschmittels**: Zum einen besteht die Chance für die „BODYCARE AG", durch eine Repositionierung der Marke in Richtung „Ideal" die Bedürfnisse der Konsumenten besser zu treffen als bisher. Zum anderen besteht die Gefahr eines Glaubwürdigkeitsverlustes der Marke.
- **Positionserweiterung in der Form „schonendes Shampoo und Pflegespülung in einem"**: Die Chance dieser Strategie ist für die „BODYCARE AG" darin zu sehen, dass man sich den Konsumentenbedürfnissen annähert, ohne die angestammten Werte aufzugeben. Der Kundenstamm könnte dadurch vergrößert werden. Gleichzeitig besteht jedoch die Gefahr einer Verwässerung der Marke.

Teilaufgabe (c)

Die **Nachteile** der Positionierungsanalyse sind in den folgenden Punkten zu sehen:

- Die **mangelnde Stabilität** der Positionierungskriterien durch mögliche Präferenzverschiebungen bei den Konsumenten, da es sich um eine zeitpunktbezogene, statische Analyse handelt. Es könnte z.B. sein, dass die „BODYCARE AG" das neue Shampoo als „reinigende Pflegespülung" positioniert, sich die Idealvorstellung der Konsumenten jedoch in Richtung „reinigendes Shampoo“ verschiebt.

- Die **starke Vereinfachung** bei der Abbildung des Marktes mittels der relevanten Positionierungskriterien. Möglicherweise vernachlässigt die „BODYCARE AG“ bedeutende Kriterien, wie z.B. die Konsistenz oder den Geruch des Shampoos.
- Das Problem, dass bei Befragungen **hypothetische Konstrukte** anders beurteilt werden können. Dies könnte dazu führen, dass die „BODYCARE AG“ das neue Shampoo „BODY herb“ ideal positioniert, die Konsumenten dies aber letztlich doch nicht kaufen.
- Gefahr der **fehlenden Unabhängigkeit** der Achsen. Möglicherweise gibt es so Überschneidungen, die zu falschen Schlussfolgerungen der „BODYCARE AG“ bei der Positionierung ihrer Produkte führt.

Lösungshinweise Aufgabe 3-7

Die Portfolioanalyse stellt ein Instrument der strategischen Analyse der Unternehmenssituation dar. Gegenstand der Analyse sind die Strategischen Geschäftseinheiten der Unternehmung.

Portfolioanalysen dienen der Analyse von Strategischen Geschäftseinheiten, Kunden, Wettbewerbern oder anderen Analyseobjekten. Sie geben in einer zweidimensionalen Darstellung einen Überblick über die Marktsituation der Analyseobjekte und ermöglichen Rückschlüsse auf eine strategische Neuorientierung.

Teilaufgabe (a)

Die Erstellung des Portfolios für die „Rulkan AG“ kann in folgenden Einzelschritten erfolgen:

- **Relativer Marktanteil**: Berechnet als Umsatz der eigenen Strategischen Geschäftseinheit in Relation zum größten Konkurrenten der „Rulkan AG“:

  A: 118 : 190 = 0,621

  B: 350 : 310 = 1,129

  C: 28 : 27 = 1,037

  D: 490 : 2.600 = 0,188

E: 101 : 190 = 0,532

F: 680 : 500 = 1,360

- Die **Grenze** zwischen hohem und niedrigen relativen Marktanteil ist bei 1,0 festzulegen; die „Rulkan AG" ist ab diesem Punkt Marktführer.
- **Marktwachstum**: Die Angaben befinden sich Schaubild 3-2. Für die Grenzziehung ist das durchschnittliche Marktwachstum zu berechnen, d.h. (0 + 1 + 2 + 5 + 7 + 4) : 6 = 3,2.
- Um die **Bedeutung der einzelnen Produkte** für den Gesamtumsatz der „Rulkan AG" zu verdeutlichen, können unterschiedlich große Kreise eingezeichnet werden. Die Größe der Kreise entspricht der jeweiligen Umsatzbedeutung einer Strategischen Geschäftseinheit für die „Rulkan AG".
- Unter Verwendung dieser Informationen lässt sich das Portfolio der „Rulkan AG" zeichnen, wie in Schaubild 3-5 dargestellt.

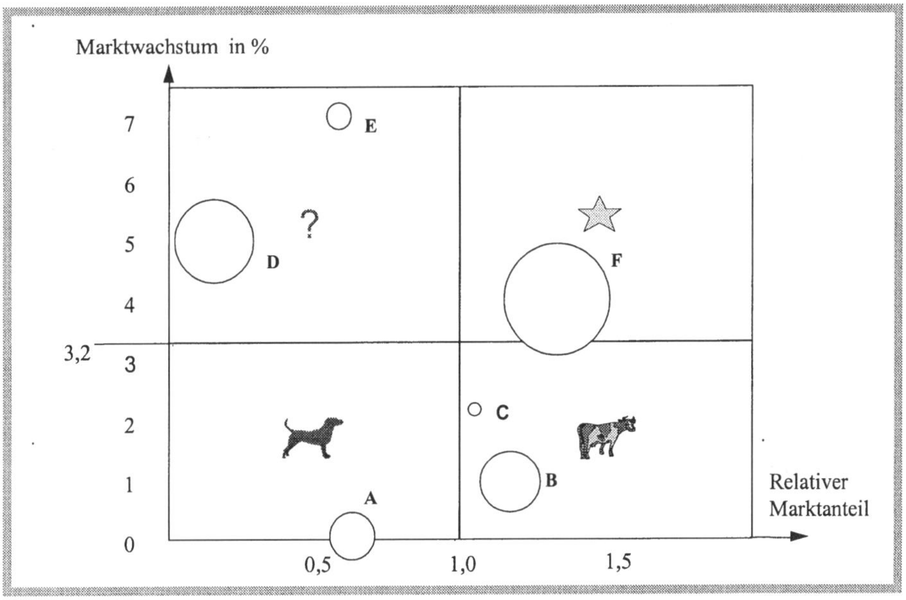

Schaubild 3-5: Portolio für die „Rulkan AG"

Teilaufgabe (b)

Als zuständiger Produktmanager der „Rulkan AG“ können Sie aus der Portfolioanalyse folgende **Normstrategien für die einzelnen Produkte** ableiten:

- **Produkt A („Arme Hunde“)**

  Das Produkt „Rulcola“ sollte bei der nächsten Gelegenheit aufgegeben werden, da das Marktwachstum gering ist und lediglich Verluste generiert werden (**Desinvestitionsstrategie**). Allerdings sind mögliche Verbundeffekte mit den übrigen Getränken sowie ein möglicher Imageverlust zu berücksichtigen.

- **Produkt B („Cash-Kühe“)**

  In das „Rumineral con“ sollte nach der Normstrategie ebenfalls nicht mehr sehr viel investiert werden. Der positive Cash Flow sollte zum Aufbau neuer Strategischer Geschäftseinheiten (z.B. „Rumilette“) eingesetzt werden (**Abschöpfungsstrategie**). Hier sind mögliche Verbundwirkungen zu den anderen Mineralwassern zu berücksichtigen.

- **Produkt C („Cash-Kühe“)**

  Für das Produkt „Rumineral sine“ sollte eine **Abschöpfungsstrategie** verfolgt werden, die ausschließlich Ersatz- und Rationalisierungsinvestitionen beinhaltet, um die aktuelle Marktstellung zu halten (Investition des Cash Flows in die Stars oder Fragezeichen). Mögliche Verbundwirkungen zu den anderen Mineralwassern sind zu berücksichtigen.

- **Produkt D („Fragezeichen“)**

  In das Produkt „Rumineral medium“ sollte investiert werden, da das Marktwachstum groß ist und die Möglichkeit besteht, weitere Marktanteile zu gewinnen (**Investitionsstrategie**).

- **Produkt E („Fragezeichen“)**

  In das Produkt „Rulanta“ sollte stark investiert werden (**Investitionsstrategie**), da das Marktwachstum positiv ist und die Chance besteht, an diesem Trend zu partizipieren (Abwägung zwischen Markterschließungs- oder Rückzugsstrategie).

- **Produkt F („Stars“)**

  Das Produkt „Rulimette“ hat als einziges eine gute Marktposition auf einem wachsenden Markt. Durch die Realisierung von Mengeneffekten in der Produktion und im Marketing können Kostendegressionen genutzt werden. Ein hoher Mittelbedarf bedingt jedoch kräftige Investitionen. Als Normstrategie wird empfohlen, das Produkt zu halten bzw. auszubauen (**Investitionsstrategie**). Die hierfür erforderlichen Investitionen sind zu tätigen und das Investitionsrisiko muss die „Rulkan AG“ akzeptieren.

Teilaufgabe (c)

Bei der Erstellung des Portfolios für die Produkte der „Rulkan AG“ wurde Ihnen als zuständiger Produktmanager folgende (positive und negative) **Kritikpunkte** bewusst:

- Das Portfolio ist leicht zu erstellen,
- der Informationsbedarf ist problemlos zu bewältigen (relevante Informationen über das Marktwachstum und die Marktanteile der Produkte oder Strategischen Geschäftseinheiten werden z.B. in Branchenzeitschriften veröffentlicht),
- das Portfolio ist sehr anschaulich, kommunikativ und erhöht die Aufgeschlossenheit gegenüber strategischen Fragen bei der „Rulkan AG“,
- die Analyse basiert lediglich auf zwei – wenn auch bedeutenden – Faktoren,
- die Trennlinien des Portfolios sind nicht exakt definiert,
- die Normstrategien haben keine Allgemeingültigkeit und
- konkurrenzbezogene Aspekte werden nur dann berücksichtigt, wenn die Wettbewerber explizit in der Analyse enthalten sind.

Lösungshinweise Aufgabe 3-8

Im Rahmen der Marktbearbeitungsstrategie steht die Marktteilnehmerstrategie im Vordergrund. Zu entscheiden ist, wie sich das Unternehmen gegenüber den Marktteilnehmern verhalten soll, um die definierten Ziele zu erreichen.

Mit einem langfristigen Verhaltensplan gegenüber den aktuellen und potenziellen Kunden eines Unternehmens sollen ein oder mehrere Wettbewerbsvorteile im relevanten Markt realisiert werden (**abnehmergerichtete Strategie**).

Ein Wettbewerbsvorteil besteht für die „Nodga GmbH“ generell entweder in einem Qualitäts- oder einem Kostenvorteil gegenüber den Produkten der Konkurrenz. Bisher wurden die Blumendüngerprodukte der „Nodga GmbH“ für sämtliche Anwendungsbereiche mit einer Tiefpreisstrategie und einer durchschnittlichen Qualität angeboten, d.h., bisher wurde eine **Strategie der aggressiven Kostenführerschaft** verfolgt.

Die Anschaffung der neuen Kompostiermaschine würde es der „Nodga GmbH" ermöglichen, die Qualität des Blumendüngers für Hauspflanzen zu erhöhen, ohne dass die Kosten übermäßig ansteigen. Damit eröffnen sich der „Nodga GmbH" folgende drei **Strategieoptionen**:

- Beibehalten der bisherigen Strategie: **Aggressive Kostenführerschaft** mit der Option einer Produktdifferenzierung bei Anschaffung der neuen Kompostieranlage.
- Strategie der **selektiven Qualitätsführerschaft**: Mit der Anschaffung der neuen Kompostieranlage könnte die „Nodga GmbH" qualitativ hochwertigen Blumendünger in der Nische der Hauspflanzen anbieten. Zu prüfen ist, ob sich die Beschränkung auf die Bearbeitung dieser Nische lohnt und ob ggf. die übrigen Marktsegmente aufgegeben werden sollen.
- **Outpacing-Strategie**: Durch Anschaffung der Kompostieranlage kann die Qualität einiger Produkte (Hauspflanzendünger) der „Nodga GmbH" erhöht werden. Möglich wäre vor diesem Hintergrund auch eine Kombination aus Kosten- und selektiver Qualitätsführerschaft. Diese Strategie kann Vorteile bringen, es besteht aber auch die Gefahr des „Stuck in the Middle".

Lösungshinweise Aufgabe 3-9

Zu entscheiden ist, wie sich das Unternehmen gegenüber der Konkurrenz verhalten soll, um die definierten Ziele zu erreichen.

Mittels konkurrenzorientierter Strategien will sich ein Unternehmen in der Realisierung des Kundennutzens eindeutig von der Konkurrenz abgrenzen. Außerdem wird hier das Verhalten des Unternehmens gegenüber den Wettbewerbern – und damit langfristig die Stellung im Wettbewerbsumfeld – festgelegt.

Die „Dom Pralinen" sind qualitativ hochwertig. Der „Ocadom AG" fehlt es jedoch an entsprechenden finanziellen Ressourcen – z.B. die internationale Marktbearbeitung –, um mit diesem Produkt in der Wahrnehmung der Konsumenten eine Unique Selling Proposition (USP) zu erreichen. Ausgehend von den Produktvorteilen verfügt die „Ocadom AG" über das Potenzial, eine Strategie des **Marktführers** zu verfolgen. Dieses Ziel kann jedoch in Bezug auf die Konkurrenz international nur erreicht werden, wenn die nötigen Ressourcen beschafft werden können.

Im Rahmen der Festlegung einer konkurrenzgerichteten Strategie stellt die Option einer internationalen **Kooperationsstrategie** für die „Ocadom AG" eine denkbare Alternative zur Erreichung des angestrebten Zieles der Marktführerschaft dar. Die Zusammenarbeit der „Ocadom AG" mit einem oder mehreren Konkurrenten in den einzelnen Ländersegmenten könnte dabei beispielsweise in der Form erfolgen, dass für die Marke „Dom Pralinen" ein finanziell eigenständiges Joint Venture gebildet wird, dem die beteiligten Unternehmen die für die Marktdurchdringung benötigten finanziellen Ressourcen bereitstellen.

Lösungshinweise Aufgabe 3-10

Zu entscheiden ist, wie sich das Unternehmen gegenüber den Absatzmittlern verhalten soll, um die definierten Ziele (z.B. Erhöhung des Distributionsgrades) zu erreichen.

Mittels abnehmergerichteter Strategien verfolgt ein Unternehmen das Ziel, durch speziell auf den Handel ausgerichtete Konzepte und Verhaltensweisen die eigene Position bei den Absatzmittlern zu stärken.

Die „Ocadom AG" kann das Ziel einer Erhöhung des Marktanteils nur über eine deutliche Erhöhung des Distributionsgrades erreichen. Für die Wahl einer absatzmittlergerichteten Strategie ergeben sich vor diesem Hintergrund folgende **Strategieoptionen** für die „Ocadom AG":

- **Kooperationsstrategie**: Die „Ocadom AG" könnte mit den belieferten Handelsunternehmen eine verstärkte Zusammenarbeit anstreben. Z.B. könnte ein Category Management eingeführt werden, das den Gewinn für beide Seiten erhöht.
- **Umgehungsstrategie**: Eine weitere Strategieoption besteht für die „Ocadom AG" in der Umgehung des Handels durch die Etablierung eines eigenen Vertriebssystems. Beispielsweise könnte ein eigenes Händlernetz aufgebaut werden oder ein Vertrieb über das Internet erfolgen. Hierfür sind jedoch erhebliche finanzielle Ressourcen erforderlich. Gleichzeitig erscheint es fraglich, ob mit dieser Strategie die gewünschte Marktanteilssteigerung innerhalb der kommenden fünf Jahre erreicht werden kann.
- **Konfliktstrategie**: Die Strategieoption des Konflikts – und damit der Missachtung der Forderungen des Handels – stellt sich für die „Ocadom AG"

nicht, weil wegen des hohen Konkurrenzdrucks eine sofortige Auslistung drohen würde. Dies widerspricht dem Ziel der Marktanteilsausweitung.

- **Anpassungsstrategie**: Die „Ocadom AG“ kann in ihrem Verhalten gegenüber ihren Absatzmittlern auch die Machtposition des Handels akzeptieren, d.h. auf sämtliche Forderungen des Handels (z.B. Listungsgelder oder Funktionsverlagerungen) eingehen. Mit einer solchen Strategie könnte zwar das Risiko einer Auslistung gesenkt werden, die Rentabilitätssituation allerdings würde sich weiter verschlechtern.

Um das Ziel der Marktanteilsausweitung zu erreichen, ist darüber hinaus wichtig, dass die „Ocadom AG“ die **geeigneten** Absatzmittler für den Vertrieb ihrer Produkte auswählt, d.h. jene Absatzmittler, die den eigenen Zielvorstellungen möglichst nahe kommen.

Lösungshinweise Aufgabe 3-11

Es können unterschiedliche Strategien der Marktbearbeitung unterschieden werden: Die Marktteilnehmerstrategien gegenüber den Abnehmern, den Konkurrenten sowie den Absatzmittlern stehen dabei im Vordergrund. Die **Instrumentalstrategien** legen schließlich die Schwerpunkte im Einsatz der Marketinginstrumente fest. Zu entscheiden ist, wie sich ein Unternehmen (im vorliegenden Fall die „YOGU AG“) gegenüber ihren Marktteilnehmern verhalten soll, um ihre Ziele – für die „YOGU AG“ insbesondere das des erfolgreichen Markteintritts – zu erreichen.

Mit der Festlegung der **abnehmergerichteten Strategie** wird eine Entscheidung darüber getroffen, welchen Vorteil das Unternehmen dem Kunden gegenüber der Konkurrenz bieten will. Somit handelt es sich um einen langfristigen Verhaltensplan, der die Realisierung eines oder mehrerer Wettbewerbsvorteile im relevanten Markt verfolgt. Wettbewerbsvorteile bestehen generell entweder in Qualitäts- oder Kostenvorteilen, die im Gesamtmarkt oder in einem bestimmten Marktsegment durchgesetzt werden.

Konkurrenzgerichtete Strategien verfolgen hingegen das Ziel, Wettbewerbsvorteile gegenüber den Konkurrenten zu schaffen, um im Bewusstsein der Kunden eine gewisse Alleinstellung im Markt zu erreichen.

Die Festlegung der Verhaltensweisen gegenüber den Absatzmittlern erfolgt im Rahmen der **absatzmittlergerichteten Strategie** vor dem Hintergrund der gestiegenen Bedeutung und Macht des Handels, die u.a. auf Konzentrationsprozesse, Handelsmarken und die Internationalisierung des Handels zurückzuführen ist.

Die Entscheidung über die grundsätzlichen Strategien hinsichtlich des Einsatzes des Marketingmix erfolgt schließlich im Rahmen der **Festlegung der Instrumentalstrategien**.

Teilaufgabe (a)

Der **Entscheidungsbereich** für die Wahl einer **abnehmergerichteten Strategie** besteht für die „YOGU AG" unter Zuhilfenahme der Grundkonzeption von *Porter* in den Strategien der Qualitätsführerschaft, der aggressiven Kostenführerschaft, der selektiven Qualitätsführerschaft oder der selektiven Kostenführerschaft.

Die „YOGU AG" stellt qualitativ hochwertige Joghurts her. Ihr Hauptkonkurrent, die „Supergurt" vertreibt Joghurts vergleichbarer Qualität zu niedrigen Preisen über die Discounterschiene, was auf eine Strategie der aggressiven Kostenführerschaft oder aber auf eine Outpacingstrategie schließen lässt.

Als Entscheidungsalternativen bieten sich der „YOGU AG" die Strategie der Qualitätsführerschaft oder ebenfalls die Strategie der aggressiven Kostenführerschaft sowie eine Outpacingstrategie an. Da die Firmenleitung den Vertrieb der Joghurts über die Discountschiene verworfen hat, verbleibt lediglich die Strategie der **Qualitätsführerschaft**. Diese entspricht am ehesten der Strategie des Unternehmens im Heimatmarkt. Die „YOGU AG" weist darüber hinaus als Basis für einen weiteren Wettbewerbsvorteil – neben dem der Qualität – Innovationsvorteile gegenüber der „Supergurt" auf.

Teilaufgabe (b)

Als mögliche **Konkurrenzstrategien** gegenüber ihrem Hauptkonkurrenten „Supergurt" stehen der „YOGU AG" folgende Alternativen zur Verfügung: Die Kooperations-, die Konflikt-, die Ausweich- und die Anpassungsstrategie. Des Weiteren ist eine Entscheidung darüber zu treffen, ob die Position des Marktführers, des Marktfolgers oder die des Marktnischenanbieters angestrebt werden soll.

Als Anbieter qualitativ hochwertiger Joghurts über die Vertriebsschiene der Supermärkte und Fachgeschäfte könnte die „YOGU AG" eine **Ausweichstrategie** verfolgen. Auf diese Weise könnte der Wettbewerbsdruck durch „Supergurt" umgangen werden, indem man besonders innovative und schwer imitierbare Produkte anbietet (z.B. Joghurt mit besonders gesunden Bakterienkulturen).

Darüber hinaus könnte die „YOGU AG“ dauerhaft versuchen, die Marktführerschaft anzustreben, z.B. durch Produktinnovationen und Betonung der Qualität der eigenen Produkte.

Teilaufgabe (c)

Im Rahmen der Wahl einer **absatzmittlergerichteten Strategie** ist eine Entscheidung für die Kooperations-, Umgehungs-, Konflikt- oder Anpassungsstrategie zu treffen. Weil sich die „YOGU AG“ als „Marktneuling“ auf dem deutschen Markt weder eine Umgehungsstrategie (zu geringe Marktpenetration), noch eine Konfliktstrategie (zu teuer) leisten kann, verbleiben die Optionen der Kooperation (z.B. über Category Management oder ECR) sowie der Anpassung (z.B. Zahlung von Listungsgebühren). Als Vertriebskanal hat sich die Geschäftsleitung der „YOGU AG“ bereits gegen den Vertrieb ihrer Produkte über Discounter entschieden. Daher wird die Entscheidung für eine der beiden Alternativen davon abhängen, wie kooperationsbereit die Absatzmittler sind.

Für die Wahl der absatzmittlergerichteten Strategie hinaus bedeutsam ist die **Wahl der „geeigneten“ Absatzmittler**. Für die „YOGU AG“ könnten sich z.B. Supermärkte und Frischefachgeschäfte besonders eignen, weil durch das Image der Verkaufsstellen die Qualität der Produkte zusätzlich unterstützt werden könnte. Bedeutsam sind ebenfalls die Ausgestaltung der Anreizsysteme (Handelswerbung) für die Händler oder die vertraglichen Vereinbarungen (z.B. Rack Jobber).

Teilaufgabe (d)

Die Entscheidung über die grundsätzlichen Strategien hinsichtlich der **Gestaltung des Marketingmix** der „YOGU AG“ muss mit den in den Teilaufgaben (a) bis (c) beschriebenen Strategien abgestimmt werden. Dies erfolgt dann auf den vier Ebenen Produkt, Preis, Kommunikation und Vertrieb.

Im Rahmen der **Produktstrategie** erfolgt die Festlegung des Qualitätsniveaus (hohe Qualität oder Standardqualität). Für die Joghurts der „YOGU AG“ könnte die Strategie hoher Qualität beibehalten werden.

Bezüglich der Festlegung der **Preisstrategie** könnte die „YOGU AG“ eine Hochpreisstrategie (wegen der hohen Qualität der Produkte) verfolgen.

Die **Kommunikationsstrategie** der „YOGU AG“ könnte so gewählt werden, dass die hohe Produktqualität effektiv kommuniziert wird (z.B. TV-Spots über die Joghurtproduktion in Schweden).

Als **Vertriebsstrategie** könnte die Auswahl exklusiver Partner vorteilhaft sein, die das Image der Produkte zusätzlich unterstützen. Ein Vertrieb über die Discount-Schiene erscheint für die „YOGU AG" wegen der Listungsgebühren und der Konkurrenz („Supergurt") als nicht vorteilhaft; eine Entscheidung gegen die Discounterschiene ist zudem bereits getroffen worden.

Lösungshinweise Aufgabe 3-12

Nicht nur die Planung von Strategien, sondern auch deren **Implementierung** ist ein bedeutsames Problem in der Unternehmenspraxis. In diesem Zusammenhang wird auch häufig von einer „Implementierungslücke" gesprochen.

Viele Marketingstrategien scheitern in der betrieblichen Praxis an der konkreten Umsetzung. Der Grund ist häufig der, dass es an einem geschlossenen Konzept zur Implementierung der entwickelten Strategie fehlt. Daher ist es erforderlich, sich detailliert mit dem Implementierungsprozess von Marketingstrategien sowie den Erfolgsbedingungen hierfür auseinander zu setzen.

Teilaufgabe (a)

Unter der **Implementierung von Strategien** ist ein Prozess zu verstehen, durch den Strategien in aktionsfähige Aufgaben transformiert werden und durch den sichergestellt wird, dass diese Aufgaben in der Art durchgeführt werden, dass sie die Ziele des Plans erfüllen (*Kotler/Bliemel* 1999).

Für den Prozess der Strategieimplementierung werden Durchsetzungs-, Umsetzungs- und Durchführungsziele unterschieden (*Meffert* 1994).

Zu den **Durchsetzungszielen** zählen:

- Gewährleisten eines Verstehens der Strategieinhalte,
- Erreichen einer positiven Einstellung der Mitarbeiter gegenüber der Strategie,
- Vermitteln entsprechender Kompetenzen als Basis einer Umsetzung der Strategie.

Die Strategien wurden bei der „IBOR AG" gemeinsam mit sämtlichen Beteiligten erarbeitet und einstimmig verabschiedet. Es ist daher davon auszugehen, dass mit dieser Vorgehensweise zum einen die **Strategieninhalte verstanden** worden sind und zum anderen eine **positive Einstellung** der Mitarbeiter und Franchisepartner gegenüber der zu implementierenden Strategien vorherrscht. Klärungsbedürftig erscheint noch die Frage, welche **Kompetenzen** den Beteiligten für die Strategieimplementierung noch zu vermitteln sind.

Zu den **Umsetzungszielen** zählen:

- Spezifizierung der Strategie im Verlauf der Implementierung,
- Anpassung der Organisation, Systeme und Kulturen mit dem Ziel eines Fits zwischen Strategie und Struktur, Systemen sowie Kultur.

Zu den **Durchführungszielen** zählen:

- Vermittlung von Kenntnissen,
- Förderung des Verständnisses,
- Festlegung der Kompetenzen,
- Sicherung der Einsatzbereitschaft, mit dem Ziel des Aufbaus von Wissen, Können, Dürfen und Wollen.

Den beteiligten Mitarbeitern der „IBOR"-Zentrale und den „IBOR"-Franchisepartnern liegen inzwischen detaillierte Pläne mit exakten Ablauf- und Terminzielen vor. Hier ist noch die Frage zu klären, inwieweit eine Anpassung der Organisation, Systeme und Kulturen vorzunehmen ist. Zum anderen erfolgte bislang keine explizite Festlegung der Kostenziele.

Teilaufgabe (b)

Der Implementierung von Strategien können die in Schaubild 3-6 dargestellten **Barrieren** entgegenstehen. Für die Strategieimplementierung bei der „IBOR AG" können beispielhaft folgende Barrieren sowie Maßnahmen, wie diese zu umgehen sind, angeführt werden:

- **Informationsbarrieren** (Problem des Kennens) auf Seiten der Mitarbeiter des „IBOR"-Franchisepartners: Eine Maßnahme zur Verringerung dieses Problems ist die gezielte Mitarbeiterkommunikation, z.B. über Mitarbeitergespräche und interner Kommunikationsmedien.
- **Transformationsbarrieren** (Problem des Verstehens) auf Seiten der Betroffenen: Durch persönliche Gespräche auf unterschiedlichen Hierarchieebenen der „IBOR AG" muss sichergestellt werden, dass jede Führungskraft und jeder Mitarbeiter die Inhalte der neuen Strategie verstanden hat.
- **Fähigkeitsbarrieren** (Problem des Könnens) auf Seiten aller Beteiligten der „IBOR AG": Um dieses Problem zu umgehen, ist die rechtzeitige und ge-

zielte Schulung von „IBOR"-Mitarbeitern und „IBOR"-Franchisepartnern im Hinblick auf die neuen Aufgaben vorzunehmen. So können spezifische Problemlösungskompetenzen jeweils bei den Verantwortlichen, z.B. durch Schulungen, aufgebaut werden.

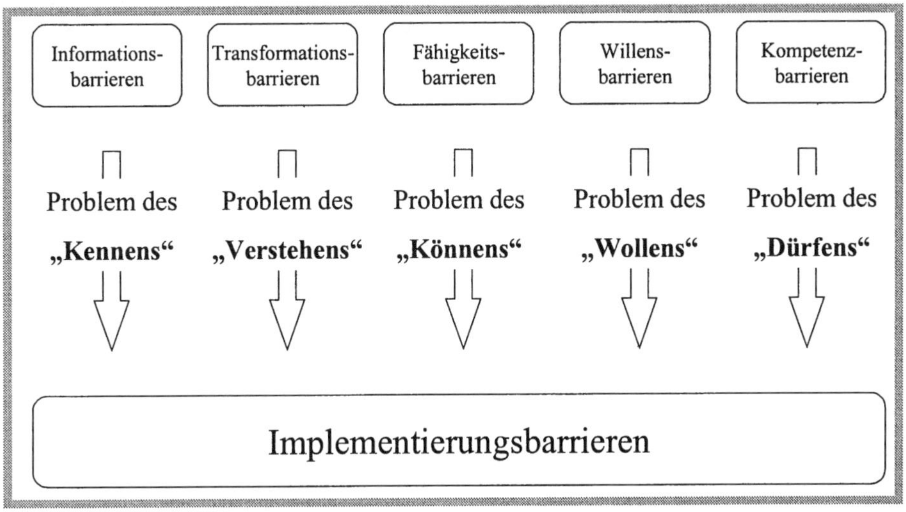

Schaubild 3-6: Implementierungsbarrieren

- **Willensbarrieren** (Problem des Wollens): Die „IBOR AG" muss Anreizsysteme schaffen, damit alle Mitarbeitenden motiviert sind, sich für die neue Strategie einzusetzen. Dazu zählen materielle und immaterielle Incentives gleichermaßen.
- **Kompetenzbarrieren** (Problem des Dürfens) auf Seiten des Kundenkontaktpersonals. Durch Maßnahmen des Empowerments kann die „IBOR AG" beispielsweise ihren Mitarbeitenden die Entscheidungskompetenz geben, die Strategieinhalte „vor Ort" mit den Kunden umzusetzen.

Kapitel 4: Methoden der Marketingforschung (Aufgaben)

Aufgabe 4-1

Funktionen und Untersuchungsbereiche der Marketingforschung

Der Sportartikelhersteller „All-Sports GmbH" verzeichnet in den letzten Jahren rückläufige Absatzzahlen trotz eines allgemein positiven Trends innerhalb der Branche. Die Geschäftsleitung vermutet, dass das seit langem unveränderte Sortiment eine der Hauptursachen für die eigenen Absatzprobleme darstellt. Es wird beschlossen, diese Überlegung zu überprüfen und eine Informationsbasis zur Generierung von Verbesserungsmaßnahmen zu schaffen, die auch die Grundlage für weitere Marketingmaßnahmen (Kommunikationspolitik, Preispolitik, ...) darstellen soll.

(a) Zeigen Sie an diesem Beispiel **Funktionen** der Marketingforschung auf!

(b) Verdeutlichen Sie die wichtigsten **Untersuchungsbereiche** der Marketingforschung anhand konkreter Fragestellungen der „All-Sports GmbH"!

Aufgabe 4-2

Auswahl der Befragungselemente im Rahmen der Stichprobenplanung

Der Automobilhersteller „NEC AG" („New European Cars AG") möchte die Zufriedenheit der im Herstellungsland ansässigen Vertragshändler mit seinen Verkaufsförderungsmaßnahmen mittels einer persönlichen, mündlichen Befragung erheben. In der unternehmenseigenen Kundendatenbank der „NEC AG" werden 243 Vertragshändler geführt. Die Vertragshändler verteilen sich dabei in etwa gleichmäßig auf die fünf Regionen des Herstellerlandes. Zielsetzung ist, eine repräsentative **Stichprobe** der Händler zu befragen.

(a) Was ist darunter zu verstehen, wenn als Zielsetzung eine **repräsentative Stichprobe** genannt wird?

(b) Ein Mitarbeiter der Marktforschungsabteilung der „NEC AG" schlägt vor, eine der Regionen zufällig auszuwählen und in dieser alle Händler zu befragen, da so die Kosten der Befragung relativ gering gehalten werden können. Wie heißt dieses **Verfahren der Zufallsauswahl** und in welchem Fall gefährdet es die Repräsentativität der Stichprobe?

(c) Nennen Sie weitere mögliche **Verfahren der Zufallsauswahl** und beschreiben Sie kurz, wie man diese für die gegebene Fragestellung der „NEC AG" einsetzen könnte!

(d) Neben den Verfahren der Zufallsauswahl kommen auch **Verfahren der bewussten Auswahl** zur Bestimmung der Stichprobenstruktur in Frage. Nennen Sie die wichtigsten Verfahren dieser Gruppe, zeigen Sie deren Anwendung wiederum am Beispiel des Automobilherstellers „NEC AG" auf und geben Sie jeweils eine kurze Beurteilung ab.

Aufgabe 4-3

Bestimmung der Anzahl der Befragungselemente im Rahmen der Stichprobenplanung

Bei einer Befragung von Kunden der „Südbank AG" soll mit einer Sicherheitswahrscheinlichkeit von 99,7 Prozent und einer Fehlerspanne von 50 GE sichergestellt werden, dass die Einkommensverteilung der Stichprobe repräsentativ ist. Die Standardabweichung beträgt entsprechend einer Voruntersuchung 800.

Berechnen Sie den notwendigen **Stichprobenumfang** n!

Aufgabe 4-4

Primär- und Sekundärforschung sowie Befragung und Beobachtung als Methoden der Datengewinnung

Die international tätige Fast Food-Kette „EAT AG" überlegt, ihr bisheriges Produktangebot in den Restaurants dreier europäischer Länder zu erweitern. Zur Beantwortung der Frage, welche Produktform(en) neu in das Programm aufgenommen werden könnte(n), soll zunächst **Sekundärforschung** betrieben werden. Im Anschluss sollen die neuen Produktideen und entsprechende Prototypen in Labortests geprüft werden. Von den **Beobachtungen** über die Reaktionen bei den (potenziellen) Konsumenten verspricht man sich wertvolle Hinweise.

(a) Was ist der Unterschied zwischen **Sekundär- und Primärforschung**? Grenzen Sie die beiden Begriffe voneinander ab, ohne auf einzelne Instrumente der beiden Bereiche einzugehen.

(b) Welche internen und externen Quellen der **Sekundärforschung** könnte man bezüglich obiger Fragestellung heranziehen?

(c) Die Kette beschließt, neben der Sekundärforschung auch eine **Befragung** bei den Besuchern der Restaurants durchzuführen. Inhalt dieser Befragung soll deren grundsätzliches Ernährungsverhalten sein. Welche Argumente sprechen für eine schriftliche, welche für eine persönliche Befragung?

(d) Welche Vorzüge hat die **Beobachtung** gegenüber der Befragung in der Phase, in der der Prototyp erstmals bei den potenziellen Kunden getestet wird?

Aufgabe 4-5

Experimente als Spezialform der Datengewinnung

Die „Kornsnack GmbH", die Müsliriegel herstellt, überlegt, eine **neue Verpackung** für ihr Produkt „Kornfix" entwickeln zu lassen.

(a) Nachdem eine Verpackungsidee entwickelt wurde, die sich lediglich im Design von der alten unterscheidet, soll die Wirkung bei den möglichen Abnehmern überprüft werden. Hierzu wird „Kornfix" in einem **Testmarkt** zunächst (Woche 1) ausschließlich mit der alten, anschließend (Woche 2) ausschließlich mit der neuen Verpackung zum Verkauf angeboten. Verkauft werden insgesamt 563 Mengeneinheiten von „Kornfix" mit der alten und 642 Mengeneinheiten mit der neuen Verpackung. Wie lautet das Ergebnis dieses **EBA-Experimentes** (Vorher-Nachher-Messung)?

(b) Wie könnte das **Ergebnis** von Teilaufgabe (a) interpretiert werden und warum ist dieses Vorgehen nicht unproblematisch?

(c) Nehmen Sie an, das Experiment sei zwar wie in Teilaufgabe (a) beschrieben durchgeführt worden, nur wurde auf Anraten des Leiters der Marktforschungsabteilung zusätzlich ein weiterer Testmarkt als Kontrollgruppe verwendet (**EBA-CBA-Experiment**), in dem „Kornfix" ausschließlich mit der alten Verpackung verkauft wurde. In der Kontrollgruppe wurden in der ersten Woche (Woche 1) 399 Mengeneinheiten und in der Folgewoche (Woche 2) 473 Mengeneinheiten verkauft. Berechnen Sie die Wirkung und interpretieren Sie das Ergebnis auch im Vergleich zu Teilaufgabe (a)! (Lösungshinweis: Die Angaben/Ergebnisse zur Experimentiergruppe aus Teilaufgabe (a) können verwendet werden.)

Aufgabe 4-6

Panel als Spezialform der Datenerhebung

Die „Completto AG", die Fertiggerichte produziert, verwendet **Paneldaten**, um Informationen über das Kaufverhalten sowie weitere Merkmale der Konsumenten zu erhalten. Diese Daten stellen für die „Completto AG" eine wichtige Entscheidungsgrundlage für den Einsatz des Marketinginstrumentariums dar.

(a) Was ist allgemein unter **Panelforschung** zu verstehen?

(b) Welche **Erscheinungsformen** des Panel gibt es allgemein und um welche handelt es sich im vorliegenden Fall?

(c) Im vorliegenden Fall wird der sog. „**Single-Source-Ansatz**" verwendet. Was ist darunter zu verstehen?

(d) Was muss die „Completto AG" hinsichtlich der **Repräsentativität** von Panelergebnissen beachten?

Aufgabe 4-7

Methoden der Datenanalyse

Die „Print AG", der Verlag der Familienzeitschrift „FAM" will überprüfen, inwieweit die angebotenen Themenbereiche dieser Zeitschrift noch den Vorstellungen ihrer Stammleserschaft (Familien mit Kindern im Alter von 6-17 Jahren, mittleres bis gehobenes Einkommen) entsprechen. Hierzu wird eine **schriftliche Befragung** von 1.500 zufällig ausgewählten Abonnenten der Zeitschrift durchgeführt; der Rücklauf liegt bei 31 Prozent (465 auswertbare Fragebögen). Als Mitarbeiter der Marktforschungsabteilung sind Sie für die Auswertungen der Daten verantwortlich. Ein Teil des verwendeten **Fragebogens** ist in Schaubild 4-1 dargestellt.

(3) Welche der aufgeführten Themenbereiche interessieren Sie an unserer Zeitschrift besonders?

(Bitte nur ein Feld pro Aussage ankreuzen!)	Interessiert mich sehr	Interessiert mich	Interessiert mich teilweise	Interessiert mich eher nicht	Interessiert mich nicht	Interessiert mich überhaupt nicht
Bauen/ Wohnen	□	□	□	□	□	□
Wirtschaft/ Finanzen	□	□	□	□	□	□
Reisen	□	□	□	□	□	□
Sport	□	□	□	□	□	□
Ernährung	□	□	□	□	□	□
Gesundheit/ Medizin	□	□	□	□	□	□
Internet	□	□	□	□	□	□
Politik	□	□	□	□	□	□
Beruf/ Karriere	□	□	□	□	□	□
Mode	□	□	□	□	□	□
Musik	□	□	□	□	□	□
Auto	□	□	□	□	□	□

(4) Wie zufrieden sind Sie mit unserer Zeitschrift insgesamt?

Vollkommen zufrieden	Zufrieden	Eher zufrieden	Eher unzufrieden	Unzufrieden	Vollkommen unzufrieden
□	□	□	□	□	□

(5) Wie viele Minuten lesen Sie durchschnittlich in der Zeitschrift?
______ Minuten

(6) Wie alt sind Sie? _________ Jahre

(7) Welchen Beruf üben Sie derzeit aus? ______________________

(8) Geschlecht:

weiblich □	männlich □

Vielen Dank!

Schaubild 4-1: Teil des Fragebogens

(a) Welches **Skalenniveau** haben die zu den einzelnen Fragen gehörenden Variablen in der Datenmatrix?

(b) Welche **Bedeutung** hat das Skalenniveau für die Anwendung der Analyseverfahren der Dependenzanalyse allgemein und wie äußert sich dies konkret?

(c) Welche **Verfahren** der Dependenzanalyse sind jeweils anzuwenden, wenn für „FAM" überprüft werden soll, ob und wie

- das Alter (Frage 6) die Lesezeit (Frage 5),
- der Beruf (Frage 7) die Lesezeit (Frage 5),
- die Größe des Interesses am Thema Reisen (Frage 3, Teilfrage 3) die Zufriedenheit (Frage 4) und
- das Geschlecht (Frage 8) die Tatsache, dass bestimmte Auskunftspersonen großes Interesse am Themenbereich Reisen haben oder nicht (Frage 3, Teilfrage 3),

beeinflusst.

Begründen Sie Ihre Antwort!

(d) Um zu untersuchen, inwieweit ein Zusammenhang zwischen der Zufriedenheit mit der Zeitschrift (Frage 4) und dem Interesse am Thema Reisen (Frage 3, Teilfrage 3) – einem der bisherigen Schwerpunktthemen der Zeitschrift – besteht, soll statt der Dependenzanalyse nun der **Korrelationskoeffizient nach Bravais-Pearson** ermittelt werden. Berechnen Sie diesen Koeffizienten und interpretieren Sie ihn! Gehen Sie von dem in Schaubild 4-2 (vereinfachten und verkürzten) Datensatz aus.

Hinweis: Als Kodierung wurde bei der Frage „Interesse am Themenbereich Reisen" die Skala „6 = Interessiert mich sehr" bis „1 = interessiert mich überhaupt nicht" und bei der Frage „Wie zufrieden sind Sie mit unserer Zeitschrift insgesamt" die Skala „6 = Vollkommen zufrieden" bis „1 = vollkommen unzufrieden" verwendet.

(e) Untersucht werden soll ferner, ob bezüglich der Angaben zum Fragenblock 4 bestimmte Personen zu Gruppen zusammengefasst werden können. Wie heißt das **statistische Verfahren**, das Sie hierzu verwenden können, und das allgemein angewendet werden kann, um in sich homogene und untereinander heterogene Gruppen zu identifizieren?

Interesse am Thema Reisen (x)	Zufriedenheit mit der Zeitschrift (y)
6	4
1	2
2	2
5	4
5	2
4	5
5	5
1	3
6	6
5	6

Schaubild 4-2: Angaben von Auskunftspersonen auf die Fragen „Interesse am Themenbereich Reisen" und „Wie zufrieden sind Sie mit unserer Zeitschrift insgesamt"

Aufgabe 4-8

Entwicklungsprognose

Die „Auto-Hydraulik GmbH", ein Zuliefererbetrieb der Automobilindustrie, möchte den Absatz des einzigen Produktes für das kommende Jahr prognostizieren. Die **Prognose** soll auf Basis der Absatzzahlen der letzen 7 Jahre (t = 1, ..., 7) erfolgen. Schaubild 4-3 zeigt die entsprechenden Daten.

Zeitpunkt t_i	t = 1	t = 2	t = 3	t = 4	t = 5	t = 6	t = 7
Absatz (y) in ME	300	330	325	360	380	385	387

Schaubild 4-3: Absatzwerte zu unterschiedlichen Zeitpunkten t_i

(a) Unterstellen Sie einen Trend der Art $y = a + b \cdot t$ und prognostizieren Sie den **Absatz für t = 8**!

(b) **Zeichnen** Sie die entsprechende Gerade sowie die tatsächlichen Werte und den Prognosewert in ein Koordinatensystem!

(c) Beurteilen Sie das Ergebnis mit Hilfe des **Bestimmtheitsmaßes R^2**!

(d) Die „Auto-Hydraulik GmbH" beschließt, in Zukunft mit **Indikatorprognosen** zu arbeiten. Was ist darunter zu verstehen und wie könnte die Vorgehensweise des Herstellers dabei aussehen?

(e) Nennen Sie die wichtigsten **Vor- und Nachteile** der Trendprognose und der Indikatorprognose!

Aufgabe 4-9

Wirkungsprognose

Der Marketingplaner des Kosmetikunternehmens „Alpha AG" möchte ermitteln, ob durch den Einsatz von **Werbung** oder kurzfristige **Preisreduktionen** im Rahmen des anstehenden Weihnachtsgeschäftes für die seit 5 Jahren am Markt befindliche Marke „Alpha 4-9" höhere Absätze zu erzielen sind. Die Produktionskosten sowie andere Kostengrößen spielen in dem Kalkül dabei keine Rolle. Der Planungshorizont ist auf das Weihnachtsgeschäft beschränkt.

Der Marketingplaner geht davon aus, dass Preisreduktionen und Werbemaßnahmen unabhängig voneinander zu Absatzsteigerungen führen. Als **Modell** will er entsprechend das additive Modell der Art

$$Y = z + a \cdot p^{-1} + b \cdot W$$

verwenden. Die Befragung von Experten liefert – unabhängig von den tatsächlichen Entscheidungsalternativen – folgende Erkenntnisse über innerhalb des Planungshorizontes auftretende Absatzeffekte:

- Falls ein Preis von 30 GE verwendet wird und keine Werbung betrieben wird, ergibt sich ein Absatz in Höhe von 14.500 ME.
- 500 ME können völlig unabhängig von Preis und Werbung abgesetzt werden.
- Bei Werbeausgaben in Höhe von 60.000 GE und einem Preis von 40 GE ergibt sich ein Absatz von 16.000 ME.

(a) Bestimmen Sie die **Parameter** z, a und b der obigen Funktion!

(b) Als Alternative 1 sieht der Marketingplaner eine Preisreduktion des normalen Preises in Höhe von 49 GE auf 29 GE vor. Werbung soll bei dieser Alternative nicht eingesetzt werden.

Als Alternative 2 könnte ein Werbebudget in Höhe von 60.000 GE investiert und der Preis unverändert bei 49 GE belassen werden.

Welche **Alternative** führt zum maximalen Absatz?

(c) Welche **Argumente** könnten gegen obiges Modell innerhalb der Wirkungsprognose sprechen? Machen Sie allgemein einen entsprechenden Vorschlag für andere mögliche Ansätze!

Aufgabe 4-10

Qualitative Prognosemethoden

Bei der „Phontech GmbH", einem Unternehmen, das Mobiltelefone produziert, steht der Marketingplaner vor der Aufgabe, langfristige Überlegungen zur Marktentwicklung anzustellen. Er möchte hierzu insbesondere die **qualitativen Prognosemethoden** nutzen.

(a) Um erste Anhaltspunkte für die Marktentwicklung zu erhalten, sollen **Expertenbefragungen** durchgeführt werden. Überlegt wird, die **Delphi-Technik** bei diesen Expertenbefragungen zu nutzen. Was ist hierunter allgemein zu verstehen und wie könnte eine Umsetzung im konkreten Fall aussehen?

(b) Für obige Fragestellung soll auch die **Szenario-Technik** genutzt werden. Was ist darunter allgemein zu verstehen und wie könnte der Einsatz dieser Technik im konkreten Fall aussehen?

Kapitel 4: Methoden der Marketingforschung (Lösungshinweise)

Lösungshinweise Aufgabe 4-1

Marketingforschung umfasst die Gewinnung, Auswertung und Interpretation von Informationen über jetzige und zukünftige Marketingsituationen und -entscheidungen einer Unternehmung. Begrifflich ist eine **Differenzierung** in Marktforschung (Tatbestände der Gegenwart) und Marktprognose (Tatbestände der Zukunft) möglich. Neben den Funktionen (vgl. Teilaufgabe (a)) und den Untersuchungsbereichen (vgl. Teilaufgabe (b)) lässt sich die Marktforschung beispielsweise auch nach dem Bezugszeitpunkt in einmalige und permanente Erhebungen, nach der Art der Messung in qualitative und quantitative Marktforschung und nach der Art der untersuchten Marktteilnehmer in Konsumentenforschung, Konkurrenzforschung und Absatzmittlerforschung differenzieren. Weitere Unterteilungen der Marktforschung (z.B. in Primär- und Sekundärforschung) werden in den folgenden Aufgaben des vorliegenden Kapitels aufgezeigt.

Teilaufgabe (a)

Funktionen der Marketingforschung am Beispiel der „All-Sports GmbH“:

- **Anregungsfunktion**
  Unter der Anregungsfunktion der Marketingforschung wird allgemein die Generierung von Impulsen für die Initiierung neuer Marketingentscheidungen verstanden. Im vorliegenden Fall bedeutet dies z.B., dass neben den bereits festgestellten Umsatzrückgängen in den mit den bisher hergestellten Produkten abgedeckten Marktsegmenten gleichzeitig neue Marktsegmente mit noch nicht ausgeschöpften Potenzialen entdeckt werden könnten. Auf diese Weise können Möglichkeiten einer Neugestaltung des Sortiments (z.B. Erweiterungsmöglichkeit des Sortiments um Sportgeräte bestimmter Trendsportarten) eruiert werden.

- **Prognosefunktion**
  Allgemein wird als Prognosefunktion die Schätzung von Veränderungen der marketingrelevanten Faktoren sowie deren Auswirkungen auf das eigene

Geschäft bezeichnet. Bezogen auf den Sportartikelhersteller „All-Sports GmbH" kann dies bedeuten, aus verschiedenen Marketingstrategien resultierende zukünftige Umsätze zu prognostizieren. Die „All-Sports GmbH" erhält Antworten auf Fragen, wie z.B.:

- Wie wird sich der Umsatz unter Beibehaltung des bisherigen Sortiments in den nächsten Jahren entwickeln? Wird er weiter zurückgehen oder wieder ansteigen?
- Welche Auswirkungen auf den Umsatz würde eine Konzentration auf bestimmte Sportarten (Spezialisierung) mit sich bringen (Reduktion des Sortiments)?
- Welche Wirkungen hätte eine Sortimentserweiterung auf den Umsatz?

Prognostiziert werden können auch Entwicklungen, die vom eigenen Marketing unabhängig sind, z.B.:

- Welchen Stellenwert werden heutige Trendsportarten in fünf Jahren in der Gesellschaft haben?
- Wie wird sich die Preisbereitschaft für unterschiedliche Sportgeräte entwickeln?
- Wird die Bedeutung von Sport als Freizeitgestaltung zu- oder abnehmen?

- **Bewertungsfunktion**
  Die Marketingforschung beinhaltet neben der Anregungs- und Prognosefunktion die Funktion, die Entscheidungsträger eines Unternehmens bei der Bewertung und Auswahl von Entscheidungsalternativen zu unterstützen. Der Sportartikelhersteller „All-Sports GmbH" kann durch die Marketingforschung beispielsweise Informationen darüber gewinnen, welche Sortimentspolitik langfristig die größten Erfolge verspricht bzw. wo bisherige Probleme lagen. Auf Basis dieser Kenntnisse können verschiedene Handlungsalternativen bewertet und Entscheidungen für die Zukunft getroffen werden.

- **Kontrollfunktion**
  Zur Marketingforschung zählt darüber hinaus die systematische Suche und Sammlung marketingrelevanter Informationen über die Marktstellung des eigenen Unternehmens sowie die Wirksamkeit einzelner Marketingmaßnahmen. So sollte der Sportartikelhersteller „All-Sports GmbH" zukünftig aktuelle Veränderungen der Umsätze, Absätze, des Images, der wahrgenommenen Preiswürdigkeit, des Bekanntheitsgrades usw. kontinuierlich er-

fassen und den Erfolg durchgeführter Marketingmaßnahmen (z.B. Sortimentsänderungen, Verkaufsförderungsaktionen, ...) überprüfen.

- **Bestätigungsfunktion**
  Neben dem Feststellen von Erfolgen und Misserfolgen durchgeführter Marketingmaßnahmen kommt der Marketingforschung die Funktion zu, Erkenntnisse über die Ursachen dieser Resultate zu liefern. So könnte der Sportartikelhersteller „All-Sports GmbH“ nach durchgeführter Sortimentsänderung (z.B. Aufnahme von Sportgeräten einer neuen Trendsportart in das Sortiment) feststellen, dass sich die Umsatzentwicklung verbessert hat, ein Teil dieser Verbesserungen jedoch auf konjunkturelle Schwankungen zurückzuführen ist und demnach langfristig weitere Maßnahmen notwendig sind.

Teilaufgabe (b)

Die Marketingforschung beinhaltet eine Vielzahl von **Untersuchungsbereichen**. Zu den wichtigsten zählen:

- **Entwicklung des Marktes**
  Beispiel für die „All-Sports GmbH“: Hat sich das Marktpotenzial aufgrund der Bevölkerungsentwicklung verändert?

- **Verhalten der Marktteilnehmer**
  Beispiel für die „All-Sports GmbH“: Welches Verhalten weisen die Abnehmer, welches die wichtigsten Konkurrenten auf?

- **Wirkungen der Marketinginstrumente**
  Beispiel für die „All-Sports GmbH“: Welche Wirkung ist bei einer Veränderung der Sortimentsgestaltung (Erweiterung oder Reduktion des Produktprogrammes), der Kommunikationspolitik (z.B. Bekanntmachung der neuen Angebotspalette durch Mediawerbung) und der Preispolitik (z.B. Preisreduktionen zur Erschließung neuer Kundensegmente) jeweils zu erwarten?

- **Beobachtung unternehmensspezifischer Marketingfaktoren**
  Beispiel für die „All-Sports GmbH“: Inwieweit lässt die kontinuierliche Beobachtung der Umsatzstatistiken Rückschlüsse auf ein verändertes Marktpotenzial zu?

Lösungshinweise Aufgabe 4-2

Sollen Daten direkt erhoben werden, besteht zum einen die Möglichkeit, alle Einheiten der **Grundgesamtheit**, d.h., die Gesamtzahl der Elemente, für die eine Aussage getroffen werden soll, zu untersuchen (**Vollerhebung**). In der vorliegenden Aufgabe wären dies alle Vertragshändler innerhalb des Herstellungslandes. Zum anderen besteht die Möglichkeit – und aus zeitlicher, finanzieller und organisatorischer Hinsicht oft auch die Notwendigkeit – sich auf eine bestimmte Auswahl von Elementen bei der Befragung zu beschränken (**Teilerhebung**). In diesem Fall sollte die Stichprobe so gebildet werden, dass sie die Grundgesamtheit möglichst gut repräsentiert, d.h., die **Repräsentativität** der Ergebnisse der Stichprobe für die Grundgesamtheit gewährleistet ist. Grundsätzlich sind die Verfahren der **Zufallsauswahl** (Teilaufgabe (c)) dazu geeignet, während die **Verfahren der bewussten Auswahl** (Teilaufgabe (d)) in dieser Hinsicht erhebliche Mängel aufweisen. Neben den Überlegungen, wie die Auswahl der Elemente einer Stichprobe zu erfolgen hat, muss bei Teilerhebungen weiterhin die Frage beantwortet werden, wie viele Elemente der Grundgesamtheit die Stichprobe enthalten soll. Hierauf wird in Aufgabe 4-3 näher eingegangen.

Teilaufgabe (a)

Eine Stichprobe ist **repräsentativ**, wenn die Verteilung aller interessierenden Merkmale der Untersuchungselemente (Personen, Produkte, ...) der Verteilung in der Grundgesamtheit entspricht. Eine repräsentative Stichprobe stellt somit sicher, dass aufgrund der Stichprobenstruktur die Stichprobenergebnisse Rückschlüsse auf Aussagen über die Grundgesamtheit erlauben. Im vorliegenden Fall der „NEC AG" bedeutet eine repräsentative Stichprobe, dass die Angaben der befragten Händler zur Zufriedenheit (Stichprobe) eine Aussage über die Zufriedenheit aller Händler (Grundgesamtheit) zulassen.

Teilaufgabe (b)

Bei der beschriebenen Vorgehensweise der „NEC AG" handelt es sich um die sog. **Klumpenauswahl.** Hierunter versteht man allgemein die Aufteilung der Grundgesamtheit in disjunkte Untergruppen, der eine anschließende zufällige Auswahl von Klumpen und eine Befragung aller Erhebungseinheiten in diesen folgt. Die hier vorliegende Form der Klumpenauswahl stellt dabei den Spezialfall einer „Flächenstichprobe" dar, d.h., jeder Klumpen entspricht einer geographischen Einheit (*Böhler* 1998).

Die **Repräsentativität** der Klumpenauswahl ist dann nicht gewährleistet, wenn die Klumpen in sich keine repräsentativen Teileinheiten darstellen. Im vorliegenden Fall kann es z.B. sein, dass die Zufriedenheit der Händler mit den Verkaufsförderungsmaßnahmen zwischen den Regionen stark schwankt; eine Klumpenauswahl wäre in diesem Fall nicht repräsentativ.

Teilaufgabe (c)

Als weitere **Verfahren der Zufallsauswahl** sind zu nennen (*Böhler* 1998):

- **Einfache Zufallsauswahl**
  D.h., es erfolgt eine einfache Zufallsstichprobe aus der Grundgesamtheit. Eine mögliche Vorgehensweise im Fall der „NEC AG" wäre, aus allen Vertragshändlern unter Verwendung eines Zufallsmechanismus (z.B. Auslosung) eine bestimmte Anzahl an zu befragenden Händlern auszuwählen. Dabei müsste grundsätzlich jeder Händler die gleiche Wahrscheinlichkeit haben, Element der Stichprobe zu werden.

- **Geschichtete Zufallsauswahl**
  D.h., es erfolgt eine Einteilung der Grundgesamtheit in mehrere, sich gegenseitig ausschließende Untergruppen und die Ziehung jeweils einer Stichprobe pro Untergruppe. Für die „NEC AG" kann eine solche Stichprobenauswahl derart erfolgen, dass z.B. von vornherein alle Händler in Gruppen nach Umsatzstärke eingeteilt werden und dann in jeder dieser Gruppen eine Zufallsauswahl erfolgt. Der Nutzen dieses Verfahrens steigt dabei – im Gegensatz zur Klumpenauswahl – mit zunehmender Heterogenität der Gruppen an.

Teilaufgabe (d)

Verschiedene **Verfahren der bewussten Auswahl** (*Böhler* 1998):

- **Willkürliche Auswahl**
  D.h., es erfolgt eine bewusste Auswahl besonders leicht erreichbarer Erhebungseinheiten. Es können bei der „NEC AG" z.B. Befragungen im Rahmen von mit einigen Filialleitern evtl. ohnehin anstehenden Geschäftsgesprächen stattfinden. Für die Repräsentativität problematisch ist dieses Verfahren, wenn die „leichte Erreichbarkeit" die Struktur der Stichprobe dahingehend beeinflusst, dass diese nicht mehr der Struktur der Grundgesamtheit entspricht. Dieses Problem könnte z.B. im oben genannten Fall auftreten, wenn anstehende Gespräche zur Befragung genutzt werden sollen: Wenn die Gespräche z.B. mit Händlern vorgesehen sind, bei denen vor zwei Wochen eine Verkaufsförderungsaktion durch die „NEC AG" stattfand, und wenn diese

Verkaufsförderungsaktion die Zufriedenheit der Händler beeinflusst hat, werden die Angaben dieser Händler zur Zufriedenheit nicht repräsentativ sein, da diejenigen Händler, bei denen die Verkaufsförderungsaktion nicht stattfand, nicht in die Befragung einbezogen werden.

- **Konzentrationsverfahren**
  D.h., von vornherein werden bestimmte Teile der Grundgesamtheit, von denen man keine zusätzlichen Erkenntnisse erwartet, von der Befragung ausgeschlossen. Die „NEC AG" kann z.B. auf die Befragung von Vertragshändlern verzichten, die in besonders abgelegenen Regionen des Landes angesiedelt sind. Hinsichtlich der Repräsentativität (vgl. Teilaufgabe (a)) kann diese Vorgehensweise problematisch sein, wenn sich die nicht befragten Elemente der Grundgesamtheit stark von den befragten unterscheiden (vgl. willkürliche Auswahl).

- **Typische Auswahl**
  D.h., man nimmt eine bewusste Auswahl von Erhebungseinheiten vor, die für die Befragung besonders repräsentativ erscheinen. Die „NEC AG" könnte z.B. zehn ihrer Vertragshändler auswählen, die sie in Hinblick auf die Gesamtheit aller für „besonders typisch" hält. Aufgrund der Subjektivität ist dieses Verfahrens als bedenklich einzustufen.

- **Quotenauswahl**
  D.h., die Auswahl der Erhebungseinheiten erfolgt analog der Verteilung einiger Merkmale in der Grundgesamtheit. Für die „NEC AG" würde dies konkret bedeuten, den Interviewern bestimmte Quoten vorzugeben, die die Stichprobe nach der Erhebung haben soll. Eine derartige Quotenanweisung kann z.B. sein, dass unter den Befragten mindestens zehn Händler mit Umsätzen über vier Mio. GE sein sollen.

Lösungshinweise Aufgabe 4-3

Bei Teilerhebungen ist neben der Entscheidung über die Art der Auswahl von Personen zur Bildung einer Stichprobe (vgl. Aufgabe 4-2) auch festzulegen, welchen Umfang die Stichprobe haben soll. Da bei den Verfahren der Zufallsauswahl für jede Erhebungseinheit die Wahrscheinlichkeit berechnet werden kann, in die Stichprobe zu gelangen, und entsprechend der mögliche Stichprobenfehler schätzbar ist, kann bei diesen Verfahren die Größe des **notwendigen Stichprobenumfanges** n bei Vorgabe der Fehlerspanne e und dem über die Sicherheitswahrscheinlichkeit (1-α) ermittelten z-Wert sowie bei bekannter Standardabweichung σ in der Grundgesamtheit berechnet werden als:

$$n = \frac{z^2 \cdot \sigma^2}{e^2}$$

Sicherheitswahrscheinlichkeit (1-α)	z-Wert der Normalverteilung
0,950	1,96
0,955	2,00
0,997	3,00

Schaubild 4-4: Wahrscheinlichkeitswerte zur Stichprobenberechnung

Die z-Werte für häufig verwendete Sicherheitswahrscheinlichkeiten zeigt Schaubild 4-4.

Da zumeist σ unbekannt ist, müssen entsprechende Näherungswerte aus früheren Untersuchungen oder mittels Voruntersuchungen gewonnen werden.

Der notwendige Stichprobenumfang für die „Südbank AG“ berechnet sich unter Verwendung von Schaubild 4-4 als:

$$n = \frac{3^2 \cdot 800^2}{50^2} = 2.304$$

Lösungshinweise Aufgabe 4-4

Es existieren zahlreiche unterschiedliche Methoden und Formen der Datengewinnung. Grundsätzlich lässt sich zunächst eine Einteilung in Primär- und Sekundärforschung vornehmen (vgl. Teilaufgabe (a)). Die **Sekundärforschung** lässt sich weiter unterteilen in Sekundärforschung mit internen und externen Quellen. Sie kann in Ausnahmefällen die Primärforschung vollständig ersetzen (z.B. wenn zu einer konkreten Fragestellung der Marktforschung bereits erhobenes Material mit dem notwendigen Aktualisierungsgrad vorliegt); in jedem Fall sollte sie stets in Ergänzung zur Primärforschung erfolgen.

Als wichtigste Erhebungsinstrumente der **Primärforschung** sind die Befragung und die Beobachtung zu nennen, die sich wieder in zahlreiche Varianten aufspalten lassen. Neben der in Teilaufgabe (d) behandelten Form der schriftlichen und persönlichen Befragung existieren noch die Formen der telefonischen Befragung und der Befragung im Internet.

Zur Beobachtung sei ergänzend bemerkt, dass diese entweder unter realen Marktbedingungen, im Beispiel des Fast Food-Konzerns also im Restaurant, oder unter künstlichen Bedingungen erfolgen kann. Man verwendet entsprechend die Bezeichnung Feld- bzw. Laboratoriumsbeobachtung. Bei beiden Formen der Beobachtung besteht die Option, anstelle von oder ergänzend zu persönlichen Beobachtungen apparative Hilfsmittel einzusetzen (Kameras, Blickaufzeichnungsgeräte usw.).

Als besondere Formen der Datengewinnung sind noch **Experimente und Panels** zu nennen, die beide eher als spezielle Untersuchungsdesigns und weniger als eigenständige Methoden zu verstehen sind. In den Aufgaben 4-5 und 4-6 wird auf diese Erhebungsmethoden näher eingegangen.

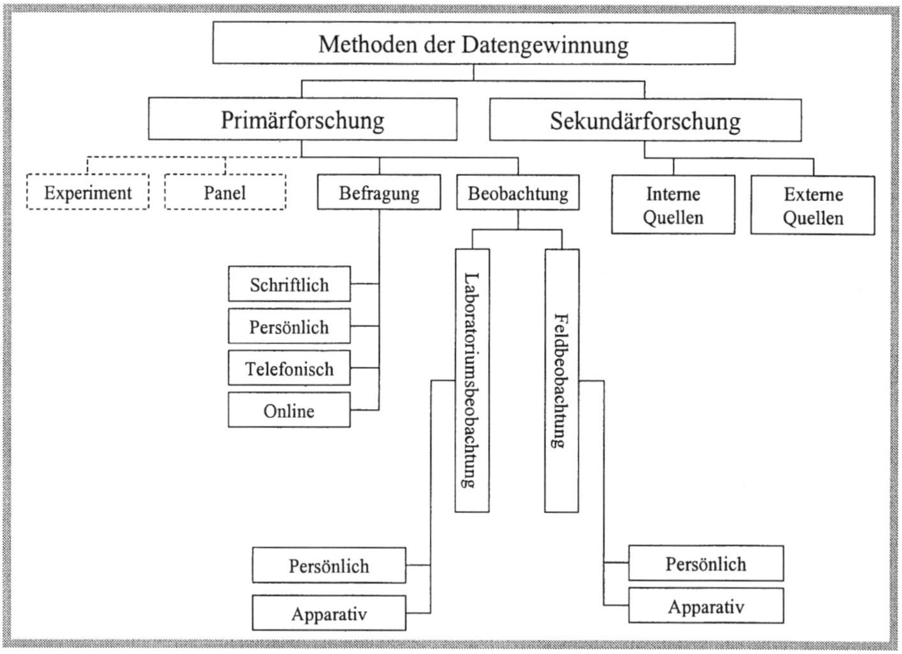

Schaubild 4-5: Methoden der Datengewinnung

Schaubild 4-5 gibt einen **Überblick** über die Verfahren der Datengewinnung. Wie in Teilaufgabe (d) aufgezeigt wird, ist für jedes Marktforschungsprojekt konkret zu prüfen, welche Erhebungsmethode für die Beantwortung einer spezifischen Fragestellung besser geeignet ist.

Teilaufgabe (a)

Bei der **Primärforschung** werden Daten aktuell erhoben, bei der **Sekundärforschung** wird auf bestehende Daten zurückgegriffen.

Teilaufgabe (b)

Als mögliche externe und interne **Quellen der Sekundärforschung** kommen für die Fast Food-Kette z.B. in Frage:

- **Externe Quellen:**
  - Amtliche Statistiken des Bundes, der Länder, der Gemeinden und der Städte (um z.B. Erkenntnisse über gesellschaftliche Veränderungen zu ermitteln, die das Essverhalten, Gesundheitsbewusstsein, Einkommen usw. betreffen und Hinweise auf einen Markt für ein neues Produkt geben können),
  - Erhebungen und Mitteilungen von Marktforschungsinstituten, Verbänden, Industrie- und Handelskammern, Universitäten usw. (um z.B. Erkenntnisse über gesellschaftliche Veränderungen zu ermitteln, s.o.),
  - Frei verfügbare Informationen über andere Fast Food-Unternehmen (z.B. Prospekte, Geschäftsberichte, Zeitungsberichte aller Art).
- **Interne Quellen:**
  - Betriebsstatistiken der „EAT AG“ wie Absatzzahlen (unterteilbar z.B. nach Region, Alter, Geschlecht),
  - Bisher bei der „EAT AG“ eingegangene Beschwerden (z.B. „Ich hätte gerne ...“, „Mir fehlt ...“),
  - Erfahrungen aus Aktionswochen,
  - Erfahrungen der „EAT AG“ mit ähnlichen Produktneueinführungen in anderen Ländern,
  - Ältere Marktforschungsstudien der „EAT AG“ u.a.

Teilaufgabe (c)

Schriftliche versus persönliche **Befragung**:

Die unterschiedlichen **Argumente** für und gegen die beiden Befragungsformen zeigt Schaubild 4-6.

Eine allgemeine Aussage, welche der beiden Befragungsformen zu bevorzugen ist, lässt sich nicht treffen. Je nach Thematik, Befragungszielgruppe, Budget usw. sind die einzelnen Argumente miteinander abzuwägen. Für die vorliegende Fragestellung bei der „EAT AG" könnte man z.B. mit folgenden **Argumenten** eine **schriftliche Befragung** befürworten:

Eine schriftliche Befragung durchzuführen, ist für die „EAT AG" relativ einfach und kostengünstig. Die Fragebögen können z.B. in den Restaurants der „EAT AG" den Gästen gemeinsam mit den Speisen übergeben werden. Ein großer Fragebogenumfang ist zudem aufgrund der relativ beschränkten Thematik nicht notwendig, womit dieses Argument gegen die schriftliche Befragung entfällt. Ebenfalls wegen der Thematik wird es evtl. überflüssig sein, durch eine persönliche Befragung eine kontrollierte Befragungssituation zu schaffen: Beispielsweise eine Frage der Art „Wie oft essen Sie pro Woche Fleisch" erfordert zur Beantwortung keine Unterstützung, Erklärung o.ä. durch einen Interviewer, sondern kann selbstständig vom Befragten beantwortet werden. Die bei einer schriftlichen Befragung von Auskunftspersonen als größer wahrgenommene Anonymität stellt ein weiteres Argument dar: Das Risiko falscher Antworten – z.B. aus Scham oder Prestigedenken – ist bei dieser Befragungsthematik im Fall einer persönlichen Befragung eher gegeben als bei einer schriftlichen Befragung.

Vice versa ließen sich auch **Argumentationen für die persönliche Befragung** finden bzw. Gegenargumente für die vorher angeführte Argumentation aufzählen. Das Verteilen von Fragebögen nur in Restaurants der Kette führt z.B. dazu, dass nur tatsächliche Kunden befragt werden, was – gerade bei der vorliegenden Fragestellung – zu Ergebnisverfälschungen führen kann. Gerade bei befragten Nichtkunden der Kette ist es zudem evtl. notwendig, durch einen Interviewer die Auskunftsbereitschaft der Befragten zu steigern. Zudem kann bei der persönlichen Befragung einfacher als bei der schriftlichen Befragung durch den Interviewer der Befragungsablauf gesteuert werde. Falls z.B. ein Konsument angibt, oft vegetarisch zu essen, könnte er bei der persönlichen Befragung gezielt nach seinen Gründen dafür befragt werden, andernfalls würde diese Frage durch den Interviewer weggelassen. Eine derartige Steuerung innerhalb einer schriftlichen Befragung mit Hilfe sog. Filterfragen (z.B. „Falls nein, gehen Sie bitte weiter zu

Frage 3 ...") kann den Fragebogenumfang deutlich steigern und bei den Befragten zudem Verwirrung oder Desinteresse auslösen.

Sowohl eine Argumentation für eine schriftliche als auch eine Argumentation für eine persönliche Befragung sind im vorliegenden Fall vertretbar.

	Schriftliche Befragung	**Persönliche Befragung**
Argumente für die schriftliche Befragung	Relativ kostengünstig durchführbar	Hohe Durchführungskosten (vor allem Personalkosten)
	Keine umfangreiche Feldorganisation notwendig	Notwendigkeit der Einrichtung eines Interviewerstabes
	Durch räumliche und zeitliche Ungebundenheit der Befragungssituation auch schwer erreichbare Berufsgruppen befragbar	Schwere Erreichbarkeit bestimmter Berufsgruppen
	Anonymität der Befragungssituation führt oft zu größerer Offenheit und realitätsnäheren Antworten	Keine oder geringe Anonymität
	Kein direkter Interviewereinfluss	Größerer Interviewereinfluss
Argumente für die persönliche Befragung	Rücklaufquote als zentrales Problem der schriftlichen Befragung	Relativ hohe Erfolgsquote
	Fragebogenumfang muss relativ beschränkt sein	Größerer Fragebogenumfang möglich
	Beschränkte Fragenthematik durch Schriftform	Fragethematik unbeschränkt, da verschiedene Befragungsinstrumentarien (z.B. Vorlage von Bildern, Videos usw.) einsetzbar sind
	Unkontrollierte Befragungssituation	Kontrollierte Befragungssituation (Befrager kann sich auf Befragten einstellen, Zusatzfragen stellen, Unklarheiten beseitigen, motivieren, Beobachtungen machen)

Schaubild 4-6: Schriftliche Befragung versus persönliche Befragung

Teilaufgabe (d)

Vorteile der Beobachtung bei der „EAT AG" (*Meffert* 1992, *Böhler* 1998):

- Erhebung des Kundenverhaltens während des eigentlichen Verhaltensaktes, d.h., die Reaktionen auf den Geschmack des neuen Produktes werden direkt während des Konsums erfasst.
- Erfassbarkeit von Sachverhalten, die dem Probanden selbst nicht bewusst sind (z.B. Gesichtsausdruck beim ersten Kontakt mit dem Produkt zeigt Skepsis, Neugierde).
- Von Auskunftsbereitschaft und -fähigkeit des Probanden unabhängig, d.h., der Proband muss beispielsweise nicht in der Lage sein, seine geschmacklichen Eindrücke exakt zu verbalisieren, u.a.

Lösungshinweise Aufgabe 4-5

Experimente stellen an sich keine eigenständige Erhebungsmethode neben der Befragung und der Beobachtung dar. Es handelt sich vielmehr um ein spezielles Untersuchungsdesign, das dadurch gekennzeichnet ist, dass unabhängige Variablen (z.B. Preis, Verpackung, Werbeausgaben) variiert werden, um deren Auswirkungen auf eine abhängige Variable (z.B. Umsatz, Absatz, Gewinn) zu messen (*Böhler* 1998). In den folgenden Teilaufgaben werden die Designs EBA und EBA-CBA behandelt. Die Buchstaben E und C bezeichnen dabei stets, ob es sich um eine **E**xperimentier- oder um eine Kontrollgruppe („**C**ontrol") handelt; A („**A**fter") bzw. B („**B**efore") bezeichnen den Zeitpunkt der Messung bezüglich des Zeitpunktes der Variation der unabhängigen Variable(n). Neben dem EBA- und dem EBA-CBA-Experiment gibt es zahlreiche weitere mögliche Designs, auf die an dieser Stelle unter Verweis auf weiterführende Literatur nicht näher eingegangen wird (*Böhler* 1998, *Berekoven/Eckert/Ellenrieder* 1999).

Als typische Anwendungsfelder von Experimenten sind allgemein Markt-, Store- und Produkttests zu nennen.

Teilaufgabe (a)

Beim sog. **EBA-Experiment** soll durch Subtraktion der Zielgröße vor der Marketingmaßnahme (hier: Verkaufte Anzahl von „Kornfix" in Woche 1) von der Zielgröße nach der Marketingmaßnahme (hier: verkaufte Anzahl von „Kornfix" in Woche 2) die Wirkung der Marketingmaßnahme (hier: neue Verpackung) berechnet werden. Die Wirkung der neuen Verpackung bei „Kornfix" lässt sich demnach quantifizieren als

$$642 - 563 = 79.$$

Teilaufgabe (b)

Die in Teilaufgabe (a) ermittelte Differenz könnte auf eine **positive Wirkung** der neuen Verpackung hindeuten. Es werden jedoch externe Störgrößen bei dieser Versuchsanordnung nicht beachtet. So könnte der Absatzzuwachs in Woche 2 beispielsweise lediglich aufgrund der Tatsache entstanden sein, dass in Woche 1 der Anbieter eines Konkurrenzproduktes seinen Preis reduziert und in Woche 2 seinen Ursprungspreis wieder verwendet hat. Die Absatzveränderung ist demnach nicht eindeutig auf die Verpackungsänderung zurückzuführen.

Teilaufgabe (c)

Die in der Lösung zu Teilaufgabe (b) angesprochene Problematik des EBA-Experimentes soll beim **EBA-CBA-Experiment** dadurch umgangen werden, dass neben der Experimentiergruppe eine Kontrollgruppe eingesetzt wird. In der Experimentiergruppe wird wie beim EBA-Experiment eine Subtraktion der Zielgröße vor der Marketingmaßnahme (hier: verkaufte Anzahl in Woche 1) von der Zielgröße nach der Marketingmaßnahme (hier: verkaufte Anzahl in Woche 2) vorgenommen. In der Kontrollgruppe werden ebenfalls zu beiden Zeitpunkten (Woche 1 und Woche 2) Messungen der Zielgröße vorgenommen, ohne dass in dieser Gruppe die Marketingmaßnahme (hier: Verpackungsänderung) eingesetzt wird. Die Differenzbildung der beiden Zielgrößenwerte der Kontrollgruppe misst folglich den nicht auf die Marketingmaßnahme zurückzuführenden Effekt.

Folgende **Berechnungsschritte** ergeben sich:

1. Schritt: Veränderung in der Experimentiergruppe (durch Marketingmaßnahme und/oder externe Störgrößen verursachter Effekt):

$$642 - 563 = 79$$

2. Schritt: Veränderungen in der Kontrollgruppe (durch externe Störgrößen verursachter Effekt):

$$473 - 399 = 74$$

3. Schritt: Den ausschließlich durch die Marketingmaßnahme verursachten Effekt kann man dann durch Subtraktion beider Einzeleffekte berechnen, d.h., man bereinigt das Ergebnis der Experimentiergruppe um externe Einflussgrößen:

Veränderung der Zielgröße (Absatz) durch Marketingmaßnahme (Verpackungsänderung):

$$79 - 74 = 5$$

Als **Interpretation** lässt sich festhalten, dass die Verpackungsänderung bei „Kornfix" offensichtlich kaum eine Wirkung auf den Absatz hat. Es liegt ein starker externer Einfluss vor, der beim EBA-Experiment nicht berücksichtigt wurde. Die Problematik am Vorgehen des EBA-Experimentes wird damit nochmals deutlich, dem EBA-CBA-Experiment ist grundsätzlich stets der Vorzug zu geben.

Lösungshinweise Aufgabe 4-6

Die **Datenerhebung mit Hilfe von Panels** stellt eine spezielle Form der Marktforschung dar. Als besondere Merkmale von Panels sind neben der allgemeinen Definition (vgl. Teilaufgabe (a)) der konstante Kreis von Auskunftspersonen, die Erhebung in regelmäßigen Abständen über einen längeren Zeitraum und ein gleich bleibender Untersuchungsgegenstand zu nennen. Im Rahmen der Panelforschung können dabei verschiedene Erscheinungsformen unterschieden werden (vgl. Teilaufgabe (b)).

Teilaufgabe (a)

Unter **Panelforschung** versteht man die kontinuierliche Erhebung konsumrelevanter Verhaltensweisen ausgewählter Gruppen von Personen oder Organisationen durch eine spezifische Ausprägung und Anordnung von Befragungen oder Beobachtungen.

Teilaufgabe (b)

Erscheinungsformen des Panels:

- **Handelspanel**
  D.h., Erhebung von Verkäufen, Lagerbeständen, Einkäufen nach Warengruppen usw. in ausgewählten Einzelhandelsgeschäften.

- **Konsumentenpanel**
  Unterteilbar in Haushaltspanel (Erfassung von Daten über Einkäufe der Endverbraucher für den gesamten Haushalt, z.B. Nahrungsmittel, Putzmittel usw.) und Individualpanel (Erfassung von Daten über Einkäufe der Endverbraucher für den persönlichen, innerhalb des Haushalts unterschiedlichen Gebrauch, z.B. Tabakwaren, Kosmetika).

Im **vorliegenden Fall** der „Completto AG" handelt es sich um ein Konsumentenpanel. Falls die Fertiggerichte für den ganzen Haushalt eingekauft werden, sollten die Daten in Form des Haushaltspanel erhoben werden.

Teilaufgabe (c)

Moderne Haushaltspanel verwenden den sog. **Single-Source-Ansatz**, d.h., neben den Einkäufen der Haushalte werden weitere Daten der Haushalte erfasst (z.B. Mediaverhalten) und miteinander in Verbindung gesetzt. Mit diesem Ansatz kann die „Completto AG" dann beispielsweise genau ermitteln, ob ein Konsument ein Produkt gekauft hat, nachdem er zuvor Kontakt mit einer Werbemaßnahme für dieses Produkt hatte. Neben der klassischen Aufgabe, Einblicke in die Stellung der Unternehmensprodukte und der Konkurrenzmarken zu erhalten, dienen Panels daher generell zunehmend auch als Informationsgrundlage für Entscheidungen über handelsorientierte und verbrauchergerichtete Marketingmaßnahmen.

Teilaufgabe (d)

Die „Completto AG" muss beachten, dass die **Repräsentativität der Panelergebnisse** durch verschiedene Faktoren beeinträchtigt werden kann (*Böhler* 1998):

- Marktabdeckung (Coverage): Bestimmte Handelsbetriebe bzw. Konsumenten werden in den Paneldaten nicht mit erfasst. Es beteiligen sich z.B. bestimmte Warenhausbetriebe aus Geheimhaltungsgründen nicht an Paneluntersuchungen. In Konsumentenpanels finden dagegen Ausländerhaushalte oder Anstaltshaushalte z.T. keine Berücksichtigung. Falls diese nicht erfassten Personen zur Zielgruppe der „Completto AG" zählen, besitzen die Panelergebnisse nur eingeschränkte Repräsentativität.

- Verweigerung der Mitarbeit durch Panelteilnehmer.

- Paneleffekte: Die Teilnahme an einem Panel kann bei einem Konsumenten zu bewusstem, untypischem Kaufverhalten führen. Es könnte z.B. sein, dass einige Panelteilnehmer erst durch die Paneluntersuchung auf die Produkte der „Completto AG“ aufmerksam werden und diese deswegen kaufen.

- „Panelsterblichkeit“: Ausfall von Panelteilnehmern z.B. durch Umzug oder Tod u.a.

Lösungshinweise Aufgabe 4-7

Nach der Datenerhebung folgt die Datenanalyse. Zur Auswertung von Daten existiert dabei eine Vielzahl unterschiedlicher Methoden. Eine Unterscheidung danach, ob eine, zwei oder drei und mehr Variable gleichzeitig in eine Berechnung einbezogen werden, ergibt die **Klassifikation** in univariate, bivariate und multivariate Verfahren. Schaubild 4-7 gibt einen Überblick über die wichtigsten Verfahren nach dieser Einteilung.

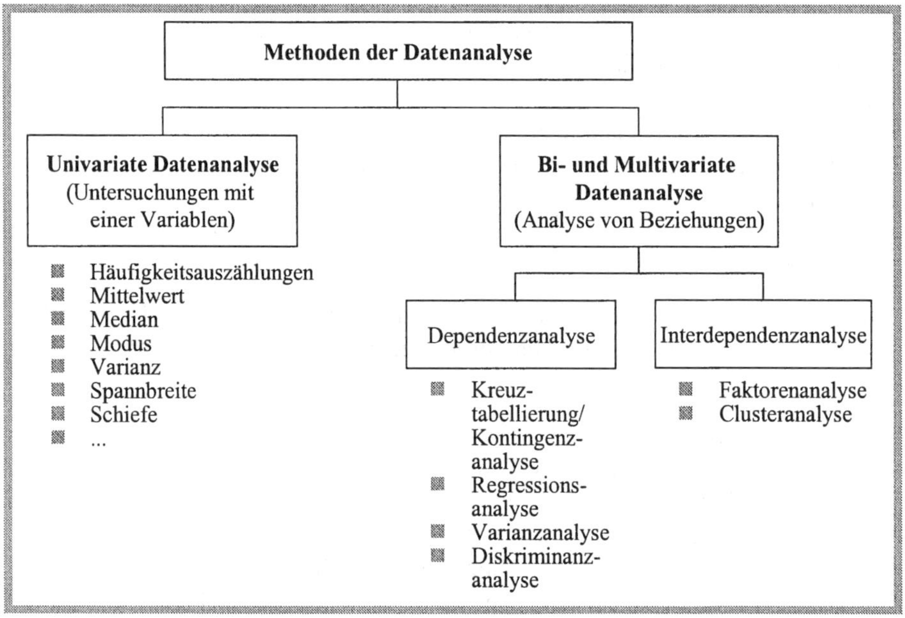

Schaubild 4-7: Überblick über wichtige Methoden der Datenanalyse

Die **univariaten Verfahren** dienen neben Häufigkeitsauszählungen in erster Linie der Ermittlung von Lage- und Streuparametern. Als häufig eingesetzte **bivariate Verfahren** sind neben der Regressionsanalyse (die im bivariaten Fall auch als „einfache Regressionsanalyse“ bezeichnet wird) und der Kreuztabellierung/ Kontingenzanalyse als Verfahren der Dependenzanalyse noch die Korrelationsanalysen zu nennen. Bei intervallskalierten Daten wird der Korrelationskoeffizient nach Bravais-Pearson (vgl. Teilaufgabe (d)), bei ordinalskalierten Daten der Spearman'sche Rangkorrelationskoeffizient verwendet. Zielsetzung von Korrelationsanalysen ist stets, den Zusammenhang zwischen zwei Zahlenreihen (Variablen) zu messen. Anders als bei den Verfahren der Dependenzanalyse erfolgt bei der Korrelationsrechnung keine Unterteilung in abhängige und unabhängige Variable, sondern es wird lediglich ein Zusammenhang ohne statistische Aussage über die Wirkungsrichtung ermittelt. Eine Einordnung der oben aufgeführten Korrelationsanalysen in Schaubild 4-7 ist bei der hier gewählten Kategorisierung nicht möglich.

Die als Dependenzanalysen in Schaubild 4-7aufgeführten **multivariaten Verfahren** unterscheiden sich voneinander insbesondere bezüglich der den Variablen zugrundeliegenden Skalenniveaus (vgl. Teilaufgabe (b)). Zielsetzung der Verfahren der **Dependenzanalyse** allgemein ist es, mögliche Einflüsse von unabhängigen Variablen auf eine abhängige Variable zu überprüfen und zu quantifizieren (vgl. Teilaufgabe (c)). Dies wird auch als „Prüfung von Strukturen“ bezeichnet.

Im Gegensatz dazu werden Verfahren der **Interdependenzanalyse** eingesetzt, um Strukturen aufzudecken. Als wichtigste Verfahren dieser Art sind die Faktorenanalyse und die Clusteranalyse zu nennen. Die Faktorenanalyse untersucht, inwieweit mehrere Variablen aufgrund ihrer Beziehungen untereinander zu wenigen Faktoren aggregiert werden können. Im Rahmen der Clusteranalyse wird dagegen ermittelt, ob Datenstrukturen der Art vorliegen, dass bestimmte Gruppen von Untersuchungsobjekten (z.B. Personengruppen) zu in sich homogenen Gruppen zusammengefasst werden können (vgl. Teilaufgabe (e)).

Neben den aufgezeigten existieren zahlreiche weitere Verfahren, die für spezielle Fragestellungen entwickelt wurden. Hierzu zählt z.B. die **Kausalanalyse**, die durch eine Integration von Elementen der Faktoren- und Regressionsanalyse erlaubt, Beziehungen zwischen latenten, d.h., nicht direkt messbaren Variable zu analysieren. Als weitere Verfahren für spezielle Fragestellungen sind die **Conjointanalyse** und die **Multidimensionale Skalierung (MDS)** zu nennen. Erstere liefert insbesondere eine Informationsgrundlage für die Preis- und Produktpolitik, indem die Nutzenwahrnehmungen einzelner Eigenschaften eines Produktes oder einer Dienstleistung analysiert werden. Die MDS ermöglicht u.a., Positionierungsanalysen, z.B. Markenpositionierungen, vorzunehmen.

Teilaufgabe (a)

Skalenniveaus der zu den Fragen gehörigen Variablen:

- **Frage 3** (bei allen Teilfragen identisches Skalenniveau): Aus jeder Teilfrage dieses Fragenblockes wird mindestens eine Variable. Alle diese Variablen sind als **quasi-intervallskaliert** einzuordnen, da es sich um abgestufte Antwortkategorien handelt („Ratingskala"). Diese Skalenart, bei der alle Antwortkategorien in eine eindeutige Reihenfolge (im Sinn von größer, besser, höher, ...) gebracht werden können, wird auch als „Ordinalskala" bezeichnet.
- **Frage 4**: Auch hier wurde im Fragebogen eine Ratingskala verwendet, das Skalenniveau ist entsprechend wiederum die **Quasi-Intervallskala** („Ordinalskala").
- **Frage 5**: Aus Frage 5 ergibt sich eine **intervallskalierte** Variable, da sich wie bei der Ordinalskala die Antwortkategorien in eine eindeutige Reihenfolge bringen lassen (jemand, der 10 Minuten liest, liest mehr als jemand, der 4 Minuten liest, und weniger als jemand, der 20 Minuten liest) und zudem – anders als bei der Ordinalskala/Quasi-Intervallskalierung – gleiche Abstände zwischen den einzelnen Antwortmöglichkeiten bestehen. So ist z.B. eine Lesezeit von 10 Minute genau halb so lang wie eine Lesezeit von 20 Minuten, die wiederum fünfmal so lang ist wie eine Lesezeit von 4 Minuten. Da hier zudem ein sog. natürlicher Nullpunkt vorliegt, d.h., der Wert „0" mit einem nicht künstlich definierten, natürlichen Ereignis (0 Minuten Lesezeit, d.h., die Zeitschrift wird gar nicht gelesen) übereinstimmt (Gegenbeispiel: Grad Fahrenheit und Grad Celsius als Skalen mit unnatürlichem, frei definiertem Nullpunkt) kann die Intervallskalierung hier auch als „metrisches Skalenniveau" bezeichnet werden (vgl. *Backhaus et al.* 1999).
- **Frage 6**: Wie Frage 5 ist die zugehörige Variable bei Frage 6 **intervallskaliert**. Die Antwortkategorien lassen sich in eine eindeutige Reihenfolge bringen, wiederum bestehen gleiche Abstände zwischen den einzelnen Antwortmöglichkeiten. So ist z.B. ein 30-jähriger im Vergleich zu einem 20-jährigen um genauso viel älter wie ein 31-jähriger im Vergleich zu einem 21-jährigen. Auch bei dieser Intervallskala liegt ein natürlicher Nullpunkt (Alter = 0) vor.
- **Frage 7**: Da die bei Frage 7 verwendete Skala lediglich eine Klassifizierung der Antwortmöglichkeiten darstellt, ohne dass die Ausprägungen (Student, Angestellter, ...) in eine Reihenfolge (im Sinn von größer, besser, höher usw., vgl. vorher) gebracht werden können, liegt hier das sog. „**nominale**" Skalenniveau vor.

- **Frage 8:** Aus denselben Gründen wie bei Frage 7 handelt es sich auch hier um eine **Nominalskala**.

Teilaufgabe (b)

Das Skalenniveau von Variablen bestimmt, welches Verfahren der Dependenzanalyse anwendbar ist. Schaubild 4-8 zeigt die entsprechende **Klassifikation der Verfahren** der Dependenzanalyse.

		Unabhängige Variable	
		Metrisches Skalenniveau	Nominales Skalenniveau
Abhängige Variable	Metrisches Skalenniveau	Regressionsanalyse	Varianzanalyse
	Nominales Skalenniveau	Diskriminanzanalyse	Kreuztabellierung und Kontingenzanalyse

Schaubild 4-8: Verfahren der Dependenzanalyse (Backhaus et al. 1999)

Teilaufgabe (c)

Wie in Teilaufgabe (b) dargestellt, ergibt sich die Anwendungsmöglichkeit der Verfahren der Dependenzanalyse aus dem jeweiligen Skalenniveau der unabhängigen und der abhängigen Variablen. Für die **speziellen Fragestellungen** bedeutet dies, wie in Schaubild 4-9 dargestellt, den Einsatz der Regressionsanalyse, der Varianzanalyse und der Kreuztabellierung/Kontingenzanalyse.

Der letzte und vorletzte Fall stellen dabei bezüglich des Skalenniveaus und entsprechend der Wahl des Verfahrens **Besonderheiten** dar:

- Die Variable „Zufriedenheit“ (Frage 4) hat in der hier verwendeten Abfrageform ursprünglich eine Quasi-Intervallskalierung (vgl. Teilaufgabe (a)). Bei Ratingskalen wird jedoch in der Marktforschungspraxis oft dennoch ein metrisches Skalenniveau der zugehörigen Variablen unterstellt, um die Anwendungsmöglichkeiten von statistischen Verfahren zu erweitern (vgl. *Backhaus et al.* 1999). Im vorliegenden Fall wird hierdurch der Einsatz der Regressionsanalyse möglich.
- Trotz der ursprünglich Quasi-Intervallskalierung aller Teilfragen zu Frage 3 (vgl. Teilaufgabe (a)) impliziert die Formulierung „ob sehr großes Interesse am Themenbereich vorhanden ist oder nicht“ eine reine Nominalskalierung

der zugehörigen Variablen. Entsprechend sind in diesem Fall zur Untersuchung des Zusammenhanges Kreuztabellierungen/Kontingenzanalysen durchzuführen.

Variable		**Skalenniveau**		**Verfahren**
Unabhängige Variable	*Abhängige Variable*	*Skalenniveau der unabhängigen Variable*	*Skalenniveau der abhängigen Variable*	*Verfahren der Dependenzanalyse*
Alter	Lesezeit	Metrisch	Metrisch	Regressionsanalyse
Beruf	Lesezeit	Nominal	Metrisch	Varianzanalyse
Größe des Interesses am Thema Reisen	Zufriedenheit	Metrisch (unterstellbar)	Metrisch (unterstellbar)	Regressionsanalyse
Geschlecht	Vorhanden- oder Nicht-Vorhandensein von sehr großem Interesse am Thema Reisen	Nominal	Nominal	Kreuztabellierung/ Kontingenzanalyse

Schaubild 4-9: Einsatzmöglichkeiten von Verfahren der Dependenzanalyse für die speziellen Fragestellungen

Teilaufgabe (d)

Für die nicht-rechner- bzw. softwaregestützte **Berechnung des Korrelationskoeffizienten** von Bravais-Pearson ist es hilfreich, wenn man die Gesamtformel

$$r = \frac{n\sum x_i y_i - \sum x_i \sum y_i}{\sqrt{n\sum x_i^2 - (\sum x_i)^2} \cdot \sqrt{n\sum y_i^2 - (\sum y_i)^2}}$$

in ihre Einzelelemente zerlegt und zunächst die entsprechenden Teilergebnisse ermittelt. Der Großteil dieser Teilberechnungen lässt sich relativ schnell mit Hilfe einer Tabelle vornehmen. Die in Schaubild 4-10 dargestellte Tabelle für die vorliegende Aufgabe beinhaltet dabei die folgenden **Rechenschritte**:

1. Berechnung von Σx_i und Σy_i (jeweils spaltenweise Summenbildung).
2. Berechnung von $x_i \cdot y_i$ (zeilenweise Multiplikation) und $\Sigma(x_i \cdot y_i)$ (Spaltensumme).
3. Berechnung von x_i^2 und y_i^2 (jeweils zellenweises Quadrieren).
4. Berechnung von Σx_i^2 und Σy_i^2 (jeweils spaltenweise Summenbildung).

	x_i	y_i	$x_i y_i$	x_i^2	y_i^2
	6	4	24	36	16
	1	2	2	1	4
	2	2	4	4	4
	5	4	20	25	16
	5	2	10	25	4
	4	5	20	16	25
	5	5	25	25	25
	1	3	3	1	9
	6	6	36	36	36
	5	6	30	25	36
$\Sigma(...)$	40	39	174	194	175
$[\Sigma(...)]^2$	1.600	1.521			

Schaubild 4-10: Dokumentierte Rechenschritte für die Ermittlung des Korrelationskoeffizienten nach Bravais-Pearson

Aus Schaubild 4-10 lässt sich weiter ableiten:

$$\sum x_i \cdot \sum y_i = 40 \cdot 39 = 1.560$$

Mit n = 10 (Stichprobengröße, d.h., in die Analyse werden Daten von 10 Auskunftspersonen einbezogen) berechnet sich der Korrelationskoeffizient r dann als

$$r = \frac{n\sum x_i y_i - \sum x_i \sum y_i}{\sqrt{n\sum x_i^2 - (\sum x_i)^2} \cdot \sqrt{n\sum y_i^2 - (\sum y_i)^2}}$$

$$= \frac{10 \cdot 174 - 1.560}{\sqrt{10 \cdot 194 - 1.600} \cdot \sqrt{10 \cdot 175 - 1.521}}$$

$$= \frac{1.740 - 1.560}{\sqrt{340} \cdot \sqrt{229}} = \frac{180}{279{,}03} = 0{,}65$$

Interpretation:

- Korrelationskoeffizienten liegen in ihrem Absolutbetrag stets zwischen 0 und 1, wobei Werte nahe 1 für einen starken, Werte nahe 0 für einen geringen bzw. nicht-signifikanten Zusammenhang sprechen. Der Koeffizient mit einem Absolutbetrag von 0,65 weist demnach auf einen relativ starken Zusammenhang hin. Auf die Methodik der statistischen Signifikanzprüfung wird an dieser Stelle unter Verweis auf die einschlägigen Statistiklehrbücher (z.B. *Bühl/Zöfel* 2000) nicht näher eingegangen.
- Der Koeffizient hat ein positives Vorzeichen, d.h., die Art der Korrelation ist derart, dass die Befragten tendenziell eine desto höhere Zufriedenheit mit der Zeitschrift äußerten, je höher das Interesse der Befragten am Themenbereich Reisen war.

Bemerkung: Der geringe Stichprobenumfang von 10 sei hier ignoriert, da es sich lediglich um ein Rechenbeispiel handelt.

Teilaufgabe (e)

Verfahren zur Gruppenbildung: **Clusteranalyse**.

Lösungshinweise Aufgabe 4-8

Entwicklungsprognosen gehören neben den Wirkungsprognosen (vgl. Aufgabe 4-9) zu den sog. quantitativen Prognosemethoden. Die **Vorgehensweise** lässt sich wie folgt charakterisieren:

Zunächst erfolgt eine Auflistung von Vergangenheitswerten der zu prognostizierenden Größe. Danach ist ein **Funktionstyp** zu wählen, der für die Beschreibung des Trends in Frage kommt, z.B.:

Linearer Trend : $y = a + b \cdot t$

Exponentieller Trend : $y = a \cdot b^t$

Logistischer Trend : $y = \frac{S}{1 + e^{a - b \cdot t}}$

wobei:

y = Prognosegröße

t = Zeit (Laufindex)

a, b = Parameter der Funktion

S = Sättigungsniveau des Marktes

e = natürlicher Logarithmus

Schaubild 4-11 zeigt die Grundformen dieser Funktionen.

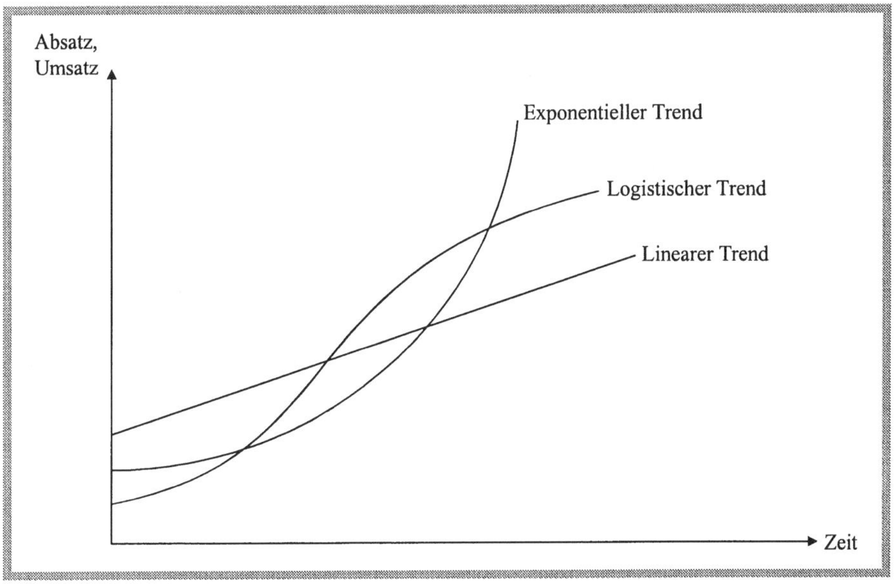

Schaubild 4-11: Grundformen von Trendfunktionen

Die **Schätzung der Parameter** der jeweiligen Funktion erfolgt dann mit unterschiedlichen Verfahren. Zur Ermittlung der Parameter für einen linearen Trend besteht z.B. die Möglichkeit, die lineare Regressionsanalyse einzusetzen (vgl. Teilaufgabe (a)). Zur Schätzung der Parameter der Funktion $y = a + b \cdot t$ sind die Formeln

$$a = \frac{\sum t_i^2 \sum y_i - \sum t_i \sum t_i y_i}{n \sum t_i^2 - (\sum t_i)^2} \quad \text{und}$$

$$b = \frac{n \sum t_i y_i - \sum t_i \sum y_i}{n \sum t_i^2 - (\sum t_i)^2}$$

heranzuziehen.

Nach der Parametrisierung der Trendfunktion ist zu überprüfen, inwieweit und wie gut diese Funktion tatsächlich den Trend darstellt. Als **Gütemaß** kann beispielsweise nach Verwendung der Regressionsanalyse (linearer Trend) das Bestimmtheitsmaß R^2 verwendet werden (vgl. Teilaufgabe (c)). Die Berechnung von R^2 kann mit Hilfe der Formel des Korrelationskoeffizienten von Bravais-Pearson erfolgen, der quadriert dem R^2 der linearen Einfachregression entspricht:

$$r = \frac{n \sum t_i y_i - \sum t_i \sum y_i}{\sqrt{n \sum t_i^2 - (\sum t_i)^2} \cdot \sqrt{n \sum y_i^2 - (\sum y_i)^2}}$$

Bei entsprechend festgestellter Eignung der Funktion kann die Berechnung der Prognosegröße mit Hilfe der aufgestellten Funktion erfolgen. In der vorliegenden Aufgabe erfolgt dieser Schritt aus Gründen der Didaktik bereits in Teilaufgabe (a), die Bestätigung der Prognosequalität der Funktion erfolgt ex-post (vgl. Teilaufgabe (c)).

Auf die Nachteile von Entwicklungsprognosen sei hingewiesen (vgl. Teilaufgabe (e)).

Teilaufgabe (a)

Für die **Ermittlung der linearen Regressionsfunktion y = a + b · t** bei der „Auto-Hydraulik GmbH" von Hand ist es hilfreich, wenn man – wie in Aufgabe

4-7 beim Korrelationskoeffizienten – die Gesamtformel in ihre Einzelelemente zerlegt und zunächst die entsprechenden Teilergebnisse ermittelt. Die Verwendung einer Tabelle ist auch hier wiederum hilfreich. Folgende in Schaubild 4-12 dokumentierten **Rechenschritte** sind durchzuführen:

(1) Berechnung von Σt_i und Σy_i (jeweils spaltenweise Summenbildung).

(2) Berechnung von $t_i \cdot y_i$ (zeilenweise Multiplikation) und $\Sigma (t_i \cdot y_i)$ (Spaltensumme).

(3) Berechnung von t_i^2 (zellenweises Quadrieren).

(4) Berechnung von Σt_i^2 (spaltenweise Summenbildung).

	Zeitpunkt t_i	Absatz y_i (in ME)	$t_i \cdot y_i$	t_i^2
	1	300	300	1
	2	330	660	4
	3	325	975	9
	4	360	1.440	16
	5	380	1.900	25
	6	385	2.310	36
	7	387	2.709	49
$\Sigma (...)$	28	2.467	10.294	140
$[\Sigma (...)]^2$	784			

Schaubild 4-12: Dokumentierte Rechenschritte für die Ermittlung der Parameter a und b bei linearer Einfachregression

Mit n = 7 (Stichprobengröße, d.h., in die Analyse werden Daten von 7 Zeitpunkten einbezogen) berechnet sich a dann als

$$a = \frac{\sum t_i^2 \sum y_i - \sum t_i \sum t_i y_i}{n \sum t_i^2 - (\sum t_i)^2}$$

$$= \frac{140 \cdot 2.467 - 28 \cdot 10.294}{7 \cdot 140 - 784} = \frac{57.148}{196} = 291{,}57$$

Die **Berechnung von b** erfolgt ebenfalls mit Hilfe der Teilergebnisse aus Schaubild 4-12:

$$b = \frac{n\sum t_i y_i - \sum t_i \sum y_i}{n\sum t_i^2 - (\sum t_i)^2}$$

$$= \frac{7 \cdot 10.294 - 28 \cdot 2.467}{7 \cdot 140 - 784} = \frac{2.982}{196} = 15{,}21$$

Die **lineare Regressionsfunktion**, die den Trend der Absätze der „Auto-Hydraulik GmbH“ im Zeitablauf bestmöglich (im Sinn der kleinsten Quadrate) repräsentiert, lässt sich damit als

$$y(t) = 291{,}57 + 15{,}21 \cdot t$$

spezifizieren. Die Funktion sowie die tatsächlich beobachteten Werte sind in Schaubild 4-13 dargestellt.

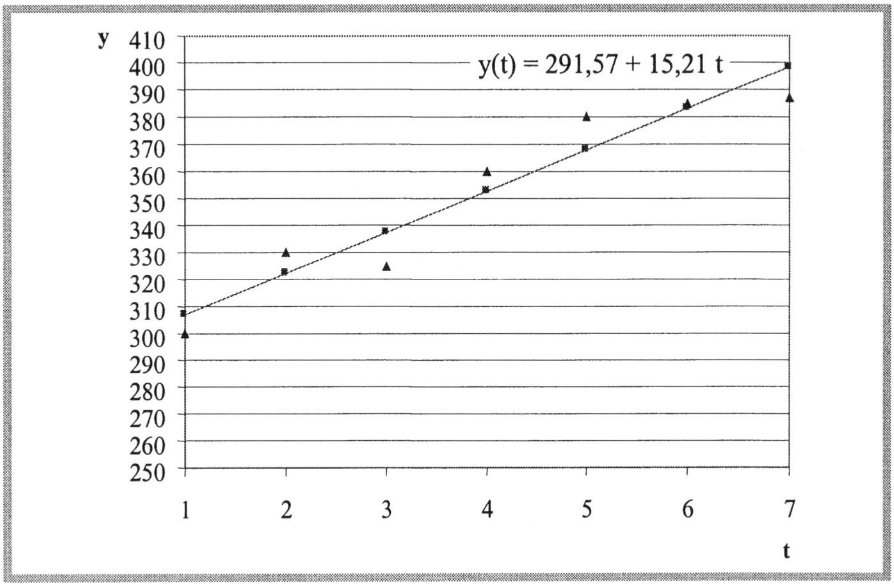

Schaubild 4-13: Trendfunktion (Regressionsgerade) und tatsächliche Werte

Diese Funktion wiederum stellt die Basis für **Prognoseberechnungen** dar. So ist gemäß diesem Modell im Fall von t = 8 bei Anhalten des bisherigen Trends ein Absatz (y) der „Auto-Hydraulik GmbH" in Höhe von

$$y\,(t = 8) = 291{,}57 + 15{,}21 \cdot 8 = 413{,}25 \text{ ME}$$

zu erwarten.

Bemerkung: Auf die Methodik der statistischen Signifikanzprüfung der Koeffizienten a und b sei an dieser Stelle unter Verweis auf die einschlägigen Lehrbücher (z.B. *Bühl/Zöfel* 2000) nicht näher eingegangen.

Teilaufgabe (c)

Zur Beurteilung des in Teilaufgabe (a) berechneten und in Teilaufgabe (b) grafisch veranschaulichten Ergebnisses soll das **Bestimmtheitsmaß R^2** ermittelt werden. Im Fall der linearen Einfachregression entspricht dieses Bestimmtheitsmaß genau dem quadrierten Korrelationskoeffizienten nach Bravais-Pearson, der sich wie folgt berechnet:

$$r = \frac{n\sum t_i y_i - \sum t_i \sum y_i}{\sqrt{n\sum t_i^2 - (\sum t_i)^2} \cdot \sqrt{n\sum y_i^2 - (\sum y_i)^2}}$$

Der Zähler dieses Ausdruckes ist aus Teilaufgabe (a) bereits explizit bekannt; für die Spezifikation des Nenners kann auf die in Schaubild 4-12 dargestellten Teilergebnisse zurückgegriffen werden. Zusätzlich notwendig ist lediglich die Berechnung von y_i^2 und $\Sigma\,(y_i^2)$. Als Erweiterung von Schaubild 4-12 ergibt sich unter Durchführung dieser Berechnungen Schaubild 4-14.

Mit Hilfe dieser Teilergebnisse lässt sich r relativ schnell berechnen:

$$r = \frac{2.982}{\sqrt{7 \cdot 140 - 784} \cdot \sqrt{7 \cdot 876.519 - (6.086.089)}}$$

$$= \frac{2.982}{\sqrt{196} \cdot \sqrt{49.544}} = \frac{2.982}{14 \cdot 222{,}58} = 0{,}957$$

Das Bestimmtheitsmaß R^2 berechnet sich dann als Quadrat des Korrelationskoeffizienten r:

$$R^2 = (0{,}957)^2 = 0{,}916$$

	Zeitpunkt t_t	Absatz y_i (in ME)	y_i^2
	1	300	90.000
	2	330	108.900
	3	325	105.625
	4	360	129.600
	5	380	144.400
	6	385	148.225
	7	387	149.769
$\Sigma(...)$	28	2.467	876.519
$[\Sigma(...)]^2$	784	6.086.089	

Schaubild 4-14: Dokumentierte Rechenschritte zur Ermittlung von r

Interpretation: Das Bestimmtheitsmaß R^2 gibt allgemein an, wie viel Prozent der Streuung der y-Werte durch das Modell erklärt wird. Es liegt stets zwischen 0 („Modell verfügt gar keine Erklärungskraft“) und 1 („Modell erklärt die Streuung vollständig“). Ein Wert von 0,916 bedeutet hier, dass 91,6 Prozent der Gesamtstreuung der Absatzmengen y linear durch die Zeit t erklärt werden. Dies ist als sehr guter Wert einzustufen.

Auf die Methodik der statistischen Signifikanzprüfung von R^2 sei an dieser Stelle unter Verweis auf die einschlägigen Lehrbücher (z.B. *Bühl/Zöfel* 2000) nicht näher eingegangen.

Teilaufgabe (d)

Indikatorprognosen stellen eine besondere Form der Entwicklungsprognose dar: Statt der Vergangenheitsentwicklung der eigentlich zu prognostizierenden Größe (hier: Absatz der hergestellten Produkte) wird ein Indikator als Variable verwendet, um Marktveränderungen zu antizipieren. Als Indikator könnte die „Auto-Hydraulik GmbH“ beispielsweise den Absatz von Automobilen nutzen. Die Prognoseberechnung erfolgt dann in der gleichen Form wie unter den Teilaufgaben (a), (b) und (c) aufgezeigt.

Teilaufgabe (e)

Der **Vorteil** von Trendprognosen liegt darin, dass sie relativ leicht berechnet werden können. Dem steht der **Nachteil** gegenüber, dass es sich bei Trendprognosen um eine reine Übertragung von Trends in der Vergangenheit auf die Zukunft handelt, ohne dass eingetretene Veränderungen (Strukturbrüche, veränderte Marktbedingungen usw.) beachtet werden.

Für Indikatorprognosen gilt dieselbe Problematik sowie zusätzlich das Problem der Schätzung des Zusammenhanges zwischen dem Indikator und der eigentlichen Prognosegröße.

Lösungshinweise Aufgabe 4-9

Wirkungsprognosen unterscheiden sich von den in Aufgabe 4-8 behandelten Entwicklungsprognosen dadurch, dass bei Wirkungsprognosen nicht die Zeit, sondern der Einsatz von Marketinginstrumenten als Einfluss auf den Absatz untersucht wird.

Die **Vorgehensweise** bei der Wirkungsprognose ist der der Trendprognose ähnlich: Zunächst ist eine als geeignet anzusehende Modellform zu wählen. Je nach Annahme über die Art der Wirkung lassen sich unterschiedliche **Wirkungsmodelle** formulieren (vgl. Teilaufgabe (c)). Dies entspricht der Wahl eines Funktionstyps bei den Entwicklungsprognosen (vgl. Aufgabe 4-8). Anschließend sind die **Parameter der Funktion** zu schätzen. Hierzu können entweder Expertenschätzungen (vgl. Teilaufgabe (a)) und/oder mathematisch-statistische Verfahren (z.B. multiple Regressionsanalysen) eingesetzt werden. Die entsprechend spezifizierte Wirkungsfunktion stellt dann die Basis für die eigentliche **Prognose** dar (vgl. Teilaufgabe (b)).

Teilaufgabe (a)

Zum **Parametrisieren** der Funktion ist folgende Vorgehensweise möglich:

- Unabhängig vom Preis und von den Werbeausgaben wird ein Absatz in Höhe von 500 ME erzielt. Im Fall der vorliegenden additiven Funktion lässt sich dieser Absatz direkt als **Parameter z** interpretieren.
- Bei unterschiedlichen Preisen und unterschiedlichen Werbeausgaben ergeben sich – laut Aufgabenstellung – unterschiedliche Absatzzahlen, wie in Schaubild 4-15 dargestellt:

Expertenschätzung j	y_j	p_j	W_j
Schätzung I	14.500	30	0
Schätzung II	16.000	40	60.000

Schaubild 4-15: Absatz (y) bei unterschiedlichen Preisen (p) und Werbeausgaben (W) nach Expertenschätzung

Unter Verwendung der Erkenntnis, dass z = 500 ist, und dem Modell

$y_j = 500 + a \cdot p_j^{-1} + b \cdot W_j$

lassen sich aus Schaubild 4-15 die folgenden zwei Gleichungen ableiten:

$$\text{(I)}\ \ 14.500 = 500 + a \cdot 30^{-1} + b \cdot 0$$

$$\text{(II)}\ 16.000 = 500 + a \cdot 40^{-1} + b \cdot 60.000$$

Aus Gleichung (I) lässt sich nun der **Parameter a** bestimmen:

$$14.500 = 500 + \frac{a}{30} + 0$$

$$14.000 = \frac{a}{30}$$

$$a = 420.000$$

Unter Verwendung dieses Ergebnisses lässt sich Gleichung (II) schreiben als

$$16.000 = 500 + \frac{420.000}{40} + b \cdot 60.000$$

Nun kann der **Parameter b** ermittelt werden:

$$15.500 = \frac{420.000}{40} + b \cdot 60.000$$

$$15.500 = 10.500 + b \cdot 60.000$$

$$5.000 = b \cdot 60.000$$

$$b = 0{,}083$$

Die **parametrisierte Funktion** lautet demnach:

$$y = 500 + 420.000 \cdot p^{-1} + 0{,}083 \cdot W$$

Teilaufgabe (b)

Unter Verwendung der in Teilaufgabe (a) parametrisierten Funktion lassen sich für alle Kombinationen von Preis und Werbeausgaben die **Absätze** von „Alpha 4-9" prognostizieren. Für die zur Auswahl stehenden, in Schaubild 4-16 dargestellten beiden Alternativen sind folglich jeweils die Absätze zu berechnen.

Alternative i	y_i	p_i	W_i
Alternative 1	y_1	29	0
Alternative 2	y_2	49	60.000

Schaubild 4-16: Mögliche Entscheidungen über p und W

Für **Alternative 1** ergibt die Absatzprognose mit p = 29, W = 0

$$y_1 = 500 + 420.000 \cdot 29^{-1} + 0{,}083 \cdot 0$$

$$\rightarrow\ y_1 = 500 + \frac{420.000}{29} + 0$$

$$\rightarrow\ y_1 = 14.982{,}76 \approx 14.983$$

Für **Alternative 2** errechnet sich mit p = 49 und W = 60.000:

$$y_2 = 500 + 420.000 \cdot 49^{-1} + 0{,}083 \cdot 60.000$$

$$\rightarrow\ y_2 = 500 + \frac{420.000}{49} + 4.980$$

$$\rightarrow\ y_2 = 14.051{,}43 \approx 14.051$$

Bei Wahl von Alternative 1 wird für „Alpha 4-9“ ein Absatz in Höhe von 14.983 ME, bei Wahl von Alternative 2 ein Absatz in Höhe von 14.051 ME prognostiziert. Unter Verwendung dieser Prognose sollte sich der Marketingplaner bei Anstreben eines möglichst hohen Absatzes für Alternative 1 entscheiden.

Teilaufgabe (c)

Als wichtigstes Argument gegen die verwendete Wirkungsfunktion ist festzuhalten, dass dieses Modell eine Reihe von **Annahmen** impliziert, die im Widerspruch zur Realität stehen können:

- Durch die additive Verknüpfung wird eine **unabhängige Wirkung** der beiden Instrumente Preis und Werbung unterstellt.
- Bei der Wirkung der Werbung auf den Absatz wird ein **linearer Trend** unterstellt, d.h., z.B. eine Verdoppelung der Größe W („Werbeausgaben“) führt entsprechend diesem Modell zu einer Verdoppelung des durch W verursachten Absatzes.
- Außer den Werbeausgaben W und dem Preis p wirken **keine weiteren Einflussgrößen** auf den Absatz.

Die Prognosequalität des Modells hängt entscheidend davon ab, inwieweit diese Annahmen erfüllt sind. Bei Nichterfüllung einer oder mehrerer Annahmen sind andere Modelle geeigneter, Prognosen zu ermitteln. So führt die Aufhebung der letzten Annahme dadurch, dass z.B. auch das Vertriebsbudget (V) als den Absatz beeinflussende Größe angesehen wird, zum **(erweiterten) additiven Modell** der Art

$$y = z + a \cdot p^{-1} + b \cdot W + c \cdot V$$

Falls keine unabhängige Wirkung der Marketinggrößen voneinander unterstellt wird, lassen sich z.B. multiplikative Modelle verwenden. Unter Beibehaltung der Annahme einer linearen Wirkung ergibt sich für die Größen als Grundform des **multiplikativen Modells**:

$$y = z \cdot a \cdot p^{-1} \cdot b \cdot W \cdot c \cdot V$$

Wird gleichzeitig eine nicht-lineare Wirkung der einzelnen Marketingmaßnahmen unterstellt, könnte die Grundform des **nicht-linearen multiplikativen Modells** einen Ausgangspunkt darstellen:

$$y = z + p^{a} \cdot W^{b} \cdot V^{c}$$

Alle aufgezeigten Modelle stellen mögliche Grundformen dar, die in unterschiedlichster Art und Weise miteinander verknüpft und erweitert werden können. Als Beispiel eines **gemischt-verknüpften Modells** kann die Form

$$y = z + a \cdot p^{-1} \cdot b \cdot W + c \cdot V$$

angesehen werden. Auf die Existenz zahlreicher weiterer Ansätze sei an dieser Stelle hingewiesen.

Lösungshinweise Aufgabe 4-10

Neben den quantitativen Prognosemethoden, die mit unterschiedlichen mathematisch-statistischen Verfahren arbeiten (vgl. Aufgabe 4-8 und Aufgabe 4-9), stellen die **qualitativen Prognosemethoden** einen wichtigen Teilbereich der Marktforschung dar. Wichtige Methoden dieser Art sind u.a. Expertenbefragungen, die Delphi-Technik und die Szenario-Technik (vgl. Teilaufgaben (a) und (b)).

Der **Vorteil** der qualitativen Prognosemethoden ist dabei darin zu sehen, dass – anders als z.B. bei der Trendprognose – nicht auf Zahlenmaterial der Vergangenheit zurückgegriffen werden muss und so keine automatische Fortschreibung von Gesetzmäßigkeiten der Vergangenheit erfolgt. Qualitative Prognosemethoden finden entsprechend vor allem bei Langfristprognosen und strategischen Überlegungen Anwendung, bei denen von einer großen Dynamik z.B. des Marktes auszugehen ist. Sie können unterstützend auch quantitativen Analysen vor- oder nachgeschaltet werden.

Teilaufgabe (a)

Die **Befragung von Experten** stellt eine wichtige Methode dar, um z.B. Aussagen über zukünftige Marktentwicklungen zu erhalten. Als Experten können Außendienstmitarbeiter, Einkäufer im Handel, Unternehmensberater usw. herangezogen werden, die durch ihre Kompetenz und Nähe zum Markt nützliche Informationen liefern können.

Die **Delphi-Technik** weist dabei die Besonderheit auf, dass ein Kreis von Experten zusammengeführt wird, der in regelmäßigen Abständen mündlich oder schriftlich eine Prognose über bestimmte Marktentwicklungen abgibt. Das Besondere an der Delphi-Technik liegt darin, dass die Experten in den einzelnen Prognoseschritten jeweils die Prognoseergebnisse der gesamten Expertenrunde erhalten und auf diese Weise ihre eigenen Prognosen daraufhin neu überdenken können.

Im konkreten Fall der „Phontech GmbH" könnte eine Expertengruppe, z.B. bestehend aus Außendienstmitarbeitern des Unternehmens, Technikern, Designern, Spezialisten des Telekommunikationsmarktes, Absatzexperten usw., gebildet werden. Diesen könnte man als Diskussionsthema „Die Entwicklung des Mobilfunkmarktes" vorgeben. Als Medium des Gedankenaustausches könnte ein Diskussionsforum auf dem internen Server des Unternehmens eingerichtet werden. Gibt dann z.B. einer der Techniker eine Prognose wie „Es werden immer kleinere Geräte dasselbe leisten können wie die bisherigen" ab, während einer der Spezialisten des Telekommunikationsmarktes langfristig eine „marktübliche Anbindung aller Geräte an das Internet" prognostiziert, können beide Experten aus dem Wissen über die Prognose des anderen ihre eigene neu überdenken und gegebenenfalls modifizieren. Ebenso wie bei Foren mit persönlicher Anwesenheit ist dabei ein Moderator von Nutzen, der gegebenenfalls steuernd eingreifen kann.

Teilaufgabe (b)

Mit der **Szenario-Technik** wird versucht, jeder der unterschiedlichen, möglichen Entwicklungen (z.B. des Marktes) gerecht zu werden. Zunächst sind diejenigen Einflussgrößen zu identifizieren, die langfristig Auswirkungen auf die Art der Entwicklung haben werden (z.B. im vorliegenden Fall die Möglichkeit von Strukturbrüchen im Markt für Mobilfunkgeräte durch die Preispolitik der Netzbetreiber, die Möglichkeit technischer Innovationen der Konkurrenz). Das Besondere an der Szenario-Technik ist, dass anschließend für jede dieser Situationen isolierte Prognosen erfolgen. So könnten z.B. die Experten aufgefordert werden, über den Fall, dass durch die Preispolitik der Netzbetreiber der Trend zu einem wachsenden Absatz von Mobiltelefonen anhält ebenso nachzudenken wie über den Trend eines – bei entsprechend veränderter Preispolitik – rückläufigen Absatzes von Geräten. Allgemein muss den Experten folglich vorgegeben werden, sowohl über für das Unternehmen mögliche positive als auch mögliche negative Entwicklungen des Marktes nachzudenken, um die Spannweite der möglichen Entwicklungen zu erfassen.

Kapitel 5: Entscheidungen der Produktpolitik (Aufgaben)

Aufgabe 5-1

Festlegung des Leistungsprogramms

Die „Giganet GmbH“ ist ein junges Start-up-Unternehmen der Technologiebranche, das sich in den letzten zwei Jahren auf dem Markt mit seiner Standardsoftware für Unternehmen etabliert hat. Mit dem neuen Softwareprogramm „Speedwheel“, speziell für im Logistikbereich tätige Unternehmen, möchte es sich vor der Konkurrenz am Markt etablieren. In etwa einem halben Jahr wird der Markteintritt des neuen Produktes erfolgen. Sie als Produktmanager sind für die Erstellung des Leistungsprogramms dieser neuen Software verantwortlich. Neben dem festgelegten Kernprodukt, der Software für Logistikunternehmen, bietet die „Giganet GmbH“ noch weitere Serviceleistungen an, wie z.B. die Einweisung in das Programm durch Trainer oder die technische Betreuung durch Servicetechniker.

(a) Worauf haben Sie als zuständiger Produktmanager bei der **Festlegung des Leistungsprogramms** für das Softwareprogramm „Speedwheel“ zu achten und in welchen Schritten fügen Sie verschiedene Leistungsmerkmale zu einem Produktmix zusammen?

(b) Die produktpolitischen Entscheidungen basieren meist auf der Verfolgung bestimmter Instrumentalziele. Welche **produktpolitischen Ziele** verfolgt die „Giganet GmbH“ mit der dargestellten Produktpolitik?

Aufgabe 5-2

Aufgaben des Produktmanagements

Das Unternehmen „Copyart GmbH“ ist seit den 80er Jahren führender Anbieter von Technologien im Office-Bereich. Neben Kopierern und Faxgeräten hat die „Copyart GmbH“ seit kurzem Drucker in das Produktprogramm aufgenommen. Neben einem Farbtintenstrahldrucker wird ein Schwarzweiß-Laserdrucker die Produktlinie der Drucker bilden. Grund für die Neuaufnahme von Druckern in das Sortiment sind die stagnierenden Umsatzzahlen, die für das folgende Jahr für Kopierer prognostiziert wurden. Das Produktmanagement hat beschlossen, dass zwei von sechs Kopierermodellen aus der Produktlinie im nächsten Jahr aufgrund der schlechten Deckungsbeiträge eliminiert werden sollen. Welche **Entscheidungstatbestände des Produktmanagements** der „Copyart GmbH" sind hier relevant und welche **Aufgaben** hat das Produktmanagement für die einzelnen Entscheidungsebenen auszuführen? Nennen Sie Beispiele!

Aufgabe 5-3

Prozess des Produktmanagements

Die „Hairstyle AG" ist eines der führenden Unternehmen im Bereich der Haarpflege. Aufgrund stagnierender Absatzzahlen der bestehenden Haarpflegeserie „Hairlife" ist vom Produktmanagement beschlossen worden, das Leistungsprogramm zu überprüfen und gegebenenfalls eine neue Haarpflegeserie anzubieten. Im Rahmen der Haarpflegeserie „Hairlife" werden die Produkte „Hairlifewoman" und „Hairlifeman" vermarktet. Die Serie besteht aus Haarshampoo, Pflegespülung, Stylingschaum sowie Stylinggel. Zukünftig soll stärker ein jüngeres Publikum die Zielgruppe der „Hairstyle AG" sein, für die die neue Haarpflegeserie „Twenstyle" entwickelt worden ist. Auch hier wird ein breites Sortiment an Produkten unter dieser Markengruppe angeboten. Die Platzierung findet im mittleren Preissegment statt, da für „Twenstyle" ein gewisses Image aufgebaut werden, aber aufgrund der jüngeren Zielgruppe diese Haarpflegeserie nicht zu teuer erscheinen soll.

(a) Wie sieht bei der „Hairstyle AG" die Startphase im Produktplanungsprozess aus? Welche Informationen erhalten Sie aus **Programmanalysen**?

(b) Die „Hairstyle AG" hat eine Bestandsaufnahme des bisherigen Leistungsprogramms durchgeführt. Auf Basis einer Lückenanalyse konnten schon erste Ziele identifiziert werden. Welche weiteren **produktpolitischen Ziele** verfolgt die „Hairstyle AG" mit der Erreichung einer jüngeren Zielgruppe und dem weiteren Vorgehen?

(c) Mit der Fokussierung auf eine jüngere Zielgruppe wird die „Hairstyle AG" eine mittel- bis langfristige Stoßrichtung für die neue Haarpflegeserie „Twenstyle" festlegen. Welche **Leistungsdimensionen** sind hierbei zu unterscheiden und mit welchen Ausprägungen werden diese von „Twenstyle" realisiert?

(d) Wie setzt sich bei der „Hairstyle AG“ das **Budget** für die notwendigen produktpolitischen Maßnahmen bis zur Markteinführung zusammen?

(e) Welche **produktpolitischen Instrumente** werden möglicherweise für die neue Haarpflegeserie „Twenstyle“ eingesetzt? Nennen Sie Beispiele!

Aufgabe 5-4

Suche nach Produktideen

Das Unternehmen „Küchenhilfe AG“ produziert Küchengeräte aller Art, wie z.B. Toaster, Kaffeemaschinen, Handmixer und Mikrowellen. Die Geschäftsleitung hat das Produktmanagement damit beauftragt, ein neues Küchengerät zu entwickeln. Um erste Ideen für ein solches Produkt zu erhalten, wurden durch das Produktmanagement bereits Kundendienstberichte, Kundenanfragen und Kundenbeschwerden analysiert. Zudem wurde ein Betriebliches Vorschlagswesen initiiert, Ergebnisse der F&E eingeholt und Außendienstmitarbeiter befragt, um geeignete Vorschläge und Problemlösungen zu finden.

(a) Welche **Quellen zur Ideensammlung** wurden hier genutzt und welche alternativen Ideenquellen sind noch heranzuziehen?

(b) Die Problemlösungen aus den oben genannten Quellen für ein neues Produkt waren nicht akzeptabel. Welche weiteren **Verfahren der Ideensammlung** kann das Produktmanagement zur Generierung neuer Produkte heranziehen? Nennen Sie zu jedem Verfahren zwei mögliche Methoden, die Ihrer Meinung nach von der „Küchenhilfe AG“ am Besten verwenden werden können und beschreiben Sie diese Methoden kurz!

Aufgabe 5-5

Grobauswahl von Produktideen

Im Rahmen einer Kreativsitzung hat das Unternehmen „Milchkuh AG“ eine Reihe von Ideen für neue Produkte gesammelt. Neben einigen anderen Produktideen wurde „Slimjogi“, ein nahezu fettfreier Joghurt, und „Vitagurt“, ein neuartiger Joghurt mit allen nötigen Vitamine für einen Tag, vorgeschlagen. Im Folgenden soll eine **Grobauswahl der Produktideen** stattfinden.

(a) Um das **Punktbewertungsverfahren** zu bestehen, hat eine Produktidee ein Minimum von 600 Punkten zu erreichen, damit sie als Produktkonzept weiterverfolgt wird. Erstellen Sie nach eigenem Ermessen ein Punktbewertungsverfahren anhand des Produktes „Vitagurt“ und beurteilen Sie, ob „Vitagurt“ als Produktidee beibehalten werden kann. Die in Schaubild 5-1 dargestellten Kriterien werden als Grundlage zur Beurteilung der Produktideen vorgegeben.

(b) Welche **Vor- und Nachteile** muss die „Milchkuh AG“ bei der Verwendung dieses Verfahrens beachten?

Unternehmensbezogene Kriterien	▪ Realisierbarkeit ▪ Notwendiges Investitionsvolumen ▪ Steigerung des Marktanteils
Kundenbezogene Kriterien	▪ Sichtbarkeit des Kundennutzens ▪ Erschließung neuer Käuferschichten ▪ Verbesserung der Gesundheit
Handelsbezogene Kriterien	▪ Zusätzliche Handelsprofilierung ▪ Kooperationsbereitschaft des Handels ▪ Sortimentserweiterung
Konkurrenzbezogene Kriterien	▪ Erlangung von Wettbewerbsvorteilen ▪ Nachahmungsgefahr der Konkurrenz ▪ Gegenaktion der Konkurrenz
Umfeldbezogene Kriterien	▪ Rechtliche Beschränkungen ▪ Umweltfreundliche Entsorgung

Schaubild 5-1: Kriterien zur Bewertung von Produktideen für die „Milchkuh AG“

Aufgabe 5-6

Entwicklung und Prüfung von Produktkonzepten

Die „ERAM GmbH“ ist führender Hersteller für elektrische Rasenmäher. Sie bietet Modelle unterschiedlicher Größe und Leistungsstärke in einem tiefen Sortiment an. Vorwiegend befinden sich die Produkte im mittleren bis oberen Preissegment. Sie als zuständiger Produktmanager sollen für das neu entwickelte Modell „ERAM S3“, das in den nächsten drei Monaten auf den Markt kommt, ein **Produktkonzept** entwickeln.

(a) Wie gehen Sie bei der **Erstellung eines Produktkonzeptes** für „ERAM S3“ vor und worauf müssen Sie achten?

(b) Für die Erstellung des Produktkonzeptes von „ERAM S3“ wurden bisher Zeichnungen und Modelle erstellt. Welche **Formen der Darstellung** für zu entwickelnde Produkte gibt es noch und welche Überlegungen spielen dabei eine Rolle? Nennen Sie Beispiele!

(c) Die abschließende Prüfung des Produktkonzeptes „ERAM S3“ erfolgt durch die vom Produktmanagement ausgewählten Testpersonen. Hierbei handelt es sich um Endabnehmer, Absatzmittler und unternehmensinterne Techniker, die an der Produktentwicklung nicht beteiligt waren. Welche möglichen Fragen zur **Prüfung des Produktkonzeptes** können gestellt werden?

(d) Welche **Schwierigkeiten** können für die „ERAM GmbH“ bei der Prüfung des Produktkonzeptes „ERAM S3“ auftreten?

Aufgabe 5-7

Feinauswahl von Produktkonzepten

Das Unternehmen „Formelfix GmbH“ produziert seit den 50er Jahren Taschenrechner für den nationalen Markt. Trotzdem hat die „Formelfix GmbH“ heute noch eine geringe Markenbekanntheit (ca. 10 Prozent (gestützt) in der Zielgruppe). Dies soll nun durch die Forcierung innovativer Produkte geändert werden. Nach der Prüfung und Entwicklung von Produktkonzepten hat das Produktmanagement eine Reihe von neuen Produktkonzepten zur **Feinauswahl** bestimmt. Darunter befindet sich auch das neue Modell „SX1“, ein neuartiger Taschenrechner mit Spracheingabe. Mit Hilfe einer **Wirtschaftlichkeitsanalyse** ist nun zu entscheiden, ob dieses Konzept wirtschaftlich tragfähig ist. Hierzu wurde ein entsprechender **Gewinnplan** erstellt, der in Schaubild 5-2 dargestellt ist. Da das Ergebnis des Gewinnplans positiv ist, soll nun dieses Produkt forciert werden. Die Einführung des Produktes muss jedoch aufgrund der begrenzten finanziellen Mittel der „Formelfix GmbH" ohne weitere Schwierigkeiten verlaufen. Vor der Markteinführung des neuen Modells „SX1" ist deshalb ein Produkttest geplant, im Rahmen dessen ein Volltest bei fehlender Angabe des Markennamens durchgeführt werden soll. Auf einen Markttest soll grundsätzlich verzichtet werden. Sie fungieren als externer Berater.

	Angaben in Mio. GE	t_0	t_1	t_2	t_3
1	Umsatzerlöse	0	4	6	8
2	% variable Herstellkosten (25%)	0	1	1,5	2
3	DB I	0	3	4,5	6
4	% variable Marketingkosten	0	0,5	0,7	1,0
5	DB II	0	2,5	3,8	5,0
6	% anteilige Gemeinkosten	0	0,4	0,6	1,0
7	DB III	0	2,1	3,2	4,0
8	% F&E-Kosten	2,0	0	0	0
9	% Marketing-Fixkosten	0	1	1	1
10	Netto-Erfolg	-2,0	1,1	2,2	3,0
11	Diskontierter Netto-Erfolg (i=10%)	-2,0	0,99	1,82	2,25
12	Kumulierter Netto-Erfolg	-2,0	-1,01	0,81	3,06

Schaubild 5-2: Gewinnplanung der „Formelfix GmbH" für das Produkt „SX1"

(a) Wie **beurteilen** Sie das vermeintlich positive Ergebnis des Gewinnplans? Welche **weiteren Schritte** im Rahmen der Wirtschaftlichkeitsanalyse für das Modell „SX1" schlagen Sie vor?

(b) Welche **Gründe** könnten das Management der „Formelfix GmbH" dazu bewogen haben, zum einen **Produkttests** durchzuführen und zum anderen unter den verschiedenen Produkttestverfahren einen **Volltest** und gleichzeitig einen **Blindtests** in Kombination mit einem **Einzeltest** auszuwählen? Wie ist diese Entscheidung zu **beurteilen**?

(c) Aus welchen **Gründen** hat das Management der „Formelfix AG" möglicherweise auf die Durchführung von **Markttests** verzichtet? Zeigen Sie beispielhaft auf, welchen Markttest die „Formelfix AG" für das Modell „SX1" kostengünstig durchführen kann!

Aufgabe 5-8

Einführung des Neuproduktes

Die „Autobau AG", ein weltweiter Produzent von Automobilen, hat beschlossen, aufgrund hoher Benzinpreise ein Automobil mit Solarantrieb zu produzieren. Aufgrund einer neuen Technologie können nun extrem kleine Solarzellen schon mit diffusem Tageslicht eine verhältnismäßig hohe Energie erzeugen. Dieser Solarantrieb bringt in etwa die Leistung eines mit Benzin getriebenen Automobils. Das zugehörige Automodell mit dem Namen „Vega" soll demnächst in hoher Stückzahl produziert werden.

(a) Beschreiben Sie die nötigen Maßnahmen, die die „Autobau AG" für die Durchsetzung von „Vega" als **Produktinnovation im Unternehmen** ergreifen sollte!

(b) Welche Schritte müssen bei der **Durchsetzung bei den Konsumenten** berücksichtigt werden und welche Zielpersonen sollen mit dem Modell „Vega" erreicht werden?

(c) Warum ist für die „Autobau AG" eine differenzierte Behandlung der Innovatoren und Frühadopter im Gegensatz zu den anderen Konsumenten im **Diffusionsprozess** hilfreich?

(d) Welche **Schwierigkeit** muss die „Autobau AG" noch bei der Durchsetzung der Produktinnovation berücksichtigen?

Aufgabe 5-9

Entscheidungen der Markenpolitik

Der Kaffeeproduzent „do Brasil AG“ stellt verschiedene Kaffeesorten her. Die Exklusivkaffeemarke „Daylight“ lässt sich international verkaufen und wird in den Varianten „Daylight light“ mit halbem Koffeingehalt und „Daylight koffeinfrei“ angeboten. Weiterhin produziert die „do Brasil AG“ einen Kaffee „No-Name“ für einen nationalen Niedrigpreisdiscounter. International vertreibt die „do Brasil AG“ drei verschiedene Kaffeesorten unter den Namen „do Brasil“, „do Brasil mild“, der als besonders magenschonend gilt, und „do Brasil koffeinfrei“.

(a) Ordnen Sie die Marken von der „do Brasil AG“ in die verschiedenen grundlegenden **Erscheinungsformen von Marken** ein!

(b) Nennen Sie mögliche **Gründe**, warum das Unternehmen „do Brasil AG“ so viel Wert auf den **Aufbau** und die **Pflege** seiner Marken legen sollte!

(c) Welche **Markenstrategie** verfolgt das Unternehmen „do Brasil AG“ mit seinen Marken?

(d) Welche **Markenstrategie** realisiert die „do Brasil AG“, wenn ausschließlich Kaffee unter der gleichnamigen Marke angeboten wird, und wie schätzen Sie hier die Möglichkeit eines **Markentransfers** ein?

Aufgabe 5-10

Entscheidungen der Verpackungspolitik

Der Hersteller „Dr. Saft AG“ will einen neuen Frühstückssaft unter dem Namen „MorgenFit“ auf den Markt bringen. Es wurde entschieden, dass „MorgenFit“ in den Mengen von 1,5 Liter, 1 Liter und 0,5 Liter angeboten wird. Nun soll die Art der Verpackung bestimmt werden, in der der Saft verkauft wird. Hierzu wurden vom Produktmanagement verschiedene Verpackungslösung, wie z.B. Tetrapak, PET-Flaschen, Glasflaschen oder der ökologische Folienbeutel, vorgeschlagen.

(a) Welche **Funktionen** müssen die vorgeschlagenen Verpackungslösungen für „MorgenFit“ erfüllen? Nennen Sie hierfür jeweils Beispiele!

(b) Welche **Anforderungen** werden auf dem Weg vom Hersteller „Dr. Saft AG“ zu den Konsumenten von „MorgenFit“ an die oben genannten Verpackung gestellt und nennen Sie beispielhaft Gestaltungsmaßnahmen, die hierbei beachtet werden müssen?

Aufgabe 5-11

Garantie- und Lieferleistungspolitik

Das Traditionsunternehmen „Cottonwash AG“ ist seit Jahrzehnten führender Hersteller von Waschmaschinen und bietet seinen Kunden ein breites Sortiment in diesem Bereich an. Neben einem technischen Kundendienst werden Sekundärleistungen, wie z.B. eine Telefonhotline, für eine Schnellhilfe oder für eine technische Einweisung angeboten. Der Hauptkonkurrent „Topwash“ macht der „Cottonwash AG“ seit zwei Jahren aufgrund der besseren Servicepolitik zunehmend Marktanteile streitig.

(a) Welche **Maßnahmen** im Bereich der **Garantieleistungspolitik** setzt die „Cottonwash AG“ ein, um die zu „Topwash“ abgewanderten Kunden zurückzugewinnen? Welche **Vorteile** bringt eine Garantieleistungspolitik und welche **Probleme** beinhaltet diese?

(b) Eine Umfrage hat ergeben, dass die Kunden mit der **Lieferleistungspolitik** der „Cottonwash AG“ unzufrieden sind. Nennen sie denkbare Maßnahmen innerhalb der Lieferleistungspolitik, die das Management der „Cottonwash AG“ durchführen könnte, um die Zufriedenheit der Kunden zu steigern!

Aufgabe 5-12

Kundendienstpolitik

Die „Abfüll AG“ stellt Getränkeabfüllanlagen her. Das neueste Produkt der „Abfüll AG“ ist eine besonders geräuschlose, ökonomische und ökologische Abfüllanlage. Die „Sprudelfix GmbH“ ist ein Hersteller von Limonadengetränken und hat diese neue Abfüllanlage bei der „Abfüll AG“ bestellt. Die „Sprudelfix GmbH“ erhielt im Vorfeld eine umfangreiche kaufmännische Beratung über die Wirtschaftlichkeit der Anlage sowie technische Hinweise über Installationsmöglichkeiten. Inzwischen ist die Anlage installiert und das künftige Bedienungspersonal wird von Mitarbeitern der „Abfüll AG“ geschult.

(a) In welche **Formen der Kundendienstleistung** lassen sich die genannten Kundendienste einordnen? Welche weiteren Formen von Kundendienstleistungen könnte die „Abfüll AG" ihren Kunden außerdem anbieten? Inwieweit bestimmt die Erwartungshaltung der Kunden die Kundendienstleistungen der „Abfüll AG"?

(b) Die „Sprudelfix GmbH" bevorzugt die „Abfüll AG" aufgrund ihrer exzellenten Kundendienstzeiten. Neben diesen will die „Abfüll AG" weitere **Kundendienstziele** zu ihren Stärken machen. Welche Möglichkeiten bieten sich und was für generelle Ziele verfolgt die „Abfüll AG" mit den angebotenen Kundendienstleistungen?

(c) Die „Abfüll AG" hat beschlossen, ihre Kundendienstabteilung nicht mehr als Costcenter zu führen, sondern diese demnächst als Profitcenter zu strukturieren. Die Kundendienstabteilung kann dann auch für andere Unternehmen den Kundendienst übernehmen. Bei dem selbstständigen Auftreten am Markt muss die Kundendienstabteilung der „Abfüll AG" eigene **Instrumente der Kundendienstpolitik** entwickeln. Welche Instrumente kommen hier für die Kundendienstabteilung der „Abfüll AG" in Frage?

Aufgabe 5-13

Value-added-Services

Die „Service Airline AG" ist eine Fluggesellschaft, die sich im oberen Preissegment und mit einem hohen Serviceniveau etabliert hat. Ihren Kunden werden neben den normalen Leistungen einer Fluggesellschaft, wie z.B. der Service von Essen, Getränken und Zeitungen an Bord, noch zusätzliche Leistungen angeboten. Diese sind beispielsweise das Einchecken der Vielflieger-Kunden durch eine Servicekraft direkt bei Ankunft am Flughafen vor der Ankunftshalle, so dass diese nicht mehr in der Schlange am Schalter in der Abflughalle warten müssen. Im Warteraum werden Zeitungen, Fernseher, Duschen, Snacks und Getränke kostenlos offeriert und zusätzlich steht jedem Kunden eine persönliche Servicebetreuung zu. Weiterhin gibt es einen Kinderhort, wo vorübergehend auf die Kinder aufgepasst wird.

(a) Ordnen Sie entsprechend dem **Grad der Affinität** zwischen Primär- und Sekundärleistungen und der **Erwartungshaltung der Konsumenten** die oben genannten Value-Added-Services in die **Profilierungsfelder** (*Laakmann* 1995) ein!

(b) Auf welches **ökonomische Problem** sollte die „Service Airline AG" jedoch bei dem Angebot von Value-Added-Services achten?

(c) Die „Service Airline AG" möchte eine **Optimierung des Serviceniveaus** vornehmen. Im Schaubild 5-3 sind die Kosten und Erlöse der angebotenen Serviceleistungen der „Service Airline AG" in einem einfachen Deckungsbeitragsmodell aufgezeigt. Beschriften Sie die Schnittstellen der Kurvenverläufe in diesem Modell, zeigen Sie das gewinnmaximale Serviceniveau auf und begründen Sie Ihre Antwort!

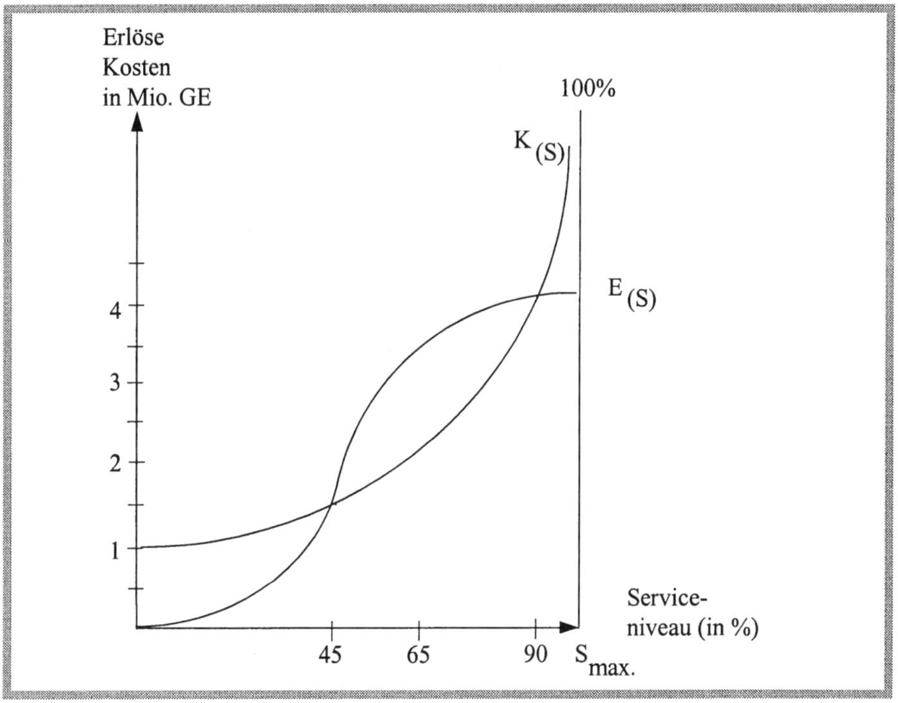

Schaubild 5-3: Serviceoptimierung auf Basis eines Kosten-Erlös-Vergleichs für die „Service Airline AG"

Aufgabe 5-14

Entscheidungen der Sortimentspolitik

Der Elektronikhersteller „Teleview AG“ produziert Fernsehgeräte und Videorecorder. Es werden verschiedene Modelle in den Fernsehbildschirmgrößen 41/37 cm, 55/51 cm und 72/68 cm mit den Bildfrequenzen von 50 Hz und 100 Hz angeboten. Die „Teleview AG“ beschließt eine weitere Differenzierung der Produkte aufgrund des steigenden Wettbewerbdrucks seitens der Konkurrenz. Demnächst soll das Bildschirmformat 16:9 in den Größen 70/66 cm und 82/76 cm mit 100 Hz in das Sortiment aufgenommen werden. Zudem werden Videorecorder im mittleren und unteren Preissegment angeboten.

(a) Welche Entscheidung über das angebotene **Sortiment** der „Teleview AG“ wurde hier getroffen und welche **Strategie** wird hiermit verfolgt?

(b) Welche weitere **Strategie** kennen Sie neben der in Teilaufgabe (a) aufgeführten noch? Was ist bei der Verfolgung der beiden Strategien **innerhalb der Produktlinie** zu beachten?

(c) Neben den neuen Fernsehformaten sollen auch DVD-Player mit in das Sortiment aufgenommen werden. Welche Entscheidung der **Sortimentserweiterung** wird hier getroffen und welche Gründe sind für die Einführung der DVD-Player anzuführen?

(d) Welche Gründe gibt es neben denen in (c) aufgeführten Erklärungen der **Einführung neuer Produktlinien** noch? Nennen Sie Beispiele für das Unternehmen „Teleview AG“!

(e) Die „Teleview AG“ hat beschlossen, die Videorecorder des unteren Preissegments aufgrund der niedrigen Deckungsbeiträge zu eliminieren. Welche Entscheidung der **Sortimentsplanung** wurde hier durchgeführt und welchem Typ lässt sich diese zuordnen?

(f) Was für eine Entscheidung der **Sortimentsbereinigung** liegt vor, wenn die gesamte Produktlinie der Videorecorder aus dem Sortiment des Unternehmens „Teleview AG“ eliminiert wird?

(g) Welche Entscheidung der Sortimentsbereinigung kennen Sie noch? Welche **qualitativen und quantitativen Entscheidungskriterien** sind bei der **Elimination der Produktlinie** der Videorecorder aus dem Sortiment der „Teleview AG“ mit in die Überlegung aufzunehmen?

(h) Welche möglichen **Risiken** müssen bei der **Eliminierung der Produktlinie** der Videorecorder aus dem Sortiment der „Teleview AG" beachtet werden?

Aufgabe 5-15

Methoden der Sortimentsplanung

Der Uhrenhersteller „Cheapwatch AG" produziert Armbanduhren für den europäischen Massenmarkt. Das Unternehmen „Cheapwatch AG" hat sich aufgrund seiner Niedrigpreisstrategie lediglich auf drei Modelle spezialisiert. Mittels großer Produktionsmengen und seltenen Maschinenumrüstungen sollen möglichst niedrige Produktionskosten erreicht werden. Es werden die in Schaubild 5-4 angegeben drei Modelle produziert.

	Modell „Exclusive"	Modell „Daily"	Modell „Cheapy"
Absatzmenge (ME)	100.000	200.000	300.000
Stückpreis (GE)	120	80	40
Umsatz (GE)	12.000.000	16.000.000	12.000.000
Variable Kosten pro Stück (GE)	80	30	20
Variable Kosten gesamt (GE)	8.000.000	6.000.000	6.000.000
Fixkosten (anteilig) (GE)	6.000.000	4.000.000	3.000.000
Gesamtkosten (GE)	14.000.000	10.000.000	9.000.000
Engpassbelastung (Minuten/ME)	6	4	3

Schaubild 5-4: Kostenstruktur der Uhrenmodelle der „Cheapwatch AG"

(a) Das Management der „Cheapwatch AG" hat aufgrund der hohen Produktionskosten bezüglich der Wirtschaftlichkeit der Produktion aller drei Modelle Bedenken geäußert. Um fundierte Entscheidungen über die Zusammenstellung des Sortimentes zu treffen, wird eine **Vollkostenrechnung** herangezogen. Unterstützen Sie das Management, indem Sie die Stückgewinne der drei Modelle ermitteln und nennen Sie **Nachteile**, die sich aus der Bewertung durch die Vollkostenrechnung ergeben.

(b) Berechnen Sie aufgrund der vorhandenen Daten die Sortimentsplanung mit Hilfe der **Teilkostenrechnung** und erklären Sie ihre **Vorteile**!

(c) Aufgrund der zu hohen Betriebskosten im Unternehmen „Cheapwatch AG" wurden Restrukturierungsmaßnahmen durch das Management angeordnet. Von den sechs vorhandenen Maschinen wurden zwei verkauft, so dass nun eine geringere Produktionskapazität vorhanden ist. Berechnen Sie auf Grundlage der konstanten Absatzmenge und eines konstanten Preises die **relative Deckungsspanne** für die Uhrenmodelle, damit das Unternehmen „Cheapwatch AG" eine Entscheidungsgrundlage hat, welches Modell unter dieser Engpassbelastung die größte Deckungsspanne erwirtschaftet.

(d) Das Management hat aufgrund der Einführung eines Konkurrenzproduktes, das dem Modell „Daily" entspricht, aber wesentlich mehr Vorteile für den Kunden bringt, beschlossen, dieses Produkt aus dem Sortiment zu nehmen. Die Produktion wird mit den Modellen „Exclusive" und „Cheapy" weitergeführt. Durch die Produktelimination und weiteren Einsparungen reduzieren sich die gesamten Fixkosten auf sechs Mio. GE. Ihre Aufgabe bei der „Cheapwatch AG" ist die **Berechnung einer optimalen Sortimentsplanung** der beiden Modelle „Exclusive" und „Cheapy". Dabei wird ein **linearer Zusammenhang von Preis und Absatz** unterstellt. Dies bedingt, dass die Preise und Absatzmengen der beiden Produkte nicht mehr gegeben sind, sondern anhand einer Preis-Absatz-Funktion und der Zeitrestriktion gewinnmaximal ermittelt werden. Berücksichtigen Sie hierbei folgende Angaben:

Preis-Absatz-Funktion „Exclusive": $p_E = 180 - 0.00060 \cdot x_E$

Preis-Absatz-Funktion „Cheapy": $p_C = 120 - 0.00025 \cdot x_C$

Die vier Maschinen haben jeweils eine Produktionskapazität von 250.000 Minuten pro Jahr, d.h. eine Gesamtkapazität von einer Mio. Minuten.

Kapitel 5: Entscheidungen der Produktpolitik (Lösungshinweise)

Lösungshinweise Aufgabe 5-1

Bei der Gestaltung des Leistungsprogramms ist in erster Linie auf den **Nutzen für den Kunden** zu achten. Neben dem eigentlichen Produkt können noch weitere Leistungsmerkmale, wie z.B. produktbegleitende Serviceleistungen, einen Nutzen für den Kunden bilden. Die Festlegung des Leistungsprogramms zu einem **Produktmix** kann als Prozess verstanden werden, d.h., der eigentliche Produktkern wird schrittweise um weitere Leistungsmerkmale erweitert. Der idealtypische **Ablauf dieses Prozesses** sieht wie folgt aus:

(1) Definition der Einzigartigkeit des Produktes

Die Definition der **Unique Selling Proposition (USP)** wird bei einem Produkt aus denjenigen Eigenschaften abgeleitet, die das Produkt „einzigartig“ bzw. „unverwechselbar“ machen. Der USP ist ein Produktmerkmal, der das Produkt vom Konkurrenzprodukt unterscheiden lässt und den einzigartigen **Kundennutzen** dieses Produktes vermitteln soll. Dieser sollte möglichst schwer zu imitieren sein, da die Einzigartigkeit ein kaufrelevantes Kriterium aus Sicht der Kunden darstellt. Deshalb ist auch darauf zu achten, dass der USP mittelfristig aufrechterhalten werden kann.

(2) Gestaltung des Produktes

Der spezifische Kundennutzen des Produktes kann durch die Produktbeschaffenheit, wie z.B. die Funktionen des Programms, die einfache Anwendung oder das graphische Layout, sichergestellt werden. Zudem kann beispielsweise die Markenbezeichnung und die Verpackungsgestaltung zur Gestaltung des Produktes und somit zum Kundennutzen beitragen.

(3) Festlegung von Serviceleistungen

Neben dem eigentlichen Produkt können produktbegleitende Serviceleistungen das Leistungsprogramm erweitern, um einen zusätzlichen Nutzen für den Kunden zu schaffen.

Teilaufgabe (a)

Die **Erstellung des Leistungsprogramms** für das Softwareprogramm „Speedwheel" erfolgt bei der „Giganet GmbH" folgendermaßen:

(1) Definition der Einzigartigkeit des Produktes

Die Einzigartigkeit des Softwareprogramms „Speedwheel" besteht in der Spezialisierung auf logistische Abläufe, indem beispielsweise immer die derzeitige Position der Ware im Transportprozess angezeigt wird. Diese Spezialisierung ermöglicht dem Unternehmen einen USP, um sich von der Konkurrenz zu unterscheiden.

(2) Gestaltung des Produktes

Die Produktgestaltung des Softwareprogramms „Speedwheel" kann durch die Produktbeschaffenheit, wie z.B. die Funktionen des Programms, die einfache Anwendung und das graphische Layout, bestimmt werden. Zudem trägt die Markenbezeichnung „Speedwheel" und die dynamische Verpackungsgestaltung zur Gestaltung des Softwareprogramms und somit zum Kundennutzen bei.

(3) Festlegung der Serviceleistungen

Das Softwareprogramm „Speedwheel" kann durch zusätzliche Serviceleistungen, wie z.B. gängige Garantieleistungen auf das Produkt oder einen Kundendienst, der bei technischen Problemen des Programms und bei Anwendungsproblemen den Kunden unterstützt, ergänzt werden. Des Weiteren ist die Lieferung und Installation von „Speedwheel" von der „Giganet GmbH" sicherzustellen. Im Rahmen von Value-Added-Services übernimmt die „Giganet GmbH" die Einführungsschulungen in den Unternehmen kostenlos.

Teilaufgabe (b)

Die **produktpolitischen Ziele** der „Giganet GmbH" über die Einführung der neuen Software „Speedwheel" sehen beispielhaft wie folgt aus:

- Die „Giganet GmbH" strebt durch „Speedwheel" aufgrund der Spezialisierung auf die Logistikbranche eine verbesserte Wettbewerbsposition gegenüber der Konkurrenz an.
- Das Softwareprogramm „Speedwheel" dient der Absatzerhöhung, Umsatzsteigerung sowie Marktanteilsverbesserungen des Unternehmens „Giganet GmbH" bei gewerblichen Softwareprogrammen.

- „Speedwheel" soll zur Erreichung der Marktführerschaft im Bereich Logistiksoftware des Unternehmens „Giganet GmbH" beitragen.
- Die „Giganet GmbH" erschließt mit der Spezialisierung auf die Logistikbranche neue Kundensegmente.
- Durch die Differenzierung des Sortiments auf Standardsoftware für Unternehmen und spezielle Software für die Logistikbranche beabsichtigt die „Giganet GmbH", das Unternehmensrisiko zu streuen.

Lösungshinweise Aufgabe 5-2

Die **Aufgaben des Produktmanagements** sind vor allem die Entwicklung und Verbesserung von Produkten sowie die Betreuung der bestehenden Produkte am Markt. Die Träger dieser produktpolitischen Entscheidungen können Personen aus verschiedenen Abteilungen sein. Marketing- oder Unternehmensleiter bilden ein Team mit Personen aus verschiedenen Abteilungen, wie z.B. der F&E, dem Produktmanagement und der Marktforschung. Die Aufgaben des Produktmanagements werden idealtypisch in die Ebenen Programm-, Produktlinien- und Produktentscheidungen eingeteilt.

- Die **Programmentscheidung** ist die höchste Ebene. Hier werden Entscheidungen über die Veränderung des Absatzprogramms, d.h. der gesamten angebotenen Produktlinien und Produkte eines Unternehmens, getroffen.
- Auf der Ebene der **Produktlinienentscheidungen** finden Entscheidungen über die Veränderungen innerhalb der Produktlinie statt.
- Bei der **Produktentscheidung** sind Entscheidungen über einzelne Produkte zu treffen.

Das Unternehmen „Copyart GmbH" beschließt auf der Ebene der **Programmentscheidung**, aufgrund der stagnierenden Umsatz- und Ertragsprognosen der Kopierer und zur Optimierung des Absatzprogramms das Produktprogramm um die Produktlinie von Druckern zu erweitern.

Auf der Ebenen der **Produktlinienentscheidungen** erfolgt bei der„Copyart GmbH" eine Erweiterung der Produktlinie der Drucker, wenn z.B. neben den bereits angebotenen Druckermodellen ein Farb-Laserdrucker mit in die Produktlinie aufgenommen wird. In diesem Fall kommt es zu einer Eliminierung einzelner Kopierermodelle aus der Produktlinie. Die qualitativen Auswirkungen, wie z.B. Imageauswirkungen durch die Eliminierung der einzelnen Kopierermodelle und quantitative Auswirkungen, wie z.B. Umsatzanteile der Kopierermodelle, müssen beachtet werden.

Auf der Ebene der **Produktentscheidungen** erfolgt bei der „Copyart GmbH" die Eliminierung der einzelnen Kopierermodelle aufgrund der schlechten Deckungsbeiträge der einzelnen Modelle. Neben der Eliminierung von einzelnen Kopierermodellen hat das Unternehmen „Copyart GmbH" auf Basis der sich ändernden Einstellungen und Bedürfnissen von Kunden und Händlern sowie über die guten Marktchancen von Druckern beschlossen, diese ebenfalls anzubieten.

Lösungshinweise Aufgabe 5-3

Im Bereich der Produktpolitik kann, ähnlich wie für die gesamte Marketingplanung, ein **Planungsprozess** definiert werden. Dieser regelt die Vorgehensweise der Entscheidungsfindung innerhalb eines zeitlichen Ablaufes. Der Planungsprozess kann idealtypisch in sechs **Phasen** unterteilt werden:

(1) Situationsanalyse des Leistungsprogramms

Eine permanente Aufgabe des Produktmanagements besteht darin, das gegenwärtige Leistungsprogramm zu beobachten. Dies kann mit Hilfe von Verfahren, wie z.B. der Programmanalyse, Lebenszyklusanalyse, Portfolioanalyse, Produktpositionierung, Kundenbefragung, Handelsbefragung und Konkurrenzbeobachtung, geschehen. Weiterhin werden Informationen aus Deckungsbeitragsanalysen, Kennzahlensystemen, Kundenzufriedenheits- und Beschwerdeanalysen verwendet, um detaillierte Hinweise auf die Stellung des eigenen Leistungsprogramms aus Sicht der Unternehmen, der Kunden und der Händler zu erhalten.

(2) Festlegung produktpolitischer Ziele

Bei produktpolitischen Entscheidungen ist genau festzulegen, welche konkreten produktspezifischen Ziele durch bestehende und neue Produkte realisiert werden.

(3) Strategieentwicklung für die Produktpolitik

Hier muss ein Unternehmen mittel- bis langfristige Stoßrichtungen im Sinne von Strategien in Bezug auf Qualität, Preis und Marken festlegen.

(4) **Budgetierung der Produktpolitik**

Das Budget für die Produktentwicklung sowie alle produktpolitischen Maßnahmen ist festzulegen und auf die Planungsperioden zu verteilen.

(5) **Einsatz der produktpolitischen Instrumente**

Auf Basis des Budgets wird mit Hilfe der produktpolitischen Instrumente eine Feinabstimmungen im Hinblick auf den Einsatz einzelner produktpolitischer Maßnahmen vorgenommen und zu einem Produktmix zusammengeführt.

(6) **Kontrolle des Leistungsprogramms**

Am Ende des Planungsprozesses erfolgt die Kontrolle des Leistungsprogramms. Hier wird geprüft, ob das geplante Ergebnis und die umzusetzenden Maßnahmen eingetreten sind und evtl. Anpassungsmaßnahmen getroffen werden müssen. Die Kontrolle wird inhaltlich und organisatorisch sowohl vom Produktmanagement als auch vom Marketingcontrolling durchgeführt.

Teilaufgabe (a)

Die erste Phase im Produktplanungsprozess ist die **Situationsanalyse des Leistungsprogramms**. Um das gegenwärtige Leistungsprogramm zu analysieren, kann die „Hairstyle AG" eine **Programmanalyse** durchführen. Die Programmanalyse kann für die Haarpflegeserie „Hairlife" anhand von **Konzentrationskurven** dargestellt werden. Dabei sind drei Formen von Konzentrationskurven von besonderer Bedeutung. Diese sind die Umsatz-, die Erfolgs- und die Kundenstrukturanalyse. Aus der **Umsatzstrukturanalyse** für die „Hairstyle AG" sind Erkenntnisse über den Anteil von einzelnen Produkten ihres Sortimentes am Umsatz zu erkennen. Anhand der **Erfolgsstrukturanalyse** überprüft die „Hairstyle AG" einzelne Produkte ihrer Haarpflegeserie „Hairlife" in Bezug auf den absoluten oder engpassbezogenen Deckungsbeitrag. Mit Hilfe der **Kundenstrukturanalyse** wird die relative Bedeutung einzelner Kundengruppen an erzielten Umsätzen oder Deckungsbeiträgen gemessen. Eine spezielle Form der Programmanalyse ist die **ABC-Analyse**. Danach werden die Produkte bzw. Kunden mit dem höchsten Umsatzanteil mit „A" bezeichnet und die anderen nach B- und C-Produkten bzw. Kunden eingeteilt. Diese Klassen können dann unternehmensspezifisch definiert und differenziert bearbeitet werden.

Teilaufgabe (b)

Neben den aus der Lückenanalyse hervorgegangen Ziele sind weitere Produktziele zu berücksichtigen, die sich konkret auf die einzelnen Marktteilnehmer richten. Die von der „Hairstyle AG" verfolgten Ziele lassen sich idealerweise in konsumenten-, handels- und konkurrenzgerichtete Ziele unterteilen. Die Verwirklichung der **konsumentengerichteten Ziele** wird durch die Erschließung von Segmenten jüngerer Konsumenten mit der Produktserie „Twenstyle" angestrebt. Die „Hairstyle AG" versucht hiermit, die Kauffrequenz des Haarpflegeprogramms bei Unter- und Überzwanzigjährigen zu erhöhen. Die **handelsgerichteten Ziele** der „Hairstyle AG" sind in der Erhöhung der Verkaufszahlen des Angebotsprogramms und in der Erweiterung des Sortiments aufgrund anderer Zielgruppen zu sehen. Die **konkurrenzgerichteten Ziele** der „Hairstyle AG" bestehen in einer Verbesserung des Images bei jüngeren Konsumenten und in der Steigerung des Marktanteils gegenüber den Konkurrenten durch das Erreichen einer neuen Zielgruppe.

Teilaufgabe (c)

Die „Hairstyle AG" muss mit den Leistungsdimensionen mittel- bis langfristig eine Stoßrichtung im Sinne einer Strategie für die Haarpflegeserie „Twenstyle" definieren. Hierbei sind die Leistungsdimensionen der Qualitäts-, Preis- und der Markenstrategie zu beachten. Bei der **Markenstrategie** verfolgt das Unternehmen eine Familienmarkenstrategie, da unter der Markenbezeichnung „Twenstyle" neben Haarshampoo und Pflegespülung noch Stylingschaum und Stylinggel angeboten wird. Bei der **Preisstrategie** wird beispielsweise darauf geachtet, dass das Produkt kein Billigprodukt ist, da ein bestimmtes Image über das Preisniveau aufgebaut werden muss. Es ist aber auch nicht sinnvoll, das Preisniveau zu hoch zu definieren, damit das Produkt für die jüngeren Konsumenten erschwinglich ist. Bei „Twenstyle" könnte die **Qualitätsstrategie** im mittleren bis höheren Niveau angesetzt werden, da diese eine Haltbarkeit der Frisuren garantieren sollte und ansonsten ein schlechtes Image der Marke und des Unternehmens hervorruft.

Teilaufgabe (d)

Für produktpolitische Maßnahmen und vor allem für die Produktentwicklung entstehen dem Unternehmen „Hairstyle AG" hohe Kosten. Das **Budget** des Produktmanagements der „Hairstyle AG" umfasst alle Maßnahmen für die Spezifizierung und Umsetzung von Produktideen aus Sicht des Marketing, d.h. der Kundenperspektive und der Technik. Das Budget der „Hairstyle AG" für

„Twenstyle" wird beispielsweise Kosten für Marktforschung, F&E, Rechtsberatung, Einbindung externer Berater und Testverfahren u.a. umfassen.

Teilaufgabe (e)

Die Produktstrategie wird durch den Einsatz **produktpolitischer Instrumente** im Detail abgestimmt, d.h., in Form von Einzelmaßnahmen kann die Umsetzung der Produktstrategie erfolgen. Im Rahmen der **Qualitätspolitik** wird z.B. die Wirksamkeit und Haltbarkeit des Haarshampoos bestimmt. Durch den Markennamen wird dem Produkt ein bestimmtes Image verliehen. Die **Verpackungsgestaltung** ist wichtig, um die jüngere Zielgruppe z.B. durch das Design anzusprechen. Hierdurch kann ein gewisses Image oder die Professionalität des Unternehmens vermittelt werden. Die **Servicepolitik** besteht bei der „Hairstyle AG" darin, dass bei Unzufriedenheit mit dem Produkt eine Geld-zurück-Garantie angeboten wird. Bei der Sortimentsgestaltung ist die Angebotsbreite in der Haarpflege ein weiterer wichtiger Faktor. So wird neben dem Haarshampoo „Twenstyle" z.B. noch Pflegespülung, Haarschaum und Stylinggel angeboten.

Lösungshinweise Aufgabe 5-4

Für die **Neuproduktplanung** ist nicht nur das Produktmanagement zuständig, sondern es können Personen aus verschiedenen Bereichen mit in die Planung eingebunden werden, wie etwa aus der Marktforschung, F&E, Produktion sowie Absatzmittler und Produktverwender. Als ersten Schritt geht es hierbei um die Suche nach **neuen Produktideen**. Hierfür dienen unternehmensinterne und -externe Quellen sowie der Einsatz kreativer Verfahren zur Ideenproduktion. Unternehmensinterne Quellen sind beispielsweise Kundendienstberichte, Kundenbeschwerden oder das Betriebliche Vorschlagswesen. Zu den unternehmensexternen Quellen zählen Kunden-, Experten- oder Absatzmittlerbefragungen, Veröffentlichungen in Fachzeitschriften, Erfinder sowie Forschungsinstitute usw. Kreative Verfahren differenzieren sich in intuitive (spontan-kreative) und diskursive (systematisch-analytische) Verfahren.

Teilaufgabe (a)

Bei der Suche nach Produktideen hat das Produktmanagement der „Küchenhilfe AG" im vorliegenden Fall die **unternehmensinternen Quellen** zu Hilfe genommen. Neben diesen Möglichkeiten nimmt die „Küchenhilfe AG" **unternehmensexterne Quellen** zur Ideensammlung zu Hilfe, wie z.B. Kunden- und Absatzmittlerbefragungen oder Konkurrenzbeobachtungen. Zudem ist die Einbeziehung von Erfindern, Designern, Technologieberater sowie Marketing- und Innovationsberater denkbar.

Teilaufgabe (b)

Weitere Verfahren der Ideenproduktion, die die „Küchenhilfe AG“ anwenden kann, sind zum einen intuitive (spontan-kreativen) Verfahren und zum anderen diskursive (systematisch-analytischen) Verfahren.

Das Verfahren des **Brainstorming** zählt zu den **intuitiven (spontan-kreativen) Verfahren**. Hier bilden etwa drei bis acht Personen aus möglichst unterschiedlichen Abteilungen, wie z.B. der F&E, des Marketing, der Produktion und des Vertriebs der „Küchenhilfe AG“ eine Gruppe und entwickeln spontane Ideen zur Entwicklung eines neuen Küchengerätes. Wichtig hierbei ist, dass Vorschläge zwar verbessert und mit anderen Ideen kombiniert werden können, jedoch keine Bewertung oder Kritik an einzelnen Ideen geäußert werden darf. Neben dem Brainstorming zählt die **Methode 6-3-5** zu den intuitiven (spontan-kreativen) Verfahren. Diese ist ein Verfahren des **Brainwriting**. Dabei finden sich sechs Personen aus verschiedenen Abteilungen zusammen, die jeweils drei Produktideen auf einem Formular notieren. Dieses wird in der Runde fünf Mal an das nächste Gruppenmitglied weitergereicht, das die drei ihm vorliegenden Ideen jeweils weiterentwickelt.

Neben den intuitiven Verfahren gibt es **diskursive (systematisch-analytische) Verfahren**. Die „Küchenhilfe AG“ verwendet **Fragenkataloge bzw. Checklisten** für die Suche nach neuen Produktideen. Der Fragenkatalog der „Küchenhilfe AG“ sieht wie folgt aus:

- Lässt sich ein bisheriges Produkt der „Küchenhilfe AG“ verkleinern oder vergrößern?
- Gibt es andere Verwendungsmöglichkeiten mit den gleichen Funktionen?
- Gibt es für die gleichen Funktionen andere Verwendungsmöglichkeiten?
- Können bestehende Produkte mit anderen Produkten kombiniert werden?
- Gibt es ein Optimierungspotenzial der vorhandenen Produkte?

Ein weiteres diskursives Verfahren ist die **Funktionsanalyse**. Hierbei werden jene Funktionen beschrieben, die die vorhandenen Produkte bereits erfüllen. Durch die Kombination verschiedener Funktionen sollen Anregungen für neue Produkte entstehen. Beispielsweise gibt es die Produkte Kaffeemaschine, Toaster, elektrischer Dosenöffner, Wasserkocher und die Funktionen erhitzen, kochen, auftauen und mixen. Durch die Kombination dieser Funktionen entstehen der „Küchenhilfe AG“ neue Produktideen, wie z.B. der elektrische Dosenerhitzer.

Die oben genannten Verfahren sind für die „Küchenhilfe AG“ sehr leicht anzuwenden und nicht sehr vorbereitungs- und kostenintensiv.

Lösungshinweise Aufgabe 5-5

Im Anschluss an die Suche nach Produktideen erfolgt eine Grobauswahl der einzelnen Lösungsvorschläge. Dies lässt sich mit Hilfe des **Punktbewertungsverfahrens** durchführen. Das Grundmodell des Punktbewertungsverfahrens ist anhand folgender Schritte aufzustellen:

(1) **Festlegung der Beurteilungskriterien**, die das Unternehmen zur Entscheidung für die Produktideen heranzieht. Diese Kriterien sollten möglichst überschneidungsfrei sein.

(2) **Festlegung der Gewichtungsfaktoren**: Im Entscheidungsprozess kommen den verschiedenen Kriterien unterschiedliche Bedeutung zu. Die Gewichtungsfaktoren werden für die einzelnen Beurteilungskriterien in einer Gruppensitzung festgelegt.

(3) Danach erfolgt die **Vergabe von Punktwerten** für die einzelnen Produktideen anhand der Kriterien.

(4) Für jede Produktidee erfolgt eine Multiplikation der Punktwerte pro Kriterium mit dem jeweiligen Gewichtungsfaktor und eine **Addition der gewichteten Punktwerte**.

(5) Als **Maßstab der Entscheidung** über die Verfolgung der Produktidee entscheidet die Summe der gewichteten Punktwerte. Entweder wird ein Mindestpunktwert festgelegt, der erreicht werden muss, oder es werden nur die besten Produktideen weiterverfolgt.

Teilaufgabe (a)

Das Punktbewertungsverfahren für die **Produktidee „Vitagurt“** ist beispielhaft in Schaubild 5-5 dargestellt.

Produktidee/Produktkonzept: Vitagurt			
Beurteilungskriterien	Gewichtung (Σ 100%)	Punkte 1 bis 10	gewichtete Punktwerte
1. Unternehmensbezogene Kriterien			
• Realisierbarkeit	10	10	100
• Notwendiges Investitionsvolumen	1	2	2
• Steigerung des Marktanteils	12	10	120
2. Kundenbezogene Kriterien			
• Sichtbarkeit des Kundennutzens	9	8	72
• Erschließung neuer Käuferschichten	10	10	100
• Verbesserung für die Gesundheit	6	4	24
3. Handelsbezogene Kriterien			
• Zusätzliche Handelsprofilierung	2	8	16
• Kooperationsbereitschaft des Handels	4	8	32
• Sortimentserweiterung	10	10	100
4. Konkurrenzbezogene Kriterien			
• Erlangung von Wettbewerbsvorteilen	12	10	120
• Nachahmungsgefahr der Konkurrenz	10	10	100
• Gegenaktionen der Konkurrenz	10	8	80
5. Umfeldbezogene Kriterien			
• Rechtliche Beschränkungen	1	0	0
• Umweltfreundliche Entsorgung	3	9	27
Summe der gewichteten Punktwerte			893

Schaubild 5-5: Schema für ein Punktbewertungsverfahren zur Beurteilung der Produktidee „Vitagurt"

Teilaufgabe (b)

Die **Vorteile** des Punktbewertungsverfahrens für die „Milchkuh AG" liegen darin, dass die Beurteilungskriterien auf die unternehmensspezifische Situation, wie z.B. der Gesundheitsaspekt, zugeschnitten sind, da diese selbst bestimmt werden können. Die Bewertung kann für die Beteiligten der „Milchkuh AG" aufgrund der quantitativen und qualitativen Kriterien transparent und nachvollziehbar gestaltet werden. Die **Nachteile** dieses Verfahrens für die „Milchkuh AG" liegen in der subjektiven Einschätzung der Beurteilungskriterien und der Gewichtungsfaktoren sowie in dem relativ hohen Aufwand der Handhabung.

Lösungshinweise Aufgabe 5-6

Nachdem die Grobauswahl von Produktideen erfolgt ist, muss auf Grundlage von einzelnen Produktideen ein jeweils detailliertes **Produktkonzept** ausgearbeitet werden. Das Produktkonzept beinhaltet die genaue Beschreibung des Produktes, die angestrebte Positionierung, die Kennzeichnung der Vorteile gegenüber anderen Produkten sowie die Identifizierung potenzieller Kunden und der Verwendungssituation. Der Kundennutzen bildet bei der Erarbeitung des Produktkonzeptes eine zentrale Grundlage. Für die angestrebte Produktpositionierung sind die Produktunterschiede in der Wahrnehmung der Kunden zu identifizieren und eine Platzierung im Produktraum vorzunehmen.

Teilaufgabe (a)

Das Produktmanagement der „ERAM GmbH" erstellt ein **Lastenheft**, um die Anforderungen an das zu entwickelnde Produkt „ERAM S3" zu spezifizieren und eine systematische Entwicklung sowie die Sicherstellung einer hohen Qualität zu gewährleisten. Bei „ERAM S3" sind die spezifischen Anforderungen auf einen geräuschlosen und leistungsstarken Motor zu beziehen, wobei trotz der Größe ein verhältnismäßig geringes Gewicht zu erreichen ist.

Im Anschluss daran ist es die Aufgabe der Entwicklungsabteilung der „ERAM GmbH", die im Lastenheft vorgeschriebenen Anforderungen, wie z.B. den geräuschlosen und leistungsstarken Motor und das geringe Gewicht, zu realisieren. Dazu wird ein **Pflichtenheft** angelegt, um festzulegen, wie und womit die im Lastenheft definierten Anforderungen an „ERAM S3" umzusetzen sind. Mit dem Einsatz des Qualitätsmanagements wird eine hohe Qualität von „ERAM S3" gewährleistet. Durch die Methode des **Quality Function Deployment (QFD)** wird das Lastenheft in konkrete Produktmerkmale, d.h. in das Pflichtenheft, umgesetzt, wie z.B. extrem leiser und leistungsstarker Elektromotor. Die Methodik des QFD stellt sicher, dass sich die Produktentwicklung auf die Produktmerkmale bezieht, die aus Sicht des Kunden von besonderer Wichtigkeit sind, wie z.B. die Geräuschlosigkeit des Rasenmähers, die Kapazität des Auffangkorbes und die Leichtigkeit.

Teilaufgabe (b)

Zu den genannten Produktkonzeptdarstellungen kann ein **Prototyp** von „ERAM S3“ gebaut werden. Einfacher und kostengünstiger ist jedoch die **schriftliche Beschreibung** des Produktes „ERAM S3“. Dabei umfasst das Produktkonzept vor allem eine Beschreibung über den Verwendungszweck, die Produktvorteile, die Zielgruppe und die angestrebte Positionierung.

- Der **Verwendungszweck** von „ERAM S3“ besteht in dem Gebrauch zum Mähen von trockenem und nassem Rasen.
- Die **Produktvorteile** liegen in der Geräuschlosigkeit und in der Leichtigkeit des Rasenmähers.
- Die **Zielgruppe** sind Gartenbesitzer und Landschaftspflegeunternehmen.
- Die **Produktpositionierung** erfolgt in der Richtung eines hohen Qualitätsniveaus bei mittlerem bis hohem Preisniveau. Das herausragende Produktmerkmal ist die Geräuschlosigkeit.

Teilaufgabe (c)

Bei der Prüfung des Produktkonzeptes sollen verschiedene Fragestellungen bearbeitet werden, wie z.B. die Eignung des Produktes, der Innovationsgehalt und die Marktchancen. Mögliche **Fragen zur Prüfung der Konzepte** sind beispielsweise:

- Wird der Kundennutzen des neuen Modells „ERAM S3“ verstanden?
- Welches sind die Konkurrenten?
- Wo liegen die Produktvorteile von „ERAM S3“ gegenüber der Konkurrenz und sind diese ausreichend?
- Wie wird bei „ERAM S3“ das Preis-Leistungs-Verhältnis beurteilt?
- Bestehen Präferenzen und Kaufabsichten bezüglich „ERAM S3“?
- Welche Produkte werden durch „ERAM S3“ substituiert?
- Welche Kaufbarrieren werden wahrgenommen?
- Bestehen Vorschläge für Verbesserungen an „ERAM S3“?

Teilaufgabe (d)

Die **Schwierigkeiten von Testsituationen** bestehen darin, dass sie nicht reale Kaufsituationen sind, so dass hier Antworten über Kaufwahrscheinlichkeiten mit Vorsicht zu interpretieren sind. Händler sollten an der Prüfung teilnehmen, da diese eine realistische Einschätzung der Marktsituationen und ggf. Hinweise zu Feinabstimmungen in Bezug auf Preis und Positionierung geben. Ein weiteres Problem ist, dass evtl. das eigene Produktmanagement so überzeugt von dem Produkt ist, dass es keine Tests vornimmt.

Lösungshinweise Aufgabe 5-7

Im Rahmen des idealtypischen Neuproduktplanungsprozesses kommt nach der Entwicklung und Prüfung von Produktkonzepten die **Feinauswahl von Produktkonzepten**. Hier werden die Produkte bestimmt, die letztlich am Markt durchgesetzt werden sollen. Mit Hilfe von **Wirtschaftlichkeitsanalysen** wird im Rahmen der **Investitionsrechnung** bestimmt, welche Produktkonzepte zum Erreichen ökonomischer Ziele, wie z.B. Absatz, Umsatz, Gewinn oder Deckungsbeitrag, beitragen.

Teilaufgabe (a)

Die „Formelfix GmbH" hat für das Modell „SX1" den in Schaubild 5-2 dargestellten Gewinnplan aufgestellt. Als Ergebnis ergibt sich ein kumulierter Netto-Erfolg in Höhe von 3,09 Mio. GE. Das Management der „Formelfix GmbH" nimmt dieses Ergebnis als Entscheidungsgrundlage, um das Produkt „SX1" zu forcieren.

Im Rahmen der Gewinnplanung werden Annahmen bzw. Schätzungen über die Höhe der Umsätze und Kosten für das Produkt „SX1" vorgenommen. Aus folgenden Gründen ist es als **problematisch** anzusehen, sich auf das positive Ergebnis des Gewinnplans zu verlassen und das Produkt „SX1" ohne weitere Prüfungen zu forcieren:

- **Umsatz des Produkts „SX1"**: Die Höhe der zukünftigen Umsätze, die mit dem Produkt „SX1" getätigt werden, können lediglich prognostiziert werden. Es bestehen zum einen Unsicherheiten hinsichtlich der Preisentwicklung des Taschenrechners „SX1" (wie viel sind die Kunden bereit, für den Zusatznutzen der Spracheingabe zu bezahlen?), zum anderen ist die Reaktion des Handels (z.B. Leistungsbereitschaft) und der Konkurrenz (z.B. Entwicklung von preisgünstigen Me-too-Produkten) ungewiss.

- **Kosten des Produkts „SX1"**: Über die Höhe der Kosten, die das Produkt „SX1" verursachen wird, kann das Management der „Formelfix GmbH" nur Schätzungen anstellen. Zwar können Erfahrungswerte über die Höhe der F&E-Kosten, der Produktionskosten, der Marketing- und Vertriebskosten usw. von anderen Produkten aus dem Rechnungswesen entnommen werden. Die tatsächliche Höhe der Kosten wird jedoch erst nach der Markteinführung des „SX1" evident (z.B., was die Höhe der Leistungsgebühren oder des notwendigen Marketingeinsatzes angeht).

Aus den genannten Gründen ist der „Formelfix GmbH" davon abzuraten, sich lediglich auf das Ergebnis des Gewinnplans zu verlassen. Vielmehr sind weitere Maßnahmen erforderlich, um das Risiko eines Flops zu verringern. Beispielhaft sind folgende **Maßnahmen** für das Produkt „SX1" zu erwähnen:

- Bewertung der ermittelten Ergebnisse des Gewinnplans mit Verfahren der **Wahrscheinlichkeitsrechnung**. Hierbei sind die Wahrscheinlichkeiten dafür zu ermitteln, inwieweit „SX1" die angestrebten Umsatz-, Gewinn- oder Deckungsbeitragsziele erreicht.
- Von zentraler Bedeutung erscheint auch die Durchführung von sog. Produkt- oder Markttests für „SX1" vor der Markteinführung. Mit Hilfe solcher Tests kann zum einen das Floprisiko erheblich gesenkt werden, zum anderen können etwa Informationen über Produktverbesserungen (z.B. Mikrofon für die Spracheingabe) generiert werden.

Teilaufgabe (b)

Die „Formelfix GmbH" hat sich dazu entschlossen, einen Produkttest für „SX1" in der Art durchzuführen, dass ein **Volltest** in Form eines **Blindtests** angewandt wird.

Im Rahmen eines Produkttests erfolgt eine Beurteilung der Produkteigenschaften des „SX1" (z.B. Einfachheit der Spracheingabe, korrekte Berechnungen) durch ausgewählte Testpersonen unter kontrollierten Bedingungen. Produkttests können zum einen als **Volltest** (d.h., das Gesamtprodukt wird beurteilt), zum anderen als **Partialtest** (d.h., nur ausgewählte Produktmerkmale, z.B. die Spacheingabe, werden beurteilt) durchgeführt werden. Für einen Volltest sprechen vor allem folgende Gründe.

Bei einem Taschenrechner handelt es sich um einen sehr kompakten Gebrauchsgegenstand, der stets richtige Ergebnisse berechnen muss. Insofern ist eine Beurteilung einzelner Produktmerkmale, wie z.B. der Hülle oder des Displays, nicht ausreichend, um ein umfassendes Urteil über die Funktionalität des Produktes zu erhalten. Die Besonderheit der Spracheingabe könnte zwar separat getestet werden, die Spracheingabe an sich stellt jedoch nur einen Zusatznutzen für die Eingabe von Daten und Rechenoperationen dar, d.h., das Ergebnis muss dennoch stimmen.

Darüber hinaus können **Blindtests** (der Markenname wird nicht bekannt gegeben) sowie **Einzeltests** (nur ein Produkt wird den Beurteilungspersonen vorgelegt) und **Mehrfachtests** (mehrere Produkte werden den Beurteilungspersonen vorgelegt) unterschieden werden. Das Management der „Formelfix GmbH" hat sich für einen Blindtest i.V.m. einem Einzeltest entschieden. Dabei waren die folgenden Gründe von besonderer Bedeutung:

Die Bekanntheit der „Formelfix GmbH" ist nur sehr gering. Daher ist davon auszugehen, dass die Beurteilungspersonen den Markennamen nicht kennen und dieser für den Test nicht relevant ist, so dass ein Blindtest als sinnvoll erscheint. Der Einzeltest wird deswegen ausgewählt, weil es vergleichbare Geräte mit Spracheingabe noch nicht am Markt gibt.

Generell hat sich die „Formelfix GmbH" vermutlich für den Produkttest entschieden, weil diese relativ schnell und kostengünstig abzuwickeln sind. Möglicherweise werden im Rahmen eines solchen Tests Informationen über Verbesserung des „SX1" gewonnen.

Die Entscheidung für die Durchführung eines Produkttests ist zunächst positiv zu beurteilen. Problematisch erscheint jedoch, dass die hier gegebenen Testbedingungen nicht der realen Kaufsituation entsprechen. Deshalb ist die Durchführung eines Markttests zu erwägen.

Teilaufgabe (c)

Mittels eines Markttests können die Abverkaufsmöglichkeiten des „SX1" in einem Testgebiet unter Einsatz des gesamten Marketinginstrumentariums geprüft und auf diese Weise das Floprisiko erheblich gesenkt werden.

Gegen die Durchführung eines solchen Tests sprechen im vorliegenden Fall vor allem folgende Gründe:

- Die Durchführung eines Markttests ist sehr **kostenintensiv**. Die „Formelfix GmbH" verfügt aber nur über sehr begrenzte finanzielle Mittel.
- Die **Konkurrenz** der „Formelfix GmbH" erfährt, dass ein neues Produkt zur Marktreife gelangt ist und beeinflusst entweder mit gezielten Maßnahmen die Ergebnisse im Testmarkt oder entwickelt selbst Taschenrechner mit Spracheingabe.

- Problematisch bei der Durchführung von Markttests sind auch die **Störfaktoren** (z.B. regionale oder saisonale Einflüsse).

Eine Möglichkeit der „Formelfix GmbH" besteht in der Durchführung eines sog. **Storetests.** Im Rahmen eines solchen Tests könnte das „SX1" in wenigen Geschäften probeweise zum Verkauf angeboten werden. Solche Tests sind zwar nicht repräsentativ, kosten dafür aber auch relativ wenig und sind in kurzer Zeit durchführbar. Zudem besteht die Möglichkeit, dass sich Ansatzpunkte bezüglich einer Zusammenarbeit der „Formelfix GmbH" mit dem Handel ergeben.

Lösungshinweise Aufgabe 5-8

Für die **Einführung eines neuen Produktes** am Markt sind in der Endphase der Neuproduktplanung planerische Maßnahmen notwendig, damit die Durchsetzung des neuen Produktes im Unternehmen (z.B. Abstimmung zwischen den verschiedenen Abteilungen), beim Konsumenten (z.B. Beachtung des Adoptionsprozesses) und im Handel (z.B. Erarbeitung einer handelsgerichteten Marketingkonzeption) sichergestellt werden kann. Zum einen erfordert dies die Abstimmung verschiedener Abteilungen, bis das Neuprodukt zur Marktreife gelangt, und zum anderen sind personelle Widerstände seitens der Mitarbeiter abzubauen.

Für die Durchsetzung des der Produktinnovation beim Konsumenten durchläuft das Produkt einen **Adoptionsprozess**. Dieser sieht idealtypisch wie folgt aus:

(1) **Aufmerksamkeit**: Die Zielpersonen erkennen das Angebot.

(2) **Interesse**: Die Zielpersonen interessieren sich für das Angebot und suchen nach spezifischen Produktinnovationen.

(3) **Bewertung**: Die Zielpersonen bewerten das Produktangebot und entscheiden sich für oder gegen das Angebot.

(4) **Versuch**: Die Zielpersonen kaufen das Produkt erstmalig, um es auszuprobieren (Versuchskauf).

(5) **Annahme**: Die Zielpersonen entscheiden sich für das Produkt und kaufen es erneut.

Des Weiteren wird bei diesem Adoptionsprozess nach **Kategorien von Adoptoren** unterschieden. Dies erfolgt anhand spezifischer Merkmale. Innovatoren und Frühadoptoren zeigen ein hohes Produktinteresse und ein gezieltes Informationsverhalten. Aufgrund ihrer Meinungsführerschaft haben sie eine besondere Stellung im Rahmen der Mund-zu-Mund-Kommunikation, die für die Durchsetzung der Produkte am Markt eine entscheidende Rolle einnimmt. In ähnlicher Weise verläuft auch die Durchsetzung und Akzeptanz der Produktinnovation im Handel. Jedoch haben diese i.d.R. ihre Beschaffung zentralisiert, aufgrund dessen ist diese nicht mehr häufig zu beobachten.

Teilaufgabe (a)

Für die **Durchsetzung** von „Vega“ **im eigenen Unternehmen** macht dies für die „Autobau AG“ eine Abstimmung verschiedener Abteilungen erforderlich. Das Marketingmanagement arbeitet idealerweise eng zusammen mit der F&E- und der Produktionsabteilung und übernimmt die sachliche und zeitliche Koordination verschiedener Stellen innerhalb des Marketing. Mit Hilfe der Netzplantechnik ist das Projekt des Automodells „Vega“ zu definieren. Hier werden alle für die Weiterentwicklung des Neuproduktes bis zur Marktreife notwendigen Aktivitäten und Zeitpläne vorgegeben. So hat z.B. ein rechtzeitiger Schutz des Markennamens „Vega“ durch die Rechtsabteilung zu erfolgen. Innerhalb der Marketingabteilung sind frühstmöglich Werbezeiten und -flächen zu buchen. Die Verkaufsförderung für „Vega“, z.B. die Gewinnmöglichkeiten dieses Autos in Lotterien oder das Anbieten von Probefahrten mit frühzeitig verfügbaren Modellen, die Vergabe von Druckaufträgen für Prospekte u.a.m. sollten frühzeitig in Angriff genommen werden.

Des Weiteren ist bei der Durchsetzung der Innovation „Vega“ im Unternehmen „Autobau AG“ auf mögliche **Innovationswiderstände** seitens der Mitarbeiter zu achten. Diese sind beispielsweise durch eine Einbeziehung der Mitarbeiter in den Innovationsprozess zu antizipieren.

Teilaufgabe (b)

Neben der Durchsetzung der Produktinnovation „Vega“ im eigenen Unternehmen kommt es auch darauf an, die Akzeptanz und Verbreitung des Produktes „Vega“ bei den Konsumenten näher zu analysieren. Hierbei ist die Analyse eines idealtypischen **Adoptionsprozesses** für die Annahme von Innovationen hilfreich. Dabei werden die folgenden fünf Phasen unterschieden:

(1) **Aufmerksamkeit**: Die Zielpersonen erkennen das Angebot von „Vega“.

(2) **Interesse**: Diese Zielpersonen interessieren sich für „Vega“ und suchen nach spezifischen Informationen, wie z.B. Preis, Leistungsstärke des Motors.

(3) **Bewertung**: Die Zielpersonen beurteilen „Vega“ und entscheiden sich für oder gegen dieses neue Automodell.

(4) **Versuch**: Die Zielpersonen machen beispielsweise Testfahrten, um es auszuprobieren.

(5) **Annahme**: Die Zielpersonen entscheiden sich, das Modell „Vega“ zu kaufen.

Bei der **Analyse der Bestimmungsfaktoren der Adoption** des Produktes „Vega“ gilt es, die Einflüsse spezifischer Informationsquellen zu nutzen. So ist es hilfreich, demographische, sozioökonomische und psychologische Merkmale der Zielpersonen zu ermitteln. Beispielsweise sind es vorwiegend jüngere Personen, ca. zwischen 20-40 Jahren, die die umweltfreundliche Antriebstechnologie annehmen und bereit sind, hierfür mehr Geld auszugeben. Zum Großteil sind dies ökologiebewusste Personen mit mittlerem bis höherem Einkommen, die sich als besonders fortschrittlich präsentieren wollen.

Teilaufgabe (c)

Der Diffusionsprozess ist die kumulierte Adoption im Zeitablauf. Es ist zweckmäßig, im Diffusionsprozess die Innovatoren und Frühadoptoren gezielt zu identifizieren und zu beschreiben. Diese Adopterklassen unterscheiden sich anhand spezifischer Merkmale von den anderen Konsumenten. Dabei ist es sinnvoll, eine gezielte Ansprache an die Innovatoren und Frühadopter vorzunehmen, damit diese den Diffusionsprozess beschleunigen. Sie haben ein hohes Produktinteresse und ein spezifisches Informationsverhalten, z.B. sind sie technologisch und/oder ökologisch sehr interessiert und lesen Fachzeitschriften. Diese Gruppe ist für das Produkt „Vega“ besonders wichtig, da sie häufig als Experten sowie Meinungsführer gelten und durch die besondere Bedeutung der Mund-zu-Mund-Kommunikation die Diffusion unterstützen. Für die Markteinführung von „Vega“ ist demnach ein zweistufiges Vorgehen erfolgsversprechend.

Teilaufgabe (d)

Des Weiteren ist die **Durchsetzung der Produktinnovation beim Autohandel** zu beachten. Die Akzeptanz von „Vega“ durch die Autohändler stellt für die Hersteller ein Problem dar, wenn diese eine ablehnende Haltung einnehmen. Bei der Produktentwicklung ist es häufig sinnvoll, in einem engen Kontakt zu den Händlern zu stehen, um deren Annahmewiderständen und den Kaufwiderständen der Konsumenten rechtzeitig begegnen zu können. Von zentraler Bedeutung für die Produkteinführung ist u.a. die Motivierung der Autohändler bei der Vorstellung des neuen Automobils im Rahmen des Event-Marketing.

Lösungshinweise Aufgabe 5-9

Die **Markenpolitik** nimmt eine zentrale Rolle im Marketing ein, da der Markenname beim Kunden zum Synonym für die Leistungsfähigkeit des Produktes wird. Die **Markenpolitik im engeren Sinne** bezieht sich auf den Aufbau und die Pflege von Produktangeboten als Markenartikel. Die **Erscheinungsformen** von Marken lassen sich unterteilen in Hersteller-, Handels- und Dienstleistungsmarken. Neben diesen Formen lassen sich auch Einzelmarken, Markengruppen und Firmenmarken unterscheiden. Häufig dienen Markengruppen und Firmenmarken als Dachmarken für verschiedene Einzelprodukte. Zudem werden Marken nach ihrer Reichweite, z.B. in regionale, nationale und internationale Marken, unterschieden.

Teilaufgabe (a)

Die Marke „Daylight“ ist eine Markengruppe mit internationaler Reichweite. Sie ist eine Dachmarke mit den Einzelmarken „Daylight“, „Daylight light“ und „Daylight koffeinfrei“. „No Name“ ist eine Handelsmarke und gilt als Einzelmarke mit nationaler Reichweite. Neben diesen ist „do Brasil“ die Firmenmarke und eine Herstellermarke mit internationaler Reichweite. Weiterhin gilt „do Brasil“ als Dachmarke für die Einzelmarken „do Brasil“, „do Brasil mild“ und „do Brasil koffeinfrei“.

Teilaufgabe (b)

Die **Gründe für den Aufbau und die Pflege der Marken** des Unternehmens „do Brasil AG“ sind vielseitig. Die Produkte „Daylight“, „No Name“ und „do Brasil“ verschaffen dem Unternehmen „do Brasil AG“ gegenüber der Konkurrenz eine bessere Marktstellung. Das eigene Produktangebot lässt sich gegenüber den Konkurrenten besser abgrenzen, um die Ausstrahlungseffekte der eigenen Produktwerbung auf den Absatz der Konkurrenz zu vermeiden. Auch die Händler sind an den Herstellermarken interessiert, wenn sie keine eigenen Handelsmarken anbieten, da die Werbung des Herstellers für diese Produkte bereits eine Nachfrage geschaffen hat. Markenartikel erleichtern dem Konsumenten die Entscheidung zwischen den Kaffeeprodukten: Sie geben dem Käufer die Sicherheit, die erwartete Qualität auch zu erhalten. Dies minimiert das Risiko von Fehlkäufen.

Teilaufgabe (c)

Das Unternehmen „do Brasil AG“ verfolgt mit seinen Produkten eine **Mehrmarkenstrategie**. Da der Kaffeemarkt ein gesättigter Markt ist, kann mit mehreren Marken eine bessere Marktausschöpfung erreicht werden. Das Unternehmen „do Brasil AG“ bietet unterschiedliche Marken in ähnlichen Marktsegmenten an. Diese Strategie ist mit hohem Aufwand verbunden, da jede Marke eigenständig vermarktet werden muss. Dabei ist in Kauf zu nehmen, dass es zu einer Substitution innerhalb des eigenen Sortiments kommen kann.

Teilaufgabe (d)

Bietet die „do Brasil AG“ nur Kaffee unter dem Namen „do Brasil“ an, vertreibt sie damit eine Firmenmarke. Die Firmenmarke gilt als Dachmarke, unter der sämtliche Leistungen des Unternehmens „do Brasil AG“ angeboten werden. Die Gefahr besteht jedoch, dass negative Ausstrahlungseffekte einzelner Geschäftsbereiche Einfluss auf das gesamte Image eines Unternehmens haben. Die Möglichkeiten eines **Markentransfers** bei „do Brasil“ sind recht gut. Das positive Markenimage von „do Brasil“ lässt sich auf andere Leistungsangebote übertragen. Unter der Firmenmarke „do Brasil“ können auch Filtertüten oder Kaffeemaschinen produziert werden. Der Aufbau und die Durchsetzung neuer Marken am Markt ist für die „do Brasil AG“ wahrscheinlich mit sehr hohen Kosten verbunden.

Lösungshinweise Aufgabe 5-10

Die Verpackungspolitik umfasst alle Maßnahmen, die mit der Umhüllung von Produkten verbunden sind. Damit ist die Verpackung nicht nur notwendige Begleiterscheinung, sondern auch ein Qualitätsbestandteil des gesamten Leistungsangebotes. Die folgenden **Funktionen** können der Verpackung zugeordnet werden:

(1) Schutz und Sicherung der Produkte beim Transport und der Lagerung,

(2) Dimensionierung für den Verkaufsvorgang,

(3) Präsentation und Verkaufsförderung in der Einkaufsstätte,

(4) Ge- und Verbrauchserleichterung beim Konsum,

(5) Vermittlung eines Zusatznutzens,

(6) Rationalisierung der Warenwirtschaft zwischen Industrie und Handel,

(7) Erfüllung ökologischer und gesellschaftlicher Anforderungen.

Zudem werden verschiedene Anforderungen an die Verpackungsgestaltung gestellt, die auf dem Weg vom Hersteller zum Endverbraucher entstehen. Die Verpackungsgestaltung muss demnach folgenden Anforderungen gerecht werden:

- Warenweg zwischen Hersteller und Handel,
- Verkaufsvorgang im Handel,
- Ge- und Verbrauch beim Konsumenten.

Teilaufgabe (a)

Die Verpackung des Produktes „MorgenFit" wird derart gestaltet, dass diese folgende Funktionen erfüllt:

(1) Schutz und Sicherung der Produkte beim Transport und der Lagerung

Die Verpackung des Frühstückssaftes „MorgenFit" muss so gewählt werden, dass sie nicht beschädigt wird und der Saft in seiner Qualität, Farbe, Vitamingehalt und Haltbarkeit erhalten bleibt.

(2) Dimensionierung für den Verkaufsvorgang

Bei der Entscheidung für die Verkaufsgrößen von „MorgenFit" sind verkaufsübliche Dimensionen zu finden. Die Verpackungsgröße ist entsprechend den Zielgruppen zu wählen, es sind z.B. Hinweise der Absatzmittler und Konsumenten mit in die Überlegungen einzubeziehen. Beispielsweise sind Europalettengrößen und Regalabmessungen der Absatzmittler zu berücksichtigen. Des Weiteren ist die Verpackung von „MorgenFit" den Bedürfnissen der Zielgruppe anzupassen, indem sie handlich gestaltet und leicht zu transportieren ist.

(3) Präsentation und Verkaufsförderung in der Einkaufsstätte

Für eine gute Präsentation und Verkaufsförderung ist evtl. eine Glasflasche zu wählen, da der Saft in dieser Verpackung sichtbar ist und somit für den Konsumenten appetitlich und ansprechend wirkt. Zudem vermitteln Glasflaschen einen Eindruck von Sauberkeit und Gesundheit.

(4) Ge- und Verbrauchserleichterung beim Konsum

Eine Wiederverschließbarkeit der Verpackung erleichtert den Gebrauch. Beispielsweise bleibt hiermit die Frische des Saftes erhalten und die Möglichkeit zum Transport besteht. Hat die Verpackungen ein geringes Eigengewicht, trägt dies ebenfalls zur Erleichterung des Transports bei.

(5) Vermittlung eines Zusatznutzens

Der Zusatznutzen der Verpackung von „MorgenFit" besteht darin, dass der Konsument das Gefühl hat, ein „gesundes" Produkt zu kaufen.

(6) Rationalisierung der Warenwirtschaft zwischen Industrie und Handel

Um den Warenwirtschaftsverkehr zu rationalisieren, wird die Verpackung beispielsweise so gewählt, das Europaletten effizient ausgenutzt werden.

(7) Erfüllung ökologischer und gesellschaftlicher Anforderungen

Zur Erfüllung ökologischer Anforderungen spielt besonders die Recyclebarkeit der Verpackung für „MorgenFit" eine entscheidende Rolle. Gesellschaftliche Anforderungen bestehen beispielsweise in dem Anspruch, nur ethisch und gesellschaftlich-moralisch akzeptierte Symbole und Ausdrucksweisen zu verwenden.

Teilaufgabe (b)

Vom Hersteller bis zum Endverbraucher durchläuft das Produkt „MorgenFit" verschiedene Stationen, die die Verpackungsgestaltung mitbestimmen können.

- **Der Warenweg zwischen Hersteller und Handel**

  Der Tetrapak ist aufgrund der eckigen Form für die physische Distribution von „MorgenFit" zum Händler gut geeignet, um knappe Lagerräume auszunutzen und Europaletten effizient zu bestücken. Verpackungen aus Glas oder Folie werden leichter beschädigt als Tetrapak oder PET-Flaschen und sind daher für den Transport mit größerer Vorsicht zu behandeln. Alle vier Verpackungsvorschläge von der „Dr. Saft AG" schaffen jedoch die Voraussetzung dafür, die Produktqualität für einen längeren Zeitraum zu erhalten. Zudem sind auf den Verpackungsarten die Europäischen Artikel-Nummern (EAN) problemlos anzubringen, um den Informationsfluss und somit eine schnelle Identifikation der Ware zu ermöglichen.

- **Der Verkaufsvorgang im Handel**

  Die Regalfläche wird durch Tetrapaks aufgrund der eckigen und gut zu stapelnden Form effizient ausgenutzt. Zur Präsentation in der Einkaufsstätte eignen sich Glasflaschen für den Frühstücksaft „MorgenFit", da der Saft appetitlich und ansprechend für den potenziellen Konsumenten sichtbar ist und als gesundes Erzeugnis überzeugend präsentiert wird. Der Verkaufsförderung dienen beispielsweise besonders gut PET-Flaschen, wenn diese zu 1,5 Liter in Sechser-Packs zu einem vorübergehenden Aktionspreis angeboten werden. Aufgrund einer erhofften Selbstverkäuflichkeit des Frühstücksaftes „MorgenFit" enthält die Verpackung alle produktspezifischen Informationen, wie z.B. über Art und Umfang der Vitamine, deren Abdeckung des Tagesbedarfes an Vitaminen, Kaloriengehalt und die empfohlene Tagesbedarfsmenge. Die Verpackung von „MorgenFit" verfügt somit über einen kommunikativen Charakter.

- **Der Ge- und Verbrauch beim Konsumenten**

  Die Verpackungsgestaltung von „MorgenFit" sollte den Anforderungen der verschiedenen Teilmärkte entsprechen. Die Packungsgröße beträgt z.B. 0,5 Liter für die Freizeit oder für Einzelpersonen und 1,5 Liter für Familien. Die Wiederverschließbarkeit der Verpackung von „MorgenFit" ist für die Haltbarkeit und Frische des Saftes wichtig. Hierzu dienen Glasflaschen, PET-Flaschen oder wiederverschließbare Tetrapaks. Folienbeutel sind nicht wiederverschließbar und somit ungeeigneter für den Verbrauch. Vorteilhaft sind kleinere Füllmengen von 0,5 Litern, denn diese sind leichter zu handhaben und der Saft bleibt frischer, da kleinere Mengen schneller aufgebraucht werden können. Weiterhin sind PET-Flaschen leicht und einfacher zu transportieren als schwere Glasflaschen. Die Recyclebarkeit der Verpackung ist ein weiterer wichtiger Faktor für „MorgenFit". Konkret eignen sich vor allem Glasflaschen und die sehr gut ökologisch abbaubaren Folienbeutel. Aber auch die Entsorgung der Verpackung ist ein entscheidendes Kaufkriterium der Konsumenten.

Lösungshinweise Aufgabe 5-11

Aufgrund der steigenden Produkthomogenität auf vielen Ge-, Verbrauchs- und Industriemärkten sind vielfach kaum noch Wettbewerbsvorteile zu realisieren. Die **Serviceleistung** gewinnt daher als Kaufentscheidungskriterium immer mehr an Bedeutung. Sie dient der Profilierung und Differenzierung des Leistungsprogramms im Wettbewerb und richtet sich nach der **Serviceerwartung der Kunden**. Serviceleistungen können idealerweise in vier Formen der Servicepolitik unterschieden werden. Dies sind die Garantieleistungs-, Lieferleistungs- und Kundendienstpolitik sowie der Value-Added-Service.

Teilaufgabe (a)

Die „Cottonwash AG" bietet **Garantieleistungen** an. Diese sind durch den Garantieumfang und die Garantiedauer bestimmt. Der **Garantieumfang** bezieht sich beispielsweise auf alle Teile der Waschmaschine gegen Durchrostung sowie Motorschaden. Die **Garantiedauer** könnte beispielsweise bei der „Cottonwash AG" über den Branchendurchschnitt, z.B. sechs Jahre, betragen.

Umfangreiche Garantieleistungen werden vor allem bei komplizierten Produkten mit hoher Störanfälligkeit oder bei Störungen, die zu hohen Folgekosten führen, angeboten. Garantieleistungen eignen sich zur Profilierung in Branchen bei hohem Wettbewerbsdruck, wie es bei langlebigen Gebrauchsgütern (Waschmaschinen) der Fall ist, und helfen, Kaufhemmnisse abzubauen.

Diese Garantieleistungen können jedoch relativ schnell wieder von „Topwash" nachgeahmt werden und somit der „Cottonwash AG" nur begrenzt der Zurückgewinnung der abgewanderten Kunden dienen. Negative Imagewirkungen für die „Cottonwash AG" treten auf, wenn die Garantieversprechen durch übertriebene Abschlussklauseln vom Kunden als unseriös und undurchschaubar angesehen werden.

Teilaufgabe (b)

Bei der Lieferleistungspolitik handelt es sich um Entscheidungen bei der Zustellung des Produktes. Dies beinhaltet die Maßnahmen der Lieferbereitschaft, der Lieferzuverlässigkeit und der gelieferten Produktqualität.

Die „Cottonwash AG" hat die Möglichkeit ihre **Lieferbereitschaft** zu steigern, wenn sie schneller und in einem größeren Umfang auf Lieferwünsche reagiert. Das Ausmaß der Lieferbereitschaft wird in diesem Fall durch den Konkurrenzdruck und der daraus folgenden Wartebereitschaft des Kunden bestimmt. Zudem erhöht die „Cottonwash AG" ihre **Lieferzuverlässigkeit**, um die Kunden zurückzugewinnen. Weiterhin spielt die **gelieferte Produktqualität** eine wesentliche Rolle. Die „Cottonwash AG" sollte in diesem Fall darauf achten, dass die Waschmaschine in einem einwandfreiem Zustand an den Kunden geliefert wird. Das Niveau der Lieferleistungspolitik hängt im Gebrauchsgüterbereich vor allem von den marktspezifischen Faktoren ab und somit auch von den Leistungen, die von der Konkurrenz erbracht werden.

Lösungshinweise Aufgabe 5-12

Die Kundendienstpolitik beinhaltet neben **technischen Dienstleistungen** auch **kaufmännische Dienstleistungen**. Die Formen der Kundendienstleistungen lassen sich darüber hinaus danach unterteilen, ob sie vor, während oder nach der Nutzung in Anspruch genommen wurden.

Teilaufgabe (a)

Die „Abfüll AG“ berät ihre Kunden (im vorliegenden Fall die „Sprudelfix GmbH) vor der Anschaffung einer neuen Abfüllanlage zum einen in kaufmännischer Hinsicht (z.B. Rentabilität), zum anderen in technischer Hinsicht (z.B. geeignete Standorte für die Installation der Anlage). Bei diesen Leistungen handelt es sich zum einen um einen kaufmännischen Kundenservice und zum anderen um einen technischen Kundenservice **vor der Inanspruchnahme** der Leistung, d.h. vor dem Kauf der Abfüllanlage.

Die Installation der Abfüllanlage durch die „Abfüll AG“ ist eine Form der technischen Kundendienstleistung, die **während der Nutzung** stattfindet. Zudem ist die Schulung der Mitarbeiter eine kaufmännische Kundendienstleistung, die ebenfalls während der Nutzung durchgeführt wird.

Eine weitere Leistung, die die „Abfüll AG“ ihren Kunden anbietet, ist beispielsweise ein Kundendienstservice **nach Nutzung** der Abfüllanlage. In technischer Hinsicht besteht für die „Abfüll AG“ die Möglichkeit, ihren aktuellen und potenziellen Kunden bestehende Anlagen kostenlos abzubauen und zu entsorgen. Als kaufmännische Kundendienstleistung gibt die „Abfüll AG“ Informationen über Neuentwicklungen zukünftiger Anlagen.

Die „Abfüll AG“ erbringt sog. **Muss-Leistungen**. Dies sind Leistungen, die zur Nutzung der Leistung unbedingt notwendig sind, wie z.B. die Montage und die Installation der Abfüllanlage. **Soll-Leistungen** sind meist marktübliche Standards, die von den Abnehmern erwartet und von den Wettbewerbern erfüllt werden. Die „Abfüll AG“ bietet in diesem Fall ihren Kunden einmal im Jahr eine kostenlose Wartung der Abfüllanlage an. Weitere Leistungen der „Abfüll AG“ sind sog. **Kann-Leistungen**. Diese umfassen Leistungen, die vom Kunden nicht explizit gefordert werden, jedoch kundenspezifische Bedürfnisse befriedigen, wie beispielsweise Schulungsangebote zur Bedienung der neuen Abfüllanlage.

Teilaufgabe (b)

Die „Abfüll AG“ hat die Möglichkeit, ihre **Kundendienstbereitschaft** zu verbessern. In noch kürzerer Zeit werden mehr Kundendienstaufträge innerhalb eines bestimmten Zeitraumes von der Kundendienstabteilung bearbeitet. Die **Kundendienstzuverlässigkeit** erhöht sich durch eine Steigerung der Qualität der zu erledigenden Kundendienstaufträge. Die Kundendienstzeit, -bereitschaft und -zuverlässigkeit sind **spezielle Ziele** der Kundendienstabteilung der „Abfüll AG“. Werden Kundendienstabteilungen als **Profitcenter** geführt, sind Kundendienstkosten bzw. -gewinne als ökonomische Zielgrößen zu formulieren. Als psychologische Ziele der „Abfüll AG" seien das Kundendienstimage und die Kundendienstzufriedenheit genannt.

Neben den speziellen Kundendienstzielen, verfolgt die „Abfüll AG" **generelle Kundendienstziele**. Die „Abfüll AG" verschafft sich beispielsweise unter den potenziellen Kunden eine höhere Präferenz aufgrund der angebotenen Kundendienstleistungen. Zudem erhöht die angebotene Kundendienstleistung die Kundenzufriedenheit bzw. Kundenbindung und führt zu einer Imageverbesserung und Profilierung gegenüber der Konkurrenz.

Teilaufgabe (c)

Wird die Kundendienstabteilung der „Cottonwash AG" als eigenständiges Profitcenter geführt, ist ein eigenes **Kundendienstinstrumentarium** zu empfehlen. In Anlehnung an den Marketingmix zählen zu den möglichen Kundendienstinstrumenten die Leistungs-, Preis-, Vertriebs- und Kommunikationspolitik. Diese Instrumente bilden einen **Kundendienstmix**, der als eigenständige Dienstleistung dem Kunden angeboten wird. Die **Leistungspolitik** der Kundendienstabteilung der „Cottonwash AG" bezieht sich beispielsweise auf die Festlegung des Kundendienstprogramms, insbesondere die Art und den Umfang der Leistungen sowie das Niveau der Kundendienstqualität. Die **Preispolitik** beinhaltet die Preisgestaltung, die Festlegung der Konditionen und der Vertragsarten sowie die vertraglichen Bedingung der Leistungserstellung der als Profitcenter geführten Kundendienstabteilung. Die **Vertriebspolitik** umfasst die Einbeziehung unterschiedlicher Kundendienstträger in das Gesamtsystem, die Organisation der Kundendienstlogistik, insbesondere die Ersatzteilversorgung sowie die Organisation und Steuerung der Kundendiensttechniker. Die **Kommunikationspolitik** stellt beispielsweise die Betonung der Kundendienstleistung der „Cottonwash AG" in der Mediawerbung, die Entwicklung eines Verkaufsförderungsprogramms für die Kundendienstleistungen, die Informationen über Kundendienstleistung im Rahmen des persönlichen Verkaufs oder Messen sicher.

Lösungshinweise Aufgabe 5-13

Hinsichtlich der zunehmenden Homogenisierung der Produkte und Leistungen, insbesondere in Bezug auf Qualität und Preis, versuchen immer mehr Unternehmen, sich durch **Value-added-Services** im Wettbewerb zu differenzieren bzw. zu profilieren. Value-added-Services sind Sekundärleistungen, die zusammen mit den Primärleistungen das gesamte Leistungsangebot eines Unternehmens darstellen und dem Kunden einen höheren Nutzen stiften. Value-added-Services finden nicht nur im Rahmen von Garantie-, Lieferleistungs- und Kundendienstpolitik statt, sondern beinhalten darüber hinaus weiterführende Serviceleistungen.

Inwiefern Value-added-Services zur Profilierung im Wettbewerb beitragen, hängt zum einen von den **Erwartungen des Kunden** und zum anderen vom **Grad der Affinität der Primär- und Sekundärleistungen** ab. Die Erwartungen der Kunden bezüglich Value-added-Services unterteilen sich in Muss-, Soll- und Kann-Leistungen.

Grad der Affinität von Primär- und Sekundärleistungen / Erwartungshaltung auf Kundenseite	Hohe Affinität	Mittlere Affinität	Geringe Affinität
Muss-Leistung	Angebotener Warteraum Verpflegung an Bord **Profilierungsfeld II**		**Profilierungsfeld III**
Soll-Leistung	Zeitungen, Snacks und Getränke im Warteraum	Duschen im Warteraum	Kaufmöglichkeiten im Warteraum
Kann-Leistung	Einchecken der Vielflieger direkt bei Ankunft am Flughafen durch eine Servicekraft	Persönliche Bedienung im Warteraum	Kinderhort **Profilierungsfeld I**

Schaubild 5-6: Profilierungsfelder für Value-added-Services der „Service Airline AG“

Teilaufgabe (a)

Die Einordnung der angebotenen Value-added-Services der „Service Airline AG“ ist in Schaubild 5-6 dargestellt.

Services, die sich weit von der Primärleistung entfernen (**Profilierungsfeld I**), beinhalten die Gefahr, dass sie getrennt von der Primärleistung wahrgenommen werden. Im Falle der „Service Airline AG“ tragen diese jedoch eher zur Profilierung bei, wenn diese vom Kunden als besonders innovativ wahrgenommen werden, wie z.B. das Angebot des Kinderhortes während der Wartezeit. Bei einer hohen Affinität der Serviceleistungen (**Profilierungsfeld II**) kann sich die „Service Airline AG“ besonders bei einem Übertreffen der Kundenerwartungen profilieren, z.B. durch besondere Verpflegung an Bord. Zudem besteht vor allem hier die Übertragung der Zufriedenheit auf die Primärleistung. Im **Profilierungsfeld III** bestimmen die einzelnen Serviceleistungen, ob diese für den Kunden wichtig erscheinen und zur Profilierung der Primärleistung beitragen, wie z.B. persönliche Bedienung im Warteraum oder das Einchecken durch eine Servicekraft.

Teilaufgabe (b)

Value-added-Services haben zur Wettbewerbsprofilierung in der Vergangenheit eine zunehmende Bedeutung erfahren. Das Unternehmen „Service Airline AG“ muss jedoch beachten, dass die Value-Added-Services den Serviceanforderungen und den Kosten des angebotenen Service entsprechen, damit diese nicht zu einem **Service-Overkill** führen, d.h., dass sich die Investitionen in den Service nicht amortisieren.

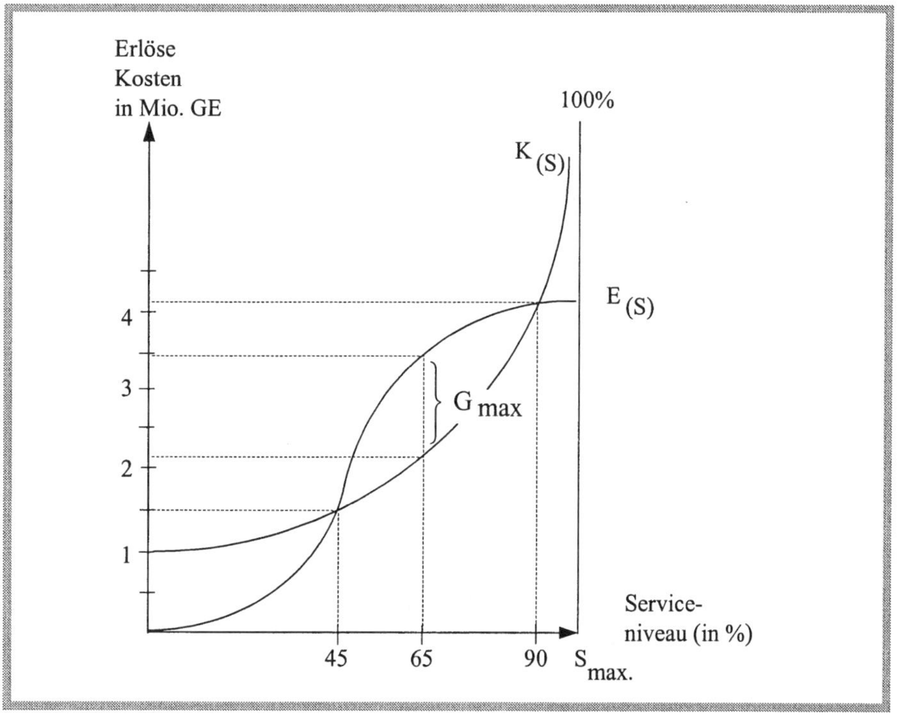

Schaubild 5-7: Serviceoptimierung auf Basis eines Kosten-Erlös-Vergleichs für die „Service Airline AG“

Teilaufgabe (c)

Die Lösung für die „Service Airline AG“ ist in Schaubild 5-5 wiedergegeben.

Das Serviceminimum liegt bei einem Serviceniveau von ca. 45 Prozent; hier entsprechen die Kosten gerade dem Erlös, d.h., bei ca. 1,5 Mio. GE liegt der Gewinn bei Null GE. Das **Serviceoptimum** wird bei ca. 65 Prozent des Serviceniveaus erreicht. Hier ist die Differenz zwischen den Kosten und dem Erlös aus den Serviceleistungen am größten. Der Gewinn beträgt demnach ca. 1,5 Mio. GE. Das Servicemaximum liegt bei ca. 90 Prozent; dort sind die Erlöse gerade noch so groß, wie die Kosten aus den Serviceleistungen; in diesem Fall bei etwa 3,5 Mio. GE.

Lösungshinweise Aufgabe 5-14

Im Rahmen der Sortimentspolitik werden alle Entscheidungen im Bereich der Sortimentsbreite und Sortimentstiefe getroffen. Die Sortimentsplanung wird für Hersteller und Händler jeweils anders definiert. Der Hersteller versteht unter der **Sortimentsbreite** die Anzahl der Produktlinien, während der Handel unter diesem Begriff die Anzahl der Warengruppen definiert. Als **Sortimentstiefe** bezeichnet der Hersteller die Anzahl der Artikelgruppen innerhalb einer Produktlinie. Der Händler versteht hierunter die Anzahl der Artikelgruppen bzw. Artikel oder Sorten einer Warengruppe. Zu den **Entscheidungstatbeständen der Sortimentsplanung** zählen:

- Entscheidungen über die **Sortimentserweiterung**. Dies sind zum einen die Ausdehnung bzw. Ergänzung des Leistungsangebotes innerhalb einer Produktlinie (z.B. werden durch eine Produktdifferenzierung und -variation neue Produktvarianten angeboten). Dabei kann eine „Trading-down“- oder eine „Trading-up“-Strategie verfolgt werden. Ein Unternehmen, dass im oberen Qualitäts- und Preissegment positioniert ist, bietet im Rahmen einer „Trading-down“-Strategie Produkte im unteren Preis- und Qualitätssegment an. Bei der „Trading-up“-Strategie verläuft dieses entsprechend umgekehrt. Zum anderen gehört zur Sortimentserweiterung die Einführung neuer Produktlinien i.S. einer Diversifikation des bestehenden Leistungsprogramms zur Erschließung neuer Märkte.
- Entscheidungen über die **Sortimentsbereinigung**. Hierzu gehören die Entscheidungen über eine Sorten- und Typenreduktion (wie z.B. die Eliminie-

rung einzelner Produkte aus dem Sortiment, ohne dabei die Produktlinie aufzugeben), Spezialisierung (z.B. die Elimination einer gesamten Produktlinie) sowie Modifikation bzw. Produktverbesserung (z.B. die Modernisierung eines Produktes, das anstelle des alten Produktes tritt).

Teilaufgabe (a)

Der Elektronikhersteller „Teleview AG" hat durch die Differenzierung der Produkte die bestehende **Produktlinie ausgedehnt** und somit im Aufgabenbereich der Sortimentsplanung eine **Entscheidung der Sortimentserweiterung** vorgenommen. Damit erreicht die „Teleview AG" eine bessere Wettbewerbsposition gegenüber den Konkurrenten, eine Ausschöpfung des gegenwärtigen Kundenpotenzials, die Gewinnung neuer Kundengruppen sowie eine Verbesserung der Sortimentsattraktivität für den Handel. Die „Teleview AG" verfolgt mit der Aufnahme der neuen Produkte in die bestehende Produktlinie eine **„Trading-up"-Strategie**. Die bessere Qualität und der höhere Preis für diese Produkte, aufgrund der neuen Technologie des 16:9 Formats, ermöglicht es der „Teleview AG" beispielsweise, ihr Qualitätsimage zu heben und das Hochpreissegment zu erschließen.

Teilaufgabe (b)

Alternativ zur Strategie des „Trading-up" (vgl. Teilaufgabe (a)) kann die „Teleview AG" die **Strategie des „Trading-down"** verfolgen. Beispielsweise produzierte das Unternehmen bisher Fernseher ausschließlich in der oberen Qualitätsklasse und nun sollen Fernseher im unteren Qualitäts- und Preissegment verkauft werden, um neue Kundengruppen zu erschließen. Zu beachten ist hier der Verlust des Qualitätsimages, falls diese Produkte unter dem gleichen Namen angeboten werden.

Bei der Verfolgung der Strategie der Ausdehnung innerhalb der Produktlinien müssen Risiken beachtet werden. So ist auf die Akzeptanz des Handels für die neuen Produkte und auf die Reaktion der Konkurrenten, die bereits im angestrebten Segment vorhanden sind, zu achten werden.

Teilaufgabe (c)

Bei der Einführung der DVD-Player in das Sortiment handelt es sich um eine **Einführung einer neuen Produktlinie**. Die Produktlinie der DVD-Player wird von der „Teleview AG" zur Produktdiversifikation eingeführt. Bei der **horizontalen Produktdiversifikation** handelt es sich um die Erschließung neuer Märkte auf gleicher Wirtschaftsstufe. Dies bietet neue Wachstumschancen für die „Teleview AG" in anderen Märkten sowie die Streuung des Unternehmensrisikos auf andere Leistungsbereiche.

Teilaufgabe (d)

Neben der horizontalen Diversifikation bei der Einführung neuer Produktlinien, kann das Unternehmen „Teleview AG" die Strategie der vertikalen Diversifikation oder die der medialen- oder lateralen Diversifikation verfolgen. Die **vertikale Diversifikation** findet auf verschiedenen Wirtschaftsstufen statt. Diese lässt sich in Form einer **Vorwärts- oder Rückwärtsintegration** realisieren. Die Vorwärtsintegration ist die Eingliederung einer nachgelagerten Wirtschaftsstufe, während die Rückwärtsintegration die Eingliederung einer vorgelagerten Wirtschaftsstufe bedeutet. Eine Vorwärtsintegration des Unternehmens „Teleview AG" bedeutet z.B. den Verkauf über herstellereigene Geschäftsstellen, während eine Rückwärtsintegration z.B. die Produktion von Bildröhren ist.

Die **mediale Diversifikation** des Unternehmens „Teleview AG" realisiert sich beispielsweise in der gemeinsame Beschaffung von Steckern für Fernsehgeräte, Videorecorder und DVD-Player. Die „Teleview AG" verfolgt eine Strategie der **lateralen Diversifikation**, bei der kein Zusammenhang mit dem bisherigen Geschäftsfeld besteht, wenn es z.B. Damenbekleidung produziert.

Teilaufgabe (e)

Die Produkteliminierung ist eine Form der **Sortimentsbereinigung**. Die Eliminierung einzelner Produkte aus dem Sortiment, wie z.B. die Eliminierung der Videorecorder des unteren Preissegmentes der „Teleview AG", ist eine **Sorten- und Typenreduktion**. Hierbei wird nicht die gesamte Produktlinie eliminiert, sondern nur einzelne Produkte.

Teilaufgabe (f)

Bei der Eliminierung der ganzen Produktlinie der Videorecorder aus dem Sortiment des Herstellers „Teleview AG" handelt es sich bei der Entscheidung der Sortimentsbereinigung um eine **Spezialisierung** auf die weiterhin bestehenden Produktlinien.

Teilaufgabe (g)

Eine weitere Form der Sortimentsbereinigung ist die der **Modifikation von Produkten** bzw. eine **Produktverbesserung**. Hierbei handelt es sich nicht um eine ersatzlose Elimination des Produktes aus dem Sortiment, sondern um ein verändertes Produkt, z.B. ein Produkt mit neuer Technik oder neuem Design, das an die Stelle des alten Produktes tritt.

Zu den **quantitativen Überlegungen** bei der Elimination der Produktlinie der Videorecorder sind beispielsweise die niedrigen Deckungsbeiträge, die sinkenden Absatzmengen und Umsätze aufgrund der neuen DVD-Player oder sinkende Marktanteile im Vergleich zu Konkurrenz zu zählen. Weiterhin sind niedrige Umschlagsgeschwindigkeiten im Handel ein Kriterium der Eliminierung. Des Weiteren werden **qualitative Entscheidungskriterien** für die Eliminierung herangezogen. Hierzu zählt die Einführung verbesserter Videorecorder durch die Konkurrenz oder die veränderten Anforderungen der Konsumenten, wie z.B. die bevorzugte neue Technologie der DVD-Player.

Teilaufgabe (h)

Die **Risiken einer Elimination** sind vor der Eliminationsentscheidung kritisch zu prüfen, denn es kann zu ungeahnten Folgewirkungen für den Anbieter kommen. Negative Imagewirkungen entstehen durch die Sortimentsbereinigung der Videorecorder bei Kunden und Händlern, die die Videotechnologie noch für ein wichtiges Produkt halten, und somit nicht mehr andere Produkte von der „Teleview AG" kaufen. Es ergeben sich negative Verbundwirkungen für den Einkauf, z.B. in Bezug auf Rabattstaffeln bei Teilen, die auch zur Produktion der Fernseher und DVD-Player genutzt werden, wie z.B. Steckverbindungen und Kabel. Die Konkurrenten des Unternehmens „Teleview AG" erhalten durch die Eliminierung der Produktlinie Videorecorder in diesem Marktsegment eine bessere Marktstellung. Zudem müssen die frei gewordenen Produktionskapazitäten, wie z.B. die Produktionsanlage oder die Mitarbeiter des Unternehmens „Teleview AG", anders eingesetzt werden. Ein weiteres Risiko der Elimination ist, dass die Erfolgsaussichten dieser Branche doch besser sind als erwartet.

Erst nachdem eine fundierte Einschätzung dieser primär qualitativen Folgen stattgefunden hat, ist eine Sortimentsbereinigung in Erwägung zu ziehen.

Lösungshinweise Aufgabe 5-15

Die verschieden **Methoden der Sortimentsplanung** ermöglichen eine fundierte Entscheidung über die Zusammenstellung des Sortiments oder einer Produkteliminierung. Hier lassen sich unter der Berücksichtigung einfacher Kennzahlen und unter Einbeziehung entscheidungsrelevanter Informationen gewinnorientierte Kennzahlen für die Sortimentsplanung aufstellen. Folgende drei Entscheidungssituationen sind dabei zu unterscheiden:

(1) Entscheidung ohne Engpass,

(2) Entscheidung bei einem Engpass,

(3) Entscheidung bei mehreren Engpässen.

Teilaufgabe (a)

Der Stückgewinn lässt sich nach folgender Formel berechnen:

$$SG = \frac{U - K}{x}$$

wobei:

SG = Stückgewinn (bzw. Stückverlust)

U = Umsatz

K = Kosten (fixe und variable Kosten)

x = Absatzmenge

Für die drei Uhrenmodelle ergeben sich nach der Formel folgende Stückgewinne:

$$\text{„Exclusive"} = \frac{(12.000.000 - 14.000.000)}{100.000} = -20$$

$$\text{„Daily"} = \frac{(16.000.000 - 10.000.000)}{200.000} = 30$$

$$\text{„Cheapy"} = \frac{(12.000.000 - 9.000.000)}{300.000} = 10$$

Nach diesem Ergebnis zu urteilen, wird das Modell „Exclusive“ aus dem Sortiment eliminiert; die Modelle „Daily“ und „.Cheapy“ werden beibehalten. Dabei ist das Modell „Daily" aufgrund des größten Stückgewinnes das wichtigste Produkt der „Cheapwatch AG".

Die **Vollkostenrechnung** kann im Rahmen einer kurzfristigen Betrachtung zu Fehlentscheidungen in Bezug auf die Eliminierung des Modells „Exclusive" führen, da bei der Berechnung die fixen Kosten mit einbezogen werden. Diese beeinflussen die Stückgewinne des Modells „Exclusive" und bewirken, dass auch nach Aufgabe des Modells die Fixkosten kurzfristig die verbleibenden Modelle des Uhrenherstellers „Cheapwatch AG" belasten.

Teilaufgabe (b)

Die Methode der **Teilkostenrechnung** stellt für den kurzfristigen Zeitraum eine bessere Alternative zur Sortimentsplanung dar. Hier werden, wenn keine Engpässe bestehen, die Deckungsspannen, d.h. der Beitrag des einzelnen Modells zur Deckung der Fixkosten und zur Erwirtschaftung des Gewinns, ermittelt. Die Deckungsspanne berechnet sich nach folgender Formel:

$$DS_a = p - k_v$$

wobei:

DS_a = absolute Deckungsspanne (Deckungsbeitrag pro Stück)

p = Verkaufspreis pro Stück

k_v = variable Kosten pro Stück

Für die drei Uhrenmodelle ergeben sich folgende absolute Deckungsspannen:

„Exclusive" = 120 – 80 = 40

„Daily" = 80 – 30 = 50

„Cheapy" = 40 – 20 = 20

Nachdem das Modell „Exclusive" der „Cheapwatch AG" bei Anwendung der Vollkostenrechnung aus dem Sortiment eliminiert wird, bleibt es anhand der Teilkostenrechnung im Sortiment bestehen. Das Modell „Daily" ist aufgrund der höchsten Deckungsspanne immer noch das wichtigste Produkt im Sortiment, gefolgt vom Modell „Exclusive" und dem Modell „Cheapy".

Teilaufgabe (c)

Liegt ein Engpass in der Herstellung der Uhrenmodelle vor und liegen **konstante Preise und Absatzmenge** vor, kann die Methode der Deckungsbeitragsrechnung zur Ermittlung der **relativen Deckungsspannen** angewendet werden. Diese errechnet sich nach der absoluten Deckungsspanne und der Engpassbelastung pro Stück. Die Engpassbelastung wird dabei als jene Zeiteinheit angegeben, die die Maschine für die Produktion einer Mengeneinheit beansprucht. Die relative Deckungsspanne lässt sich nach folgender Formel ermitteln:

$$DS_r = \frac{DS_a}{\text{Engpassleistung}}$$

Daraus ergeben sich für die drei Uhrenmodelle folgende relativen Deckungsspannen:

„Exclusive“ $= \frac{40}{6} = 6{,}67$

„Daily“ $= \frac{40}{6} = 12{,}5$

„Cheapy“ $= \frac{40}{6} = 6{,}67$

Teilaufgabe (d)

Für die Berechnung des optimalen Sortiments der „Cheapwatch AG“ kann unter diesen Bedingungen der **Lagrange-Ansatz** herangezogen werden.

Gewinn = Umsatz – Kosten

$= U_E + U_C - k_{vE} \cdot x_E - k_{vC} \cdot x_C - K_F$

$= (180 - 0{,}0006 \cdot x_E) \cdot x_E + (120 - 0{,}00025 \cdot x_C) \cdot x_C - 80 \cdot x_E - 20 \cdot x_C - 6.000.000$

$= 180 \cdot x_E - 0{,}0006 \cdot x_E^2 + 120 \cdot x_C - 0{,}00025 \cdot x_C^2 - 80 \cdot x_E - 20 \cdot x_C - 6.000.000$

$= 100 \cdot x_E - 0{,}0006 \cdot x_E^2 + 100 \cdot x_C - 0{,}00025 \cdot x_C^2 - 6.000.000$

Nebenbedingung = $6 \cdot x_E + 3 \cdot x_C = 1.000.000$ (Kapazitätsrestriktion)

Zielfunktion: $G(x_E, x_C) = 100 \cdot x_E - 0{,}0006 \cdot x_E^2 + 100 \cdot x_C - 0{,}00025 \cdot x_C^2 - 6.000.000 - \lambda\,(6 \cdot x_E + 3 \cdot x_C - 1.000.000) \rightarrow \max!$

Partielle Ableitungen:

$$\frac{\partial G}{\partial x_E} = 100 - 0{,}0012x_E - 6\,\lambda = 0 \qquad \rightarrow x_E = 83.333{,}33 - 5.000\,\lambda$$

$$\frac{\partial G}{\partial x_C} = 100 - 0{,}0005x_C - 3\,\lambda = 0 \qquad \rightarrow x_C = 200.000 - 6.000\,\lambda$$

$$\frac{\partial G}{\partial \lambda} = 6x_E + 3x_C - 1.000.000 = 0$$

Daraus ergibt sich der Lagrange-Multiplikator λ:

$1.000.000 = 6 \cdot (83.333{,}33 - 5.000\,\lambda) + 3 \cdot (200.000 - 6.000\,\lambda) \Rightarrow \lambda = 2{,}0833$

Gewinnmaximale Mengen:

$x_E = 83.333{,}33 - 5.000\,\lambda = 72.916$

$x_C = 200.000 - 6.000\,\lambda = 187.500$

Gewinnmaximale Preise:

$p_E = 180 - 0{,}0006 \cdot 72.916 = 136{,}25$

$p_C = 120 - 0{,}00025 \cdot 187.500 = 73{,}125$

Prüfung, ob die Nebenbedingung erfüllt ist:

$72.916 \cdot 6 + 187.500 \cdot 3 = 999.996$

Die Kapazität ist bei gegebener Zeitrestriktion mit der gewinnmaximalen Produktion von 72.916 ME des Uhrenmodells „Exclusive“ und 187.500 ME des Modells „Cheapy“ zu etwa 99,98 Prozent ausgelastet.

Kapitel 6: Entscheidungen der Preispolitik (Aufgaben)

Aufgabe 6-1

Preispolitische Strategien

Die vor drei Jahren gegründete und mittlerweile am Markt etablierte Fluggesellschaft „Business Wings AG“, die vor allem Städteverbindungen für Geschäftsreisende innerhalb Europas anbietet, überlegt, eine Veränderung der bisherigen Preispolitik vorzunehmen. Die bisherigen **preispolitischen Strategien** sollen entsprechend kritisch geprüft und gegebenenfalls verändert werden.

(a) Was könnten mögliche **Anlässe** für derartige Überlegungen sein?

(b) Nennen Sie mögliche **Strategien** der Preispositionierung und des Preiswettbewerbs, die für die Fluggesellschaft grundsätzlich in Frage kommen!

(c) Im Rahmen möglicher preispolitischer Strategien soll zukünftig die Möglichkeit der **Preisdifferenzierung** bei der „Business Wings AG“ stärker genutzt werden. Zeigen Sie – möglichst unterschiedliche – Differenzierungsmöglichkeiten auf und gehen Sie dabei auch auf den Begriff des „Yield Management“ und dessen Bedeutung für eine Fluglinie ein!

Aufgabe 6-2

Kostenorientierte Preisbestimmung

Ein Produzent von Büroartikeln will für seine Produkte „Locher XXL First“ und „Tucker Generation 3“ eine **kostenorientierte Preisbestimmung** vornehmen. Für die beiden Produkte sind die in Schaubild 6-1 dargestellten Daten bekannt.

(a) Wie hoch ist die Preisforderung nach der **Vollkostenrechnung**, wenn der prozentuale Gewinnzuschlag 10 Prozent betragen soll?

(b) Wie hoch ist die Preisforderung nach der **Teilkostenrechnung**, wenn der prozentuale Deckungsspannenzuschlag 15 Prozent betragen soll?

(c) Unterstellen Sie, das Verfahren der Teilkostenrechnung wurde auch für „Tucker Generation 2“, das Vorgängerprodukt von „Tucker Generation 3“ gewählt. Als Deckungsspanne wurde für „Tucker Generation 2“ ein prozentualer Zuschlag in Höhe von 10 Prozent verwendet. Welchen Rückschluss können Sie daraus auf die **Kostenentwicklung** zwischen den beiden Produktgenerationen ziehen, wenn Sie wissen, dass der Preis um 0,12 GE gestiegen ist?

(d) Vergleichen Sie die **Eignung** der Vollkosten- mit der der Teilkostenrechnung zur Preisbestimmung!

	Selbstkosten (pro ME)	Variable Stückkosten (pro ME)
Locher XXL First	11 GE	9 GE
Tucker Generation 3	10 GE	9 GE

Schaubild 6-1: Selbstkosten und variable Stückkosten

Aufgabe 6-3

Marktorientierte Preisbestimmung (Break-even-Analyse und Deckungsbeitragsrate)

Von der „Powergames GmbH“ wurde ein neues Computerspiel entwickelt, das unter dem Namen „Carforce I“ auf den Markt gebracht werden soll. Die fixen Kosten betragen insgesamt 40.000 GE, die variablen Kosten 30 GE pro ME. Verkauft werden soll das Spiel zu einem Preis von 80 GE pro ME.

(a) Berechnen Sie die kritische Absatzmenge für „Carforce I“ unter Verwendung der **Break-even-Analyse**. Wie ist dieser Wert zu interpretieren?

(b) Wie verändert sich die in Teilaufgabe (a) berechnete kritische Absatzmenge, wenn neben der reinen Deckung der Fixkosten auch ein **Gewinn** in Höhe von 10.000 GE erzielt werden soll?

(c) Berechnen Sie die **Deckungsbeitragsrate** für „Carforce I“, leiten Sie daraus die **Gewinnschwelle** ab und interpretieren Sie diese Ergebnisse!

(d) Welcher **Zusammenhang** besteht zwischen dem in Teilaufgabe (a) und dem in Teilaufgabe (c) berechneten Ergebnis?

Aufgabe 6-4

Marktorientierte Preisbestimmung (Entscheidungssituationen unter Risiko)

Der Verlag „lifehelp AG“ will den Preis für ein neues Buch – es handelt sich um einen Lebensratgeber für Personen zwischen 20 und 30 Jahren – festlegen. Angesichts eines in Kürze zu erwartenden ähnlichen Buches eines Konkurrenzunternehmens namens „Twenbooks AG“, über dessen Preis noch relative **Unklarheit** besteht, ist aus alternativen eigenen Preisen die eigene Absatzmenge nicht mit Sicherheit prognostizierbar. Allgemein wird ein eigener Preis p_i in Höhe von $p_1 = 19$ GE, $p_2 = 22$ GE oder $p_3 = 25$ GE in Betracht gezogen, wobei diese Preise wiederum Auswirkungen auf **die Preisfestlegung des Konkurrenten** p_{ij} hätten.

Mit Hilfe des erfahrenen Marketingleiters der „lifehelp AG“ können für die eigenen alternativen Preisforderungen mögliche Konkurrenzpreise und ihre **Wahrscheinlichkeit** geschätzt werden. Für die verschiedenen Preiskonstellationen der beiden Unternehmen kann der Marketingleiter ebenfalls Prognosen für die erwarteten Absatzmengen abgeben, deren Richtigkeit er mit unterschiedlichen Wahrscheinlichkeiten zu beziffern vermag.

Der Marketingleiter schätzt z.B., dass bei einem eigenen Preis von 19 GE mit einer Wahrscheinlichkeit von 20 Prozent mit einem Konkurrenzpreis in Höhe von 18 GE zu rechnen ist. Diese Preiskonstellation würde dann mit einer Wahrscheinlichkeit von 80 Prozent zu einer Absatzmenge des eigenen Buches in Höhe von 1.000 ME führen. Diese und weitere **Einschätzungen** des Marketingleiters sind in Schaubild 6-2 und Schaubild 6-3 dargestellt.

	$p_{i1} = 18$	$p_{i2} = 19$	$p_{i3} = 20$	$p_{i4} = 22$	$p_{i5} = 25$
$p_1 = 19$	0,2	0,8	–	–	–
$p_2 = 22$	–	–	0,3	0,4	0,3
$p_3 = 25$	–	–	–	–	1

Schaubild 6-2: Wahrscheinlichkeit des Konkurrenzpreises p_{ij} bei eigenem Preis p_i

Absatzmenge (Wahrscheinlichkeit) bei p_i und p_{ij}	$p_{i1} = 18$	$p_{i2} = 19$	$p_{i3} = 20$	$p_{i4} = 22$	$p_{i5} = 25$
$p_1 = 19$	1.000 (0,8) 1.500 (0,2)	1.300 (0,6) 1.600 (0,4)	1.500 (0,6) 1.600 (0,4)	1.500 (0,4) 1.900 (0,6)	2.500 (0,6) 1.900 (0,4)
$p_2 = 22$	500 (0,8) 300 (0,2)	700 (0,7) 900 (0,3)	600 (0,7) 800 (0,3)	1.200 (0,8) 1.500 (0,2)	2.400 (0,7) 2.000 (0,3)
$p_3 = 25$	400 (0,6) 200 (0,4)	500 (0,9) 300 (0,1)	500 (0,9) 900 (0,1)	800 (0,6) 900 (0,4)	1.000 (0,6) 900 (0,4)

Schaubild 6-3: Mit bestimmten Wahrscheinlichkeiten zu erwartende Absatzmenge bei eigenem Preis p_i und Konkurrenzpreis p_{ij}

(a) Zeichnen Sie einen **Entscheidungsbaum**, der den Zusammenhang der eigenen alternativen Preisforderungen mit den zu erwartenden Absatzmengen wiedergibt!

(b) Welcher eigene Preis führt zu dem **höchstmöglichen Absatz** bei der „lifehelp AG", wenn die Methode der Erwartungswertmaximierung angewendet werden soll?

(c) Zeigen Sie, dass ein eigener Preis von 25 GE zu dem **höchstmöglichen Gewinn** bei der „lifehelp AG" führt, wenn variable Kosten in Höhe von 16 GE anfallen!

(d) Entsprechend Schaubild 6-2 wurde bisher davon ausgegangen, dass bei einem eigenen Preis von 25 GE der Konkurrent in jedem Fall auch 25 GE als Preis ansetzt.

Nehmen Sie an, der Marketingleiter revidiert diese Überlegung dahingehend, dass er bei einem eigenen Preis von 25 GE auch einen Konkurrenzpreis in Höhe von 24 GE für möglich hält. Er vermutet, dass bei dieser Preiskonstellation in jedem Fall nur 900 ME abgesetzt werden, während bei Verwendung von 25 GE bei beiden Unternehmen nach wie vor mit einer Wahrscheinlichkeit von 60 Prozent ein Absatz von 1.000 ME und mit einer Wahrscheinlichkeit von 40 Prozent ein Absatz von 900 ME zu erwarten wäre. Wie hoch müsste die **Wahrscheinlichkeit für einen Preis** p_{ij} **= 24 GE** bei p_i = 25 GE mindestens sein, damit statt p_3 nun p_2 bei sonst gleichen Bedingungen wie in Teilaufgabe (c) hinsichtlich des Gewinns optimal wäre?

Aufgabe 6-5

Marginalanalyse (Monopol)

Der Whiskey-Hersteller „McFree GmbH" hat als neues Produkt eine alkoholfreie Whiskeymarke auf den Markt gebracht. Angesichts der Patentierung der – zudem streng geheim gehaltenen – Rezeptur, tritt das Unternehmen mit diesem Produkt seinen (potenziellen) Kunden gegenüber als **Monopolist** auf.

Die variablen Kosten für eine gefüllte 0,7 Liter-Flasche (= 1 ME) betragen 8 GE, Fixkosten fallen für die nächste Planungsperiode in Höhe von 300.000 GE an. Für den Zusammenhang zwischen Preis und Absatz wird von folgender Funktion ausgegangen:

$$p = 60 - \frac{x}{30.000}$$

(a) Wie hoch ist der **Prohibitivpreis** auf diesem Markt und was bedeutet er?

(b) Welcher **maximal mögliche Absatz** wird mit der vorliegenden Funktion für die neue Marke implizit unterstellt?

(c) Welcher Preis führt zum **maximalen Umsatz**?

(d) Das Unternehmen möchte seinen Gewinn maximieren. Berechnen Sie die **gewinnmaximale Menge** und den zugehörigen **gewinnmaximalen Preis**!

(e) Berechnen Sie den **Gewinn**, der sich bei Umsatz- und Gewinnmaximierung entsprechend den Ergebnissen der Teilaufgaben (c) und (d) ergibt!

(f) Welcher Preis ergibt sich bei **Rentabilitätsmaximierung**, wenn der Kapitalbedarf bei C = 1 GE pro ME liegt?

(g) Nehmen Sie an, die „McFree GmbH" müsste bei ansonsten gleichen Bedingungen wie bisher **weitere** 500.000 GE als **Fixkosten** investieren. Welche Auswirkungen hätte dies jeweils auf den in den Teilaufgaben (c), (d) bzw. (e) berechneten

- gewinnmaximalen Preis,
- umsatzmaximalen Preis,

- Gewinn bei Gewinnmaximierung,
- Gewinn bei Umsatzmaximierung?

(h) Nennen Sie Gründe, warum Ihnen der verwendete **Ansatz** der Marginalanalyse zur Preisbestimmung bei der „McFree GmbH" **kritisch** erscheint!

Aufgabe 6-6

Marginalanalyse (Oligopol und Polypol)

Der Besitzer des Hotels „Alpenblick" in Schneedorf will den **Preis** für seine Zimmer **neu bestimmen.** Als Informationsgrundlage der Entscheidung soll genutzt werden, dass in der Vergangenheit der Preis dieser Zimmer stark variiert wurde und ein eindeutiger Effekt auf die Buchungsanfragen bestand (vgl. Schaubild 6-4). Saisonale Schwankungen und sonstige Einflussgrößen sind zu vernachlässigen, da sich alle Buchungsanfragen auf die Hauptsaison beziehen und als vergleichbar angesehen werden können.

„Alpenblick" konkurriert in Schneedorf mit drei weiteren Hotels.

	1	2	3	4	5	6	7	8	9	10
Preis (in GE)	150	130	60	80	85	70	120	90	145	155
Buchungs-anfragen	20	45	120	80	70	100	50	60	40	10

Schaubild 6-4: Buchungsanfragen für „Alpenblick" bei unterschiedlichen Preisen

(a) Um welche **Marktform** würde es sich handeln, wenn man unterstellt, dass Hotels außerhalb von Schneedorf aufgrund des in Schneedorf einzigartigen Panoramas nicht als Konkurrenten anzusehen sind? Begründen Sie Ihre Antwort!

(b) Um welche **Marktform** würde es sich handeln, wenn man unterstellt, dass auch Hotels außerhalb von Schneedorf grundsätzlich als Konkurrenten anzusehen sind und wenn gleichzeitig bei den (potenziellen) Kunden persönliche Präferenzen für Schneedorf und sein Panorama bestehen? Begründen Sie Ihre Antwort!

(c) Zeichnen Sie die Werte in ein **Koordinatensystem** ein! Unterstellen Sie dabei, dass eine abschnittsweise lineare Preis-Absatzfunktion vorliegt und ergänzen Sie die Zeichnung entsprechend.

(d) **Interpretieren** Sie den Kurvenverlauf für den vorliegenden Fall! Unterstellen Sie dabei, dass es sich um die in Teilaufgabe (c) beschriebene Marktform handelt.

(e) Inwiefern unterscheidet sich der monopolistische Bereich vom oberen atomistischen Bereich bei einer **Preiserhöhung** von „Alpenblick"?

(f) Welches Vorzeichen vermuten Sie für die **Kreuzpreiselastizität**

$$\frac{dx_i \cdot p_j}{dp_j \cdot x_i},$$

wenn i das Hotel „Alpenblick" und j ein Konkurrenzhotel in Schneedorf bezeichnet? Begründen Sie Ihre Antwort!

(g) Im Hotel „Alpenblick" ist ein Restaurant integriert, das auch Nicht-Hotelgästen zur Verfügung steht. Das Angebot dieses Restaurants erstreckt sich von ausgewählten Fleischgerichten über Fischgerichte bis zu vegetarischen Gerichten.

Der zwei Strassen weiter gelegene Gasthof „Zum Hirschen" hat sich dagegen auf Fleischgerichte spezialisiert und bietet keine vegetarische Kost an.

Welches Vorzeichen der **Kreuzpreiselastizität** vermuten Sie aus Sicht von „Alpenblick" jeweils für vegetarisch und nicht-vegetarisch lebende (potenzielle) Restaurantbesucher? Begründen Sie Ihre Antwort!

Aufgabe 6-7

Dynamisches Preismanagement

Das vor einem Jahr gegründete Unternehmen „Interfit GmbH" bietet anderen Unternehmen als Dienstleistung an, deren Internetauftritt zu optimieren. Herr Müller, einer der vier Mitarbeiter der „Interfit GmbH", schlägt vor, unter **dynamischen Aspekten** die bisherige Hochpreisstrategie des Unternehmens kritisch zu prüfen.

(a) Welche Argumente kann Herr Müller gegen eine Weiterverfolgung der Hochpreisstrategie anführen, wenn er sich an der **dynamischen Betrachtung der Kosten** orientiert?

(b) Herr Müller schlägt vor, zur kritischen Prüfung der bisherigen Preispolitik dem Preiskalkül eine **dynamische Gewinnfunktion** zugrunde zu legen. Was ist darunter zu verstehen?

(c) Herr Müller weist im Rahmen der Diskussion auf die Notwendigkeit hin, die **Dynamik der Markt- und Wettbewerbssituation** bei der Preispolitik zu beachten. Stimmen Sie ihm zu? Begründen Sie Ihre Antwort!

Kapitel 6: Entscheidungen der Preispolitik (Lösungshinweise)

Lösungshinweise Aufgabe 6-1

Die Formulierung preispolitischer Strategien stellt ein wichtiges **Element des Planungsprozesses** der Preispolitik dar. Dieser Planungsprozess, der analog zu anderen Marketinginstrumenten für die Preispolitik (idealtypisch) skizziert werden kann, lässt sich dabei allgemein in die fünf Phasen

(1) Analyse des preispolitischen Spielraums,

(2) Festlegung preispolitischer Ziele,

(3) Formulierung preispolitischer Strategien,

(4) Festlegung preis- und konditionenpolitischer Maßnahmen und

(5) Durchführung von Preiskontrollen

gliedern.

Der **preispolitische Spielraum** zeigt dabei die Freiheitsgrade bzw. Restriktionen eines Unternehmens auf, sich preispolitisch autonom zu verhalten. Als wichtige – zu analysierende – Determinanten sind die Kosten, die Nachfrage und die Konkurrenz zu nennen.

Nach Abklärung des Spielraumes sind die **Ziele** der Preispolitik zu formulieren, auf deren Basis im nächsten Schritt die Entscheidungen über die Preisstrategien zu treffen ist.

Als Ansatzpunkte **preispolitischer Strategien** sind die Preispositionierung, der Preiswettbewerb, die Preisabfolge und die Preisdifferenzierung zu nennen. Die einzelnen Elemente dieser Strategien sind Inhalt der vorliegenden Aufgabe.

Die Umsetzung der Strategien erfolgt durch die **Festlegung** der preis- und konditionenpolitischen Maßnahmen. Die **Kontrolle** des Preis- und Konditionensystems schließt dann den Kreis des Planungsprozesses.

Teilaufgabe (a)

Mögliche **Anlässe** für preispolitische (Neu-)Entscheidungen der Fluggesellschaft sind:

- **Konsumentenbezogene Anlässe,**
  z.B. mangelnde Akzeptanz des Preises bei den (potenziellen) Kunden der Fluggesellschaft, rückläufige Nachfrage nach Flügen der Fluggesellschaft oder nach Flügen allgemein bei Geschäftskunden,

- **Unternehmensbezogene Anlässe,**
  z.B. Veränderung der Kostenstruktur der Fluggesellschaft, Veränderungen des Leistungsangebotes der Fluggesellschaft,

- **Konkurrenzbezogene Anlässe,**
  z.B. Veränderung der Konkurrenzpreise, Auftritt neuer Konkurrenten am Markt,

- **Umfeldbezogene Anlässe,**
  z.B. preisbeeinflussende Gesetzesänderungen (Veränderungen der Mineralölsteuer, Neuregelung von Nachtflugverboten, neue Wartungsvorschriften, u.a.), Veränderungen des Benzinpreises.

Teilaufgabe (b)

Mögliche **Strategien** der Preispositionierung und des Preiswettbewerbs, die für die Fluggesellschaft grundsätzlich in Frage kommen:

- **Strategien der Preispositionierung:**
  - Hochpreisstrategie,
    d.h. Realisation eines hohen Preisniveaus durch besondere Leistungsvorteile,
  - Mittelpreisstrategie,
    d.h. Forderung von Preisen auf einem mittleren Niveau,
  - Niedrigpreisstrategie,
    d.h. Anstreben des geringsten Preisniveaus am Markt.

- **Strategien des Preiswettbewerbs:**
  - Preisführerschaft,
    d.h. Preissetzung der Konkurrenten je nach eigener Preissetzung,

- Preiskampf,
  d.h. Bemühen des Unternehmens, stets einen geringeren Preis als die Konkurrenz zu verlangen,
- Preisfolgerschaft,
  d.h. Preissetzung je nach Preissetzung der Konkurrenten.

Es könnte z.B. sein, dass die Fluggesellschaft bisher eine **Penetrationsstrategie** verfolgte, d.h., in den ersten drei Jahren seit Gründung des Unternehmens wurde mit einer Niedrigpreisstrategie i.V.m. einem gemäßigten Preiskampf versucht, den Markt möglichst schnell zu erschließen. Nach Etablierung am Markt und dem Vorhandensein eines festen Kundenstammes könnten nun andere Preisstrategien in Erwägung gezogen werden.

Teilaufgabe (c)

Im Rahmen differenzierter Marktbearbeitung erfolgt häufig eine Preisdifferenzierung. Dabei sind zeitliche, räumliche, personelle und produkt-/leistungsbezogene Differenzierungen möglich. Für die Fluggesellschaft ergeben sich dabei folgende **Differenzierungsmöglichkeiten**:

- **Räumliche Preisdifferenzierung,**
  z.B. unterschiedliche Preise je geografisch abgegrenztem Teilmarkt (im Fall der Fluggesellschaft z.B. je Land), um die Besonderheiten des jeweiligen Marktes (z.B. Preise alternativer Verkehrsmittel) zu berücksichtigen.
- **Personelle Preisdifferenzierung,**
  z.B. unterschiedliche Preise je Personengruppe, z.B. je nach Unternehmenszugehörigkeit eines Geschäftsreisenden. Mit der personellen Form der Preisdifferenzierung könnte die Fluggesellschaft z.B. auch versuchen, neue Kundensegmente zu erschließen (z.B. Studententarife und Seniorentarife).
- **Preisdifferenzierung nach Produkten,**
  z.B. Verkauf von Leistungsbündeln wie Hin- und Rückflug zu im Vergleich zu den Einzelleistungen geringeren Preisen.
- **Zeitliche Preisdifferenzierung,**
  z.B. unterschiedliche Preise je nach Zeitpunkt des Vertragsabschlusses (z.B. geringere Preise für Frühbucher) oder je nach Zeitpunkt der Inanspruchnahme (z.B. geringere Preise für Flüge am Wochenende).
- **Preisdifferenzierung nach Mengen,**
  z.B. Vielfliegerrabatte.

Das **Yield Management** stellt eine Sonderform der zeitlichen Preisdifferenzierung dar, die vor allem im Dienstleistungsbereich zunehmend eingesetzt wird. Zielsetzung ist, mit Hilfe unterschiedlicher Preise eine aus Sicht des Anbieters optimale Auslastung der Leistungen zu erreichen. So können im vorliegenden Fall Nachfrageschwankungen (z.B. je nach Wochentag) ausgeglichen werden. Diese Form der Preisdifferenzierung wird angesichts der hohen Fixkosten gerade für Fluggesellschaften einen besonderen Stellenwert haben.

Lösungshinweise Aufgabe 6-2

Als **Methoden der Preisfindung** kommen unterschiedliche Ansätze in Frage. Einen Überblick gibt Schaubild 6-5.

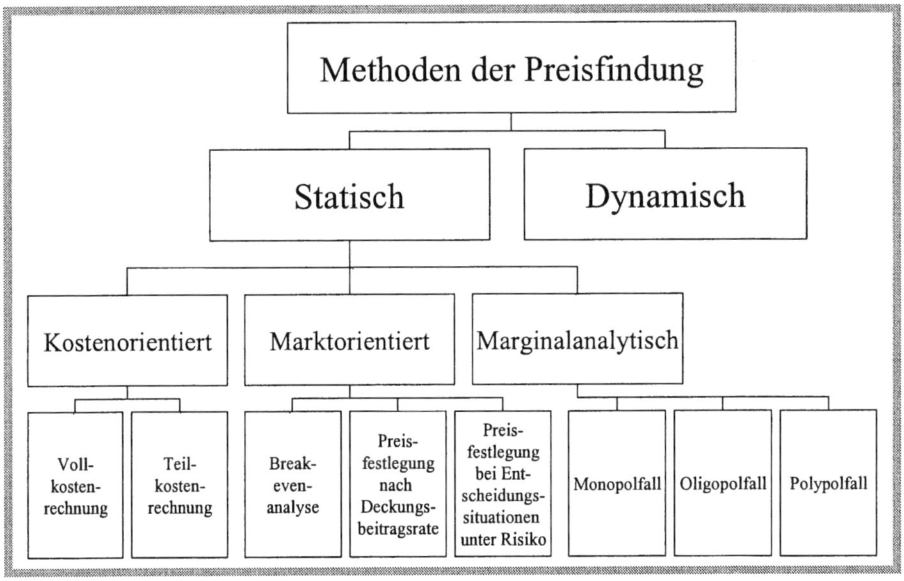

Schaubild 6-5: Methoden der Preisfindung

Wie das Schaubild verdeutlicht, stellen die **kostenorientierten Methoden** der Preisbestimmung einen statischen Ansatz dar und lassen sich in eine Preisfestlegung nach der Voll- und nach der Teilkostenrechnung unterteilen (vgl. dazu auch *Diller* 2000, *Kilger/Vikas* 1993, *Riebel* 1994).

Beim Verfahren der **Vollkostenrechnung** erfolgt die Preisfestlegung für ein Produkt in Form einer einfachen Zuschlagskalkulation (Kosten plus Gewinnzuschlag):

$$p = k \cdot (1 + \frac{g}{100})$$

wobei

p = Preisforderung

k = Selbstkosten

g = prozentualer Gewinnzuschlag

Nach diesem Ansatz gehen sowohl die Einzelkosten der Produkte (Material- und Fertigungseinzelkosten, Sondereinzelkosten des Vertriebs usw.) als auch die den beiden Produkten entsprechend des Gemeinkostenschlüssels zuzurechnenden Gemeinkosten in die Preisbestimmung von Produkten ein.

Bei der Preisfestlegung nach der **Teilkostenrechnung** werden dagegen lediglich die variablen Kosten berücksichtigt:

$$p = k_v \cdot (1 + \frac{ds}{100})$$

wobei

p = Preisforderung

k_v = variable Stückkosten

ds = prozentualer Deckungsspannenzuschlag

Teilaufgabe (a)

- Preisforderung für „Locher XXL First" bei Vollkostenrechnung:

$$p = k \cdot (1 + \frac{g}{100}) = 11\ \text{GE} \cdot (1 + \frac{10}{100}) = 11\ \text{GE} \cdot 1{,}1 = 12{,}1\ \text{GE}$$

- Preisforderung für „Tucker Generation 3" bei Vollkostenrechnung:

$$p = k \cdot (1 + \frac{g}{100}) = 10\ \text{GE} \cdot (1 + \frac{10}{100}) = 10\ \text{GE} \cdot 1{,}1 = 11{,}0\ \text{GE}$$

Teilaufgabe (b)

- Preisforderung für „Locher XXL First“ bei Teilkostenrechnung:

$$p = k_v \cdot \left(1 + \frac{ds}{100}\right) = 9\ GE \cdot \left(1 + \frac{15}{100}\right) = 9\ GE \cdot 1{,}15 = 10{,}35\ GE$$

- Preisforderung für „Tucker Generation 3“ bei Teilkostenrechnung:

$$p = k_v \cdot \left(1 + \frac{ds}{100}\right) = 9\ GE \cdot \left(1 + \frac{15}{100}\right) = 9\ GE \cdot 1{,}15 = 10{,}35\ GE$$

Teilaufgabe (c)

Gemäß Aufgabenstellung wurde der Preis für „Tucker Generation 2“ unter Verwendung des Ansatzes der Teilkostenrechnung als:

$$p = k_v \cdot \left(1 + \frac{ds}{100}\right)$$

berechnet.

Unter Verwendung der Angaben ds = 10 und p = (10,35 GE – 0,12 GE) = 10,23 GE lässt sich folglich schreiben:

$$10{,}23\ GE = k_v \cdot \left(1 + \frac{10}{100}\right)$$

$$10{,}23\ GE = k_v \cdot 1{,}10$$

$$k_v = 9{,}3\ GE$$

Demnach sind die **variablen Kosten** von „Tucker Generation 3“ im Vergleich zu „Tucker Generation 2“ **geringer** geworden. Rückschlüsse auf die **Fixkosten** und ihre Entwicklung sind dagegen im Rahmen der Teilkostenrechnung nicht möglich.

Teilaufgabe (d)

Vergleicht man die **Eignung** der Vollkostenrechnung zur Preisfindung mit der der Teilkostenrechnung, ist als erster Vorteil der Vollkostenrechnung die einfachere Handhabung zu nennen. Dem steht jedoch gegenüber, dass die bei der Vollkostenrechnung vorzunehmende Aufteilung der Gemeinkosten in der Praxis mit erheblichen Problemen verbunden sein kann.

Dadurch, dass die Vollkostenrechnung sämtliche anfallenden Kosten in die Preisfindung einbezieht, wird bei diesem Verfahren einerseits die Deckung der tatsächlich anfallenden Gesamtkosten erreicht, andererseits besteht dadurch die Gefahr, sich mit relativ hohen Preisen **„aus dem Markt zu kalkulieren"**. Das Problem tritt bei zurückgehender Produktionsmenge verstärkt auf, da dann ein entsprechend höherer Fixkostenanteil auf die einzelnen Produkte übertragen werden muss.

Diese Argumente sprechen für die bessere Eignung der Teilkostenrechnung zur Preisbestimmung. Dort werden ausschließlich die variablen – und damit kurzfristig entscheidungsrelevanten – Kosten berücksichtigt. Das Problem der Verrechnung der Gemeinkosten stellt sich dort zudem nicht. Anzumerken ist jedoch, dass die Vernachlässigung von Fixkosten bei der Preisfindung zur Folge haben kann, dass sich das Unternehmen durch eine im Vergleich zur Vollkostenrechnung geringere Preishöhe **„aus der Gewinnzone kalkulieren"** kann. Langfristige Überlegungen zur Deckung der fixen Kosten sollten bei Verwendung der Teilkostenrechnung zur Preisfindung demnach in die Kalkulation einbezogen werden. Der geforderte Zuschlag (als Prozent der variablen Kosten) wird entsprechend i.d.R. höher sein als der bei der Vollkostenrechnung kalkulierte Gewinnzuschlag.

Lösungshinweise Aufgabe 6-3

Die **Verfahren der marktorientierten Preisbestimmung** beziehen neben den Kosten und beabsichtigten Gewinnen auch die Reaktionen der Marktteilnehmer auf den Preis mit ein. Dabei wird auf eine exakte Spezifizierung des Zusammenhanges zwischen Preis und Absatz, z.B. in Form einer Preis-Absatzfunktion, aus Praktikabilitätsgründen verzichtet. Stattdessen erfolgt eine Berechnung kritischer Absatz- bzw. Umsatzmengen (**Break-even-Analyse** bzw. Analyse unter Verwendung der **Deckungsbeitragsrate**) für alternative Preise. Die Entscheidungsträger können dann aufgrund eigener Einschätzungen von zu erwartenden Absatzmengen Rückschlüsse auf den anzusetzenden Preis ziehen. Entsprechend dieser „Rückrechnung der Preise auf die Zielerreichung" wird dieses Vorgehen auch als **„retrograde" Kalkulation** bezeichnet (*Diller* 2000, S. 226ff.).

Der **Vorteil** dieser Verfahren liegt in ihrer einfachen Handhabung, die Preisbestimmung durch sie kann jedoch nur in relativ grober Weise erfolgen.

Teilaufgabe (a)

Die **Break-even-Analyse** berechnet die für das Erreichen der Gewinnschwelle notwendige Absatzmenge x („kritische Absatzmenge") bei gegebenem Preis p. Gewinnschwelle bedeutet, dass alle insgesamt anfallenden variablen ($k_v \cdot x$) und fixen Kosten (K_f) genau dem erzielten Umsatz ($p \cdot x$) entsprechen:

$$K_f + k_v \cdot x = p \cdot x$$

Auflösen dieses Ausdruckes nach x ergibt die kritische Absatzmenge x_{krit} als:

$$x_{krit} = \frac{K_f}{p - k_v}$$

Die kritische Absatzmenge wird folglich durch den Punkt beschrieben, in dem die Deckungsspanne ($p - k_v$) genau den fixen Kosten (K_f) entspricht.

Folglich berechnet sich für „Carforce I" mit:

$$K_f = 40.000 \text{ GE}, \; p = 80 \frac{\text{GE}}{\text{ME}}, \; k_v = 30 \frac{\text{GE}}{\text{ME}},$$

die kritische Menge x_{krit} als

$$x_{krit} = \frac{40.000 \text{ GE}}{80 \frac{\text{GE}}{\text{ME}} - 30 \frac{\text{GE}}{\text{ME}}} = \frac{40.000 \text{ GE}}{50 \frac{\text{GE}}{\text{ME}}} = 800 \text{ ME}$$

Bei den gegebenen Kosten und einem Preis in Höhe von 80 GE werden bei mehr als 800 verkauften ME Gewinne, bei weniger als 800 verkauften ME Verluste erzielt.

Teilaufgabe (b)

Es ist neben der reinen Berechnung des Schwellenwertes, ab dem ein Unternehmen Gewinne erzielt (vgl. Teilaufgabe (a)) möglich, **Gewinnüberlegungen** von vornherein in die Break-even-Analyse einzubeziehen. Der erzielte Umsatz ($p \cdot x$) muss dann nicht nur die fixen K_f und die variablen Kosten k_v, sondern auch die Gewinne G decken. Formal:

$$K_f + k_v \cdot x + G = p \cdot x$$

bzw. $x_{krit} = \dfrac{K_f + G}{p - k_v}$

Für „Carforce I" ergibt sich damit:

$$x_{krit} = \frac{40.000\,GE + 10.000\,GE}{80\frac{GE}{ME} - 30\frac{GE}{ME}} = \frac{50.000\,GE}{50\frac{GE}{ME}} = 1.000\,ME$$

Bei den gegebenen Kosten und einem Preis in Höhe von 80 GE wird bei mehr als 1.000 verkauften ME ein Gewinn von über 10.000 GE erzielt, bei weniger als 1.000 verkauften ME ist eine Gewinnrealisierung in Höhe von 10.000 GE nicht möglich.

Teilaufgabe (c)

Die **Deckungsbeitragsrate** drückt den Anteil zur Deckung der Fixkosten und zur Erzielung eines Gewinns je Preis- bzw. Umsatzeinheit aus und berechnet sich entsprechend als

$$DR = \frac{p - k_v}{p}$$

Die Gewinnschwelle des Umsatzes (U = K) liegt bei:

$$U_{krit} = \frac{K_f}{DR}$$

Für „Carforce I" berechnet sich DR entsprechend als:

$$DR = \frac{80\frac{GE}{ME} - 30\frac{GE}{ME}}{80\frac{GE}{ME}} = 0{,}625.$$

Unter Verwendung dieses Ergebnisses ergibt sich für „Carforce I" als **Gewinnschwelle**:

$$U_{krit} = \frac{40.000\,GE}{0{,}625} = 64.000\,GE$$

Bei den gegebenen Kosten und einem Preis in Höhe von 80 GE wird bei einem Umsatz von mehr als 64.000 GE ein Gewinn erzielt, bei einem Umsatz von weniger als 64.000 GE ein Verlust.

Teilaufgabe (d)

Die Gewinnschwelle wird in Teilaufgabe (a) (Break-even-Analyse) durch den **Absatz**, in Teilaufgabe (c) durch den **Umsatz** beschrieben. Bei einem Preis von 80 GE pro ME entspricht ein Absatz in Höhe von 800 ME genau einem Umsatz von 64.000 GE.

$$80 \frac{GE}{ME} \cdot 800 \text{ ME} = 64.000 \text{ GE}$$

Lösungshinweise Aufgabe 6-4

Eine weitere Methode der in Aufgabe 6-3 dargestellten **marktorientierten Preisfindung** ergibt sich durch die **Einbeziehung preispolitischer Reaktionen** der (potenziellen) Käufer bzw. Kunden und der Konkurrenten auf die eigenen Preise. Die entsprechende **Vorgehensweise** zur Preisfindung erfordert

- die Festlegung unterschiedlicher Umweltzustände (z.B. Reaktionen der Konkurrenz, Reaktionen der Kunden), deren Eintritt für möglich eingestuft wird und
- die Schätzung der Wahrscheinlichkeiten für das Erreichen dieser Umweltzustände.

Die unter Berücksichtigung entsprechender Schätzungen zu empfehlende Preisforderung ergibt sich dann entsprechend **der Methode der Erwartungswertmaximierung** als

$$E_p = \sum_{j=1}^{J} e_{pj} \cdot W_j \rightarrow \max .!$$

wobei:

E_p = Erwartungswert der Ergebnisse beim Preis p

e_{pj} = Ergebnisausprägung der Zielgröße bei den Preisalternativen p und Eintritt der Umweltzustände j (j = 1 ... J)

W_j = Wahrscheinlichkeit des Auftretens des Umweltzustandes (Reaktion der Marktteilnehmer)

Teilaufgabe (a)

Den **Entscheidungsbaum**, der sich aus den Angaben der Schaubilder 6-2 und 6-3 ableiten lässt, zeigt Schaubild 6-6. Zu beachten ist, dass nur alle gemäß

Schaubild 6-2 relevanten Preiskombinationen eingezeichnet werden müssen, während – auch in den folgenden Teilaufgaben – nicht-relevante Umweltzustände (wie z.B. eine Preiskombination $p_i = 19$ und $p_{ij} = 20$) keine Bedeutung haben.

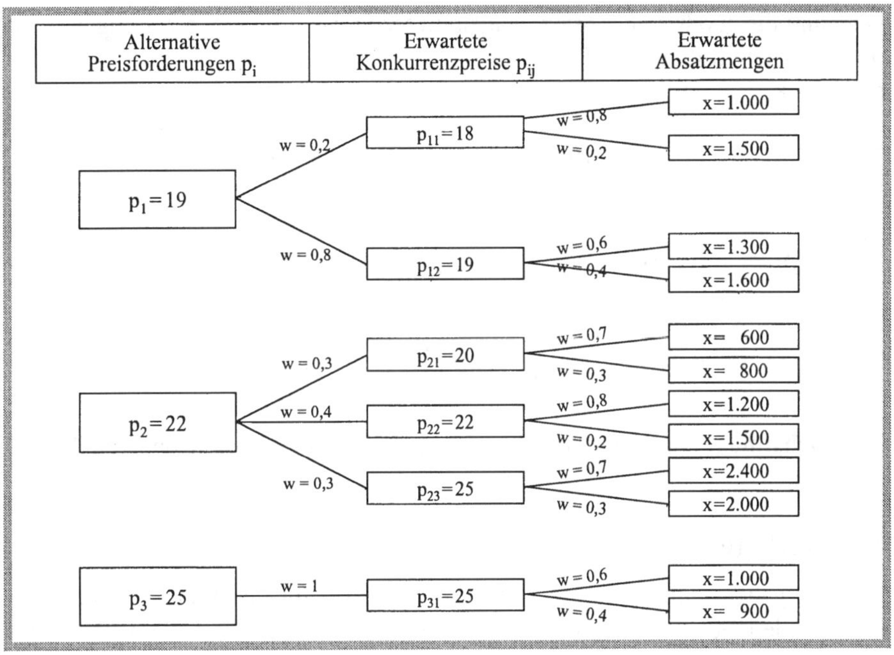

Schaubild 6-6: Entscheidungsbaum

Teilaufgabe (b)

Als **Erwartungswerte** berechnen sich:

$$E_{Absatz}(p_1) = (1.000\text{ ME} \cdot 0{,}8 + 1.500\text{ ME} \cdot 0{,}2) \cdot 0{,}2 + (1.300\text{ ME} \cdot 0{,}6 + 1.600\text{ ME} \cdot 0{,}4) \cdot 0{,}8 = 1.356\text{ ME}$$

$$E_{Absatz}(p_2) = (600\text{ ME} \cdot 0{,}7 + 800\text{ ME} \cdot 0{,}3) \cdot 0{,}3 + (1.200\text{ ME} \cdot 0{,}8 + 1.500\text{ ME} \cdot 0{,}2) \cdot 0{,}4 + (2.400\text{ ME} \cdot 0{,}7 + 2.000\text{ ME} \cdot 0{,}3) \cdot 0{,}3 = 1.386\text{ ME}$$

$$E_{Absatz}(p_3) = (1.000\text{ ME} \cdot 0{,}6 + 900\text{ ME} \cdot 0{,}4) \cdot 1 = 960\text{ ME}$$

Der **höchstmögliche Absatz** ist bei $\mathbf{p_2}$, d.h. bei einem Preis in Höhe von 22 GE, zu erwarten.

Teilaufgabe (c)

Um die für die einzelnen Preisalternativen zu **erwartenden Gewinne** zu berechnen, sind die erwarteten Absatzmengen dieser Preise mit dem zugehörigen Erlös pro ME zu multiplizieren. Der Erlös pro ME bei einem Preis p_i ergibt sich dabei aus $(p_i - k_v)$.

$$E_{Gewinn}(p_1) = 1.356\text{ ME} \cdot (19\,\frac{\text{GE}}{\text{ME}} - 16\,\frac{\text{GE}}{\text{ME}}) = 4.068\text{ GE}$$

$$E_{Gewinn}(p_2) = 1.386\text{ ME} \cdot (22\,\frac{\text{GE}}{\text{ME}} - 16\,\frac{\text{GE}}{\text{ME}}) = 8.316\text{ GE}$$

$$E_{Gewinn}(p_3) = 960\text{ ME} \cdot (25\,\frac{\text{GE}}{\text{ME}} - 16\,\frac{\text{GE}}{\text{ME}}) = 8.640\text{ GE}$$

Der **höchstmögliche Gewinn** ist bei $\mathbf{p_3}$, d.h. bei einem Preis in Höhe von 25 GE, zu erwarten.

Teilaufgabe (d)

Laut Aufgabenstellung muss der in Teilaufgabe (c) für den Preis p_2 berechnete **Gewinn** den Gewinn von p_3 übersteigen. Unter den in dieser Teilaufgabe gegebenen Bedingungen lässt sich dies formal wie folgt schreiben:

(I) $E_{Gewinn}(p_2) > E_{Gewinn}(p_3)$

Der erwartete Gewinn bei p_2 bleibt im Vergleich zu Teilaufgabe (c) unverändert:

(II) $E_{Gewinn}(p_2) = 8.316\text{ GE}$ (vgl. Teilaufgabe (c))

Der Ansatz für den erwarteten Gewinn bei p_3 muss entsprechend der Aufgabenstellung neu formuliert werden:

(III) $E_{Gewinn}(p_3) =$

$$960\text{ ME} \cdot (25\,\frac{\text{GE}}{\text{ME}} - 16\,\frac{\text{GE}}{\text{ME}}) \cdot a + 900\text{ ME} \cdot (25\,\frac{\text{GE}}{\text{ME}} - 16\,\frac{\text{GE}}{\text{ME}}) \cdot (1-a)$$

$$= 8.640\text{ GE} \cdot a + 8.100\text{ GE} \cdot (1-a)$$

Dabei bezeichnet a die **Wahrscheinlichkeit**, dass der Konkurrent auf einen eigenen Preis in Höhe von 25 GE mit einem ebenso hohen reagiert, während (1–a) die Wahrscheinlichkeit für einen Konkurrenzpreis von 24 GE in dieser Situation angibt.

Unter Verwendung von Ausdruck (II) und (III) lässt sich (I) damit schreiben als:

(IV) $8.316 \text{ GE} > 8.640 \text{ GE} \cdot a + 8.100 \text{ GE} \cdot (1-a)$,

wobei (1–a) für die gesuchte Wahrscheinlichkeit steht. Mit Gleichung (IV) lässt sich zunächst a ermitteln:

$$8.316 \text{ GE} > 8.640 \text{ GE} \cdot a + 8.100 \text{ GE} - 8.100 \text{ GE} \cdot a$$

$$8.316 \text{ GE} > 540 \text{ GE} \cdot a + 8.100 \text{ GE}$$

$$216 \text{ GE} > 540 \text{ GE} \cdot a$$

$$0{,}4 > a$$

Zur Ermittlung von (1 – a) lässt sich dies umschreiben und (1 – a) ermitteln:

$$0{,}4 - a > 0$$

$$1 - a > 0{,}6$$

Falls die **Wahrscheinlichkeit**, dass der Konkurrent auf einen Preis von 25 GE bei der „lifehelp AG“ mit einem Preis von 24 GE für sein eigenes Buch reagiert, **größer als 0,6** ist, wird unter den gegebenen Umständen ein Preis von 22 GE für die „lifehelp AG“ einen höheren Gewinn erwarten lassen.

Lösungshinweise Aufgabe 6-5

Bei den **Verfahren der marginalanalytischen Preisbestimmung** wird der Zusammenhang zwischen Preis und Absatzmenge mit Hilfe einer Funktion – **der Preis-Absatzfunktion** – dargestellt. Die Marginalanalyse folgt damit den Theorien der klassischen Mikroökonomie, insbesondere den dort entwickelten Monopol- und Oligopoltheorien.

Je nach **Markttyp** ergeben sich unterschiedliche Anwendungsformen der Marginalanalyse. In Aufgabe 6-5 wird auf die Situation des Angebotsmonopols, in Aufgabe 6-6 auf die des Oligopols eingegangen.

Im **Monopolfall** lassen sich unter Verwendung von Preis-Absatzfunktionen relativ einfach z.B. gewinn-, umsatz- und rentabilitätsmaximale Preise berechnen.

Als erster Schritt ist dazu ein Parametrisieren der Preis-Absatzfunktion notwendig, was in der Praxis oft erhebliche Schwierigkeiten bereitet. Zur Berechnung des Preises unter der Zielsetzung der **Gewinnmaximierung** ist dann in einem zweiten Schritt die Gewinnfunktion aufzustellen, die formal als

$$G(x) = U(x) - K(x)$$

geschrieben werden kann. U(x) stellt dabei die Umsatzfunktion dar, die als $U(x) = p \cdot x$ spezifiziert werden kann. K(x) steht für die Kostenfunktion, die sich im linearen Fall formal als $K(x) = K_f + k_v \cdot x$ spezifizieren lässt. Unter Verwendung der ersten Ableitung der Gewinnfunktion nach x kann dann der gewinnoptimale Preis berechnet werden.

Für die **Umsatz-** und die **Rentabilitätsmaximierung** gilt diese Vorgehensweise analog.

Bei Linearität sowohl der Preis-Absatz- als auch der Kostenfunktion und entsprechend einer Umsatzfunktion der Art:

$$U = a \cdot x - b \cdot x^2$$

kann alternativ zur aufgezeigten Vorgehensweise für die Berechnung des gewinnmaximalen Preises auch direkt die **Cournot-Formel**:

$$a - 2b \cdot x = k_v \text{ bzw. } p_c = \frac{a + k_v}{2}$$

verwendet werden.

Als wichtige Größe ist ergänzend die **Preiselastizität der Nachfrage** zu nennen. Sie gibt die Reaktionen der Nachfrager auf Änderungen des Preises wieder, wobei die relative Mengenänderung der relativen Preisänderung gegenübergestellt wird. Formal lässt sich schreiben:

$$\varepsilon = \frac{\frac{dx}{x}}{\frac{dp}{p}} \text{ bzw. } \varepsilon = \frac{dx \cdot p}{dp \cdot x}$$

wobei:

ε = Preiselastizitätskoeffizient
dx = (infinitesimale) Änderung der Absatzmenge
dp = (infinitesimale) Änderung des Preises

Hinweis zu den folgenden Teilaufgaben (a) – (f)

Aus Gründen der Übersichtlichkeit wird auf **Benennungen** (ME, GE) im Rahmen der einzelnen Berechnungen bei den Teilaufgaben (a) bis (f) verzichtet. Die Ergebnisse für den Preis und den Umsatz sind stets als GE, Ergebnisse für Absatzmengen stets als ME zu interpretieren.

Teilaufgabe (a)

Der **Prohibitivpreis** ist der Preis, bei dem gerade keine einzige Einheit mehr verkauft wird. Formal lässt er sich berechnen, indem für x in der Preis-Absatzfunktion der Wert 0 eingesetzt und das zugehörige p berechnet wird.

$$p = 60 - \frac{0}{30.000}$$

$$p = 60$$

Der Prohibitivpreis beträgt hier 60 GE.

Teilaufgabe (b)

Den – theoretisch – **maximal möglichen Absatz** kann ein Unternehmen dann erzielen, wenn es einen Preis von p = 0 ansetzt, d.h., sein Produkt verschenkt. Der maximale Absatz des neuen Produktes der „McFree GmbH" berechnet sich folglich durch Einsetzen von p = 0 in die Preis-Absatzfunktion und Auflösen der Gleichung nach x:

$$0 = 60 - \frac{x}{30.000}$$

$$x_{Max} = 1.800.000$$

Teilaufgabe (c)

Der **umsatzmaximale Preis** lässt sich durch Aufstellung der Umsatzfunktion, Ableitung dieser nach x, Gleichsetzung der Ableitung mit Null, Auflösen dieses Audruckes nach x und Einsetzen dieses Wertes für x in die Preis-Absatzfunktion berechnen.

Umsatzfunktion:

$$U = p \cdot x = (60 - \frac{x}{30.000}) \cdot x$$

$$= 60\,x - \frac{x^2}{30.000}$$

Ableitung der Umsatzfunktion nach x:

$$\frac{dU}{dx} = U'(x) = 60 - \frac{2x}{30.000} = 0$$

Auflösen nach x:

$$\frac{x}{15.000} = 60$$

$$x = 900.000$$

Einsetzen in die Preis-Absatzfunktion:

$$p = 60 - \frac{900.000}{30.000} = 30$$

Bei einem Preis in Höhe von 30 GE pro ME wird der Umsatz maximal.

Teilaufgabe (d)

Der **gewinnmaximale Preis** lässt sich durch Aufstellung der Gewinnfunktion, Ableitung dieser nach x, Gleichsetzung der Ableitung mit Null, Auflösen dieses Audruckes nach x und Einsetzen dieses Wertes für x in die Preis-Absatzfunktion berechnen.

Gewinnfunktion:

$$G = U(x) - K(x) = p \cdot x - k_v \cdot x - K_f$$

$$= (60 - \frac{x}{30.000}) \cdot x - 8\,x - 300.000 \text{ bzw. } 52\,x - \frac{x^2}{30.000} - 300.000$$

Ableitung der Gewinnfunktion nach x:

$$\frac{dG}{dx} = G'(x) = 60 - \frac{2x}{30.000} - 8 = 0 \text{ bzw. } 52 - \frac{2x}{30.000}$$

Auflösen nach x:

$$52 - \frac{x}{15.000} = 0$$

$$x_{opt} = 780.000$$

Einsetzen in die Preis-Absatzfunktion:

$$p_{opt} = 60 - \frac{780.000}{30.000} = 60 - 26 = 34$$

Bei einem Preis in Höhe von 34 GE pro ME wird der Gewinn maximal.

Teilaufgabe (e)

Unter Verwendung der **Gewinnfunktion** (vgl. Teilaufgabe (d)):

$$52\,x - \frac{x^2}{30.000} - 300.000$$

berechnet sich für die **umsatzmaximale** Menge x (und dadurch gleichzeitig für den umsatzmaximalen Preis) ein **Gewinn** von:

$$52\,x - \frac{x^2}{30.000} - 300.000 = 52 \cdot 900.000 - \frac{900.000^2}{30.000} - 300.000$$

$$= 19.500.000$$

und für die **gewinnmaximale** Menge x (und dadurch gleichzeitig für den gewinnmaximalen Preis) ein **Gewinn** von:

$$52\,x - \frac{x^2}{30.000} - 300.000 = 52 \cdot 780.000 - \frac{780.000^2}{30.000} - 300.000$$

$$= 19.980.000$$

Teilaufgabe (f)

Die **Rentabilitätsfunktion** R(x) gibt den Zusammenhang zwischen Rentabilität und Absatzmenge an. Sie lässt sich formal schreiben als:

$$R\,(x) = \frac{G(x)}{C(x)}$$

Der **rentabilitätsmaximale Preis** lässt sich durch Aufstellung der Rentabilitätsfunktion, Ableitung dieser nach x, Gleichsetzung der Ableitung mit Null, Auflösen dieses Audruckes nach x und Einsetzen dieses Wertes für x in die Preis-Absatzfunktion berechnen.

Unter Verwendung der **Gewinnfunktion** aus Teilaufgabe (d):

$$(60 - \frac{x}{30.000}) \cdot x - 8\,x - 300.000 \text{ und}$$

$$C(x) = 1 \cdot x$$

lässt sich **R(x)** für die vorliegende Aufgabe spezifizieren als:

$$R(x) = (60 - \frac{x}{30.000}) - 8 - \frac{300.000}{x} \text{ bzw.}$$

$$R(x) = (52 - \frac{x}{30.000}) - \frac{300.000}{x}$$

Ableitung der Rentabilitätsfunktion nach x:

$$\frac{dR}{dx} = R'(x) = -\frac{1}{30.000} - (-1) \cdot \frac{300.000}{x^2} = 0$$

Auflösen nach x:

$$\frac{1}{30.000} = \frac{300.000}{x^2}$$

$$x^2 = 300.000 \cdot 30.000$$

$$x \approx 94.868$$

Einsetzen in die Preis-Absatzfunktion:

$$p = 60 - \frac{94.868}{30.000} = 60 - 3{,}16 = 56{,}84$$

Bei einem Preis in Höhe von 56,84 GE pro ME wird die Rentabilität maximal.

Teilaufgabe (g)

Eine **Veränderung der Fixkosten** beeinflusst weder den gewinn- noch den umsatzmaximalen Preis. Tatsächlich sind die Fixkosten weder bei der einen Größe noch bei der anderen Größe von Bedeutung. Mathematisch zeigt sich dies im Wegfall der Fixkosten bei Ableitung der Gewinn- bzw. Umsatzfunktion. Die inhaltliche Interpretation ist, dass die Fixkosten kurzfristig keine entscheidungsrelevanten Kosten darstellen.

Die in der Teilaufgabe (e) berechneten tatsächlichen Gewinne für den gewinn- bzw. umsatzmaximalen Preis würden sich dagegen jeweils um 500.000 GE verringern.

Teilaufgabe (h)

Der Einsatz der **Marginalanalyse** im vorliegenden Fall ist **nicht unproblematisch**, da

- Informationen über den Verlauf und die Parameter der Preis-Absatzfunktionen vorausgesetzt werden,
- die Analyse rein statisch vorgenommen wird, d.h., auf die Zukunft wirkende Effekte nicht beachtet werden (z.B. die Möglichkeit einer wesentlich günstigeren Produktion in Folgeperioden bei ausreichend großer Absatzmenge in der aktuellen Periode),
- rationales Verhalten der Käufer („homo oeconomicus") unterstellt wird, was in der Realität selten der Fall ist,
- die Wirkung der anderen Marketinginstrumente, z.B. die Wirkung der Kommunikationspolitik, nicht in das Kalkül einbezogen wird,
- im Vordergrund ausschließlich ökonomische Ziele der Preispolitik stehen; nicht beachtet wird z.B. der evtl. vorhandene Vorteil einer schnellen Marktdurchdringung für folgende Perioden und
- Verbundwirkungen mit anderen Produkten nicht beachtet werden.

Ein großer Teil dieser Argumente lässt sich bei den meisten marginalanalytischen Ansätzen anführen. Komplexere Ansätze können einzelne dieser Probleme zwar beheben, ziehen i.d.R. jedoch andere, zusätzliche Einschränkungen nach sich.

Lösungshinweise Aufgabe 6-6

Die Situation des **Oligopols** liegt dann vor, wenn einige wenige Anbieter vielen kleinen Nachfragern gegenüber stehen. Von einem **Polypol** spricht man dagegen in dem Fall, dass es viele kleine Anbieter und viele kleine Nachfrager gibt.

Die **Besonderheit der Preispolitik** sowohl im Oligopol als auch im Polypol besteht darin, dass bei eigenen Preisänderungen mit Preisreaktionen der Konkurrenten zu rechnen ist, von denen wiederum die eigene Nachfrage abhängt. Unter diesem Gesichtspunkt sind die Kreuzpreiselastizität und die Reaktionselastizität von besonderer Bedeutung. Die **Kreuzpreiselastizität** ε_{ij} gibt an, um wie viel Prozent sich die Absatzmenge eines Produktes i ändert, wenn sich der Preis von Produkt j um 1 Prozent verändert.

$$\varepsilon_{ij} = \frac{dx_i \cdot p_j}{dp_j \cdot x_i}$$

Die **Reaktionselastizität** ρ_{ij} lässt sich als die vom Anbieter des Produktes i erwartete (relative) preispolitische Reaktion eines Konkurrenten (Produkt j) interpretieren (*Hruschka* 1996).

$$\rho_{ij} = \frac{dp_j}{dp_i} \cdot \frac{p_i}{p_j}$$

Auf die Besonderheiten der **Preis-Absatzfunktion** im Oligopol und im Polypol wird in den folgenden Teilaufgaben näher eingegangen.

Teilaufgabe (a)

Es handelt sich um ein **Oligopol**, da einige wenige Anbieter um viele Nachfrager konkurrieren.

Teilaufgabe (b)

Es handelt sich um ein **Polypol**, da viele Anbieter um viele Nachfrager konkurrieren. Im vorliegenden Fall kann konkret von **polypolistischer Konkurrenz** gesprochen werden, da Präferenzen für Schneedorf und sein Panorama bestehen und so – in einem gewissen Bereich – ein eigenes preispolitisches Verhalten von

„Alpenblick" möglich ist. Auf diesen preispolitischen Spielraum wird in Teilaufgabe (d) näher eingegangen.

Teilaufgabe (c)

Beim Eintrag der Werte in ein **Koordinatensystem** ergibt sich Schaubild 6-7.

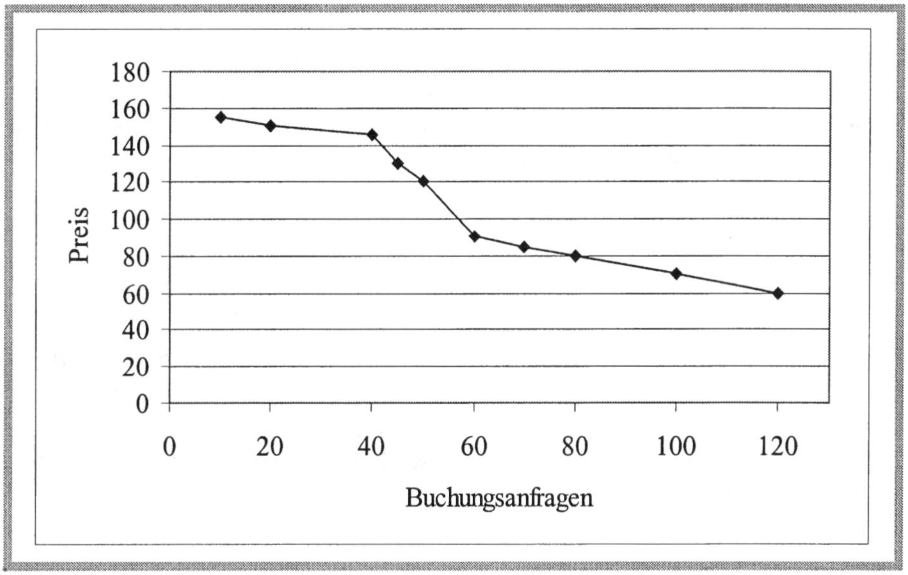

Schaubild 6-7: Preis-Absatzfunktion von „Alpenblick"

Teilaufgabe (d)

Auf unvollkommenen Märkten hat ein Unternehmen Präferenzen für sein Produkt bzw. seine Dienstleistung geschaffen. Diese Präferenzen ermöglichen dem Polypolisten ein eigenes preispolitisches Verhalten in bestimmten Preisbereichen. Aufgrund dieser Umstände kommt es zu der **doppelt-geknickten Preis-Absatzfunktion**. Im vorliegenden Fall bedeutet dies, dass innerhalb eines Preisbereiches zwischen 90 und 145 GE Preisvariationen bei „Alpenblick" durch den Kunden akzeptiert werden, während ein Überschreiten von 145 GE einen drastischen Nachfrageverlust zur Folge hat. Im umgekehrten Fall gelingt es ab einem Unterschreiten eines Preises von 90 GE, überproportional viele neue Kunden zu gewinnen.

Teilaufgabe (e)

Die Bereiche oberhalb von 145 GE und unterhalb von 90 GE werden entsprechend dem Grad der Marktmacht als atomistische Bereiche, der Bereich dazwischen als monopolistischer Bereich bezeichnet. Entsprechend der Lösung zu Teilaufgabe (d) ist bei einer **Preiserhöhung** mit einer stärkeren Kundenabwanderung im atomistischen Bereich zu rechnen.

Teilaufgabe (f)

Positives Vorzeichen, da die Kreuzpreiselastizität aussagt, wie sich die Menge von Unternehmen i marginal ändert, wenn sich der Preis von j marginal ändert: Eine Preiserhöhung bei einem Anbieter führt bei konkurrierenden Produkten zu einer Erhöhung der Absatzmenge beim Konkurrenten.

Teilaufgabe (g)

Positives Vorzeichen bei **Nicht-Vegetariern**, da es sich für diese Personen bei den beiden Restaurants um konkurrierende Produkte handelt (vgl. Teilaufgabe (f)).

Vorzeichen von 0 bei **Vegetariern**, da der Gasthof „Zum Hirschen“ für diese Personen keine Alternative darstellt und entsprechend die Preispolitik dieses Gasthofes die Vegetarier nicht tangiert bzw. die Preispolitik des Restaurants von „Alpenblick“ kein verändertes Nachfrageverhalten der Vegetarier gegenüber dem Gasthof „Zum Hirschen“ haben wird.

Lösungshinweise Aufgabe 6-7

Unter **dynamischem Preismanagement** wird im Unterschied zum statischen Preismanagement die Zeitdimension in die Entscheidung über den Preis mit einbezogen. Diese Dynamisierung tangiert die Kosten (vgl. Teilaufgabe (a)), die Gewinnfunktion (vgl. Teilaufgabe (b)) und die Markt- und Wettbewerbssituation (vgl. Teilaufgabe (c)) (*Simon* 1992).

Die **dynamische Betrachtung der Kosten** folgt dem Erfahrungskurvenkonzept, wobei der Erfahrungskurveneffekt auf drei Ursachen zurückgeführt werden kann (*Böcker* 1996; *Kreikebaum* 1997): Die Theorie der Lernkurve (d.h., die Wiederholung einer Handlung verbessert die Effizienz bei derselben), die Größendegression (d.h., mit zunehmender Stückzahl sinkt der Fixkostenanteil je Einheit) und die Technologiedegression (d.h., ab einer gewissen Produktionsmenge kann häufig eine kostengünstigere Technologie eingesetzt werden).

Die **dynamische Gewinnfunktion** unterscheidet sich von der statischen darin, dass nicht nur der aktuelle, sondern auch alle zukünftigen Gewinne Beachtung finden. Bei einer dynamischen Betrachtung können auch die **zukünftige Markt- und Wettbewerbssituation** in aktuelle Überlegungen zur Preispolitik mit einbezogen werden.

Teilaufgabe (a)

Die Argumentation von Herrn Müller über eine **dynamische Betrachtung der Kosten** kann der Überlegung folgen, dass eine Preisreduktion einen Anstieg der Nachfrage, d.h. zusätzliche Aufträge zur Folge hat. Von der höheren Nachfrage könnte man sich – insbesondere bei einem jungen Unternehmen wie der „Interfit GmbH" – folgende positiven Effekte versprechen:

- Je mehr Aufträge die „Interfit GmbH" durchführt, desto mehr Erfahrung gewinnen die diese Aufträge ausführenden Mitarbeiter und desto effizienter können Folgeaufträge von ihnen durchgeführt werden (**Theorie der Lernkurve**).
- Je mehr Aufträge die „Interfit GmbH" durchführt, desto geringer wird der Fixkostenanteil (z.B. Kosten für die Büromiete bei der „Interfit GmbH") je Auftrag (**Größendegression**). Die Wettbewerbsfähigkeit wird auf diese Weise gesteigert.
- Ab einer gewissen Auftragsgröße wird es sich für die „Interfit GmbH" lohnen, kostengünstigere Produktionsmittel einzusetzen (**Technologiedegression**). Hierzu könnte bei der „Interfit GmbH" eine fest angestellte Sekretärin ebenso zählen wie eine neue Software.

Teilaufgabe (b)

Die **dynamische Gewinnfunktion** der „Interfit GmbH" beinhaltet sowohl den aktuellen Gewinn der „Interfit GmbH" als auch den Gewinn der „Interfit GmbH" in den Folgeperioden. Der Gewinn der „Interfit GmbH" in der aktuellen Periode (t=1) lässt sich formal nach dem üblichen Ansatz „Umsatz abzüglich aller Kosten" schreiben als:

$$G_t = p_t x_t - K_t$$

Der **Gewinn in der Folgeperiode** ergibt sich als:

$$G_{t+1} = p_{t+1} x_{t+1} - K_{t+1}$$

Analog lassen sich bei Betrachtung eines Zeithorizontes bis T die Gewinne der Folgeperioden als G_{t+2}, G_{t+3}, ..., G_T aufstellen.

Um den **Barwert** zu erhalten, sind die zukünftigen Gewinne mit dem Zinssatz i zu diskontieren. Als Gesamtgewinn über alle Perioden (t=1 bis t=T) ergibt sich dann die dynamische **Gewinnfunktion**:

$$G = \sum_{t=1}^{T} (p_t x_t - K_t)(1+i)^{-t}$$

Teilaufgabe (c)

Die Dynamik der Markt- und Wettbewerbssituation sollte von einem Unternehmen wie der „Interfit GmbH" in jedem Fall beachtet werden. Von **einer Konstanz der Umfeldbedingungen** kann bei der „Interfit GmbH" nicht ausgegangen werden. Zudem ist es wahrscheinlich, dass die aktuelle Preispolitik der „Interfit GmbH" nicht nur Auswirkungen auf die Nachfrage in der aktuellen Periode, sondern auch in den Folgeperioden hat. Dies ließe sich durch eine dynamische Preis-Absatzfunktion modellieren, die entsprechend auch in die in Teilaufgabe (b) dargestellte dynamische Gewinnfunktion zu integrieren wäre. Ein Beispiel für einen derartigen **Carryover-Effekt** wäre, dass die Erfahrung eines Kunden mit der Dienstleistung der „Interfit GmbH" diesen veranlasst, die „Interfit GmbH" weiter zu empfehlen (word-of-mouth). Die schnelle Weiterentwicklung des Internet lässt zudem vermuten, dass negative zeitliche Effekte, d.h. eine Reduktion der zukünftigen Nachfrage aufgrund der aktuellen Nachfrage in Form einer **Sättigung**, nicht vorliegen. Es wäre dagegen eher zu vermuten, dass zufriedene Kunden auch zukünftig wieder auf die Dienstleistungen der „Interfit GmbH" zurückgreifen.

Kapitel 7: Entscheidungen der Kommunikationspolitik (Aufgaben)

Aufgabe 7-1

Ziele und Bedeutung der Kommunikationspolitik

Der Uhrenhersteller „Fireclock AG" produziert seit den 50er Jahren Uhren für den deutschsprachigen Markt. In seiner Entwicklung hat das Unternehmen verschiedene **Phasen der Kommunikation** durchlaufen. Nach einer Anlaufphase von einigen Jahren gelang es dem Unternehmen Mitte der **50er Jahre**, eine Analog-Armbanduhr für die breite Masse auf den Markt zu bringen. Eine Unterstützung des Abverkaufs durch kommunikative Maßnahmen erfolgte nicht. In den **60er Jahren** begann das Unternehmen damit, über TV-Spots („Kauft Fireclock-Uhren!") und Verkaufsförderungsmaßnahmen am Point of Sale den Verkauf der Uhr zu unterstützen. In den **70er Jahren** wurde das Uhrenangebot umfassend erweitert (z.B. Sportuhren und Luxusuhren als Digital- oder Automatikuhren). Gleichzeitig begann die „Fireclock AG" damit, ihre Zielgruppen differenziert anzusprechen. Das Kundensegment der „Jugendlichen Sportuhrenträger" wurde beispielsweise mit der Botschaft „Fireclock – die Trendsportuhr der jungen Generation" bearbeitet. Die Maßnahmen der zielgruppenspezifischen Bearbeitung von Kundensegmenten wurden in den **80er Jahren** weiter verfeinert, z.B. dadurch, dass auch Vorteile von Produktmerkmalen kommuniziert wurden. So wurde etwa die Botschaft für die Kundensegment um folgende Aussage erweitert: „Fireclock-Uhren sind einzigartig in ihrer Verarbeitung, Lebensdauer und Ausstattung. Dafür garantieren wir!". In den **90er Jahren** erkannte das Management der „Fireclock AG" aufgrund des allgemein hohen Werbedrucks und zunehmenden Reaktanzverhaltens der Rezipienten („Werbefrust") die Notwendigkeit, sämtliche Kommunikationsmaßnahmen (z.B. Mediawerbung und Sponsoring) in ihrem Aussagegehalt aufeinander abzustimmen. Im Bereich Sponsoring erfolgte z.B. die Übernahme von Sponsoringengagements in den Bereichen Snowboard, Ski und Windsurfing. Gleichzeitig wurde das Engagement im Bereich Kultur aufgegeben. An dieser Situation hat sich bis heute nichts geändert.

Ordnen Sie die Veränderungen in der Kommunikation der „Fireclock AG“ den unterschiedlichen **Phasen der Entwicklung der Kommunikation** zu und beschreiben Sie die Merkmale jeder Phase!

Aufgabe 7-2

Prozess der Kommunikationsplanung

Der Traktorenhersteller „TRACTOR GmbH“ ist neu am Markt für landwirtschaftliche Geräte. Als Marketingleiter ist es Ihre Aufgabe, einen strukturierten Planungsprozess der Kommunikationspolitik zu entwickeln.

Wie kann die „TRACTOR GmbH“ bei der systematischen **Planung der Kommunikationspolitik** vorgehen?

Aufgabe 7-3

Erscheinungsformen der Mediawerbung

Der Zigarettenhersteller „Quick Sick AG“ plant die Einführung einer neuen Zigarettenmarke mit dem Namen „Stop!“. Das Besondere an der Zigarette ist, dass sie fast kein Nikotin enthält. Der Marketingleiter überlegt sich, in welcher Form im Rahmen der Kommunikationspolitik der Einsatz der Mediawerbung erfolgen könnte.

(a) Nennen Sie beispielhaft geeignete **Maßnahmen zur Gestaltung von Werbemitteln** je Werbeträger, die die „Quick Sick AG“ einsetzen kann!

(b) Welche Möglichkeiten für die **Durchführung der Mediawerbung** hinsichtlich der Durchführungsverantwortung kommen für die „Quick Sick AG“ in Betracht?

Aufgabe 7-4

Festlegung der Werbeziele

Der Gourmetservice „Partyhirsch GmbH“ bietet überregional einen Partyservice an. Das Angebot umfasst Teilleistungen (wie z.B. Getränkeanlieferung) bis hin zur kompletten Organisation und Durchführung einer Veranstaltung (einschließlich Bedienung). Die „Partyhirsch GmbH“ gilt als qualitativ hochwertig und absolut zuverlässig. Der Slogan der „Partyhirsch GmbH“ lautet: „Machen Sie eine Party – nie ohne Partyhirsch“. Seit kurzem bietet das Unternehmen eine organisierte Überraschungsparty an, bei der die Auftraggeber vorher nicht wissen, wie und wo die Party stattfinden wird. Die Unternehmensleitung beabsichtigt eine Bearbeitung des gesamten deutschen Marktes innerhalb der kommenden drei Jahre. Gleichzeitig soll eine umfassende Werbekampagne gestartet werden. Als externer Berater ist es Ihre Aufgabe, die Geschäftsleitung bei der Festlegung der Werbeziele zu unterstützen. Folgendes Werbeziel wurde bereits formuliert: „In der Zielgruppe der 18- bis 29-jährigen soll ein gestützter Bekanntheitsgrad der Marke „Partyhirsch“ von 60 Prozent erreicht werden.“

(a) Welche **Kategorien** von Werbezielen können unterschieden werden? Nennen Sie beispielhaft mögliche Ziele für die „Partyhirsch GmbH“ innerhalb einzelner Kategorien, die neben dem in der Aufgabenstellung angeführten noch in Frage kommen!

(b) Welchc **Wirkungsstufen** der Werbung könnte die „Partyhirsch GmbH“ im Rahmen der Erfolgskontrolle festlegen? Erläutern Sie in diesem Zusammenhang das **AIDA-Schema** als Modell der Werbewirkung!

(c) Welche Anforderungen an eine **operationale Zielformulierung** müssen Werbeziele erfüllen? Wie beurteilen Sie vor diesem Hintergrund das von der Geschäftsleitung der „Partyhirsch GmbH“ definierte Werbeziel?

Aufgabe 7-5

Beschreibung der Zielgruppen der Werbung

Das Reinigungsunternehmen „Clean-up AG“ ist ein national tätiges Dienstleistungsunternehmen im Bereich der Gebäudereinigung. Das Unternehmen hat sich auf die Reinigung von Großbetrieben spezialisiert – insbesondere Krankenhäuser und Fabrikhallen. Die „Clean-up AG“ hat erst kürzlich damit begonnen, werbliche Aktivitäten durchzuführen. Es bestehen daher keine Erfahrungswerte hinsichtlich der Definition von Zielgruppen für die Werbung. Als externer Berater wurden Sie hinzugezogen, um die „Clean-up AG“ bei der Beschreibung der Zielgruppen der Werbung zu unterstützen.

(a) Welche **Aufgaben** sind bei der „Clean-up AG“ im Rahmen der **Zielgruppenplanung** zu lösen?

(b) Erläutern Sie beispielhaft die **Anforderungen**, die die „Clean-up AG“ an die **Merkmale der Zielgruppenbeschreibung** stellen sollte!

Aufgabe 7-6

Entwicklung der Werbestrategie

Der Hersteller „Brella GmbH“ produziert Regenschirme. Das Produktprogramm umfasst die Produktlinie „Taschenregenschirme“ und „Stockschirme“. Als Marken vertreibt das Unternehmen „Brella De Luxe“ (Hochwertige Regenschirme) und „Brella Standard“ (Regenschirme mit Standardqualität). Die „Brella GmbH“ möchte sich bei ihren Kunden als der Anbieter erster Wahl für die Problemlösung „Regenschirm“ positionieren. Aus Erfahrung in einem Testmarkt ist bekannt, dass für eine Informations- und Bekanntmachungsstrategie der „Brella GmbH“ besonders Werbung im Rundfunk geeignet ist. Auch Werbung in Freizeitzeitschriften hat sich als vorteilhaft erwiesen. Seit neuestem bietet die „Brella GmbH“ eine Fünfjahres-Garantie für ihre Produkte an.

Als Kommunikationsfachmann sollen Sie die „Brella GmbH“ bei der Entwicklung einer Werbestrategie unterstützen.

(a) Welche **Dimensionen einer Werbestrategie** für die „Brella GmbH“ können unterschieden werden? Beschreiben Sie die möglichen **Ausprägungen** der einzelnen Dimensionen!

(b) Begründen Sie das Ergebnis der **Vorteilhaftigkeit** der Werbung in Rundfunk und Freizeitmagazin im Zusammenhang mit der angestrebten **Informations- und Bekanntmachungsstrategie** der „Brella GmbH“!

Aufgabe 7-7

Festlegung des Werbebudgets

Der Zigarrenhersteller „Davidu AG“ betreibt **intensiv Werbung**, um trotz harter Konkurrenz aus dem osteuropäischen Raum im Markt bestehen zu können. Die **jährlichen Ausgaben** für Werbung wurden bisher stets so festgelegt, dass sie fünf **Prozent vom Umsatz** des Vorjahres ausmachten. Ihnen stehen die in Schaubild 7-1 dargestellten Daten zur Verfügung.

	Tabacco	Smoke	Life
Anzeigenpreis	5.000	5.500	???
Anzahl der Leser	30.000	37.000	28.000

Schaubild 7-1: Mediadaten der „Davidu AG“

(a) Wie ist die **Vorgehensweise** der „Davidu AG“ bei der Festlegung der **Höhe des Werbebudgets** zu beurteilen? Begründen Sie Ihre Antwort und zeigen Sie **Alternativen** für die „Davidu AG“ auf!

(b) Ihr Vorschlag, das Werbebudget künftig nach der Methode der **Ziel-Maßnahmen-Kalkulation** festzulegen, wurde angenommen. Erläutern Sie die **Vorteile dieser Methode** und erklären Sie beispielhaft die **Vorgehensweise** für die „Davidu AG“!

(c) Nach der Festlegung des Werbebudgets hat die Geschäftsleitung beschlossen, in **genau einer** der drei Zeitschriften „Tabacco“, „Smoke“ oder „Life“ zu werben. Die Auswahl der Zeitschrift sollen Sie mit Hilfe des **Tausenderkontaktpreises** treffen. Über die Zeitschriften sind die in Schaubild 7-1 dargestellten Daten bekannt. Mit der „Life“ stehen Sie noch in **Verhandlungen** über den Anzeigenpreis. Wie hoch darf dieser **höchstens** sein, damit Sie sich für diese Zeitschrift entscheiden?

Aufgabe 7-8

Verteilung des Werbebudgets (Reichweite und Tausenderkontaktpreis)

Sie sind der für Kaffeemaschinen zuständige Produktmanager der „Koffee GmbH“ und planen die Belegung von Zeitschriftenanzeigen für eine Werbekampagne. Ihnen stehen die in Schaubild 7-2 dargestellten Daten zur Verfügung.

Für die Belegung der Zeitschriften wurde Ihnen ein Budget in Höhe von 620.000 GE eingeräumt. Die Belegung soll so erfolgen, dass drei Zeitungen mit jeweils mindestens zwei Schaltungen belegt werden. Als Zielgruppe der „Koffee GmbH“ formuliert der Marketingleiter vorab: Sämtliche Ein-Personen-Haushalte, 50 Prozent der Zwei-Personen-Haushalte und 25 Prozent der Drei-Personen-Haushalte.

Zeitschrift	Leser gesamt (in Mio.)	1-Pers.-HH. (in Mio.)	2-Pers.-HH. (in Mio.)	3-Pers.-HH. (in Mio.)	Anzeigenpreis (1/1 Seite)
A	1,2	0,4	0,3	0,5	35.000
B	1,4	0,8	0,3	0,3	40.000
C	1,3	0,7	0,4	0,2	38.000
D	1,8	0,9	0,4	0,5	50.000

Schaubild 7-2: Daten über Werbeträger der „Koffee GmbH"

(a) Warum gibt die Kontaktmaßzahl der **Bruttoreichweite** kein klares Bild über die effektive **Reichweite** eines Mediums? Welche **Maßzahl** eignet sich für die „Koffee GmbH" am besten für die Auswahlentscheidung zwischen Mediakombinationen?

(b) Erstellen Sie den **Streuplan** für die „Koffee GmbH" mit Hilfe des **gewichteten Tausenderkontaktpreises** und unterziehen Sie das hier verwendete **Rangreihenverfahren** anschließend einer kritischen Würdigung!

Aufgabe 7-9

Verteilung des Werbebudgets (Zielgruppenplanung und Lineare Programmierung)

Als Mediaplaner des Süßwarenherstellers „SWEETS AG" ist es Ihre Aufgabe, den gewichteten und ungewichteten Tausenderkontaktpreis für die Zeitschriften „JUNO" und „BALSA" als Entscheidungsgrundlage für die Werbestreuplanung zu liefern.

Dabei können Sie auf die in Schaubild 7-3 dargestellten Daten aus der Mediaanalyse Ihrer Werbeagentur zurückgreifen.

Die **Kosten** für eine einseitige Anzeige betragen im Fall der „JUNO" 55.000 GE, für die „BALSA" fallen Kosten in Höhe von 61.000 GE an. Die **Zielgruppe** der „SWEETS AG" besteht zu 70 Prozent aus Männern und zu 30 Prozent aus Frauen.

Zeitschrift	JUNO	BALSA
Leserschaft	8.802.500	10.302.500
In Prozent*	35,21	41,21
Männer	5.500.000	7.200.500
Frauen	3.302.500	3.102.000
Haushaltsführende	3.100.000	2.900.000

* Bei den Daten handelt es sich um eine Leserstrukturanalyse der aufgeführten Zeitschriften; z.B. wird die JUNO von insgesamt 8.802.500 Personen gelesen. Die Basis beträgt 25 Mio. Bürger zwischen 14 und 49 Jahren.

Schaubild 7-3: Mediadaten der „SWEETS AG"

(a) Beschreiben Sie kurz die Schritte der **Zielgruppenplanung**! Wie beurteilen Sie die **Zielgruppenbeschreibung** der „SWEETS AG"?

(b) Berechnen Sie die gewichteten und ungewichteten **Tausenderkontaktpreise** für die Zeitschriften „JUNO" und „BALSA" und geben Sie eine **Empfehlung** für die zu belegende Zeitschrift ab!

(c) Ermitteln Sie mit Hilfe des Optimierungsverfahrens der **Linearen Programmierung** den optimalen Werbestreuplan. Als Zielfunktion sei gegeben:

$$Z = 3 \cdot \text{Juno} + 2 \cdot \text{Balsa} \text{ (mit } Z = \text{Werbewirkung)}$$

Es ist ein Kommunikationsbudget von 3,359 Mio. GE verfügbar. Folgende Belegungsgrenzen sind vorgegeben: Die Zeitschrift JUNO muss mindestens vier mal und kann maximal 40 mal belegt werden, BALSA hat als Mindestbelegungszahl acht und als Maximalbelegungszahl 32 Schaltungen. Um das Optimierungsproblem zu lösen, wählen Sie bitte die **graphische Lösung**!

Aufgabe 7-10

Gestaltung der Werbebotschaft

Die „Zacke AG" produziert Wein für den deutschsprachigen Raum. Bisher hat das Unternehmen lediglich einen Wein im Angebot: Die „Dolle Traube". Eine Marktanalyse hat gezeigt, dass der Wein vorwiegend von einer Zielgruppe im

Alter von 50 bis 70 Jahren gekauft wird. Aus Sicht jüngerer Zielgruppen hat der Wein ein schlechtes Image („altbacken“) und ist qualitativ unterdurchschnittlich. Der neue Marketingleiter möchte nun vermehrt junge Zielgruppen erreichen. Hierzu wurde der neue Wein „Summer Sun“ kreiert.

Die „MUMA“-Medienagentur wird mit der Gestaltung einer Werbebotschaft des neu einzuführenden Weines „Summer Sun“ beauftragt. Der Inhalt des Briefings ist in Schaubild 7-4 dargestellt.

Positionierung „Summer Sun“	**Kommunikative Ziele**	**Zielgruppen**
▪ Jugendlich ▪ Frisch ▪ Lebensfreude ▪ Modern ▪ Qualität	**Imageaufbau**: ▪ Hohe Produktqualität ▪ Neues Design **Bekanntheitsgrad**: Gestützter Bekanntheitsgrad von 40% innerhalb eines Jahres in der relevanten Zielgruppe	Junge Weintrinker 25-35 Jahre alt

Schaubild 7-4: Briefing der „Zacke AG“

(a) Welche **Möglichkeiten** der Gestaltung einer Werbebotschaft sind zu berücksichtigen? Verdeutlichen Sie diese beispielhaft für die „Zacke AG“!

(b) Was ist bei der **Gestaltung** des Botschaftsinhalts in Abhängigkeit von der Wahl eines Werbemediums und im Hinblick auf die Informationsüberlastung der Konsumenten zu berücksichtigen?

(c) Wie könnte die **Präsentation** des Entwurfs der „MUMA“-Werbeagentur bei der „Zacke AG“ ablaufen?

Aufgabe 7-11

Kontrolle der Werbewirkungen

Die „Nickytrain GmbH" produziert Modelleisenbahnen mit verschiedener Spurgröße. Im Sortiment hat das Unternehmen die Minispurgröße „Nickytrick", die Normalspurgröße „Nicky-HO" und „Nickmax" mit einer großen Spurgröße. Nach der Durchführung einer eineinhalbjährigen Werbekampagne in Rundfunk, Fernsehen und Publikumszeitschriften wurde eine Kontrolle der Werbewirkungen im Hinblick auf die Steigerung des Bekanntheitsgrades durchgeführt. Hierzu wurde den Probanden eine Publikumszeitschrift vorgelegt und gefragt, an welche Anzeigen sie sich erinnern können bzw. welche Anzeigenelemente sie wiedererkennen. Im Januar des Jahres wurde eine einmonatige Imagekampagne gestartet. Anfang Februar führte ein Marktforschungsinstitut eine Erhebung der Wirkungen der Anzeigenkampagne durch. Das Ergebnis ist eine nur geringfügige Erhöhung des Images im Vergleich zu den Werten der Vorjahresumfrage.

(a) Welche Methode der **Werbewirkungsanalyse** wurde bei der „Nickytrain GmbH" für die Messung des Bekanntheitsgrades durchgeführt? Beurteilen Sie das verwendete Verfahren kritisch und machen Sie einen Alternativvorschlag!

(b) Welche Probleme der **Werbewirkungsmessung** bei der „Nickytrain GmbH" werden durch die Ergebnisse des Marktforschungsinstituts evident?

Aufgabe 7-12

Einsatz der Verkaufsförderung

Als Produktmanager bei der „CHIPS GmbH" sind Sie zuständig für die nationale Neueinführung der Marke „Chuppy-Chips", einer mit Paprika und Essig versehenen Chipssorte und zugleich dem zurzeit einzigen Produkt der „CHIPS GmbH". Das Unternehmen wurde erst kürzlich als selbständiges Unternehmen gegründet, indem es von einem Konsumgüterkonzern „outgesourct" wurde. Bisher verfügt die „CHIPS GmbH" daher weder über einen nennenswerten **Bekanntheitsgrad** noch über ein spezifisches **Image**.

Die Geschäftsleitung verfolgt zum einen die Zielsetzung der Listung des Produktes im Handel, zum anderen wurden als Kommunikationsziele die Bekanntmachung und die Profilierung des Unternehmens sowie der Marke „Chuppy-Chips“ festgelegt.

Im Rahmen der Kommunikationspolitik werden als geeignete Instrumente zur Erreichung der Kommunikationsziele die **Mediawerbung** und die **Verkaufsförderung** diskutiert.

(a) Legen Sie der Geschäftsführung die **Vorteile der Verkaufsförderung** – bezogen auf die Neueinführung der „Chuppy-Chips“ – dar! Welches der genannten Instrumente – Mediawerbung oder Verkaufsförderung – ist für die Erreichung der Kommunikationsziele zu **empfehlen**?

(b) Welche **Formen der Verkaufsförderung** stehen zur Auswahl? Nennen Sie je Form **zwei geeignete Maßnahmen**, die für die Einführung der „Chuppy-Chips“ durchgeführt werden könnten! Welche Form ist zu wählen?

(c) Setzen Sie sich **kritisch** mit der Eignung der Verkaufsförderung für die „CHIPS GmbH“ auseinander!

Aufgabe 7-13

Einsatz des Direct-Marketing

Als Verantwortlichen für die Unternehmenskommunikation der „Babybrei AG“, einem Hersteller von Babynahrung, beauftragt man Sie mit der Entwicklung einer **Direct-Marketingstrategie**. Das Unternehmen möchte mit seinen Zielgruppen – in erster Linie schwangere Frauen und Mütter mit Babys – in einen engen Dialog treten. Damit werden die folgenden Ziele verfolgt: Den aktuellen und potenziellen Kunden sollen Produktinformationen künftig ohne große Streuverluste übermittelt werden. Außerdem ist das Management an Verbesserungsvorschlägen und Anregungen von Konsumentenseite interessiert. Darüber hinaus sollen auch neue Kunden gewonnen und langfristig an das Unternehmen gebunden werden.

Weil Kindernahrung ein sensibler Bereich ist, in dem Vertrauen der Eltern eine hohe Bedeutung hat, gibt Ihnen die Geschäftsleitung die Auflage, dass die Maßnahmen des Direct-Marketing **möglichst unaufdringlich** sein sollten.

(a) Diskutieren Sie, auf **welche Art und Weise** Sie mit den Zielgruppen in Kontakt treten können!

(b) Welche **Formen des Direct-Marketing** eignen sich vor dem Hintergrund der von der Geschäftsleitung ausgesprochenen Auflage? Begründen Sie Ihre Meinung!

Aufgabe 7-14

Einsatz der Public Relations

Die „Save Bike AG" ist ein Hersteller für Motorradschutzkleidung und -helme. Ein Großteil der Mitarbeiter des Unternehmens fährt selbst leidenschaftlich gerne Motorrad und ist gleichzeitig überaus sicherheitsbewusst. Der Leiter der PR-Abteilung der „Save Bike AG" ist bemüht, insbesondere Fachjournalisten im Rahmen von quartalsweise stattfindenden Pressekonferenzen und begleitenden Pressemitteilungen zu informieren. Dabei liegt der Schwerpunkt auf der Vermittlung von Aktivitäten der „Save Bike AG" hinsichtlich Qualitätspolitik (z.B. Auswahl und Verarbeitung neuer Materialien) und der Beteiligung der „Save Bike AG" an verschiedenen Motorradfahrerinitiativen (z.B. „Sicheres Bike"). Dabei ist das Unternehmen bemüht, in erster Linie bestimmte Leistungsmerkmale (z.B. Reissfestigkeit der Schutzkleidung oder die Stabilität der Helme) zu kommunizieren. Das Management der „Save Bike AG" erhofft sich mit der PR-Arbeit auch kurzfristige Kommunikationsziele, wie z.B. die Erhöhung der Abverkaufszahlen, zu erreichen.

(a) Welche **Aufgaben und Ziele** erfüllt die PR-Abteilung der „Save Bike AG"?

(b) Welche **Art** von PR verfolgt die „Save Bike AG" hauptsächlich? Nennen Sie weitere Alternativen der PR!

(c) Welche **Maßnahmen** der PR verfolgt die „Save Bike AG"? Stellen Sie weitere mögliche Maßnahmen beispielhaft für die „Save Bike AG" dar!

(d) Wie beurteilen Sie die **Eignung** der PR, auch kurzfristige Kommunikationsziele zu erreichen?

Aufgabe 7-15

Einsatz des Sponsoring

Der Reiseveranstalter „Caribic-Surf GmbH" plant, zukünftig als **Sponsor im Sportbereich** aufzutreten. Bisher ist noch offen, welche Sportart gesponsert werden soll. Der Marketingleiter favorisiert das Sponsoring international besetzter Tennisturniere. Der Inhaber des Unternehmens, Karl Kneib sen., hingegen ist ein begeisterter Segler und möchte am liebsten internationale Regatten sponsern.

Er zieht Sie als externen Berater hinzu und erzählt Ihnen in einem ersten Gespräch, dass sein Unternehmen bereits im letzten Jahr eine Behindertenwerkstatt gesponsert habe, im Rahmen dessen ein Betrag in Höhe von 20.000 GE **gespendet** worden sei.

(a) Erklären Sie dem Inhaber der „Caribic-Surf GmbH" anhand der konstitutiven Merkmale des Sponsoring den **Unterschied** zwischen Sponsoring und Mäzenatentum!

(b) Diskutieren Sie anhand **geeigneter Kriterien**, bei welcher **Sportart** die „Caribic-Surf GmbH" als Sponsor auftreten sollte!

(c) Unterziehen Sie das Sponsoring einer **kritischen Würdigung** hinsichtlich seiner Eignung als Kommunikationsinstrument!

Aufgabe 7-16

Einsatz der Multimedia-Kommunikation

Die „Firenow AG" ist ein Hersteller von Brandmeldegeräten und stellt professionelle Brandmeldegeräte für Unternehmen und öffentliche Gebäude, aber auch für private Haushalte her. Seit kurzem versendet die „Firenow AG" CD-ROMs als interaktive, informationsorientierte Anwendung in Form eines virtuellen Katalogs mit Videosequenzen zu den einzelnen Produkten. Mit dieser Maßnahme will das Unternehmen mit den neuesten Entwicklungen der Multimedia-Kommunikation Schritt halten. Versendet werden die CD-ROMs an sämtliche Kunden der „Firenow AG".

(a) Welche **Funktionen** erfüllt die CD-ROM und welche **Ziele** verfolgt die „Firenow AG" mit ihrer CD-ROM?

(b) Wie beurteilen Sie das System „CD-ROM" als mobiles Speichermedium im Hinblick auf die **Eignung** als interaktive, informationsorientierte Anwendung? Welches System würde sich für die genannte Anwendung besser eignen?

Aufgabe 7-17

Einsatz weiterer Kommunikationsinstrumente

Die „Breaklight GmbH" produziert Kfz-Alarmanlagen, Universallichtschranken und Überwachungskameras. Neben klassischer Mediawerbung veranstaltet die „Breaklight GmbH" regelmäßig Events, bei denen die Kunden versuchen sollen, Autos zu knacken, Lichtschranken zu überlisten oder Überwachungskameras zu sabotieren, ohne dabei den „Breaklight"-Alarm auszulösen. Dabei finden Verlosungen von „Breaklight"-Produkten statt.

(a) Um welche **Form** des Marketing handelt es sich bei den in der Aufgabenstellung beschriebenen Events und welche **Ziele** verfolgt die „Breaklight GmbH" damit?

(b) Welche **weiteren Kommunikationsinstrumente** kann die „Breaklight GmbH" außerdem einsetzen? Verdeutlichen Sie dies an Beispielen!

Aufgabe 7-18

Integrierte Unternehmenskommunikation

Die „Profi AG" stellt Klimaanlagen her und führt eine Vielzahl von Werbekampagnen in unterschiedlichen Medien in Zusammenarbeit mit verschiedenen Medienagenturen durch. Dabei ist jeder Produktmanager („Profiklima Großgebäude", „Profiklima Kleingebäude" und „Profiklima für zu Hause") für die Planung und Durchführung seiner eigenen Werbekampagnen verantwortlich. Für die Gestaltung der Werbemittel besteht von Seiten der Unternehmensleitung die Vorgabe, dass das einheitliche „Profi"-Logo zu verwenden ist. Darüber hinaus bestehen Vorgaben für Schriftgröße, -art und -farbe.

(a) Bei der „Profi AG" soll eine Integration der einzelnen Kommunikationsinstrumente („**Integrierte Unternehmenskommunikation**") Beachtung finden. Welche **Vorteile** wird sich die „Profi AG" dabei erhoffen?

(b) Um welche **Form** der Integration der Kommunikation handelt es sich bei der „Profi AG" und welche Ziele können hiermit erreicht werden? Welche **weiteren Formen** der Integration der Kommunikation kann die „Profi AG" durchführen? Nennen Sie denkbare **Maßnahmen** je Form für die „Profi AG"! Welche **Ziele** können mit den Formen jeweils erreicht werden?

Kapitel 7: Entscheidungen der Kommunikationspolitik (Lösungshinweise)

Lösungshinweise Aufgabe 7-1

Vor dem Hintergrund sich wandelnder Wettbewerbsbedingungen und eines zunehmenden Kommunikationswettbewerbs hat sich die Kommunikation in den vergangenen Jahren kontinuierlich verändert und weiterentwickelt. Produkte und Leistungen sind ähnlicher und damit austauschbarer geworden, so dass sich Unternehmen heute einem zunehmenden **Kommunikationswettbewerb** stellen müssen. Als Erscheinungsformen der Kommunikation können unterschieden werden: Die Kommunikation zwischen Unternehmen und Kunde („Externe Kommunikation"), die Kommunikation zwischen Mitarbeitern und Kunden („Interaktive Kommunikation") sowie die Kommunikation zwischen Unternehmen und Mitarbeitern („Interne Kommunikation"). Folgende Entwicklungsphasen der Kommunikation können voneinander abgegrenzt werden:

In der **Phase der unsystematischen Kommunikation** spielt die Kommunikationspolitik keine große Rolle, weil das Produktangebot im Mittelpunkt steht und sich bei großer Nachfrage einfach verkauft („Verkäufermarkt").

In der **Phase der Produktkommunikation** ist die Verkaufsorganisation eines Unternehmens durch Kommunikationsinstrumente wie Mediawerbung oder Verkaufsförderung kommunikativ zu unterstützen.

In der **Phase der Zielgruppenkommunikation** dient die Kommunikation einer differenzierten Zielgruppenansprache, im Rahmen derer ein spezifischer Kundennutzen zu vermitteln ist („Käufermarkt").

In der **Phase der Wettbewerbskommunikation** ist das Ziel der Kommunikation die Erreichung einer einzigartigen Positionierung beim Kunden und damit die eindeutige Abgrenzung von der Konkurrenz.

In der **Phase des Kommunikationswettbewerbs** und der **Integrierten Kommunikation** ist die Kommunikation ein Erfolgsfaktor zur Erreichung von Wettbewerbsvorteilen. Aufgrund des hohen Kommunikationsdrucks sind die Kommunikationsbedingungen schwieriger geworden, so dass die Vielzahl der

Kommunikationsinstrumente besser aufeinander abgestimmt werden müssen, um ein einheitliches Bild des Unternehmens zu vermitteln.

Die Veränderungen in der Kommunikation der **„Fireclock AG"** können den Entwicklungsphasen wie folgt zugeordnet werden:

Phase der unsystematischen Kommunikation: In den 50er Jahren bestand ein großer Nachfrageüberhang. Das Angebot an verschiedenen Uhrentypen war gering. Daher war die Unterstützung des Abverkaufs der „Fireclock"-Uhr durch kommunikative Maßnahmen in dieser Zeit aus der Sicht der „Fireclock AG" nicht notwendig.

Phase der Produktkommunikation: In dieser Phase verlagerte sich der Engpass von der Produktion hin zum Vertrieb. Weitere Uhrenhersteller etablierten sich am Markt, so dass es für die „Fireclock AG" notwendig wurde, ihre Verkaufsorganisation durch kommunikative Maßnahmen zu unterstützen. Dies erfolgte bei der „Fireclock AG" zum einen über Mediawerbung mit dem Ziel, den Bekanntheitsgrad des Unternehmens und seiner Produkte zu erhöhen („Kauft Fireclock-Uhren!"), zum anderen über Maßnahmen der Verkaufsförderung, durch die am Point of Sale Informationen über Fireclock-Uhren vermittelt wurden.

Phase der Zielgruppenkommunikation: Eine zunehmende Anzahl von Uhrenherstellern mit unterschiedlichen Modellen versuchte, ihre Uhren zu verkaufen. Aus dem Verkäufermarkt war ein Käufermarkt geworden. In dieser Phase erweiterte die „Fireclock AG" ihr Uhrenangebot um weitere Modelle (z.B. Sportuhren oder Luxusuhren als Digital- oder Automatikuhren). Diese Produktdifferenzierung musste zielgruppengerecht kommuniziert werden. Dies gelang durch die differenzierte kommunikative Bearbeitung von Zielgruppen (z.B. das Kundensegment der „Jugendlichen Sportuhrenträger") über geeignete Medien. Im vorliegenden Fall wurde dies über die Werbebotschaft mit den Inhalten „Fireclock", „Trendsportuhr" und „junge Generation" zu erreichen versucht.

Phase der Wettbewerbskommunikation: Kennzeichnend für diese Phase war eine weitere Erhöhung der Konkurrenzintensität im Uhrenmarkt. Zentrale Aufgabe des Marketing der „Fireclock AG" war es, strategische Wettbewerbsvorteile gegenüber der Konkurrenz aufzubauen, durchzusetzen und am Markt zu verteidigen. Es reichte hier nicht mehr aus, die Kundensegmente zielgruppengerecht zu bearbeiten. Das Marketing der „Fireclock AG" arbeitete in dieser Phase intensiv an der Erreichung einer **UCP** (Unique Communication Proposition), um bei ihren Kunden eindeutige Präferenzen für die eigenen Uhren zu schaffen. Eine einzigartige Positionierung wurde bei der Zielgruppe der „Jugendlichen Sportuhrenträger" dadurch zu erreichen versucht, dass neben zielgruppenspezifischen

Botschaften („Trendsportuhr" und „junge Generation") weitere, strategische Differenzierungsmerkmale der eigenen Produkte in die Botschaft integriert wurden, wie z.B. „Einzigartig in der Verarbeitung", „Lebensdauer", „Ausstattung", „Garantie".

Phase des Kommunikationswettbewerbs und der Integrierten Kommunikation: In dieser Phase wurde die Kommunikation zum Erfolgsfaktor im Wettbewerb; gleichzeitig gestalteten sich jedoch die Kommunikationsbedingungen aufgrund der zunehmenden Anzahl von Kommunikationsinstrumenten schwieriger, so dass eine Abstimmung der unterschiedlichen Kommunikationsinstrumente eines jeden Uhrenherstellers notwendig wurde. Die „Fireclock AG" versuchte, ein geschlossenes Erscheinungsbild des Unternehmens dadurch zu vermitteln, dass z.B. die Bereiche Sponsoring und Mediawerbung aufeinander abgestimmt wurden. Die in der Mediawerbung vermittelten Botschaften sollten vereinbar sein mit den von der „Fireclock AG" durchgeführten Sponsorships. Für die Strategische Geschäftseinheit „Sportuhren" wurden beispielsweise Sponsoringengagements in den Bereichen Snowboard, Ski und Windsurfing eingegangen, weil diese mit den Botschaftsinhalten „Trendsport" und „junge Generation" am ehesten übereinstimmen. Gleichzeitig wurde das Engagement im Bereich Kultur beendet.

Lösungshinweise Aufgabe 7-2

Während die **Leistungserstellung** Gegenstand der Produkt- und Preispolitik ist, in deren Rahmen das Leistungsprogramm des Unternehmens detailliert festgelegt wird, fällt die Aufgabe der **Leistungsdarstellung** des Unternehmens gegenüber seinen Zielgruppen in den Aufgabenbereich der **Kommunikationspolitik**.

Kommunikationspolitik umfasst sämtliche Kommunikationsinstrumente und -maßnahmen eines Unternehmens, die der Darstellung des Unternehmens und dessen Leistungen gegenüber den relevanten Zielgruppen der Kommunikation dienen.

Sämtliche Kommunikationsmaßnahmen, die der „TRACTOR GmbH" zur Verfügung stehen, können zu folgenden **Kommunikationsinstrumenten** gebündelt werden: Mediawerbung, Verkaufsförderung, Direct-Marketing, Public Relations, Sponsoring, Persönliche Kommunikation, Messen und Ausstellungen, Event-Marketing, Multimedia-Kommunikation. Diese gilt es, planmäßig möglichst effektiv und effizient im Hinblick auf die Erreichung der Kommunikationsziele aufeinander abgestimmt einzusetzen (Allokationsentscheidung).

Eine systematische Vorgehensweise bei der Planung der Kommunikationspolitik könnte für die „TRACTOR GmbH" wie folgt aussehen:

- **Situationsanalyse**: Im Rahmen der Situationsanalyse hat die „TRACTOR GmbH" die kommunikationsrelevanten externen Chancen und Risiken sowie internen Stärken und Schwächen auf der Basis einer **SWOT-Analyse** zu analysieren. Das Ergebnis dieser Analyse sind interne und externe **kommunikationsbezogene Problemstellungen**, die zum einen Ansatzpunkte für die Gestaltung der Kommunikationspolitik und zum anderen den zur Verfügung stehenden Handlungsspielraum aufzeigen. Für die „TRACTOR GmbH" bedeutet dies, dass eine systematische Analyse unter Berücksichtigung der Besonderheiten im Traktorenmarkt durchzuführen ist, die die (Kommunikations-)Bedürfnisse der Zielgruppe (z.B. Landwirte), die kommunikative Stellung des Unternehmens gegenüber seinen Wettbewerbern (z.B. Fendt) unter gleichzeitiger Berücksichtigung der Stärken (z.B. leistungsfähige Traktoren) und Schwächen (z.B. niedriger Bekanntheitsgrad) berücksichtigt. Ergebnis der Analyse ist eine SWOT-Matrix, aus der die zentralen kommunikativen Probleme für die „TRACTOR GmbH" ersichtlich sind.

- **Kommunikationsziele**: Ausgehend von der Situationsanalyse und den Marketingzielen hat die „TRACTOR GmbH" in einem nächsten Schritt die Kommunikationsziele in Abhängigkeit von der kommunikativen Problemstellung festzulegen und den folgenden Schritten voranzustellen. Dabei sind psychologische (z.B. Bekanntheitsgrad, Image) und ökonomische Zielgrößen (z.B. Umsatz, Absatz) zu berücksichtigen. Hinsichtlich der anzustrebenden Wettbewerbsprofilierung der „TRACTOR GmbH" ist das Ziel der **Positionierung** der hergestellten Traktoren von besonderer Bedeutung, d.h., diese sind so in den subjektiven Wahrnehmungsraum der Kunden (z.B. Landwirte, Winzer) zu positionieren, dass sie einzigartig sind. Die anfänglichen kommunikativen Ziele des Newcomers „TRACTOR GmbH" sind zunächst in der Erhöhung des Bekanntheitsgrades sowie in der Schaffung eines positiven Images zu sehen.

- **Zielgruppenplanung**: In einem nächsten Schritt hat die „TRACTOR GmbH" ihre relevanten **Zielgruppen zu identifizieren** (z.B. Landwirte, Winzer, Obst-Bauer), diese zu **beschreiben** (z.B. nach Unternehmensmerkmalen, wie Größe, Anwendungsbereiche, Organisationsgrad; oder Verhaltenskriterien, z.B. Markentreue, Preis-Verhalten usw.) und deren **Erreichbarkeit** über Medien zu ermitteln (z.B. Landwirtschaftszeitschrift).

- **Festlegung der Kommunikationsstrategie**: In einem nächsten Schritt hat die „TRACTOR GmbH“ die Schwerpunkte ihrer kommunikativen Unternehmensaktivitäten festzulegen. Beispielsweise kann dies eine Bekanntmachungsstrategie bei den relevanten Zielgruppen sein, weil das Unternehmen neu am Markt ist. Gleichzeitig kann eine Imagestrategie verfolgt werden, so dass zum einen der angestrebte Bekanntheitsgrad und zum anderen ein positives Image bei den Zielgruppen erreicht wird.
- **Festlegung des Kommunikationsbudgets**: Die „TRACTOR GmbH“ muss das Kommunikationsbudget festlegen und z.B. auf die einzelnen Instrumente (Mediawerbung, Public Relations usw.) verteilen.
- **Einsatz von Kommunikationsinstrumenten**: Nach Festlegung des Kommunikationsbudgets sind die einzelnen Kommunikationsinstrumente in ihrem Einsatz zu planen sowie die einzelnen Kommunikationsmaßnahmen und -mittel zu bestimmen. Darüber hinaus ist durch die **Integration** einzelner Kommunikationsaktivitäten anzustreben, einen konsistenten Auftritt, die Nutzung von Synergien und die Ausschöpfung von Kostensenkungspotenzialen zu gewährleisten.
- **Kommunikationserfolgskontrolle**: Am Ende des Planungsprozesses der Kommunikationspolitik steht für die „TRACTOR GmbH“ die kommunikationsbezogene Erfolgskontrolle (z.B. Messung des Bekanntheitsgrades und des Images). Durch Analysen von Kommunikationswirkungen sind Schlussfolgerungen für etwaige Ziel- und Maßnahmenkorrekturen zu ziehen.

Lösungshinweise Aufgabe 7-3

Die indirekte Kommunikation in der Form von Werbung in Massenkommunikationsmitteln ist Gegenstand der Mediawerbung (klassische Werbung). Bei der Mediawerbung erfolgt der Transport und die Verbreitung von werblichen Informationen über die Belegung von Werbeträgern mit bestimmten Werbemitteln in der öffentlichen Kommunikation gegen Zahlung eines leistungsbezogenen Entgelts mit dem Zweck, die festgelegten Kommunikationsziele zu erreichen. Zu unterscheiden sind Werbemittel und Werbeträger.

Teilaufgabe (a)

Der „Quick Sick AG“ stehen im Rahmen der Mediawerbung allgemein die **Werbeträger** Zeitung, Zeitschrift, Rundfunk und Fernsehen zur Verfügung. Zuvor findet in den **Werbemitteln** eine Verschlüsselung von Werbebotschaften statt, z.B. im Rahmen von Anzeigen, Fernseh- oder Hörfunkspots.

Für die „Quick Sick AG“ sind beispielhaft folgende Maßnahmen zur Werbemittelgestaltung je Werbeträger denkbar:

- **Zeitung und Zeitschrift**: Die Gestaltung des Werbemittels in einer Zeitung oder Zeitschrift kann für die „Quick Sick AG“ beispielsweise in Form einer Anzeige erfolgen, die folgende Botschaft enthält: „Nikotinarmes Rauchen – Sucht ade mit Stop!“.
- **Rundfunk**: Die Gestaltung eines Werbemittels im Rundfunk erfolgt für die „Quick Sick AG“ beispielsweise in der Form, dass ein Hörfunkspot gestaltet wird, in dem ein Arzt Rauchern die Alternative der nikotinarmen Zigarette „Stop!“ vorschlägt, um mit dem Rauchen aufzuhören.
- **Fernsehen**: Für den Werbeträger Fernsehen entwickelt die „Quick Sick AG“ einen Fernsehspot, in dem die Folgen des Rauchens gezeigt und die Botschaft „Rauchend mit dem Rauchen aufhören – Stop!“ eingeblendet wird.

Teilaufgabe (b)

Für die **Durchführung der Mediawerbung** kommen für die „Quick Sick AG“ grundsätzlich zwei Möglichkeiten in Betracht:

- „**Interne Lösung**“: Die „Quick Sick AG“ errichtet eine eigene Werbeabteilung. Diese hat dann die Aufgabe zu übernehmen, sämtliche Werbemaßnahmen bis hin zur Werbekontrolle selbständig durchzuführen.
- „**Externe Lösung**“: Die „Quick Sick AG“ arbeitet mit einer **Werbeagentur** zusammen. Diese wird neben werbebezogenen Aufgaben auch kommunikations- und marketingbezogene Aktivitäten übernehmen. Dabei besteht zum einen die Option, mit einer **Full-Service-Agentur** zusammenzuarbeiten, die das gesamte Kommunikationsspektrum abdeckt, zum anderen mit einer **Teil-Service-Agentur**, die lediglich Teilaufgaben für die „Quick Sick AG“ übernimmt, z.B. die Kreation der Anzeigen bzw. Werbespots oder die Erstellung von Mediaplänen.

Lösungshinweise Aufgabe 7-4

Die Ergebnisse der Analyse der Kommunikationssituation dienen als Basis für die Formulierung der Werbeziele. Den **Werbezielen** kommt zum einen die Funktion der Werbeerfolgskontrolle (Kontrollfunktion) zu, zum anderen aber auch eine Steuerungsfunktion, d.h., sämtliche werbliche Entscheidungen sind an den formulierten Werbezielen auszurichten. Weil ökonomische Wirkungen (z.B. Absatz- oder Umsatzsteigerung) nicht eindeutig auf Werbung zurückzuführen sind, werden für die Mediawerbung in erster Linie psychologische Zielgrößen formuliert, deren Erreichung in hohem Maße vom Wettbewerbsniveau abhängig sind.

Teilaufgabe (a)

Die Werbeziele lassen sich beispielhaft in die Kategorien der kognitiven (die Erkenntnis betreffende), affektiven (das Gefühl betreffende) und konativen (Aktivitäten betreffende) Ziele einteilen:

Kognitiv-orientierte Werbeziele

- Die „Partyhirsch GmbH“ strebt an, eine bestimmte Aufmerksamkeit und Wahrnehmung ihrer Werbespots bei ihren Zielgruppen zu erreichen.
- Eine weitere Zielgröße der „Partyhirsch GmbH“ ist die Kenntnis der Marke „Partyhirsch“ und ihrer Leistungen (Bekanntheitsgrad, Namenskenntnisse) in den Zielgruppen.
- Die „Partyhirsch GmbH“ strebt an, dass ihre Zielgruppen ein bestimmtes Wissen über die Leistungsvorteile (Informationsstand über die hohe Zuverlässigkeit) besitzen.

Affektiv-orientierte Werbeziele

- Bei den potenziellen und aktuellen Kunden verfolgt die „Partyhirsch GmbH“ das Ziel, Interesse an Leistungsangeboten zu erwecken.
- Die „Partyhirsch GmbH“ verfolgt darüber hinaus auch das Ziel, eine positive Einstellung oder ein positives Image bei ihren Zielgruppen zu erreichen.
- Hinsichtlich der Positionierung der Leistungen und des Namens der „Partyhirsch GmbH“ verfolgt die Geschäftsleitung das Ziel, in Bezug auf Qualität und Zuverlässigkeit eine einzigartige Stellung bei ihren Zielgruppen zu erreichen.

- Ein weiteres denkbares Ziel für die „Partyhirsch GmbH" ist, dass die Kunden mit dem Namen positive Emotionen (z.B. Natur, Spass) verbinden.

Konativ-orientierte Werbeziele

- Die „Partyhirsch GmbH" verfolgt als Ziel ein gesteigertes Informationsverhalten ihrer Zielgruppen (z.B. Wecken von Interesse an der Organisation eines Silvesterfestes).
- Die Erzeugung von Kaufabsichten bei den relevanten Zielgruppen stellt ein weiteres mögliches Ziel für die „Partyhirsch GmbH" dar.
- Die „Partyhirsch GmbH" strebt eine bestimmte Anzahl von Probierkäufen ihrer Zielgruppen an (z.B. durch saisonale Highlight-Angebote, wie die Organisation einer Spargel-Exkursion).
- Ein denkbares Ziel für die „Partyhirsch GmbH" ist z.B. auch die Erhöhung der Kundenbindung (z.B. Wiederwahl, Cross Buying, Weiterempfehlung).

Teilaufgabe (b)

Neben der Kategorisierung unterschiedlicher Werbeziele bietet sich für die „Partyhirsch GmbH" im Hinblick auf eine Erfolgskontrolle der Werbung auch eine Differenzierung nach angestrebten Wirkungsstufen der Werbung an. Folgende Wirkungsstufen kann die „Partyhirsch GmbH" anstreben:

- **Erzielung von Wahrnehmungswirkungen**: Z.B. gibt die „Partyhirsch GmbH" den Grad der Aufmerksamkeitswirkung einer Anzeige oder des Slogans „Machen Sie eine Party – nie ohne Partyhirsch" vor.
- **Erzielung von Emotionswirkungen**: Z.B. strebt die „Partyhirsch GmbH" an, dass emotionale Elemente (z.B. Qualität und Zuverlässigkeit) mit ihrem Markennamen verbunden werden.
- **Erzielung von Informationswirkungen**: Z.B. ist es das Ziel der „Partyhirsch GmbH", einen verbesserten Informationsstand über das eigene Leistungsangebot oder das Wissen über Leistungsneuheiten (z.B. organisierte Überraschungsparty) bei ihren Zielgruppen zu erreichen.
- **Erzielung von Gedächtniswirkungen**: Z.B. versucht das Management der „Partyhirsch GmbH", bei ihren Zielgruppen die Kenntnis bzw. Erinnerung an den Slogan oder die Leistungsvorteile (Qualität, Zuverlässigkeit) zu erreichen.

- **Erzielung von Einstellungswirkungen**: Z.B. ist es das Ziel der „Partyhirsch GmbH“, bei ihren Zielgruppen das Image eines leistungsstarken, kompetenten, qualitativ hochwertigen und zuverlässigen Dienstleisters zu verankern. Auf diese Weise können Kaufpräferenzen bei den Kunden geschaffen werden.
- **Erzielung von Verhaltenswirkungen**: Z.B. stellt die letzte Stufe sämtlicher Werbewirkungen die Erzeugung von Kaufabsichten (z.B. Erstaufträge und Wiederholungsaufträge) oder das Einholen aktueller Leistungsangebote der „Partyhirsch GmbH“ dar.

Der Werbeplaner muss bei der konkreten Formulierung der Werbeziele für die „Partyhirsch GmbH“ berücksichtigen, welche Gedächtniswirkungen durch die Werbung bei den Rezipienten erreicht werden und welche **Stufen der Werbewirkung** zugrunde zu legen sind. Der Strukturierung des Verarbeitungsprozesses der Werbeinformationen dient beispielsweise das sog. **AIDA-Schema**, bei dem die einzelnen Stufen der Werbewirkung hierarchisch durchlaufen werden:

- **Aufmerksamkeit** (**A**ttention): In einem ersten Schritt sind durch die für die „Partyhirsch GmbH“ durchgeführten Werbemaßnahmen bei den relevanten Zielgruppen Aufmerksamkeitswirkungen zu erreichen, z.B. die Erkenntnis, dass es einen solchen Partyservice gibt.
- **Interesse** (**I**nterest): Ein nächster Schritt der Werbewirkung besteht in der Erzielung von Interesse bei den relevanten Zielgruppen der „Partyhirsch GmbH“, z.B. durch Einholen von Leistungsangeboten und Preisen.
- **Kaufwunsch** (**D**esire): In einem weiteren Schritt erfolgt die Erzeugung eines Kaufwunsches, z.B. der Verankerung in der Wahrnehmung eines Rezipienten, bei der nächsten Party die „Partyhirsch GmbH“ zu beauftragen.
- **Kauf** (**A**ction): Der letzte Schritt besteht in dem Kauf bzw. der Inanspruchnahme der Leistungen der „Partyhirsch GmbH“ durch die Kunden.

Teilaufgabe (c)

Die Werbeziele der „Partyhirsch GmbH“ sind operational zu formulieren, damit sie zu einem späteren Zeitpunkt für Wirkungsanalysen herangezogen werden können. Eine **operationale Werbezielformulierung** ist nach Inhalt, Ausmaß, Zeit-, Objekt- und Segmentbezug vorzunehmen.

Die „Partyhirsch GmbH“ hat folgendes Werbeziel formuliert: „In der Zielgruppe der 18- bis 29-jährigen soll ein gestützter Bekanntheitsgrad der Marke „Partyhirsch“ von 60 Prozent erreicht werden.“

Hierzu ist anzumerken, dass die Festlegung des Ziels nach dem Zeitbezug fehlt (z.B. nach Beendigung der einjährigen Werbekampagne).

Lösungshinweise Aufgabe 7-5

Werbeziele sind stets differenziert nach Zielgruppen zu formulieren. Bei der Zielgruppe handelt es sich um die mit einer Kommunikationsbotschaft anzusprechenden Empfänger (Rezipienten) der Unternehmenskommunikation. Die Zielgruppe der Kommunikation umfasst mehr als die im Rahmen der Marktsegmentierung festgelegten Marktsegmente, weil hier nicht nur aktuelle und potenzielle Käufer, sondern auch jene Gruppen anzusprechen sind, die einen Einfluss auf die Entscheidungen der Käufer ausüben, wie z.B. Meinungsführer.

Teilaufgabe (a)

Im Rahmen der Zielgruppenplanung fallen bei der „Clean-up AG" folgende Schritte an:

(1) Zielgruppenidentifikation

Die „Clean-up AG" muss zunächst diejenigen Personen oder Organisationen identifizieren, die zur Realisierung der Unternehmens- und Marketingziele werblich angesprochen werden müssen. Im vorliegenden Fall handelt es sich dabei in erster Linie um Mitarbeiter von Unternehmen, die möglicherweise in einem Buying Center derartige Beschaffungsentscheidungen treffen. Daneben sind aber z.B. auch Meinungsführer (öffentliche Institutionen usw.) zu berücksichtigen.

(2) Zielgruppenbeschreibung

In einem nächsten Schritt muss die „Clean-up AG" die identifizierten Zielgruppen näher beschreiben. Es sollte der Versuch unternommen werden, möglichst genaue Informationen über verschiedene Abnehmermerkmale (z.B. öffentliche Institutionen vs. Privatunternehmen, Klein- vs. Großunternehmen) zu generieren.

(3) Zielgruppenerreichbarkeit

Die genannten Schritte stellen die Voraussetzung für eine Analyse der Zielgruppenerreichbarkeit dar, denn am Ende der Zielgruppenplanung muss die „Clean-up AG" in Erfahrung bringen, über welche Medien die Zielgruppen am besten angesprochen werden können.

Für die „Clean-up AG“ stehen organisationale Zielgruppen (Unternehmen oder andere Institutionen als Leistungsabnehmer von Reinigungsdienstleistungen) im Fokus der werblichen Bearbeitung.

Teilaufgabe (b)

Im Rahmen einer Zielgruppenbeschreibung sind für die „Clean-up AG“ die relevanten Merkmale des Verhaltens der identifizierten Zielgruppe(n) aufzufinden. Dabei sind folgende **Anforderungen** an die **Merkmale zur Zielgruppenbeschreibung** zu berücksichtigen:

- **Segmentbildungseigenschaft**: Die „Clean-up AG“ kann Merkmale für die Zielgruppenbeschreibung heranziehen, die geeignet sind, möglichst homogene Gruppen zu identifizieren, die sich von anderen Gruppen weitgehend unterscheiden. Z.B. können die Zielgruppen der „Clean-up AG“ nach den Merkmalen Unternehmensgröße, Branche und Ansprüchen an die Reinigungsleistungen (Krankenhaus vs. Fabrikhalle) eingeteilt werden.
- **Wiedererkennbarkeit**: Die „Clean-up AG“ hat überprüfbare Merkmale zu finden, die einen möglichst engen Bezug zum Kaufentscheidungsprozess aufweisen. Dies ist z.B. das Merkmal der Branche: Ein Krankenhaus wird regelmäßig hinsichtlich der Sauberkeit eine Topqualität fordern, ein Herstellerunternehmen hingegen für seine Fabrikhalle möglicherweise eine preisgünstige Standardqualität.
- **Auffindbarkeit**: Die „Clean-up AG“ muss ihre Zielgruppen auch über Medien erreichen können. Dies setzt die Verwendung solcher Merkmale voraus, die Zielgruppen über entsprechende Medien auffindbar und ansprechbar machen, z.B. ist dies das Merkmal der Branche. Nahezu jede Branche hat ihre eigene Informationsplattform (Zeitschrift o.Ä.).
- **Zielbezug**: Für die Erreichung ihrer werblichen Zielsetzungen hat die „Clean-up AG“ solche Merkmale verwenden, die eine entsprechende Aussagekraft (z.B. hinsichtlich der Botschaftsgestaltung) aufweisen. Z.B. erscheint die Botschaft „Top-Sauberkeit zu jeder Zeit“ für die Zielgruppe der Krankenhäuser und „Qualität zu einem günstigen Preis“ für den Fabrikhallenbesitzer als zweckmäßig.

Merkmale der Zielgruppenbeschreibung haben auf sämtlichen Ebenen der Werbeplanung (Werbestrategie, Streuplanung, Botschaftsgestaltung) bei der „Clean-up AG“ **Entscheidungshilfen** zu geben. Dazu kann die „Clean-up AG“ branchenbezogene und unternehmensbezogene Kriterien, Merkmale des Buying Centers und Personenmerkmale heranziehen. Dabei sind die Zielgruppen nie isoliert nach einem Kriterium, sondern gleichzeitig nach mehreren Kriterien zu beschreiben (z.B. Großunternehmen, Krankenhaus, hohe Zahlungsbereitschaft, Keimfreiheit der Operationssäle).

Für die „Clean-up AG" ist die genaue Beschreibung der Zielgruppen für die Durchführung der Werbeaktivitäten – insbesondere im Hinblick auf die Zielgruppenerreichbarkeit – unabdingbar.

Lösungshinweise Aufgabe 7-6

Werbestrategien beinhalten globale, mittel- bis langfristige Verhaltenspläne, die verbindlich vorgeben, wie durch den Einsatz von Werbeträgern und Werbemitteln die Werbeziele eines Unternehmens erreicht werden können.

Folgende vier **Dimensionen einer Werbestrategie** können allgemein unterschieden werden:

- Wer sagt (Werbeobjekt)
- Was (Werbebotschaft)
- Wie (Werbeträger und -mittel)
- zu Wem? (Werbezielgruppe)

Teilaufgabe (a)

Basis einer Werbestrategie ist das **Werbeobjekt**. Für die „Brella GmbH" ist dies die Marke „Brella De Luxe", die Produktlinie „Taschenregenschirme" oder das Gesamtunternehmen „Brella".

Bei der **Werbebotschaft** ist im Rahmen der Entwicklung einer Werbestrategie die Kernbotschaft festzulegen. Die Kernbotschaft ergibt sich aus der Positionierung des Unternehmens, indem der USP der Marken, zum einen Topqualität und lange Lebensdauer („Brella De Luxe") und zum anderen Standardqualität zu einem guten Preis („Brella Standard"), herausgestellt wird. Insgesamt gilt es für die „Brella GmbH", den USP in eine „Unique Communication Proposition" (UCP) bzw. für die Werbung in eine „Unique Advertising Proposition" (UAP) umzusetzen. Aus dieser UCP kann dann die kommunikative Leitidee bzw. die Kernbotschaft abgeleitet werden. Für die „Brella GmbH" kann sich als Kernbotschaft die Aussage „Kompetente Problemlösungen rund um Regenschirme" als geeignet herausstellen, die dann – jeweils nach Marke – um die Attribute „Topqualität und lange Lebensdauer" bzw. „Qualität zu einem günstigen Preis" zu ergänzen ist.

Hinsichtlich der Auswahl von **Werbeträger und -mittel** kann die „Brella GmbH" wie folgt vorgehen: Bei der Werbeträgerauswahl ist zunächst das **Leitmedium** festzulegen, d.h. dasjenige dominante Medium, in dem hauptsächlich Werbung betrieben werden soll. Aufgrund der Erfahrungen in einem Testmarkt ist hier Radiowerbung als besonders vorteilhaft anzusehen. Die Festlegung ergänzender Medien (z.B. Publikumszeitschriften) schließt sich daran an.

Im Anschluss an die Festlegung des Leitmediums muss die „Brella GmbH" im Rahmen der **Mediastrategie**, innerhalb derer die Intermediaselektion erfolgt, das **Kernmedium** (unter verschiedenen Werbeträgern) auswählen. Grundlage für die Entscheidung sind quantitative (z.B. Reichweiten und Belegungskosten) und qualitative Kriterien (z.B. Image des Werbeträgers, Darstellungsmöglichkeiten, Eignung zur Vermittlung von Botschaftsinhalten, Verfügbarkeit). Dabei stellt sich für die „Brella GmbH" die zentrale Frage, mit welcher Mediastrategie die zentralen Kommunikationsziele erreicht werden können.

Teilaufgabe (b)

Die **Wahl einer Werbestrategie** orientiert sich an den Werbezielen bzw. den kommunikativen Aufgaben vor dem Hintergund der Marketingproblemstellung. Folgende Werbestrategien sind zu unterscheiden: Bekanntmachungs-, Informations-, Imageprofilierungs-, Konkurrenzabgrenzungs-, Zielgruppenerschließungs- und Kontaktanbahnungsstrategie.

Laut Testmarktergebnis eignen sich für die „Brella GmbH" insbesondere die Rundfunkwerbung sowie Freizeitmagazine. Bei der **Bekanntmachungsstrategie** der „Brella GmbH" soll der Bekanntheitsgrad der Marke „Brella" erhöht werden. Die **Informationsstrategie** zielt darauf ab, über Produktvorteile der „Brella"-Regenschirme allgemein und über die neue Garantieleistung im Speziellen zu informieren. Dieses Ergebnis kann wie folgt erklärt werden:

- **Rundfunkwerbung**: Diese bietet der „Brella GmbH" die Vorteile, dass häufig und wiederholt über den Tag verteilt verschiedene Zielgruppen mit Werbung angesprochen werden können. Dabei ist sie kostengünstig und lokal oder regional einsetzbar. Da es sich bei Rundfunkwerbung aber eher um ein „flüchtiges" Medium handelt – denn die Wahrnehmung von Rundfunkwerbung erfolgt beim Zuhörer während der Ausführung anderer Tätigkeiten – eignet sie sich vor allem für einen schnellen Aufbau von Markenbekanntheit und die Weitergabe von Informationen über Produktverbesserungen.

- **Freizeitmagazin**: Hierbei handelt es sich um eine Publikumszeitschrift, die ein positives redaktionelles Umfeld für Werbeanzeigen, gute Druckqualität, flexible Verfügbarkeit und günstige Nutzungspreise aufweist. Für die „Brella GmbH" eignet sich das Freizeitmagazin möglicherweise deshalb in besonderer Weise als Medium, weil hier gezielt eine spezielle Zielgruppe angesprochen wird (z.B. Segler, Golfer), die möglicherweise zu den Hauptkunden der „Brella"-Regenschirme zählt.

Lösungshinweise Aufgabe 7-7

Die Höhe des **Werbebudgets** ergibt sich idealtyisch aus den im Rahmen der Werbestrategie für Kommunikationsmaßnahmen anfallenden Kosten, um die definierten Werbeziele zu erreichen. Dazu zählen z.B. die Produktionskosten für die Anzeigengestaltung, die Schaltkosten in den Medien, die Beratungskosten der Werbeagentur sowie die anteiligen Kosten für die Werbeabteilung.

Im Rahmen der **Werbebudgetierung** erfolgt die Festlegung von Etats zur Deckung der Planungs- und Durchführungskosten sämtlicher Werbemaßnahmen in einer Planungsperiode, mit denen die vorgegebenen Werbeziele erreicht werden sollen. Folgende **Methoden der Werbebudgetierung** können unterschieden werden:

- **Optimierungsansätze**: Basieren auf Werbereaktionsfunktionen und ermöglichen durch Methoden der Marginalanalyse die Bestimmung des Optimums auf analytischem Wege.
- **Heuristische Ansätze**: Basieren auf vereinfachten Budgetregeln und suchen nicht nach „optimalen", sondern nach „befriedigenden" Lösungen.

Teilaufgabe (a)

Bei der von der „Davidu AG" verwendeten „Prozentsatz vom Umsatz"-Methode handelt es sich um das einfachste heuristische Verfahren zur Festlegung der Höhe des Werbebudgets. Der Vorteil dieses Verfahrens ist in der leichten Handhabung zu sehen. Nachteilig ist, dass der **Ursache-Wirkungs-Zusammenhang** zwischen der Höhe des Werbebudgets (Ursache) und dem Umsatz (Wirkung) durch diese Methode nicht berücksichtigt wird. Bei zurückgehenden Umsätzen reduziert sich das Werbebudget, was die Tendenz zurückgehender Umsätze verstärken kann. Die Verwendung dieser Methode kann in einen „**Teufelskreis**" führen. Die Wahl der Höhe des Werbebudgets als Prozentsatz ist darüber hinaus nicht logisch begründbar und somit stets willkürlich.

Alternativ kann die „Davidu AG“ die Höhe des Werbebudgets durch die Ausrichtung an Absatzmengen, an verfügbaren Finanzmitteln, nach der Werbeanteils-Marktanteils-Methode, der Wettbewerbs-Paritäts-Methode oder der Methode der Ziel-Maßnahmen-Kalkulation festlegen. Sämtlichen Alternativen gemeinsam ist ihr geringer Informationsbedarf und ihre einfache Durchführbarkeit. Jedoch sind diese sehr grob und lassen keine logische Begründung zu, welche Budgethöhe zu wählen ist. Die „Davidu AG“ kann vor diesem Hintergrund auch Überlegungen über den Verlauf von **Werbereaktionsfunktionen** anstellen, um die Entscheidung über die Höhe des Werbebudgets mit Hilfe analytischer Kriterien zu fundieren.

Teilaufgabe (b)

Bei der Methode der **Ziel-Maßnahmen-Methode** handelt es sich um die geeignetste heuristische Methode zur Bestimmung der Höhe des Werbebudgets. Ausgangspunkt für die Budgetplanung sind die Werbeziele. Im Anschluss daran erfolgt die Aufstellung über die für die Zielerreichung erforderlichen Werbemaßnahmen. Der letzte Schritt besteht in der Bewertung der Werbemaßnahmen, so dass sich hieraus die Höhe des Werbebudgets errechnet.

Zentraler **Vorteil** dieses Verfahrens ist die logische Begründung für die Höhe des Werbebudgets. Nachteilig ist zwar die Höhe des Informationsbedarfs für die Kalkulation der Werbekosten: hierfür müssen ausreichend Informationen über die Werbewirkung einzelner Werbemittel (hier handelt es sich i.d.R. um Erfahrungswerte) vorliegen. Somit ist der **Ursache-Wirkungs-Zusammenhang** zwischen Werbung (Ursache) und der Erreichung von Werbezielen (Wirkung) ebenfalls berücksichtigt.

Für die „Davidu AG“ ergibt sich bei Anwendung der Methode der Ziel-Maßnahmen-Kalkulation folgender Ablauf:

(1) **Festlegung der Werbeziele**: Z.B. Erhöhung des **Bekanntheitsgrades** im kommenden Jahr um fünf Prozent in den relevanten Zielgruppen in Deutschland.

(2) **Definition geeigneter Werbemaßnahmen**: Für die Erreichung der Steigerung des Bekanntheitsgrades um fünf Prozent sind geeignete **Werbemaßnahmen** zu definieren. Die „Davidu AG“ verfügt möglicherweise über Erfahrungswerte, z.B. welche Maßnahmen (z.B. Schaltung einer Anzeige in der Zeitschrift „Life“) durchgeführt werden müssen, um den Bekanntheitsgrad um einen Prozentpunkt zu steigern.

(3) **Kalkulation der Werbekosten**: Der letzte Schritt besteht für die „Davidu AG" in der Kalkulation der für die definierten Maßnahmen erforderlichen Werbekosten. Die Höhe der ermittelten Kosten ergibt nach der Methode der Ziel-Maßnahmen-Kalkulation das **Werbebudget**.

Teilaufgabe (c)

Der **Tausenderkontaktpreis** (TKP) ergibt sich nach der folgenden Formel:

$$\text{TKP} = \frac{\text{Preis pro Schaltung}}{\text{Auflage bzw. Reichweite}} \cdot 1.000$$

Die **Berechnung** der Tausenderkontaktpreise für die einzelnen Zeitschriften ergibt sich demnach als:

$$\text{TKP}_{\text{Tabacco}} = \frac{5.000}{30.000} \cdot 1.000 = 166{,}66 \text{ GE}$$

$$\text{TKP}_{\text{Smoke}} = \frac{5.500}{37.000} \cdot 1.000 = 148{,}65 \text{ GE}$$

Für die Zeitschrift „**Life**" kann kein Tausenderkontaktpreis berechnet werden, weil die Angabe des Preises fehlt.

Um sich für „Life" zu entscheiden, müsste die „Davidu AG" einen **geringeren** Tausenderpreis aushandeln, als bei der besseren Alternative der beiden übrigen Zeitschriften, also kleiner als 148,65 GE.

Die **Berechnung** der maximalen Höhe des Tausenderpreises für die „Life" ergibt sich demnach als:

$$\frac{p}{28.000} \cdot 1.000 \leq 148{,}65$$

Auflösen nach p:

$$p \leq \frac{148{,}65 \cdot 28.000}{1.000}$$

$p \leq 4.162{,}20\,GE$

Nur bei einem **Anzeigenpreis** von weniger als 4.162,20 GE sollte die „Davidu AG" die Anzeige in der Zeitschrift „Life" schalten.

Lösungshinweise Aufgabe 7-8

Im Rahmen der Festlegung der Werbestrategie erfolgte mit der **Intermediaselektion** die Entscheidung über Werbeträgergruppen. Das Ergebnis ist ein Kernmedium (z.B. Rundfunk) und die Wahl weiterer ergänzender Medien (z.B. Publikumszeitschriften). Im Rahmen der Streuplanung erfolgt nun eine Entscheidung über die Eignung einzelner Medien. Es handelt sich um das Entscheidungsproblem der **Intramediaselektion** bzw. **Werbestreuplanung**.

Im Rahmen der Werbestreuplanung erfolgt die zielgruppengerechte, planungsperiodenbezogene Aufteilung von Werbeetats auf einzelne Werbeträger bzw. Medien.

Die Aufteilung des Werbebudgets erfolgt zum einen in **sachlicher Hinsicht** (Produkte, Marken, Werbeträger und -mittel sowie Regionen), zum anderen in **zeitlicher Hinsicht** (Wahl des Belegungszeitpunktes: „Timing"). Ergebnis der Werbestreuplanung ist der **Mediaplan**, der exakt die Belegung einzelner Werbeträger nach bestimmten Zeitintervallen (z.B. Wochen) enthält.

Teilaufgabe (a)

Die Summe der Einzelreichweiten (Leser in Mio.) mehrerer Ausgaben eines Mediums oder mehrerer Medien wird als „**Bruttoreichweite**" bezeichnet.

Die Bruttoreichweite kann deshalb kein klares Bild über die **effektive Reichweite** eines Mediums oder einer Mediakombination geben, weil sie interne und externe Überschneidungen enthält. **Interne Überschneidungen** entstehen dadurch, dass bei mehrfacher Schaltung der Werbung in einem Medium (z.B. Zeitschrift „A") eine Person mehrere Ausgaben dieses Mediums nutzt (Mehrfach- bzw. Dauernutzer des Mediums). Beispielsweise liest ein und dieselbe Person mehrere Ausgaben der Zeitschrift „A" im Jahr. **Externe Überschneidungen** ergeben sich dadurch, dass dieselben Personen mehrere Medien gleichzeitig nutzen (Zeitschriften „B" und „C"). Ein Mediennutzer, der z.B. gleichzeitig die Zeitschrift „B" und „C" abonniert hat, kommt möglicherweise mit der gleichen Anzeige in beiden Zeitungen in Kontakt.

Vor diesem Hintergrund sollte die „Koffee GmbH“ versuchen, die Überschneidungen herauszurechnen. Als geeignetes Verfahren bietet sich für die „Koffee GmbH“ die sog. „**Nettoreichweite**“ an. Mit diesem Verfahren ist es möglich, die genannten Überschneidungen herauszurechnen. Die Nettoreichweite gibt an, wieviele Personen von einer Mediakombination **mindestens einmal** erreicht werden. Für die **Auswahlentscheidung zwischen Mediakombinationen** ist daher die **Nettoreichweite als Basis** am besten in der Lage, die Erreichbarkeit von Zielgruppen durch unterschiedliche Medien vergleichbar zu machen. Dadurch wird eine objektive Bezugsbasis (Kontaktwahrscheinlichkeit) geschaffen.

Teilaufgabe (b)

Der **gewichtete Tausenderkontaktpreis** (TKP) ergibt sich nach der folgenden Formel als:

$$TKP_{gew.} = \frac{\text{Preis pro Anzeigenschaltung}}{\text{Anzahl der mit Medium erreichten Zielgruppenpersonen}} \cdot 1.000$$

Die **Berechnung** des TKP für die einzelnen Medien ist im Folgenden dargestellt:

$$A = \frac{35.000}{(400.000 \cdot 1 + 300.000 \cdot 0{,}5 + 500.000 \cdot 0{,}25)} \cdot 1.000 \quad = 51{,}85$$

$$B = \frac{40.000}{(800.000 \cdot 1 + 300.000 \cdot 0{,}5 + 300.000 \cdot 0{,}25)} \cdot 1.000 \quad = 39{,}02$$

$$C = \frac{38.000}{(700.000 \cdot 1 + 400.000 \cdot 0{,}5 + 200.000 \cdot 0{,}25)} \cdot 1.000 \quad = 40{,}00$$

$$D = \frac{50.000}{(900.000 \cdot 1 + 400.000 \cdot 0{,}5 + 500.000 \cdot 0{,}25)} \cdot 1.000 \quad = 40{,}82$$

Als **Rangfolge** für die optimale Belegung der Medien auf Basis des Entscheidungskriteriums des gewichteten Tausenderkontaktpreises ergibt sich für die „Koffee GmbH“:

(1) Zeitschrift B (39,02 GE)

(2) Zeitschrift C (40,00 GE)

(3) Zeitschrift D (40,82 GE)

(4) Zeitschrift A (51,85 GE)

Als **Nebenbedingung** ist in der Aufgabenstellung gegeben, dass nur **drei Zeitschriften** belegt werden sollen. Aufgrund der ermittelten Rangfolge der zu belegenden Medien kann die **Zeitschrift A** folglich für die Streuplanung ausgeschlossen werden.

Für die **Budgetverteilung** auf die übrigen Medien ergibt sich bei mindestens zweimaliger Schaltung der Einzelmedien die folgende Rechnung:

$$B = 40.000 \cdot 2 = 80.000\,GE$$

$$C = 38.000 \cdot 2 = 76.000\,GE$$

$$D = 50.000 \cdot 2 = 100.000\,GE$$

Insgesamt werden durch die zweifache Schaltung jedes der Medien insgesamt 256.000 GE benötigt. Bei einem Budget von 620.000 GE verbleibt ein **Restbudget** in Höhe von 364.000 GE.

Dieses kann für die **mehrfache Schaltung** des laut Rangreihe günstigsten Mediums verwendet werden.

Die Schaltung neun weiterer Anzeigen in der Zeitschrift B kostet zusätzlich:

$$B_{zusätzlich} = 9 \cdot 40.000 = 360.000\,GE$$

Es ergibt sich der in Schaubild 7-5 dargestellte **Streuplan**.

Übrig bleibt ein Restbudget in Höhe von 4.000 GE, für das in keiner der Zeitschriften mehr geworben werden kann.

Die **Vorteile** des hier benutzten Rangreihenverfahrens sind in der leichten Durchführbarkeit und dem geringen Datenaufwand zu sehen. Diese Methode ist insbesondere für kleine Werbeetats als geeignet anzusehen.

Als **Nachteile** des Verfahrens können angeführt werden, dass keine Berücksichtigung von **Werbereaktionsfunktionen** erfolgt. Daher ist das Verfahren nicht in der Lage, einen **optimalen Streuplan** zu erstellen. Darüber hinaus ist die Entscheidung für oder gegen ein Medium ausschließlich auf Basis von Kontakten insgesamt **zu grob**, da i.d.R. nur Kontaktwahrscheinlichkeiten und keine tatsächlichen Kontakte berücksichtigt werden.

Zeitschrift	Anzahl Belegungen	Budget
B	11	440.000 GE
C	2	76.000 GE
D	2	100.000 GE
Summe		616.000 GE

Schaubild 7-5: Streuplan der „Koffee GmbH"

Lösungshinweise Aufgabe 7-9

Die Frage der **Zielgruppenerreichbarkeit** ist vor allem ein Entscheidungsproblem der Werbestreuplanung. Es kommt bei der Mediaplanung in erster Linie darauf an, die Schnittmenge zweier Personenkreise zu maximieren. Zum einen handelt es sich um die Zielgruppen des Unternehmens, zum anderen um die Nutzerschaften einzelner Medien. Beide Personengruppen können anhand demographischer und psychologischer Merkmale sowie nach Konsummerkmalen beschrieben werden.

Bei einer hohen Überschneidung beider Personenkreise ist das Ziel der Mediaplanung, die **Minimierung von Streuverlusten**, als erreicht anzusehen. Zur Beurteilung einzelner Medien können zwei Arten von Kriterien herangezogen werden: zum einen Kontaktmaßzahlen (geben Informationen über die Anzahl von Kontakten bzw. Kontaktwahrscheinlichkeiten eines Mediums mit seiner Nutzerschaft), zum anderen Kontaktgewichtungen (Bewertung von Medien hinsichtlich ihrer Eignung für die spezifische Zielsetzung eines Unternehmens).

Teilaufgabe (a)

Der Beschreibung von **Zielgruppen der Werbung** kommt vor dem Hintergrund der Minimierung von Streuverlusten eine wichtige Bedeutung zu. Zielgruppen sind die mit der Kommunikationsbotschaft anzusprechenden Empfänger (Rezipienten) der Kommunikation durch die „SWEETS AG".

Im Rahmen der **Zielgruppenplanung** sind zunächst die Zielgruppen der „SWEETS AG" zu **identifizieren**. Hier ist festzulegen, welche Personen zur Realisierung der Unternehmens- und Marketingziele anzusprechen sind. Im Anschluss an die Identifikation folgt die **Beschreibung** der Zielgruppen, z.B. durch sozioökonomische Kriterien. Schließlich erfolgt die Überprüfung der **Zielgruppenerreichbarkeit**, d.h. die Auswahl derjenigen Kommunikationsmaßnahmen, mit denen die Zielgruppen am besten angesprochen werden können.

Bei der „SWEETS AG“ ist offenbar ein derartiger Prozess der Zielgruppenplanung nicht durchgeführt worden, weil lediglich eine sehr grobe Beschreibung der Zielgruppen vorliegt: 70 Prozent der Männer und 30 Prozent der Frauen. Es ist in Frage zu stellen, ob eine derart grobe Zielgruppenplanung für die Erreichung der Werbeziele ausreicht.

Teilaufgabe (b)

Der **ungewichtete Tausenderkontaktpreis** ergibt sich nach der folgenden Formel als:

$$TKP_{\text{ungewichtet}} = \frac{\text{Preis pro Schaltung}}{\text{Auflage bzw. Reichweite}} \cdot 1.000$$

Die **Berechnung** der ungewichteten Tausenderkontaktpreise für die Medien ergibt sich wie folgt:

$$TKP_{\text{ungewichtet}}\,\text{Juno} = \frac{55.000}{8.802.500} \cdot 1.000 = 6{,}25\ \text{GE}$$

$$TKP_{\text{ungewichtet}}\,\text{Balsa} = \frac{61.000}{10.302.500} \cdot 1.000 = 5{,}92\ \text{GE}$$

Auf Basis des **ungewichteten Tausenderkontaktpreises** fällt die Entscheidung zugunsten der Zeitschrift „**BALSA**“ aus, weil diese mit 5,92 GE pro tausend Kontakten günstiger ist als die „JUNO“. Die „SWEETS AG“ sollte die Zeitschrift „BALSA“ belegen.

Der **gewichtete Tausenderkontaktpreis** ergibt sich nach der Formel:

$$TKP_{\text{ungewichtet}} = \frac{\text{Preis pro Schaltung}}{\text{Anzahl der mit Medium erreichten Zielgruppenpersonen}} \cdot 1.000$$

Die Berechnung der gewichteten Tausenderkontaktpreise ergibt sich für die Medien wie folgt:

$$TKP_{gewichtet}\,Juno = \frac{55.000}{(0{,}7 \cdot 5.500.000 + 0{,}3 \cdot 3.302.500)} \cdot 1.000 = 11{,}36\,GE$$

$$TKP_{gewichtet}\,Balsa = \frac{61.000}{(0{,}7 \cdot 7.200.500 + 0{,}3 \cdot 3.102.000)} \cdot 1.000 = 10{,}22\,GE$$

Auch auf der Basis der **gewichteten Tausenderkontaktpreise** fällt die Entscheidung zugunsten der Zeitschrift „**BALSA**" aus, weil diese lediglich 10,22 GE pro tausend Kontakten in der Zielgruppe gegenüber 11,36 GE für die „JUNO" kostet. Die „SWEETS AG" sollte die Zeitschrift „BALSA" belegen.

Teilaufgabe (c)

Mittels Optimierungsverfahren ist es möglich, im Hinblick auf eine vorgegebene Zielfunktion einen „optimalen" Werbestreuplan für die Zeitschriften „JUNO" und „BALSA" zu ermitteln. Dabei ist das vorgegebene Werbebudget so auf die Zeitschriften zu verteilen, dass die Werbewirkung (Z) insgesamt optimiert wird.

Die **Zielfunktion** aus der Aufgabenstellung lautet:

$$Z = 3 \cdot Juno + 2 \cdot Balsa \rightarrow max\,!$$

D.h., um die gleiche Werbewirkung von zwei Schaltungen in der Zeitschrift „BALSA" zu erreichen, müssen drei Schaltungen in der Zeitschrift „JUNO" vorgenommen werden.

Folgende **Nebenbedingungen** sind für die Ermittlung der optimalen Lösung zu berücksichtigen:

Budgetrestriktion: Es stehen insgesamt 3.359.000 GE zur Verfügung.

Belegungsgrenzen: $4 \leq JUNO \leq 40$ und $8 \leq BALSA \leq 32$

Die Lösung kann nun graphisch so ermittelt werden, dass in einem ersten Schritt die maximale Anzahl von Schaltungen je Zeitschrift ermittelt und in das Diagramm eingetragen wird. Für die Zeitschrift „JUNO“ ergibt sich im Hinblick auf die Budgetrestriktion eine theoretisch mögliche Zahl von Schaltungen in Höhe von 61 (61 · 55.000 GE = 3.355.000) GE. Für die Zeitschrift „BALSA“ ergibt sich ein Wert von 55 (55 · 61.000 GE = 3.355.000) GE. Die entsprechenden Punkte auf der Abszisse bzw. der Ordinate sind nun miteinander zu verbinden (vgl. Schaubild 7-6).

In einem nächsten Schritt ist die Nebenbedingung der **Belegungsgrenzen** zu berücksichtigen. Die minimale bzw. maximale Anzahl von Schaltungen in der Zeitschrift „JUNO“ („BALSA“) ist mit 4 bzw. 61 (8 bzw. 32) Schaltungen vorgegeben. Diese Grenzen sind nun in das Diagramm einzutragen (vgl. Schaubild 7-6).

In einem letzten Schritt erfolgt die Berücksichtigung der **Zielfunktion**. Für zwei Schaltungen in der Zeitschrift „BALSA“ müssen für die Erreichung der selben Werbewirkung drei Schaltungen in der Zeitschrift „JUNO“ vorgenommen werden. Graphisch ist dies wie folgt zu berücksichtigen: Auf der Abszisse (Zeitschrift „BALSA“) entspricht dies einem Wert von drei, auf der Ordinate (Zeitschrift „JUNO“) einem Wert von zwei. Diese Punkte sind miteinander zu verbinden und die Gerade parallel nach rechts zu verschieben, bis an den äußersten Punkt des Möglichkeitenraums (vgl. Schaubild 7-6).

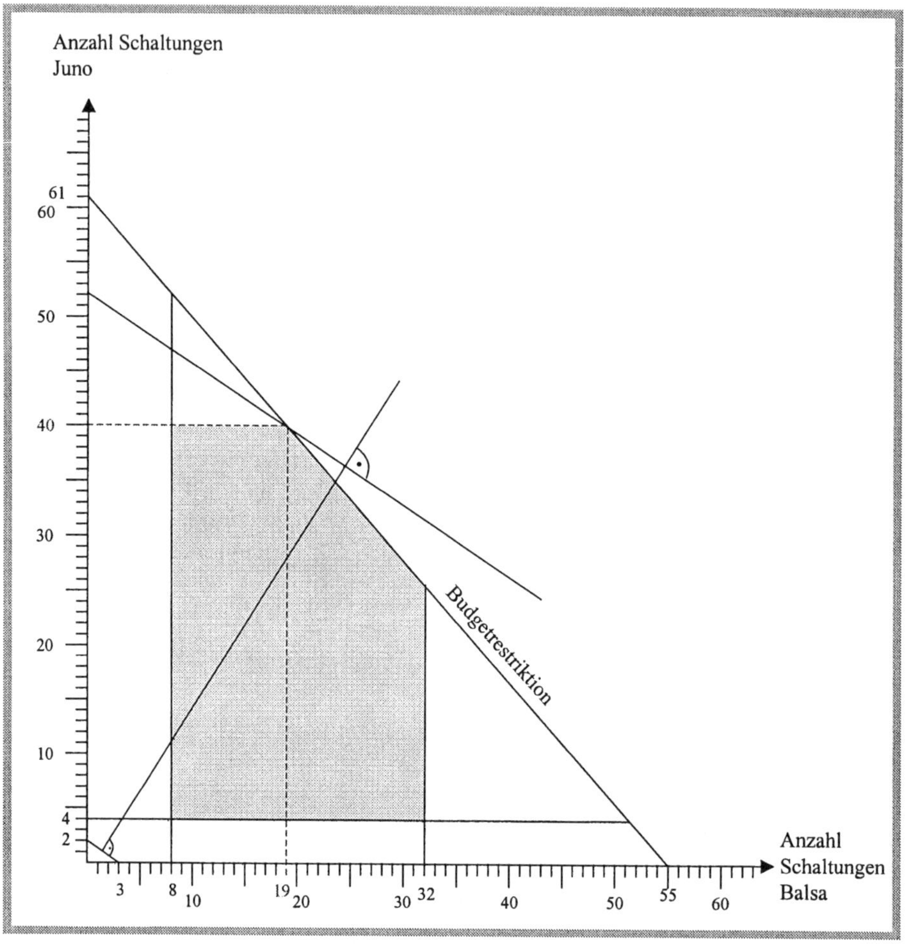

Schaubild 7-6: Graphische Lösung des LP-Ansatzes

Als **optimale graphische Lösung** ergibt sich: 40 Schaltungen in der Zeitschrift „JUNO" und 19 Schaltungen in der Zeitschrift „BALSA". Insgesamt wird so das Budget vollständig aufgebraucht und die maximal mögliche Werbewirkung erreicht.

Lösungshinweise Aufgabe 7-10

Parallel zur Werbestreuplanung sind im Rahmen der Werbeplanung Überlegungen zur **Gestaltung der Werbebotschaft** anzustellen. Die Werbeagentur wird i.d.R. vom Auftraggeber gebrieft, z.B. über Positionierung, kommunikative Ziele und Zielgruppen. Aufgabe der Werbeagentur ist es dann, dieses Briefing in Entwürfe des Werbemittels (z.B. Anzeige, Fernsehspot, Hörfunkspot) umzusetzen. Die eigentliche kreative Aufgabe der Werbeagentur ist die Botschaftsgestaltung nach Inhalt und Form.

Teilaufgabe (a)

Die „MUMA"-Medienagentur muss hinsichtlich der Botschaftsgestaltung zwei Dimensionen berücksichtigen: zum einen die informative/argumentative Gestaltung und zum anderen die psychologische Gestaltung. Die Vorteilhaftigkeit der gewählten Dimension ist abhängig davon, ob es sich bei einem Produkt um ein **High-involvement-** (z.B. Kauf eines Autos) oder ein **Low-involvement-Produkt** (z.B. Konsumgüter des täglichen Bedarfs) handelt. Im ersten Fall steht die Information über Produktnutzen, -vorteile usw. im Vordergrund. Im zweiten Fall ist die psychologische Komponente wichtiger, soll Aufmerksamkeit geweckt werden (z.B. durch Hervorrufen von Emotionen). Die rein rationale, **informative** und **argumentative Gestaltung** der Werbebotschaft zielt darauf ab, die Zielgruppe zu überzeugen. Im Hinblick auf die Gestaltung der Werbebotschaft für die „Zacke AG" erscheint beispielsweise die Verwendung kreativer Methoden der Visualisierung als sinnvoll (z.B. Steigerungen wie „qualitativ besser"). Die **psychologische Gestaltung** der Werbebotschaft ist in der Art vorzunehmen, dass bei den Zielgruppen der „Zacke AG" (junge Weintrinker im Alter von 25 bis 35 Jahre) über einen Transfer in psychologische Kategorien (Ängste, Emotionen, Erotik, Humor usw.) Aufmerksamkeit geweckt wird. Es ist davon auszugehen, dass es sich bei dem Produkt Wein für die Zielgruppe der „Zacke AG" um ein Low-involvement-Produkt handelt (mit Ausnahme z.B. der Weinkenner). Daher ist dieser Komponente die höhere Bedeutung für die Produkteinführung des Weines „Summer Sun" beizumessen. Beispielsweise kann dies in der Art erfolgen, dass eine Gruppe von jungen Leuten am Lagerfeuer sitzt und Aussagen wie „jugendlich", „frisch" und „modern" getroffen werden bzw. durch die Bilder zum Ausdruck kommen, während diese den Wein „Summer Sun" genießt.

Teilaufgabe (b)

Der Kommunikationsempfänger (Rezipient) hat nur eine begrenzte Informationsaufnahme- und -verarbeitungskapazität. Gleichzeitig besteht eine Informationsüberlastung der Konsumenten. Für die „MUMA“-Werbeagentur bedeutet dies, dass die Botschaft so gestaltet sein muss, dass dennoch die Aufmerksamkeit der Zielgruppe geweckt wird. Eine denkbare Möglichkeit ist die **Bildkommunikation**. Diese hat den Vorteil, dass Bilder wie „schnelle Schüsse ins Gehirn“ wirken können (*Kroeber-Riel* 1993). Beispielsweise kann der Slogan „Summer Sun ist jünger, frischer und besser“ zusammen mit einer Gruppe von Bergsteigern gezeigt werden, die soeben den Gipfel eines Berges erreichen und eine phantastische Aussicht genießen.

Die „MUMA“-Werbeagentur muss im Rahmen der Gestaltung der Botschaftsform den **Botschaftsinhalt** in optische Zeichen umsetzen. Dies können Sprachzeichen (z.B. Worte („Summer Sun“) oder Slogans („Summer Sun macht Lust auf Leben“)) und Bildzeichen (Bilder einer Bergsteigergruppe) sein. In diesem Zusammenhang stellen sich zahlreiche gestalterische Fragen der Typographie, des Layouts, der Farbgestaltung usw., die auch in Abhängigkeit vom gewünschten Medium zu beantworten sind. Z.B. handelt es sich beim Rundfunk um ein akustisches Medium – dies setzt daher eine Umsetzung der Werbebotschaft in akustische Zeichen (z.B. der Jubelruf eines Bergsteigers mit dem Echo „Summer Sun macht Lebensfreude“) voraus.

Teilaufgabe (c)

Nachdem die „MUMA“-Werbeagentur das Briefing der „Zacke AG“ in ihren Entwürfen kreativ umgesetzt hat, findet eine Beurteilung der Entwürfe durch die „Zacke AG“ statt. Die Eignung eines Entwurfs für die Werbepolitik der „Zacke AG“ wird beispielsweise in einer Gruppendiskussion unter Zuhilfenahme methodischer Hilfsmittel (z.B. Punktbewertungsverfahren) beurteilt. Der Entwurf mit dem höchsten Scorewert ist anzunehmen. Die Beurteilung der Entwürfe kann anhand einer Vielzahl von **Beurteilungskriterien** erfolgen. Für die „Zacke AG“ kann dies beispielsweise aus der Eignung eines Entwurfs für die angestrebte Markenpositionierung, die Glaubwürdigkeit, oder die Aufmerksamkeitswirkung u.a.m., abgeleitet werden.

Lösungshinweise Aufgabe 7-11

Der letzte Schritt des Planungsprozesses der Werbung besteht in der Kontrolle der **Werbewirkung**. Hier ist die Frage zu beantworten, inwiefern die definierten **Werbeziele** (z.B. Bekanntheitsgrad) erreicht worden sind. Daneben geht es aber auch um die Analyse **weiterer Wirkungen**, z.B. Imagewirkungen bei solchen Zielgruppen, die nicht explizites Ziel einer Werbekampagne waren. Darüber hinaus ist im Rahmen der **Wirkungskontrolle** auch der Erfolg der Werbung auf den einzelnen Wirkungsstufen zu prüfen. Beispielsweise ist zu überprüfen, welche Wahrnehmungs-, Emotions-, Informations-, Gedächtnis-, Einstellungs- und Verhaltenswirkungen eingetreten sind.

Die Erhebung von Werbewirkungen kann unter Zuhilfenahme unterschiedlicher Methoden der **Werbewirkungsanalyse** erfolgen, z.B. mit verschiedenen Befragungs- und Beobachtungsverfahren, wie dem Einsatz apparativer Verfahren, Ratingskalen, Rangordnungsverfahren u.a. Die Durchführung einer Werbewirkungsanalyse ist mit verschiedenen inhaltlichen und methodischen **Problemen** verbunden, z.B. mit dem Problem der Isolierung der Wirkung werblicher Aktivitäten, dem Problem der Zuordnung der Wirkung einzelner Werbemaßnahmen, dem Problem fehlender Längsschnittanalysen und der Schwierigkeit im Nachweis von Ausstrahlungs- und Carryover-Effekten.

Teilaufgabe (a)

Die Überprüfung der Erreichung des Werbeziels (Steigerung des Bekanntheitsgrades) bei der „Nickytrain AG“ wurde mit Hilfe eines **Recognitiontests** (Wiedererkennungstest) durchgeführt. Problematisch an diesem Test kann es sein, wenn ein hoher Prozentsatz aller Befragten bei Vorlage des Titelblattes einer Publikumszeitschrift behaupten, diese gelesen zu haben, obwohl dies nicht der Fall war.

Alternativ ist ein **Recalltest** (Erinnerungstest) für die „Nickytrain AG“ durchzuführen. Hier sind die Probanden z.B. einen Tag nach ihrem Kontakt mit einem Werbeträger (Hörfunk, TV oder Publikumszeitschrift) zu fragen, an welche Marken sie sich noch erinnern können. Die Aussage eines Recalltests ist in höherem Maße als valide und reliabel anzusehen.

Teilaufgabe (b)

Das Ergebnis des Marktforschungsinstituts hinsichtlich der im Januar für die „Nickytrain GmbH“ durchgeführten Imagekampagne ist eine nur geringfügige Erhöhung des Images. Dieses Ergebnis könnte auf die Probleme, die mit der eindeutigen Beurteilung der Effizienz von Werbemaßnahmen verbunden sind, zurückgeführt werden. Denkbare Einflüsse sind z.B.:

- Es kann sein, dass zeitgleich mit der Durchführung der Imagekampagne der „Nickytrain GmbH“ ein Hauptkonkurrent seine Preise gesenkt hat. Denkbar ist auch, dass andere Kommunikationsmaßnahmen der „Nickytrain GmbH“ (z.B. Sponsoring oder Public Relations) die angestrebte Wirkung der Imagekampagne konterkariert haben. In diesem Sinne liegt möglicherweise das Problem der **Isolierung der Wirkung** werblicher Aktivitäten von der Wirkung anderer Einflüsse vor.

- Die Erhebung des Marktforschungsinstituts wurde im Februar durchgeführt. Somit handelt es sich um eine Zeitpunktbetrachtung. Das Ergebnis kann also auch auf das Problem **fehlender Längsschnittanalysen** zur Ermittlung empirisch abgesicherter Lern- und Vergessenskurven zurückzuführen sein.
- Die geringe Imagesteigerung kann auch darauf zurückzuführen sein, dass ein Konkurrent zeitgleich eine ansprechendere Kampagne durchgeführt hat, oder dass bis zum Eintritt einer Wirkung ein Time-lag zu berücksichtigen ist. In diesem Fall sind dies Schwierigkeiten im **Nachweis** von Ausstrahlungs- und Carryover-Effekten.

Lösungshinweise Aufgabe 7-12

Unter dem Begriff der **Verkaufsförderung** werden in erster Linie kurzfristig wirkende Aktionen, bei denen eine unmittelbarer Reaktion auf das Verhalten von Abnehmern oder Absatzmittlern im Vordergrund steht, verstanden.

Die **Erscheinungsformen der Verkausförderung** können durch Differenzierung nach Absender und Zielgruppe beschrieben werden.

Verkaufsförderungsaktivitäten können entweder auf den **Handel** (Handelsgerichtete Verkaufsförderung oder auch „Trade Promotions“) oder auf die **Konsumenten** (Konsumentengerichtete Verkaufsförderung oder auch „Consumer Promotions“) gerichtet sein. Die konsumentengerichtete Verkaufsförderung kann ferner direkt oder indirekt – in Zusammenarbeit mit dem Handel am „Point-of-Sale“ (Merchandising) – durchgeführt werden.

Teilaufgabe (a)

Die „Chuppy-Chips“ sind bisher nicht im Handel erhältlich. Damit die „CHIPS GmbH“ im Handel gelistet wird, können generell die Pull- oder die Push-Strategie verfolgt werden. Die **Push-Strategie** verfolgt den **„Hineinverkauf“** in den Handel, d.h., durch intensive handelsgerichtete Marktbearbeitung – z.B. durch verkaufsfördernde Aktivitäten – soll der Handel von sich aus dazu gebracht werden, die Produkte eines Herstellers zu listen. Mit der **Pull-Strategie** wird hingegen der **„Hinausverkauf“** aus dem Handel verfolgt, d.h., beispielsweise durch konsumentengerichtete Verkaufsförderung wird ein Nachfragedruck auf Seiten der Konsumenten erzeugt, der die eingeschalteten Absatzmittler dazu bewegt, die Herstellermarke zu listen und zu bevorraten.

Die unterschiedlichen Strategien können sowohl mit dem Einsatz der Mediawerbung als auch mit dem Einsatz der Verkaufsförderung verfolgt werden. **Voraussetzung** für die Listung ist zum einen die Erreichung eines gewissen **Bekanntheitsgrades**, verbunden mit dem angestrebten **Image**, und zum anderen die Erreichung von **Goodwill** bzw. **Nachfragedruck**.

Die **Vorteile der Verkaufsförderung** sind bei der Neueinführung der „Chuppy-Chips" insbesondere darin zu sehen, dass mit der **handelsgerichteten Verkaufsförderung** eine langfristige Gewinnung der Unterstützung und der Akzeptanz des Handels (Goodwill) möglich ist. Darüber hinaus dient der Einsatz der Verkaufsförderung der **Markenprofilierung** sowohl der „CHIPS GmbH" als auch der „Chuppy-Chips" sowie dem Aufbau von **Wettbewerbsvorteilen** gegenüber der Konkurrenz.

Es empfiehlt sich der **kombinierte Einsatz** von Mediawerbung und Verkaufsförderung. Mittels **Mediawerbung** kann das Ziel eines raschen Aufbaus von Bekanntheit erreicht werden, während **Verkaufsförderungsaktivitäten** den Imageaufbau und die Listung des Produktes im Handel fördern.

Teilaufgabe (b)

Für die Einführung der „Chuppy-Chips" sind folgende Maßnahmen denkbar:

- **Handelsgerichtete Verkaufsförderung**: Hier können Maßnahmen, wie etwa die Schulung von Händlern zum Thema „Chips" oder die Durchführung von Händlerwettbewerben, durchgeführt werden. Dadurch erfolgt eine kommunikative Unterstützung des **Hineinverkaufs** in den Handel (Teil einer Push-Strategie).
- **Konsumentengerichtete Verkaufsförderung**: Die konsumentengerichtete Verkaufsförderung unterstützt den **Hinausverkauf** aus dem Handel (Teil einer Pull-Strategie) durch Erzeugung von Nachfragedruck. Je nachdem, ob die Verkaufsförderung direkt durch die „CHIPS GmbH" oder in Zusammenarbeit mit dem Handel durchgeführt wird, sind zu unterscheiden:
  - **Direkte, konsumentengerichtete Verkaufsförderung**: Die „CHIPS GmbH" kann beispielsweise Gewinnspiele veranstalten oder Gratis-Chips auf der Straße verteilen.

– **Indirekte, konsumentengerichtete Verkaufsförderung**: Denkbare Maßnahmen sind Kostproben und Produktpräsentationen sowie Gewinnspiele am „Point of Sale".

Die **Entscheidung** für eine handelsgerichtete oder eine konsumentengerichtete Verkaufsförderung sollte danach erfolgen, ob eher eine Push- oder eine Pull-Strategie verfolgt wird.

Teilaufgabe (c)

Der Einsatz der Verkaufsförderung dient vor allem der **Erreichung kurzfristiger Ziele** (Bekanntmachung, Imagetransfer). Zu viele und häufig wechselnde Aktionen von Seiten der „CHIPS GmbH" hingegen schaden dem langfristigen Aufbau eines **Markenimages**. Darüber hinaus besteht dadurch die Gefahr, eine ausgeprägte und damit überzogenene **Erwartungshaltung** auf Seiten des Handels und der Konsumenten zu erzeugen.

Lösungshinweise Aufgabe 7-13

Das Instrument des **Direct-Marketing** ist heute ein bedeutendes Instrument der Unternehmenskommunikation. Als **Kernaufgaben** können der Aufbau eines individuellen Dialoges mit einzelnen Zielpersonen sowie die Ansprache ausgewählter Zielgruppen genannt werden. Durch die Realisierung von individuellen Kontakten sollen Streuverluste bei der Informationsübermittlung verringert, Aufmerksamkeit und Interesse geweckt und neue Kunden gewonnen und langfristig an das Unternehmen gebunden werden.

Teilaufgabe (a)

Um einzelne Zielpersonen individuell ansprechen zu können, ist im Rahmen der **Zielgruppenauswahl und -identifikation** des Direct-Marketing folgende Vorgehensweisen für die „Babybrei AG" denkbar.

Die beiden Hauptzielgruppen der „Babybrei AG" sind zum einen „schwangere Frauen" und zum anderen „Mütter mit gesunden Babys".

Unter der Berücksichtigung der **Auflage**, dass der Bereich Kindernahrung einen sensiblen Bereich darstellt und die Maßnahmen des Direct-Marketing möglichst unaufdringlich sein sollen, empfiehlt sich für die „Babybrei AG" zunächst die Einschränkung der mit Direct-Marketingmaßnahmen zu bearbeitenden Zielgruppen beispielsweise auf die Zielgruppe der „Mütter mit gesunden Babys".

Die Ansprache der Zielgruppe „Mütter mit gesunden Babys“ kann zum einen erfolgen auf der Basis des **mikrogeographischen Zielgruppenansatzes**. Hier erfolgt eine regionale Feingliederung des von der „Babybrei AG“ bearbeiteten Landes in homogene Wohngebietstypen unterhalb des Stadtviertelniveaus. Für die „Babybrei AG“ erscheint eine Selektion solcher Wohngebiete vorteilhaft, in denen der **Anteil junger Familien** überdurchschnittlich hoch ist. Als Nachteil ist anzuführen, dass bei dieser Vorgehensweise mit größeren Streuverlusten zu rechnen ist.

Als wichtiges **Hilfsmittel** bei der Selektion einzelner Zielgruppen ist das **Database-Management** anzusehen. Hier erfolgt eine systematische Erfassung, Aufbereitung und Analyse der verschiedenen Zielgruppenmerkmale, so dass eine gezielte Auswahl anzusprechender Zielpersonen nach unterschiedlichen Zielgruppenmerkmalen erfolgen kann.

Die **Identifizierung** der Zielgruppen wird für die „Babybrei AG“ so vorgenommen, dass Krankenhäuser, Kinderkrippen oder Kirchen (Taufe) usw. angesprochen werden, um soziodemographische Kriterien (z.B. Name, Alter, Adresse) der Zielgruppe „Mütter von gesunden Babys“ zu erfassen. So erfolgt der Aufbau einer **Database**, in der die einzelnen Zielgruppenmerkmale systematisch aufbereitet werden. Eine direkte Ansprache von Zielpersonen erfolgt dann – beispielsweise nach dem Alter des Babys – mit Direct Mails inklusive einer Produktprobe.

Teilaufgabe (b)

Folgende **Formen des Direct-Marketing** sind nach der Interaktion zwischen Unternehmen und Konsumenten zu unterscheiden:

- **Passives Direct-Marketing**: Hier erfolgt die Kundenansprache z.B. durch unadressierte Mailings. Insofern findet **kein Kundendialog** statt. Vorteil im Sinne der „Babybrei AG“ ist eine unaufdringliche Mitteilung von Produktinformationen. Nachteil ist die fehlende Möglichkeit, mit den Kunden in Dialog zu treten.
- **Reaktionsorientiertes Direct-Marketing**: Hier findet die Initiierung eines Dialoges mit den Kunden durch die Ansprache der Zielpersonen mit einer **Responsemöglichkeit** statt. Die „Babybrei AG“ stellt ihren Zielpersonen etwa ein Paket, bestehend aus Werbebrief („Babybrei für eine gesunde Kindheit“), Prospekt (z.B. mit einer Übersicht der unterschiedlichen Breiangebote je nach Alter des Babys), Produktprobe (z.B. ein Beutel Instantpulver zum Vermischen mit Milch) sowie Rückantwortkarte mit Versandkuvert, zu.

Der Vorteil ist darin zu sehen, dass die Zielperson die Möglichkeit hat, den Brei in Ruhe zu prüfen und ggf. durch eine Rückantwort mit der „Babybrei AG" in Kontakt zu treten.

- **Interaktionsorientiertes Direct-Marketing**: Hier treten Kunden und Unternehmen in einen **direkten Dialog** miteinander. Die „Babybrei AG" setzt z.B. Telefonmarketing (etwa Versand kostenloser Babybrei-Proben) ein, um mit ihren Zielpersonen etwa über Wünsche und Anregungen zu sprechen. Gleichzeitig ergibt sich die Möglichkeit einer unmittelbaren Erfolgsmessung.

Die Ziele der Geschäftsführung der „Babybrei AG" können – unter Berücksichtigung der Auflage, möglichst wenig aufdringlich zu sein – am „besten" durch die Form des **reaktionsorientierten Direct-Marketing** erreicht werden. Dieses ermöglicht zum einen die Weiterleitung von Produktinformationen an die Zielgruppe, zum anderen ist die Möglichkeit der Initiierung eines Kundendialoges gegeben. Zusätzlich können auch neue Kunden gewonnen werden und diese Form der Kundenansprache ist nicht so aufdringlich wie das interaktionsorientierte Direct-Marketing.

Lösungshinweise Aufgabe 7-14

Die **Public Relations** (PR, Öffentlichkeitsarbeit) stellen eine klassische Form der Unternehmenskommunikation dar. Mit PR verfolgt ein Unternehmen das Anliegen, die Öffentlichkeit umfassend über sämtliche Aktivitäten zu informieren und mit dieser in einen Dialog zu treten. PR beinhaltet als Kommunikationsinstrument die Planung, Organisation, Durchführung und Kontrolle sämtlicher Unternehmensaktivitäten, um bei ausgewählten Zielgruppen um Verständnis und Vertrauen zu werben, um damit gleichzeitig Ziele der Unternehmenskommunikation zu erreichen.

Teilaufgabe (a)

Die PR-Abteilung der „Save Bike AG" versucht, durch die von ihr durchgeführten Maßnahmen (**Aufgabe**) Verständnis und Vertrauen aufzubauen, zu erhalten bzw. verbessern. Es geht in erster Linie um ein Werben für das Unternehmen „Save Bike AG" und dessen Belange. Aus der genannten Aufgabe können die spezifischen **Ziele** der PR abgeleitet werden: Z.B. soll der Kenntnisstand von Fachjournalisten über die Qualitätspolitik und über die Wahrnehmung sozialer Engagements („sicheres Bike") der „Save Bike AG" erhöht werden.

Teilaufgabe (b)

Es werden drei **Erscheinungsformen** der PR unterschieden: die leistungsorientierte, die unternehmensbezogene und die gesellschaftsbezogene PR.

Die „Save Bike AG" verfolgt in erster Linie eine **leistungsorientierte PR**. Im Vordergrund steht die Vermittlung ausgewählter Leistungsmerkmale der Schutzkleidung (z.B. Reissfestigkeit) und Helme (Stabilität).

Darüber hinaus besteht für die „Save Bike AG" die Möglichkeit, auch eine **unternehmensbezogene PR** zu forcieren. Hier stehen nicht mehr nur einzelne Leistungen des Unternehmens im Vordergrund, sondern die Darstellung des Unternehmensbildes bzw. Selbstverständnisses der „Save Bike AG". Beispielsweise können die Mitarbeiter der „Save Bike AG" als begeisterte, aber sicherheitsbewusste Motorradfahrer der Öffentlichkeit vorgestellt werden.

Als weitere Alternative kann die „Save Bike AG" auch eine **gesellschaftsbezogene PR** betreiben. Bei einer derartigen PR treten die Leistungen der „Save Bike AG" in den Hintergrund – vielmehr wird das verantwortliche Handeln des Unternehmens als Teil der Gesellschaft dokumentiert. Beispielsweise bezieht die „Save Bike AG" zu aktuellen Themen, wie z.B. der Verkehrspolitik, öffentlich Stellung.

Teilaufgabe (c)

Die „Save Bike AG" verfolgt als PR-Maßnahmen in erster Linie Pressearbeit im Rahmen von Pressekonferenzen und Pressemitteilungen.

Weitere **Maßnahmen** sind für die „Save Bike AG" denkbar:

- **Maßnahmen des persönlichen Dialogs**: Beispielsweise können die persönlichen Beziehungen zwischen Mitarbeitern der „Save Bike AG" und Meinungsführern oder Pressevertretern gepflegt werden.
- **Aktivitäten für ausgewählte Zielgruppen**: Die „Save Bike AG" bietet ein kostenloses Fahrertraining für alle Motorradführerscheinneulinge an.
- **Mediawerbung**: Mit Hilfe von Anzeigen in Zeitungen oder Zeitschriften führt die „Save Bike AG" Imagekampagnen durch, um z.B. das Ansehen der Motorradfahrer zu verbessern.
- **Unternehmensinterne Maßnahmen**: Es kann auch die Einführung einer Werkzeitschrift, in der die Mitarbeiter über wichtige Entwicklungen bei der „Save Bike AG" unterrichtet werden, erwogen werden.

Teilaufgabe (d)

Bei der PR handelt es sich in erster Linie um ein **strategisches Kommunikationsinstrument**. Es eignet sich hauptsächlich dazu, psychologische Kommunikationsziele (z.B. Vertrauen oder eine positive Einstellung) zu erreichen. Für die Erreichung kurzfristiger Kommunikationsziele, wie etwa der Erhöhung der Abverkaufszahlen, ist die PR-Arbeit kaum geeignet.

Lösungshinweise Aufgabe 7-15

Sponsoring verfolgt – als vergleichsweise neues Kommunikationsinstrument mit zunehmender Bedeutung – die folgenden **Ziele**:

- Aktualisierung und Stabilisierung der **Markenbekanntheit**,
- Aufbau bzw. Verbesserung bestimmter **Imagedimensionen**,
- Schaffung attraktiver Möglichkeiten der **Kontaktpflege** mit Kunden und anderen Anspruchsgruppen,
- Schaffung von **Goodwill** und Dokumentation gesellschaftlicher Verantwortung,
- Verbesserung der **Mitarbeiteridentifikation** und **Mitarbeitermotivation**.

Je nach Schwerpunkt der Sponsoringaktivitäten können verschiedene **Erscheinungsformen des Sponsoring** voneinander unterschieden werden: Sport-, Kultur-, Sozio-, Umwelt- sowie Programmsponsoring.

Teilaufgabe (a)

Die **konstitutiven Merkmale** des Sponsoring ergeben sich aus der **Definition** des Sponsoring:

Unter **Sponsoring** versteht man die Planung, Organisation, Durchführung und Kontrolle sämtlicher Aktivitäten, die mit der Bereitstellung von Geld, Sachmitteln, Dienstleistungen und/oder Organisationen im sportlichen, kulturellen und/oder sozialen Bereich verbunden sind. Mit Sponsoring sollen Ziele der eigenen Unternehmenskommunikation erreicht werden (*Bruhn* 2001, S. 239).

Im Unterschied zum klassischen Mäzenatentum ist das besondere **Merkmal** des Sponsoring darin zu sehen, dass es auf dem Prinzip von Leistung (des Sponsors) und Gegenleistung (des Gesponserten) beruht.

Die „Caribic-Surf GmbH“ hat der Behindertenwerkstatt einen Betrag in Höhe von 20.000 GE gespendet, ohne eine **Gegenleistung** dafür zu erwarten. Insofern handelt es sich hier nicht um ein Sponsoringengagement, sondern um klassisches Mäzenatentum.

Teilaufgabe (b)

Geeignete Kriterien zur Beurteilung eines Sponsoringengagements ergeben sich aus dem Affinitätenkonzept des Sponsoring. Danach erfolgt eine Grobauswahl von Sportarten nach den folgenden Kriterien:

- **Zielgruppenaffinität**: Welche Sportart (Tennis oder Segeln) findet das größere Interesse bei den Zielgruppen der „Caribic-Surf GmbH“?
- **Produktaffinität**: Welche Sportart steht in einer stärkeren Beziehung zum Produkt oder der Leistung der „Caribic-Surf GmbH“ (Surfreisen)?
- **Imageaffinität**: Welche Imagedimensionen der Sportarten (Tennis oder Segeln) passt besser zum Image der „Caribic-Surf GmbH“ oder zu einzelnen Reiseangeboten?

Im Sinne einer **Fundierung** der Entscheidung ist die Auswahl einer Sportart beispielsweise anhand eines Punktbewertungsverfahrens vorzunehmen.

Es liegt aber auf der Hand, dass die Affinität der Sportart Segeln in allen Bereichen höher ist bzw. die Zielgruppen-, Produkt- und Imageaffinität für Tennis mit Einwänden nicht gegeben ist. Dies müsste im Einzelnen noch genauer geprüft werden. Denkbar wäre z.B. die Empfehlung einer internationalen Regatta.

Teilaufgabe (c)

Als **Chancen** des Sponsoring lässt sich ausführen, dass es ein vergleichsweise kostengünstiges Kommunikationsinstrument ist, das sich gut für die Umgehung der Informationsüberlastung durch die Werbung sowie der negativen Haltung der Konsumenten gegenüber der Werbung eignet. Darüber hinaus ist eine Dokumentation gesellschaftlicher Verantwortung von Seiten der „Caribic-Surf GmbH“ möglich.

Als **Risiko** ist anzuführen, dass bei divergierendem Verhalten der „Caribic-Surf GmbH“ und nach außen dokumentierten Ansprüchen durch das Sponsoringengagement die Gefahr eines Glaubwürdigkeitsverlustes besteht. Schließlich existieren verschiedene Barrieren bei Gesponserten und es ist stets unsicher, ob die „Caribic-Surf GmbH“ überhaupt eine geeignete Regatta findet, in der sie sich als Sponsor engagieren kann.

Lösungshinweise Aufgabe 7-16

Die Multimedia-Kommunikation hat in den vergangenen Jahren – insbesondere durch das Internet – als neues Kommunikationsinstrument einen enormen Bedeutungszuwachs erfahren. Mit Multimedia-Kommunikation wird die zielgerichtete, systematische Planung, Entwicklung, Distribution und Kontrolle eines computergestützten, interaktiven und multimodalen Kommunikationssystem als zeitunabhängige Plattform eines persönlichen, zweiseitigen Kommunikationsprozesses mit dem Ziel der Vermittlung unternehmensgesteuerter Botschaften bezeichnet.

Nach verschiedenen Hardwareplattformen können unterschiedliche **Systemtypen** unterschieden werden: Mobile Speichermedien, Terminal- und Kiosksysteme sowie Online-Systeme.

Teilaufgabe (a)

Bei der CD-Rom handelt es sich um ein multimediales, mobiles Speichermedium. Ein solches Medium erfüllt folgende **Funktionen**:

- **Motivationsfunktion**: Der Erhalt der CD-ROM motiviert die Kunden der „Firenow AG" möglicherweise dazu, die CD am PC zu installieren und sich die Inhalte anzusehen bzw. über Produkte zu informieren.
- **Informationsvermittlungsfunktion**: Den Kunden der „Firenow AG" werden über die multimedial aufbereiteten Inhalte auf der CD-ROM Informationen über Produkte und das Unternehmen vermittelt.
- **Kundenbindungsfunktion**: Die CD-ROM erfüllt die Funktion der Kundenbindung beispielsweise in dem Sinne, dass das Programm auf dem PC installiert werden muss. Dadurch ist der Kunde möglicherweise des öfteren dazu bereit, sich mit dem Produktangebot der „Firenow AG" auseinander zu setzen.

Mit der CD-ROM verfolgt die „Firenow AG" beispielsweise folgende **Kommunikationsziele**:

- **Affektiv-orientierte Ziele**: Durch die CD-ROM versucht die „Firenow AG", die Einstellung bei ihren Kunden positiv zu beeinflussen und ein emotionales Erleben der Produkte zu ermöglichen (z.B. Videoclip mit einem ausbrechenden Feuer und dem anschließenden Alarm).
- **Kognitiv-orientierte Ziele**: Die CD-ROM weckt bei den Kunden der „Firenow AG" möglicherweise Aufmerksamkeit und Interesse, was den Inhalt

anbelangt. Darüber hinaus werden bei Nutzung der CD-ROM durch den Kunden auch Kenntnisse über Feuermelder der „Firenow AG“ vermittelt.

- **Konativ-orientierte Ziele**: Die CD-ROM ermöglicht dem Kunden ein verändertes Informationsverhalten dadurch, dass Informationen zu sämtlichen Produkten einfach abrufbar sind. Dies führt möglicherweise zu vermehrten Kaufabsichten.

Teilaufgabe (b)

Interaktive, informationsorientierte Anwendungen zielen darauf ab, spezifische Kenntnisse über Produkte oder das Unternehmen selbst zu vermitteln. Der Rezipient erhält im Rahmen eines interaktiven Prozesses die Möglichkeit, seine individuellen Informationsbedürfnisse selektiv zu befriedigen.

Die Eignung des durch die „Firenow AG“ verwendeten Systems (mobiles Speichermedium) lässt sich nach seiner **Affinität** zu verschiedenen Anwendungen beurteilen. Mobile Speichermedien eignen sich in besonders hohem Maße für **reaktive, unterhaltungsbezogene Anwendungen** (z.B. Computerspiele). Auch für **interaktive, informationsorientierte Anwendungen** (z.B. virtueller Katalog der „Firenow AG“) eignet sich das mobile Speichermedium. Besser geeignet für diese Art der Anwendung wären allerdings sog. Kiosk- oder Terminalsysteme (z.B. Point-of-Information-Terminals), weil hier beispielsweise eine höhere Aktualität durch laufend neu eingespielte Produktinformationen erreicht werden kann.

Lösungshinweise Aufgabe 7-17

Im Rahmen der Kommunikationspolitik von Unternehmen gelangen eine Vielzahl weiterer Instrumente zum Einsatz, z.B. Messen und Ausstellungen, Event-Marketing, Persönliche Kommunikation und Mitarbeiterkommunikation.

Teilaufgabe (a)

Bei den beschriebenen Events, die die „Breaklight GmbH“ regelmäßig für ihre Kunden durchführt, handelt es sich um das sog. **Event-Marketing**. Im Rahmen solcher Veranstaltungen erfolgt eine erlebnis- und dialogorientierte Präsentation von Produkten oder eines Unternehmens („Infotainment“). Die „Breaklight GmbH“ verfolgt hiermit z.B. das Ziel, Kommunikationsbotschaften zu vermitteln („unschlagbar“, „nicht zu überlisten“), um damit in erster Linie affektiv-orientierte Kommunikationsziele – z.B. eine positive Einstellung und ein emotionales Erleben bei den Zielgruppen – zu erreichen.

Teilaufgabe (b)

Für die „Breaklight GmbH" ist der Einsatz z.B. folgender weiterer Kommunikationsinstrumente vorstellbar:

- **Messen und Ausstellungen**: Die „Breaklight GmbH" führt insbesondere für ihre industriellen Kunden Messen und/oder Ausstellungen durch, um ihr Produktangebot zu präsentieren. Ein denkbares Ziel eines solchen Engagements ist es, die Zielgruppen (industrielle Großabnehmer) über die Aktivitäten der „Breaklight GmbH" zu informieren und mit ihnen in einen Dialog zu treten.
- **Mitarbeiterkommunikation**: Die „Breaklight GmbH" richtet eine professionelle Mitarbeiterkommunikation (Topdown) ein, um sämtliche Mitarbeiter beispielsweise über aktuelle Entwicklungen zu informieren.

Lösungshinweise Aufgabe 7-18

Damit sich ein einheitliches und klares Erscheinungsbild des Unternehmens bei den Zielgruppen herausbildet, besteht bei der Vielzahl der zur Verfügung stehenden Kommunikationsinstrumente mit ihren unterschiedlichen Zielgruppen die Notwendigkeit einer Integration, d.h., einer Abstimmung einzelner Kommunikationsaktivitäten im Unternehmen.

Die Integrierte Unternehmenskommunikation ist ein Prozess der Planung und Organisation, der darauf abzielt, aus den unterschiedlichen Quellen der internen und externen Kommunikation ein für die Zielgruppen der Unternehmenskommunikation **konsistentes Erscheinungsbild** über das Unternehmen zu vermitteln.

Die Integrierte Unternehmenskommunikation ergibt sich zum einen aus der durch die vielfältigen Entwicklungstendenzen in der Kommunikation entstandenen Probleme (erhöhter Werbedruck, Informationsüberlastung bei den Rezipienten), zum anderen aus der organisatorischen Differenzierung, die dazu führt, dass eine Vielzahl von Abteilungen in einem Unternehmen mit der Kommunikation betraut ist und sich daher ein hoher Koordinationsbedarf ergibt.

Teilaufgabe (a)

Grundgedanke der Integrierten Kommunikation ist die kommunikative Vermittlung eines **konsistenten Erscheinungsbildes** über die „Profi AG".

Die **Vorteile**, die sich die „Profi AG" durch den Einsatz der integrierten Kommunikation verspricht, sind neben der Schaffung und Kommunikation eines prägnanten Unternehmensbildes die Erzielung von Synergiewirkungen und somit die Erhöhung der Gesamtwirkung der Kommunikation („Das Ganze ist mehr als die Summe seiner Teile"). D.h., durch Integration sämtlicher Werbekampagnen der einzelnen Produktmanager (für unterschiedliche Klimaanlagen) könnte eine höhere Kommunikationswirkung erzielt werden, als ohne eine Abstimmung der Einzelmaßnahmen.

Teilaufgabe (b)

Die „Profi AG" führte bisher eine **formale Integration** durch, d.h., es wird auf die Einhaltung formaler Gestaltungsprinzipien bezüglich der verwendeten Werbemittel der für die jeweiligen Klimaanlagen zuständigen Produktmanager geachtet. Dadurch kann eine erhöhte Wiedererkennbarkeit der „Profi AG" bzw. seiner Marken erreicht werden. Durch die Verwendung des einheitlichen Logos und einer einheitlichen Schrift mit gleichem Schrittyp, -größe und -farbe kann eine bessere Präsenz, Prägnanz und Klarheit der Kommunikation der „Profi AG" erreicht werden.

Die „Profi AG" hat darüber hinaus eine **inhaltliche Integration** vorzunehmen. Hierin ist der eigentliche Schwerpunkt der Integrierten Kommunikation zu sehen. Die Aufgabe besteht darin, verschiedene Kommunikationsmaßnahmen thematisch miteinander zu verbinden. Dies wird bei der „Profi AG" z.B. durch Verwendung von gleichartigen Schlüsselbildern oder einheitlichen Slogans (etwa: „Wir sind die Profis") erreicht. Auf diese Weise wird versucht, das gemeinsame Ziel der strategischen Positionierung in der Kommunikation (Unique Communication Proposition, „UCP") zu erreichen.

Die „Profi AG" hat auch eine **zeitliche Integration** vornehmen. Auf diese Weise wird das Ziel der Sicherstellung der Kontinuität im kommunikativen Auftritt der „Profi AG" erreicht. Eine denkbare Maßnahme im Rahmen der zeitlichen Integration wäre für die „Profi AG" etwa die Ereignisplanung („Timing"), z.B. in der Art, dass die Werbekampagnen für die drei Produkte nicht parallel, sondern stets nacheinander erfolgen. Dadurch werden längere Lücken in der Kommunikation vermieden, um die Wirkung einzelner Kommunikationsinstrumente zu verstärken.

Kapitel 8: Entscheidungen der Vertriebspolitik (Aufgaben)

Aufgabe 8-1

Ziele und Entscheidungstatbestände der Vertriebspolitik

Die „Magni AG" produziert Herrenbekleidung. Der Verkauf der Produkte erfolgte bisher ausschließlich über die europäische Warenhauskette „City". Angesichts zunehmender Probleme mit „City" in den letzten zwei Jahren und des mit „City" auslaufenden Liefervertrages am Ende des nächsten Quartals soll die zukünftige Vertriebspolitik neu durchdacht werden. Kritisch geprüft werden soll in diesem Zusammenhang auch die bisherige Ausrichtung der Vertriebspolitik an rein ökonomischen Größen.

(a) Welche **Basisentscheidungen** der Vertriebspolitik sind bei der „Magni AG" zu diskutieren? Verdeutlichen Sie Ihre Antworten an Beispielen!

(b) Welche nicht-ökonomischen **Kategorien vertriebspolitischer Ziele** werden bei der „Magni AG" in Zukunft Beachtung finden?

Aufgabe 8-2

Prozess der Vertriebsplanung

Die „Burg GmbH" produziert diverse Brett- und Computerspiele. Der Vertrieb erfolgte bisher ausschließlich über den Einzelhandel. Als Mitarbeiter der „Burg GmbH" werden Sie beauftragt, zukünftig die Vertriebsplanung zu übernehmen.

(a) Wie gehen Sie vor? Zeigen Sie auf, wie die einzelnen **Schritte der Vertriebsplanung** bei der „Burg GmbH" auszusehen haben!

(b) Worauf müssen Sie **nach Abschluss** der Vertriebsplanung bei der „Burg GmbH" im Hinblick auf das gesamte Marketingmix achten? Verdeutlichen Sie Ihre Antworten durch Beispiele!

Aufgabe 8-3

Selektion der Vertriebssysteme

Die Firma „Sunshine GmbH“ produziert alternative Heizsysteme. Vor kurzem ist es ihr gelungen, das Patent für ein in Skandinavien entwickeltes revolutionäres Heizsystem für sich zu sichern, dessen Energieverbrauch ein Fünftel einer konventionellen Anlage beträgt. Die Geschäftsleitung überlegt, wie das neue Produkt, das von der „Sunshine GmbH“ als „Skandisun“ bezeichnet wird, abgesetzt werden kann.

(a) Zunächst soll festgelegt werden, welche Vertriebswege bzw. Absatzkanäle für „Skandisun“ genutzt werden. Hierzu sollen die **vertikale** und die **horizontale Absatzkanalstruktur** für „Skandisun“ bestimmt werden. Was ist darunter zu verstehen?

(b) Diskutiert wird für „Skandisun“ die Form eines **direkten Absatzes**. Was würde das im vorliegenden Fall bedeuten und welche Vor- und Nachteile sehen Sie dabei für die „Sunshine GmbH“?

(c) Alternativ zu der in (b) genannten Variante wird für „Skandisun“ ein **indirekter Absatz** vorgeschlagen. Innerhalb dieser Alternative wird auch diskutiert, ob der Vertrieb über den Einzelhandel oder (auch) über den Großhandel erfolgen sollte. Welche Vor- und Nachteile ergeben sich bei Wahl einer dieser Alternativen des indirekten Absatzes jeweils für die „Sunshine GmbH“?

(d) Welche **Beurteilungsmethoden** kommen zur Überprüfung der Eignung von unterschiedlichen möglichen Vertriebssystemen für die „Sunshine GmbH“ in Frage?

Aufgabe 8-4

Akquisition und Stimulierung der Vertriebssysteme

Die „Waterrace AG“ hat sich auf die Produktion von leistungsstarken und gleichzeitig umweltschonenden Bootsmotoren im Bereich Sportboote spezialisiert. Ab dem kommenden Jahr sollen die Produkte nicht mehr wie bisher nur in den USA, sondern auch in Europa verkauft werden.

(a) Da vergleichbare Produkte noch nicht am Markt sind, steht der Facheinzelhandel, der als Absatzmittler gewonnen werden soll, den Produkten der „Waterrace AG“ eher zurückhaltend gegenüber. Welche **generellen Möglichkeiten** hat das Unternehmen, die notwendige Zahl von Absatzmittlern zur Mitarbeit zu gewinnen?

(b) Welche konkreten **absatzmittlergerichteten Maßnahmen** könnte die „Waterrace AG“ zur Akquisition und Stimulierung der Absatzmittler bzw. des Handels einsetzen?

Aufgabe 8-5

Vertragliche Bindung der Vertriebssysteme

Der Lebensmittelhersteller „Gourmetfrost AG“ stellt ein breites Sortiment an Tiefkühlprodukten her. Im aktuellen Geschäftsjahr soll die Form der Zusammenarbeit mit dem Handel neu durchdacht werden. Welche **vertraglichen Vertriebssysteme** kommen für die „Gourmetfrost AG“ in Frage? Beschreiben Sie je Variante kurz die dahinter stehende Idee bezogen auf die „Gourmetfrost AG“!

Aufgabe 8-6

Auswahl der Verkaufsorgane

Die „Santa Claus AG“, ein amerikanischer Snowboardhersteller, möchte mit dem Modell „Matterhorn“ in den Schweizer Markt eintreten. Dabei steht das Unternehmen vor der Entscheidung, einen unternehmenseigenen Außendienst („**Reisende**“) aufzubauen oder unternehmensfremde Verkaufsorgane („**Vertreter**“) einzusetzen. Die zugehörigen Gehaltssysteme, die in Frage kommen, zeigt Schaubild 8-1.

(a) Die Entscheidung, ob Reisende oder Vertreter einzusetzen sind, soll zunächst auf Basis des **Kostenvergleichs** zwischen einem Reisenden und einem Vertreter erfolgen. Bei welchem prognostizierten Umsatz werden beide Alternativen als „gleich gut“ eingestuft? Berechnen Sie diese Umsatzhöhe und stellen Sie die Lösung auch graphisch dar!

(b) Der erfahrene Vertriebsleiter des Unternehmens für die Schweiz verwirft die unter (a) aufgestellte Rechnung. Er geht von einem durchschnittlichen jährlichen Absatz in Höhe von 20.000 ME aus, der entweder durch den Einsatz von genau 10 Reisenden oder durch den Einsatz von genau 12 Vertretern im Unternehmen insgesamt erzielt werden kann. Durch den Einsatz von Reisenden könnten dabei ohne zusätzliche Aufwendungen auch notwendige Marktforschungsinformationen eingeholt werden, während beim Einsatz von Vertretern dieselben Informationen durch ein Marktforschungsinstitut zu einem Preis von 5.000 GE bezogen werden müssen.

Der Vertriebsleiter entscheidet aufgrund dieser Datenbasis inklusive der oben gegebenen Tabelle, Handelsreisende einzusetzen. Wie hoch ist demnach der in sein Kalkül einbezogene Preis des abzusetzenden Produktes (pro Stück) **höchstens**?

(c) Neben den in (a) und (b) berechneten „quantitativen" Kriterien zur Entscheidungsfindung über den Einsatz von Reisenden oder Vertretern sollten nach Meinung des Vertriebsleiters der „Santa Claus AG" auch sog. **„qualitative" Kriterien** zusätzlich beachtet werden. Um welche Kriterien handelt es sich dabei?

Verkaufsorgane	Fixum (pro Jahr)	Provision
Reisender	50.000 GE	25% vom Umsatz
Vertreter	35.000 GE	30% vom Umsatz

Schaubild 8-1: Gehaltssystem der „Santa Claus AG"

Aufgabe 8-7

Steuerung der Verkaufsorgane und Anreizsysteme

Die „Bavaria AG" produziert Abfüllanlagen für Getränke. Beliefert werden insgesamt 1.300 Kunden, die sich ungleichmäßig auf die Länder Brasilien, China, Deutschland, Frankreich, Italien, Österreich und Schweiz verteilen. Besonders stolz ist das Management der „Bavaria AG" darauf, dass durch Erstkontakte mit knapp 20 großen Brauereien seit dem vergangenen Geschäftsjahr nun mit China das Absatzgebiet der „Bavaria AG" auch um ein asiatisches Land erweitert werden konnte.

Hinsichtlich der Unternehmensgröße, der Breite der Produktpalette und des Einkaufsvolumens sind die Kunden der „Bavaria AG“ als äußerst heterogen einzustufen.

Auch aufgrund der Komplexität der Anlagen, die den jeweils produzierten Getränken entsprechend individuell anzupassen sind, werden die Produkte der „Bavaria AG“ durch unternehmenseigene, technisch speziell geschulte Verkäufer vertrieben, die die Kunden vor Ort individuell beraten und gleichzeitig über Produktinnovationen der „Bavaria AG“ informieren.

(a) Zeigen Sie am Beispiel der „Bavaria AG“ die verschiedenen Entscheidungstatbestände auf, die im Rahmen der **Steuerung der Verkaufsorgane** zu treffen sind!

(b) Welche **Anreizsysteme** sind für die „Bavaria AG“ zur Steuerung ihrer Verkäufer einzusetzen?

Aufgabe 8-8

Gestaltung der Logistiksysteme

Der Obstkonservenfabrikant „Fruit GmbH“ beliefert bis zum gegenwärtigen Zeitpunkt seine Kunden mit einem eigenen Lkw. Die Fixkosten des Lkw betragen monatlich 5.000 GE. Beim Transport mit dem eigenen Lkw wird ermittelt, dass für jede Palette Konservendosen variable Kosten in Höhe von 16 GE entstehen.

Neben dem eigenen Lkw besteht die Möglichkeit, auf die Bahn auszuweichen oder eine Spedition zu beauftragen. Die Bahn setzt in ihrem Angebot neben einer Grundpauschale von 500 GE einen Kostensatz von 2,5 GE pro Palette an. Liegt das Auftragsvolumen über 60 Paletten, erhöht sich zwar der Grundpreis um 50 GE, jedoch wird auf die Kosten pro Transporteinheit ein Rabatt von 33 Prozent gewährt.

Die Spedition verlangt für jeden Auftrag eine Grundvergütung von 300 GE. An variablen Kosten werden 4 GE pro Palette berechnet.

Neben dem eigenen Lkw, der Spedition und der Bahn wären noch weitere Transportmittel für die „Fruit GmbH“ möglich, für die die Geschäftsleitung der „Fruit GmbH“ jedoch keine aktuellen Kosten ermittelt hat, da diese Alternativen von vornherein nicht näher in Betracht gezogen wurden.

Im Gegensatz zur Wahl der Transportmittel steht eine Entscheidung über ein Lagerhaltungssystem bei der „Fruit GmbH" zurzeit nicht an, da vor zwei Jahren bereits eine Reorganisation in diesem Bereich erfolgte, die sich bis heute bewährt hat.

(a) Diskutieren Sie die wichtigsten **Transportmittel**, die der „Fruit GmbH" allgemein für den Transport zur Verfügung stehen!

(b) Bei welchen Absatzmengen sind die Transportmittel eigener Lkw, Bahn oder Spedition für die „Fruit GmbH" jeweils am **kostengünstigsten**?

(c) Welche **Kriterien** sind bei der „Fruit GmbH" – neben der reinen Kostenorientierung – bei der Wahl der Transportmittel zusätzlich zu beachten?

(d) Vor zwei Jahren hat die „Fruit GmbH" ihr System der **Lagerhaltung** reorganisiert. Welche Entscheidungen musste die „Fruit GmbH" in diesem Zusammenhang treffen?

Aufgabe 8-9

Zusammenarbeit zwischen Industrie und Handel

Die „Quickfood AG" produziert Fertig- und Halbfertiggerichte, wobei über 50 Prozent des Umsatzes der „Quickfood AG" alleine durch die Produktlinie „Pizzaquick" erzielt werden. In einem Interview beklagt der Vorstandsvorsitzende der „Quickfood AG" die anhaltenden Probleme der **Zusammenarbeit mit dem Handel**.

(a) Welche **Ursachen** vermuten Sie für die angesprochenen Probleme zwischen der „Quickfood AG" und dem Handel?

(b) Welche **Maßnahmen** könnte die „Quickfood AG" ergreifen, um die Probleme zu reduzieren?

Kapitel 8: Entscheidungen der Vertriebspolitik (Lösungshinweise)

Lösungshinweise Aufgabe 8-1

Die **Vertriebspolitik** beinhaltet alle Entscheidungen, die sich mit der Versorgung nachgelagerter Vertriebsstufen mit Unternehmensleistungen beschäftigen, damit die Kunden die angebotenen Leistungen beziehen können. Sie stellt neben der Produkt-, Preis- und Kommunikationspolitik ein weiteres Instrument im Bereich des Marketingmix dar.

Teilaufgabe (a)

Folgende **Basisentscheidungen** sind bei der „Magni AG" zu diskutieren:

- **Aufbau und Management von Vertriebssystemen** als Gestaltung der Absatzwege bzw. der Absatzkanalstruktur für die Produkte der „Magni AG": Die „Magni AG" kann z.B. überlegen, statt eines Exklusivvertrages wie bisher mit „City" seine Produkte zukünftig über mehrere unterschiedliche Absatzmittler zu vertreiben.
- **Einsatz von Verkaufsorganen** als Frage der Auswahl, Steuerung und Motivation der mit dem persönlichen Verkauf der Produkte der „Magni AG" zu betrauenden Personen: Bei keiner Weiterführung des Exklusivvertrages mit „City" werden z.B. die Anforderungen an die bisher mit dem Verkauf (an „City") betrauten Personen steigen, es ergibt sich die Notwendigkeit eines neuen Anreizsystems für die Mitarbeiter usw.
- **Gestaltung der Logistiksysteme** als Überbrückung von Raum und Zeit durch Transport, Lagerung und Auftragsabwicklung: Bei dem Ende eines Exklusivvertrages mit „City" muss das bisherige, auf „City" ausgerichtete Logistiksystem an die neuen Absatzmittler angepasst werden, d.h., die Ware muss unter Umständen an andere Orte geliefert werden und es sind hierzu geeignete Transportmittel und -wege zu suchen.

Teilaufgabe (b)

Die „Magni AG" wird neben **ökonomisch orientierten Vertriebszielen** (z.B. „Senkung der Vertriebs- und Logistikkosten für die Produktkategorie Hemden um mindestens 10 Prozent innerhalb der nächsten 12 Monate") auch **versorgungsorientierte Vertriebsziele** (z.B. „Senkung der Lieferzeiten des gesamten Sortiments um mindestens 15 Prozent innerhalb der nächsten 12 Monate") oder **psychologisch orientierte Vertriebsziele** (z.B. „Verbesserung des Vertriebsimages") verfolgen.

Lösungshinweise Aufgabe 8-2

Zur Fundierung vertriebspolitischer Entscheidungen ist ein systematischer **Planungsprozess** zugrunde zu legen. Dieser beinhaltet als Phasen die Situationsanalyse, Festlegung der Vertriebsziele, Entwicklung der Vertriebsstrategie, Bestimmung des Vertriebsbudgets, Durchführung von Vertriebsmaßnahmen und Vertriebskontrolle.

Teilaufgabe (a)

Für den Spielehersteller „Burg GmbH" ergeben sich die **Planungsphasen** in der Vertriebspolitik wie folgt:

(1) Situationsanalyse:

Im ersten Schritt ist eine Analyse und Prognose der unternehmensinternen und -externen vertriebspolitisch relevanten Veränderungen für die „Burg GmbH" vorzunehmen. Eine derartige Veränderung ist z.B. ein verstärktes Interesse der Endverbraucher am Erwerb bzw. einer Bestellung der Spiele via Internet (direkt beim Hersteller). Als Instrument kann die „Burg GmbH" für diesen Schritt des Planungsprozesses z.B. eine SWOT-Analyse (vgl. Kapitel 2) nutzen.

(2) Festlegung der Vertriebsziele:

Nach der Situationsanalyse sind die strategischen und operativen Vertriebsziele der „Burg GmbH" in Bezug auf Handel und Endabnehmer festzulegen. Ein Beispiel für eine strategische Zielsetzung der „Burg GmbH" ist z.B. eine Markterschließung durch neue Vertriebswege.

(3) Entwicklung der Vertriebsstrategie:

Die Vertriebsstrategie bildet den Rahmen für alle vertriebspolitischen Maßnahmen. Hier ist die grundsätzliche Absatzkanalstruktur der „Burg GmbH" festzulegen. Als Strategie kommt für die „Burg GmbH" z.B. der Ausbau alternativer Absatzwege (z.B. Vertrieb der Spiele via Internet) in Frage. Außerdem sind im Rahmen der Entwicklung der Vertriebsstrategie Entscheidungen über die einzusetzenden Verkaufsorgane zu treffen, z.B. – falls die „Burg GmbH" weiterhin (auch) über den Einzelhandel vertreiben will – die Entscheidung, ob für diesen Absatzweg Reisende oder Vertreter von der „Burg GmbH" eingesetzt werden sollen.

(4) **Bestimmung des Vertriebsbudgets:**

Das Vertriebsbudget der „Burg GmbH" ist entsprechend der vorher getroffenen Entscheidungen über die Vertriebsstrategie festzulegen. Bei einer zielgerichteten Budgetplanung wird das Budget bei einer Markterschließungsstrategie der „Burg GmbH" entsprechend der zu tätigen vertrieblichen Neuinvestitionen relativ hoch sein. Als Methoden der Vertriebsbudgetierung kommen die in Kapitel 7 behandelten Methoden der Werbebudgetierung analog in Frage.

(5) **Durchführung von Vertriebsmaßnahmen:**

Auf Basis der für die „Burg GmbH" entwickelten Vertriebsstrategie und des angesetzten Vertriebsbudgets sind die konkreten Vertriebsmaßnahmen der „Burg GmbH" festzulegen. Die Maßnahmen betreffen dabei alle vertrieblichen Teilbereiche, d.h. die Gestaltung von Vertriebssystemen, den Einsatz der Verkaufsorgane und die Gestaltung von Logistiksystemen. Die „Burg GmbH" kann z.B. eine Online-Bestellmöglichkeit aller selbst produzierten Spiele im Internet einrichten, drei neue Mitarbeiter im Bereich Versand beschäftigen usw.

(6) **Vertriebskontrolle:**

Im Anschluss an jede Planungsperiode ist zu überprüfen, inwieweit die für die „Burg GmbH" festgelegten Vertriebsziele realisiert wurden und welche Ursachen für etwaige Abweichungen bestehen. Die „Burg GmbH" muss – den vorher festgelegten Vertriebsstrategien und den durchgeführten Vertriebsmaßnahmen entsprechend – z.B. prüfen, inwieweit eine geplante Markterschließung realisiert wurde und inwieweit das Angebot des Kaufs von Spielen über das Internet von den Kunden genutzt wird.

Teilaufgabe (b)

Die „Burg GmbH" muss eine **Integration** aller Planungsschritte der Vertriebspolitik in das Marketingmix sicherstellen. Die Einführung des zusätzlichen Vertriebs über das Internet neben dem klassischen Vertrieb über den Einzelhandel wird z.B. **kommunikationspolitische Maßnahmen** erfordern, um den neuen

Vertriebsweg bei den Konsumenten bekannt zu machen. Zu überlegen wäre in diesem Fall auch, ob die Produkte über das Internet an die Käufer zu den **Preisen** abgegeben werden, die auch der Handel bisher von den Käufern verlangt.

Lösungshinweise Aufgabe 8-3

Im Rahmen der Planung und Gestaltung von Vertriebssystemen sind verschiedene Teilaufgaben zu erfüllen. Eine dieser Teilaufgaben stellt die Festlegung der vertikalen und der horizontalen Absatzkanalstruktur („**Selektion**") dar.

Unter der vertikalen Struktur ist die Anzahl der Absatzkanalstufen zu verstehen; entsprechend kann je nachdem, ob keine, genau ein oder mehrere Absatzmittler eingesetzt werden, in einen direkten, einstufigen indirekten und mehrstufigen indirekten Vertrieb unterschieden werden. Im Gegensatz zur vertikalen beschreibt die horizontale Struktur die Zahl der Absatzmittler je Stufe („Breite") und die Art der Absatzmittler je Stufe („Tiefe").

Teilaufgabe (a)

Bei der Festlegung der vertikalen Absatzkanalstruktur für „Skandisun" wird die Zahl der Absatzstufen bei den Heizsystemen festgelegt, während bei der horizontalen Selektion Entscheidungen hinsichtlich der Zahl und Art der Absatzmittler auf den einzelnen Absatzstufen für „Skandisun" getroffen werden müssen.

Bei der **horizontalen Selektion** ergibt sich je nach Zahl der Absatzmittler von „Skandisun" ein Universalvertrieb (d.h., die „Sunshine GmbH" akzeptiert für „Skandisun" jeden Absatzmittler), ein Selektivvertrieb (d.h., die „Sunshine GmbH" akzeptiert für „Skandisun" nur ausgewählte Absatzmittler) oder ein Exklusivvertrieb (d.h., die „Sunshine GmbH" akzeptiert für „Skandisun" nur wenige, nach strengen Kriterien ausgewählte Absatzmittler). Die Art der Absatzmittler von „Skandisun" lässt sich durch Kategorien wie Discounter, Fachgeschäft usw. beschreiben.

Im Rahmen der Festlegung der **vertikalen Absatzkanalstruktur** ist generell zwischen der Möglichkeit eines direkten oder indirekten Absatzes zu unterscheiden.

Teilaufgabe (b)

Beim **direkten Absatz** tritt die „Sunshine GmbH" als unmittelbarer Verkäufer von „Skandisun" gegenüber dem Endverbraucher auf. Für einen direkten Absatz bei „Skandisun" sprechen folgende **Vorteile**:

- Durch einen kundennahen, persönlichen Verkauf kann eine vorgegebene Beratungsqualität sichergestellt werden. Dieses Argument ist für die „Sunshine GmbH" von besonderer Bedeutung, da es sich bei einem Heizsystem wie bei „Skandisun" um ein beratungsintensives Produkt handelt.
- Kundenprobleme und -wünsche werden durch die Unternehmung frühzeitig erkannt. Für Unternehmen wie die „Sunshine GmbH", die auf eine ständige Weiterentwicklung ihrer bestehenden Produkte angewiesen ist, stellt dies ebenfalls ein wichtiges Argument dar.

Als **Nachteile** des **direkten Absatz** sprechen insbesondere folgende Faktoren:

- Die Unternehmung hat es mit vielen Kleinkunden mit relativ geringen Absatzmengen zu tun.
- Flächendeckende Distributionsorgane der „Sunshine GmbH" sind notwendig (z.B. Außendienst, Spedition).
- Unter Umständen ist eine Erweiterung des Sortiments mit fremden Komplementärgütern notwendig.
- Die Werbung muss von der „Sunshine GmbH" selbst übernommen werden.

Diese Nachteile verdeutlichen die hohe finanzielle und zeitliche Beanspruchung der Ressourcen der „Sunshine GmbH", die sich bei einem direkten Absatz von „Skandisun" ergeben.

Teilaufgabe (c)

Beim **indirekten Absatz** vertreibt die „Sunshine GmbH" ihr Produkt über Zwischenstufen, vor allem über den Groß- und Einzelhandel, wobei sich für sie zwei Möglichkeiten bieten. Sie kann den Einzelhändler entweder direkt beliefern oder sie liefert an den Großhändler, der wiederum die weitere Verteilung der Waren an die Einzelhändler übernimmt, die sie schließlich an die Endverbraucher verkaufen.

Der **indirekte Absatz** von „Skandisun" über den **Einzelhandel** bietet der „Sunshine GmbH" verschiedene **Vorteile**:

- Die „Sunshine GmbH“ profitiert von der besseren Marktkenntnis des Handels; der Einzelhändler übernimmt einen Teil der Werbung.
- Die „Sunshine GmbH“ hat es nur mit wenigen Kunden (mit größerem Umsatz) zu tun.
- Die „Sunshine GmbH“ muss nur einen beschränkten Außendienst aufbauen.

Die Aufteilung der Produktions- und Distributionsfunktion führt zu einer geringeren finanziellen und zeitlichen Beanspruchung der Ressourcen der „Sunshine GmbH“.

Folgende **Nachteile** des **indirekten Absatzes** über den **Einzelhandel** von „Skandisun“ sind zu nennen:

- Aufgrund des fehlenden Endverbraucherkontaktes und damit des Verlustes der Marktnähe besteht die Gefahr, dass für die „Sunshine GmbH“ und ihre Produkte relevante Marktveränderungen (z.B. Trends im Verhalten der Endabnehmer zu bestimmten Energieformen) nicht rechtzeitig von der „Sunshine GmbH“ erkannt werden.
- Einer oder mehrere Einzelhändler können das alleinige Verkaufsrecht i.S.v. Exklusiv-Lieferverträgen für die Anlage verlangen und die „Sunshine GmbH“ kann so von diesen in starkem Maße abhängig und zu einem nur noch ausführenden Lieferanten werden.

Die **Vorteile** eines indirekten Absatzes über den **Großhandel** verstärken sich im Vergleich zum indirekten Absatz über den Einzelhandel, indem der Großhändler die gesamte Werbung und den Hauptteil der Distribution übernimmt.

Teilaufgabe (d)

Als **Beurteilungsmethoden** kommen für die „Sunshine GmbH“ die in den Kapiteln 2 und 3 behandelten Methoden in Frage, insbesondere Punktbewertungsverfahren, Stärken-Schwächen-Analysen, Chancen-Risiken-Analysen, Portfolioanalysen sowie Investitionsrechnungsverfahren.

Lösungshinweise Aufgabe 8-4

Nach der Festlegung der vertikalen und der horizontalen Absatzkanalstruktur („Selektion“) hat im Rahmen der Planung der Vertriebssysteme die grundsätzliche Gewinnung und Führung, d.h., die **Akquisition und Stimulierung** der zuvor selektierten Absatzmittler zu erfolgen. Hier können von Herstellern diverse absatzmittlergerichtete, monetäre und nicht-monetäre Maßnahmen, z.B. Rabatte, die Vergabe von Exklusivrechten oder Know-how-Transfer eingesetzt werden, um das Verhalten der Absatzmittler zu beeinflussen.

Teilaufgabe (a)

Die „Waterrace AG" muss eine Akquisitionspolitik in Form der **Pull-** oder **Push-Strategie** betreiben, wenn die notwendige Zahl der Händler nicht ohne weiteres zur Mitarbeit bereit ist.

- Bei der **Pull-Strategie** handelt es sich um eine Kombination absatzpolitischer Maßnahmen, die an die Endverbraucher der „Waterrace AG" gerichtet sind und sie veranlassen sollen, das Produkt im Handel nachzufragen. Für die „Waterrace AG" sind etwa Anzeigenserien in einschlägigen Fachzeitschriften denkbar, in denen vor dem Hintergrund der wachsenden Umweltverschmutzung auf die zunehmende Bedeutung umweltschonender Motoren auch im Sportbootbereich hingewiesen wird. Die damit bewirkte Nachfrage der Kunden soll den Fachhandel zur Aufnahme der Produkte der „Waterrace AG" in sein Sortiment veranlassen.
- Bei der **Push-Strategie** richten sich die absatzpolitischen Maßnahmen direkt an die Händler, die für die „Waterrace AG" in Frage kommen. Denkbar sind für die „Waterrace AG" Vorträge und Veranstaltungen über die Notwendigkeit und Funktionsweise eines umweltfreundlichen Sportbootmotors. Dabei hat die Präsentation der Produkte im Mittelpunkt zu stehen. Zusätzliche Anreize für den Händler, die Produkte ins Sortiment aufzunehmen, sind z.B. kooperative, regional begrenzte Werbeaktionen in der Einführungsphase, Verkäuferschulungen und die Zahlung von Aufnahmegeldern.

Teilaufgabe (b)

Die „Waterrace AG" hat zur Akquisition und Stimulierung der Absatzmittler bzw. des Handels die Möglichkeit, die folgenden **absatzmittlergerichteten Maßnahmen** einzusetzen:

- **Handelsspannen**
  Die „Waterrace AG" kann Handelsspannen als Differenz zwischen den Händlerabgabe- und Endverbraucherpreisen festlegen. Die Wirkung auf die Absatzmittler wäre dabei besonders groß, wenn diese Spannen bei der „Waterrace AG" den branchenüblichen Wert übersteigen und bei den Absatzmittlern zu überdurchschnittlichen Deckungsbeiträgen führen.

- **Rabatte/Boni/Zuschüsse**
  Die „Waterrace AG“ kann den Absatzmittlern ab dem Erreichen bestimmter Umsatzgrößen bei den „Waterrace“-Produkten Rabatte gewähren oder Boni zahlen. Denkbar wäre auch die Unterstützung der Absatzmittler in Form von Werbekostenzuschüssen durch die „Waterrace AG“.
- **Finanzhilfen**
  Im Gegensatz zu Rabatten stehen **Finanzhilfen** nicht direkt mit dem Hinein- bzw. Hinausverkauf der Produkte in Verbindung. Die „Waterrace AG“ kann z.B. den Neu- oder Umbau einer Verkaufsstelle finanziell unterstützen.
- **Serviceleistungen**
  Die „Waterrace AG“ kann dem Handel bestimmte Serviceleistungen abnehmen, z.B. den Transport der Motoren oder den Einbau der Motoren in die Motorboote.
- **Exklusivrechte**
  Die „Waterrace AG“ kann den Absatzmittlern **Exklusivrechte** in einem bestimmten Absatzraum zusichern.
- **Know-how-Transfer**
  Die „Waterrace AG“ kann den Absatzmittlern anbieten, sie in Form von Schulungen in die Technik der „Waterrace“-Motoren einzuweisen.

Lösungshinweise Aufgabe 8-5

Neben der **Selektion** (Festlegung der vertikalen und der horizontalen Absatzkanalstruktur) und der **Akquisition und Stimulierung** der Absatzmittler kann im Rahmen der Planung der Vertriebssysteme eine Vereinbarung der **vertraglichen Beziehungen** mit den Absatzmittlern („Bindung“) erfolgen. Die Formen der Zusammenarbeit zwischen Hersteller und Handel lassen sich dabei durch verschiedene **vertragliche Vertriebssysteme** festlegen.

Mögliche Ausgestaltungsformen für die „Gourmetfrost AG“ sind:

- **Vertriebsbindungssysteme**
  Es kann sein, dass die „Gourmetfrost AG“ ein exklusives Image pflegen will und entsprechend einen Selektivvertrieb – d.h. die Verwendung ausgewählter Absatzmittler, die verschiedene Kriterien erfüllen – plant. Vertriebsbindungssysteme unterstützen diese Strategie.

- **Alleinvertriebssysteme**
  Die „Gourmetfrost AG“ kann einem ausgewählten Absatzmittler je Absatzregion einen Exklusivvertrieb zusichern, d.h., die „Gourmetfrost AG“ kann sich verpflichten, in der jeweiligen Region keinen anderen Absatzmittler zu beliefern. Im Gegenzug kann die „Gourmetfrost AG“ mit einer umfassenden Sortimentslistung durch die ausgewählten Absatzmittler rechnen.

- **Vertragshändlersysteme**
  Generell kann die „Gourmetfrost AG“ versuchen, ein Vertragshändlersystem aufzubauen, d.h., Absatzmittler zu beliefern, die keine Konkurrenzmarken der „Gourmetfrost AG“ führen. Ein derartiges System läge z.B. vor, wenn die Produkte der „Gourmetfrost AG“ per Lkw an die Konsumenten verkauft werden und die Lkw-Fahrer gleichzeitig selbständige Absatzmittler darstellen. „Vertragshändlersystem“ würde bedeuten, dass über diese Lkw keine Konkurrenzprodukte der „Gourmetfrost AG“ vertrieben werden.

- **Franchisesystem**
  Durch Aufbau eines Franchisesystems kann die „Gourmetfrost AG“ den Grad der vertraglichen Bindung gegenüber dem Vertragshändlersystem noch steigern, da ein Franchisesystem striktere Vorgaben des Franchisegebers „Gourmetfrost AG“ gegenüber den Franchisenehmern (Lkw-Fahrer) hinsichtlich Lieferqualität, Erscheinungsbild usw. beinhaltet.

Lösungshinweise Aufgabe 8-6

Der **Außendienst** hat beim Absatz von Waren eine zentrale Bedeutung. Hierbei stellt sich für Unternehmen die Frage, ob sie ihren Außendienst mit **Reisenden** oder **Handelsvertretern** als Verkaufsorgane aufbauen sollen.

Um zu einer Entscheidung zu gelangen, bietet es sich an, in einem ersten Schritt einen **Kostenvergleich** durchzuführen, bei dem unterstellt wird, dass hinsichtlich aller anderen Parameter zwischen den beiden Alternativen kein Unterschied besteht. Er zeigt, welche Kosten bei unterschiedlichem Umsatzniveau durch den Einsatz eines Reisenden bzw. Handelsvertreters jeweils entstehen.

Wie Schaubild 8-2 unter Verwendung der Daten aus der vorliegenden Aufgabe verdeutlicht, ist die Lösung mit einem Handelsvertreter, der ein nur geringes Fixum erhält und primär durch Provision entlohnt wird, bei einem Umsatz, der unter dem kritischen Niveau liegt, vergleichsweise günstiger. Überschreitet der

Umsatz diesen Wert, ist der Reisende vorzuziehen, der neben seinem Gehalt nur eine bescheidene Provision erhält.

Teilaufgabe (a)

Bei welchem Wert unter den gesetzten Prämissen der sog. **Break-even-Punkt** des Snowboardherstellers, d.h. das kritische Umsatzniveau liegt, lässt sich wie folgt ermitteln:

Kosten Reisender = Kosten Vertreter

$$50.000 + 0{,}25 \cdot U = 35.000 + 0{,}30 \cdot U$$

$$15.000 = 0{,}05 \cdot U$$

$$U_{Krit} = 300.000$$

Die zugehörige **graphische Lösung** zeigt Schaubild 8-2.

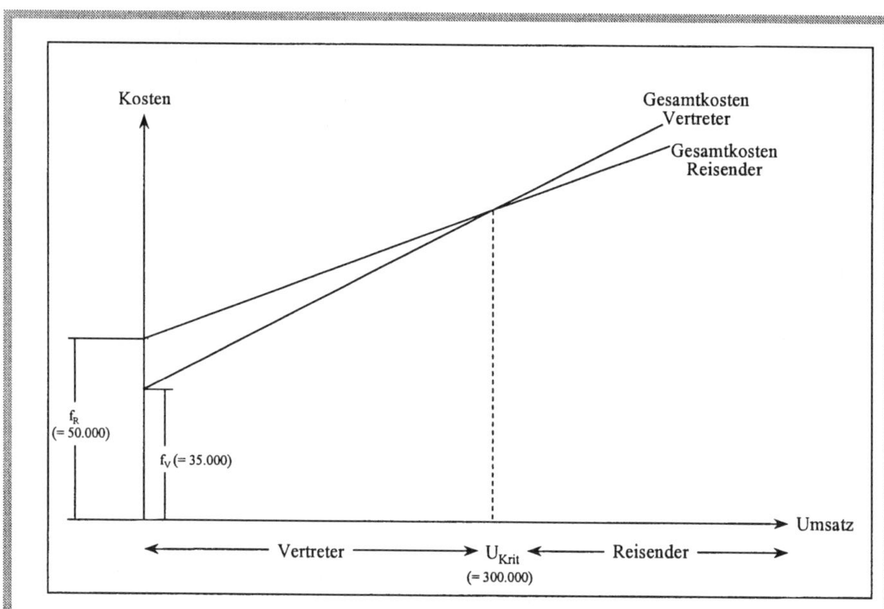

Schaubild 8-2: Kostenvergleich zwischen Reisendem und Vertreter

Teilaufgabe (b)

Der Vertriebsleiter trifft seine Entscheidung, Vertreter einzusetzen, aufgrund der Datenbasis und eines kalkulierten Preises des abzusetzenden Produktes. Die gesuchte **Höhe des Preises** pro Stück lässt sich unter der Voraussetzung, dass die Gesamtkosten für Vertreter größer als die Kosten für Handelsreisende sind, wie folgt berechnen:

(I) Gesamtkosten Reisende < Gesamtkosten Vertreter

(II) Gesamtkosten Reisende
= (Anzahl Reisende · Fixum je Reisendem) + Umsatzprovision für Reisende
$= 10 \cdot 50.000 + 0{,}25 \cdot 20.000 \cdot p$
$= 500.000 + 5.000 \cdot p$

(III) Gesamtkosten Vertreter
= (Anzahl Vertreter · Fixum je Vertreter) + Umsatzprovision für Vertreter
+ Kosten für Marktforschungsinstitut
$= 12 \cdot 35.000 + 0{,}30 \cdot 20.000 \cdot p + 5.000$
$= 420.000 + 6.000 \cdot p + 5.000$
$= 425.000 + 6.000 \cdot p$

(IV) Mit (II) und (III) in (I) eingesetzt erhält man:

$$500.000 + 5.000 \cdot p < 425.000 + 6.000 \cdot p$$

$$75.000 < 1.000 \cdot p$$

$$p > 75$$

Der Preis muss demnach größer als 75 GE sein.

Teilaufgabe (c)

Die Entscheidung zwischen Reisendem einerseits und Handelsvertreter andererseits wurde lange Zeit primär unter **Kostengesichtspunkten** – und damit quantitativen Aspekten – diskutiert. Heute spielen darüber hinaus auch **qualitative Aspekte** eine große Rolle. Welche Entscheidungskriterien dem Snowboardhersteller „Santa Claus AG“ zur Verfügung stehen und welche Vor- und Nachteile Reisende bzw. Handelsvertreter jeweils aufweisen, geht aus Schaubild 8-3 hervor, das eine Zusammenfassung einiger in der Literatur vorzufindender Aussagen zu diesem Entscheidungsproblem bietet.

Kriterium	Reisende	Handelsvertreter
Vertragliche Bindung	§§ 59ff. HGB, unselbständig, stark weisungsgebunden	§§ 84ff. HGB, selbständig, grundsätzlich nicht weisungsgebunden
Entlohnung	Gehalt, evtl. Provision/ Prämie	Nur Provision
Zusätzliche Kosten	Kfz-Kosten, Tagegelder, Sozialleistungen, Telefon-, Büro- und Übernachtungskosten	Evtl. aus Vertrag, z.B. garantiertes Einkommen
Kostencharakter	Größtenteils fix	Fast nur variabel
Motivation	Fixum und fester Arbeitsplatz können zu geringerer Leistungsbereitschaft führen	Hohe Motivation durch leistungsabhängige Vergütung
Kundenbearbeitung	Weitgehend nach Vorgabe durch die Verkaufsleitung	Nach eigener Entscheidung in Abstimmung mit der Verkaufskonzeption des Unternehmens
Fachkenntnis	Spezifische Produktkenntnisse	Weniger spezifische Kenntnisse, da verschiedene Unternehmen/ Produkte
Arbeitsweise	Weitgehend unternehmensorientiert	Unternehmens- und einkommensorientiert
Steuerung	Strategische Stoßrichtung wegen strikter Weisungsgebundenheit gut durchsetzbar	Nur begrenzte Steuerungsmöglichkeit
Kündigung	Wie bei jedem Angestellten	Sonderregelung, evtl. Ausgleichsanspruch nach § 89 HGB
Fluktuation	Hoch, da oft nur Karrieresprungbrett	Äußerst niedrig, da hohes Interesse an langfristiger Bindung

Schaubild 8-3: Beurteilungskriterien für die Wahl zwischen Reisenden und Handelsvertreter (Quellen: Weis 1993; Nieschlag/Dicht/Hörschgen 1997)

Die einzelnen Kriterien lassen erkennen, dass die Vorteile des **Reisenden** in einer besseren **Steuer-** und **Kontrollierbarkeit** sowie in der aus seiner **Fachkenntnis** resultierenden Beratungsqualität liegen. Insbesondere bei technisch komplizierten, erklärungsbedürftigen Gütern, bei denen auch Garantieleistungen und der Kundendienst eine wichtige Rolle spielen, scheint der Reisende Vorteile gegenüber dem Handelsvertreter aufzuweisen, die jedoch für den Snowboardhersteller „Santa Claus AG" nicht in dem Maße relevant sein dürften. Weitere Vorzüge liegen darin, dass er sich stärker mit dem Unternehmen und dessen Produkten identifiziert, sowie in der dadurch gewährleisteten Sicherung des **Informationsflusses** vom Markt zum Unternehmen, aber auch in dem Umstand, dass ihm **Zusatzaufgaben,** wie z.B. die Unterhaltung eines Lagers, übertragen werden können. Im Wesentlichen basieren diese Vorteile darauf, dass der Reisende Angestellter des Unternehmens und somit **weisungsgebunden** ist.

Die **Stärken des Handelsvertreters** beruhen hingegen vor allem auf dessen Markt- und Kundenkenntnissen. Des Weiteren können durch ein breites, von ihm angebotenes Sortiment Verbundeffekte genutzt werden. Auch die umsatzabhängige Entlohnung wirkt sich positiv aus, und zwar sowohl hinsichtlich der geringeren Fixkostenbelastung des Unternehmens als auch bezüglich der durch sie bedingten stärkeren Motivation bei den Verkaufsaktivitäten. Beide Kriterien sind für den Snowboardhersteller „Santa Claus AG" wichtige Vorteile, wenn er eine rasche Marktdurchdringung im schweizerischen Markt erreichen will. Ein weiterer Vorteil des Handelsvertreters resultiert aus dessen Interesse, eine langfristige Bindung mit dem Unternehmen einzugehen, während Reisende ihre Verkaufstätigkeit oftmals lediglich als Karrieresprungbrett betrachten.

Lösungshinweise Aufgabe 8-7

Die Erreichung von Vertriebszielen erfordert bezüglich der eingesetzten Verkaufsorgane sowohl die Festlegung von **Steuerungsmaßnahmen** als auch die Entwicklung geeigneter **Anreizsysteme**. Zu Ersterem zählen die Aufteilung der Verkaufsbezirke, die Planung der Verkaufsquoten, die Planung der Verkaufsrouten, die Planung der Besuchshäufigkeiten, die Bereitstellung vertriebsrelevanter Informationen sowie die Schulung und das Training des Außendienstes. Bezüglich der als Zweites genannten Entwicklung von Anreizsystemen sind sowohl materielle als auch immaterielle Anreize denkbar.

Teilaufgabe (a)

Als **Entscheidungstatbestände** für Steuerungsmaßnahmen bei der „Bavaria AG“ lassen sich nennen:

- **Aufteilung der Verkaufsbezirke**
  Der Gesamtmarkt der „Bavaria AG“ ist in Verkaufsbezirke aufzuteilen, denen dann die einzelnen Verkaufspersonen der „Bavaria AG“ zugewiesen werden. Als Kriterien für die Aufteilung sind die Nachfragepotenziale der einzelnen Kunden, die Standorte der Kunden und die Betreuungsintensität der Kunden zu berücksichtigen. Es könnte sich z.B. als sinnvoll erweisen, den europäischen Markt, den amerikanischen Markt und den asiatischen Markt jeweils voneinander zu trennen. Gleichzeitig kann sich z.B. für den chinesischen Markt ergeben, dass dort pro Verkaufsperson im Ländervergleich unterdurchschnittlich weniger Kunden zu betreuen sind, da sich im Rahmen der Erstbelieferung die einzelnen Kunden dort als besonders beratungsintensiv erweisen. Generell sind zudem persönliche Restriktionen der Mitarbeiter (z.B. Familienstand, Sprachkenntnisse) durch Einbezug der Mitarbeiter in die Entscheidung über den Einsatzort zu beachten, um Motivationsprobleme zu vermeiden.

- **Planung der Verkaufsrouten**
  Innerhalb der einzelnen Verkaufsgebiete der „Bavaria AG“ ist die Besuchsreihenfolge festzulegen. Dies kann entweder zentral durch das Vertriebsmanagement der „Bavaria AG“ oder dezentral durch die Verkaufsorgane selbst erfolgen. Im vorliegenden Fall mit starker Heterogenität der Kunden wird die „Bavaria AG“ evtl. die dezentrale Planung bevorzugen, um den individuellen Besonderheiten der Kunden und Verkaufsgebiete durch die Nutzung des Spezialwissens der Verkaufsorgane gerecht zu werden.

- **Planung der Besuchshäufigkeiten**
  Neben der Besucherreihenfolge ist die Besuchshäufigkeit der einzelnen Kunden festzulegen. Die Heterogenität der Kunden der „Bavaria AG“ erfordert hier eine kundenindividuelle Planung, bei der die Ergebnisse aus sog. Kundenportfolios eine Differenzierung der Besuchshäufigkeit nach dem Kundenstatus (A-, B-, C-Kunde) ermöglichen.

- **Planung der Verkaufsquoten**
  Die „Bavaria AG“ kann durch die Vorgabe von z.B. Deckungsbeitragszahlen versuchen, die Aktivitäten der Verkaufspersonen auf die lukrativen Segmente zu lenken. Aber auch andere Ziele – wie etwa Neukundenakquisition, Marktabdeckung – sind bei Vorgaben von Verkaufsquoten denkbar.

- **Bereitstellung vertriebsrelevanter Informationen**
  Die „Bavaria AG“ hat ihren Verkaufspersonen nach Möglichkeit alle relevanten Informationen über die Kunden, die jeweiligen Märkte usw. zur Verfügung zu stellen, um einen optimalen Abverkauf und eine umfassende, individuelle Kundenberatung zu ermöglichen. Gleichzeitig können die einzelnen Verkaufspersonen bewusst dazu genutzt werden, der „Bavaria AG“ Informationen zu liefern. Durch den direkten Kundenkontakt kennen die Verkaufspersonen z.B. Wünsche, Probleme und Verbesserungsvorschläge der Kunden bezüglich der Abfüllanlagen der „Bavaria AG“ oft sehr genau, was u.a. für Produktinnovationen der „Bavaria AG“ genutzt werden kann.

- **Schulung und Training des Außendienstes**
  Zur Sicherstellung bestmöglicher Leistungen der Verkaufspersonen sind Schulungen der Verkaufspersonen der „Bavaria AG“ unerlässlich. Diese sollten sowohl produktspezifisches Wissen (z.B. über Aufbau und Funktionsweise von Abfüllanlagen im Allgemeinen und von den Abfüllanlagen der „Bavaria AG“ im Speziellen, Wissen über die wichtigsten Produktinnovationen usw.) als auch Kenntnisse hinsichtlich Beschwerdemanagement und Argumentations- und Verkaufstechniken vermitteln. Ergänzend sind bei einem internationalen Unternehmen wie der „Bavaria AG“ auch Sprachschulungen oder Schulungen im Umgang mit anderen Kulturen denkbar. Der zunehmend geringeren Halbwertzeit von Wissen in allen genannten Bereichen kann durch die regelmäßige, kontinuierliche Durchführung derartiger Schulungen bei den Mitarbeitern der „Bavaria AG“ Rechnung getragen werden.

Teilaufgabe (b)

Als Anreizsysteme kommen für die „Bavaria AG“ materielle und immaterielle Anreize in Frage. Beispiele für **materielle Anreize** sind, wenn die „Bavaria AG“ ihren Verkaufspersonen Provisionen (z.B. Prozent vom Umsatz oder Deckungsbeitrag) zahlt. Darüber hinaus können Geld- oder Sachprämien für besondere Verkaufsleistungen ausgeschrieben werden. Als weitere materielle Anreize kann die „Bavaria AG“ Dienstwagen zur Verfügung stellen oder freiwillig bestimmte Sozialleistungen für ihr Verkaufspersonal bewegen.

Als **immaterielle Anreize** kommen Beförderungen, Belobigungen und Auszeichnungen in Frage.

Generell empfiehlt sich eine **Kombination** verschiedener Anreize. Bei einem internationalen Unternehmen wie der „Bavaria AG“ mit äußerst heterogenen Kunden können derartige Anreizsysteme z.B. auch verwendet werden, um Verkaufspersonen zur Tätigkeit in ansonsten weniger attraktiven Verkaufsregionen bzw. -ländern zu übernehmen.

Lösungshinweise Aufgabe 8-8

Die **Gestaltung von Logistiksystemen** stellt neben der Planung der Vertriebssysteme und der Verkaufsorgane einen weiteren Entscheidungsbereich der Vertriebspolitik dar. Logistiksysteme sollen helfen, das richtige Produkt in der richtigen Menge am richtigen Ort zur richtigen Zeit im richtigen Zustand zu den dafür minimalen Logistikkosten bereitzustellen. Die wichtigsten Bereiche sind dabei die Gestaltung der Auftragsabwicklung, Entscheidungen der Lagerhaltung und Entscheidungen des Transports.

Teilaufgabe (a)

Für den Transport von Gütern kommen für die „Fruit GmbH" unterschiedliche **Transportarten** bzw. **Verkehrsträger** in Betracht. Als wichtigste sind zu nennen:

- **Schiene**: Der Bahntransport ist vergleichsweise billig. Diverse Marketinganstrengungen haben das Schienentransportangebot in letzter Zeit beträchtlich verbessert. Die „Fruit GmbH" bezieht die Möglichkeit dieses Transportmittels – wie aus der Aufgabenstellung ersichtlich – explizit in seine Überlegungen mit ein.
- **Wasser**: Der Schiffstransport ist am preiswertesten für schwere, dauerhafte Güter wie Öl, Kohle und Rohmetall, dafür aber relativ langsam. Für die „Fruit GmbH" käme er generell in Frage, da Konserven i.d.R. über eine relativ lange Haltbarkeit verfügen.
- **Straße**: Der Lastwagentransport eignet sich dank seiner Flexibilität sehr gut für die Feinverteilung von Tür zu Tür und für den Transport hochwertiger Güter. Für die „Fruit GmbH" stellt sich in Zusammenhang mit diesem Transportmittel die Frage, ob neben dem eigenen Lkw auch eine Spedition genutzt werden soll.
- **Luft**: Der Luftverkehr eignet sich für den Transport von verderblichen, kleinen und/oder wertvollen Produkten. Er ist teuer; auf der anderen Seite kann etwa die Möglichkeit des schnellen Transports dazu beitragen, Lagerkosten zu senken, da wegen der raschen Beschaffungsmöglichkeit nur kleine Sicherheitslager angelegt werden müssen. Man spricht in diesem Zusammen-

hang von **„Just-in-time-Beschaffung"**. Für die „Fruit GmbH" wird dieses Transportmittel offensichtlich nicht in Betracht gezogen.

Ein Transport per **Pipeline** bzw. Leitung kommt für den Obstkonservenfabrikant „Fruit GmbH" von vornherein nicht in Frage, da dieses Transportmittel nur für flüssige oder gasförmige Produkte geeignet ist.

Teilaufgabe (b)

Für die **analytische** Lösung sind die kritischen Palettenmengen für die Wahl des jeweils kostengünstigsten Transportmittels für den Obstkonservenfabrikanten „Fruit GmbH" zu bestimmen.

- Aufstellung der relevanten Kostenfunktionen, wobei die 5.000 GE Fixkosten des Lkw nicht entscheidungsrelevant sind:

Bahn:	$K_B = 500 + 2{,}5\ x$	$0 < x \leq 60$
	$K_B = 550 + 1{,}68\ x$	$60 < x$
Spedition:	$K_S = 300 + 4\ x$	
eigener Lkw:	$K_L = 16\ x$	

- Der Kostenvergleich zwischen eigenem Lkw und Spedition ergibt, dass aufgrund der Grundvergütung die Spedition erst bei mehr als 25 Paletten kostengünstiger als der eigene Lkw ist:

$$16\ x_A = 300 + 4\ x_A$$

$$x_A = 25$$

- Aufgrund der höheren Grundvergütung ist die Bahn im Kostenvergleich zwischen Spedition und Bahn erst bei mehr als 107,53 Paletten kostengünstiger als die Spedition:

$$300 + 4\ x_B = 500 + 2{,}5\ x_B$$

$$x_B = 133{,}33$$

Für diese Menge gilt bereits die zweite Kostenfunktion der Bahn:

$$300 + 4\ x_B = 550 + 1{,}68\ x_B$$

$$x_B = 107{,}53$$

- Wegen der Grundpauschale ist die Bahn erst bei mehr als 37,04 Paletten kostengünstiger als der eigene Lkw, vergleicht man beide Transportmittel:

$$500 + 2{,}5\ x_C = 16\ x_C$$

$$13{,}5\ x_C = 500$$

$$x_C = 37{,}04$$

Somit ergeben sich für den Obstkonservenfabrikanten „Fruit GmbH“ folgende Einsatzbereiche der drei Transportmittel:

Eigener Lkw: $0 < x \leq 25$

Spedition: $25 \leq x \leq 107{,}53$

Bahn: $107{,}53 \leq x$

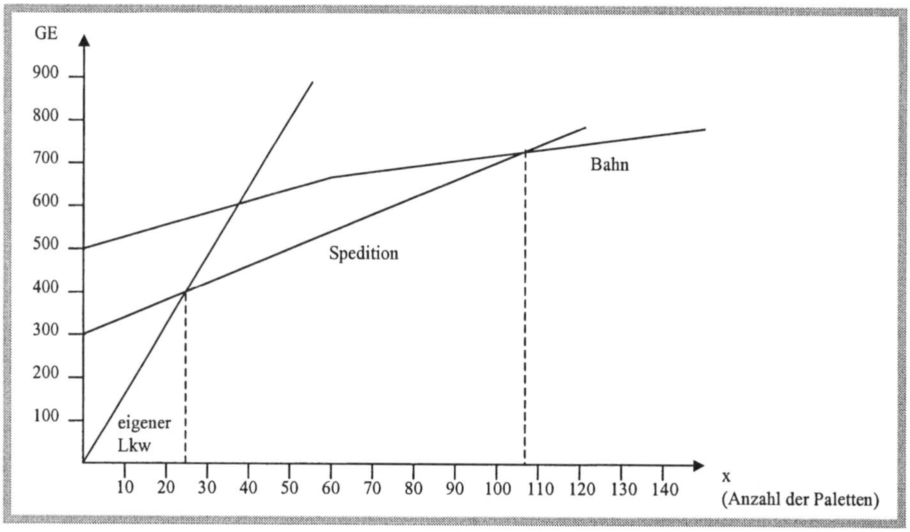

Schaubild 8-4: Graphische Lösung der kostenoptimalen Transportmittelwahl

Teilaufgabe (c)

Neben den Transportkosten sollte die „Fruit GmbH“ u.a. noch die folgenden **Kriterien bei der Wahl des Transportmittels** beachten:

- Transportgeschwindigkeit und -frequenz,
- Verlässlichkeit der Auslieferung,
- Flexibilität und Verfügbarkeit des Einsatzes,
- Vernetzungsfähigkeit der Transportmittel,
- Anfangs- und Endpunkte der Transportmittel,

- Geographische Reichweite der Transportmittel und
- Nebenleistungen der Transportmittel (z.B. akquisitorische Eignung bei Lkw-Einsatz).

Teilaufgabe (d)

Die „Fruit GmbH“ muss folgende **Entscheidungen bezüglich der Lagerhaltung** getroffen haben:

- Festlegung der Stufen des Warenverteilungssystems, z.B. Lagerung bei der „Fruit GmbH“ ausschließlich in einem Fertigwarenlager.
- Festlegung der Standorte, Anzahl und Größe der Läger, z.B. Lagerung bei der „Fruit GmbH“ ausschließlich in einem Lager am Produktionsstandort der „Fruit GmbH“ mit einer Lagerkapazität von 30 Produktionstagen.
- Festlegung der Betriebsform der Läger, z.B. Eigenbetrieb durch die „Fruit GmbH“ angesichts einer relativ konstanten Nachfrage nach den hergestellten Konserven.
- Festlegung der Höhe der Lagerbestände, z.B. könnte die „Fruit GmbH“ Sicherheitsbestände einrichten, um auf kurzfristige Nachfrageüberhänge nach Obstkonserven reagieren zu können.

Lösungshinweise Aufgabe 8-9

Die **Zusammenarbeit zwischen Industrie und Handel** verläuft nicht immer ohne Konflikte. Die Streitpunkte haben unterschiedliche Ursachen, z.B. abweichende Zielsetzungen im Absatzkanal.

In jüngster Zeit gibt es vermehrt Bestrebungen, Kooperationsformen zu entwickeln, die derartige Konflikte vermeiden. Zu nennen ist hier insbesondere das Category Management, das ein Zusammenwirken von Industrie und Handel sowohl bei der Produktentwicklung und Sortimentsgestaltung als auch bei der Verkaufsförderung anstrebt.

Teilaufgabe (a)

Mögliche **Ursachen** der vom Vorstandsvorsitzenden der „Quickfood AG“ angesprochenen Probleme sind z.B.:

- **Abweichende Zielsetzungen im Absatzkanal:** Die „Quickfood AG" wird bestrebt sein, ihre eigenen Marken (z.B. die Marken der Produktlinie „Pizzaquick") zu fördern, während im Handel die Profilierung der Einkaufsstätten im Vordergrund steht.
- **Veränderungen der Machtverhältnisse:** Die guten Sanktionsmöglichkeiten des Handels im Lebensmittelbereich können Konflikte zwischen dem Handel und der „Quickfood AG" verursachen, da der Handel auf Forderungen oder Wünsche der „Quickfood AG" (z.B. bezüglich Regalplatzierung) nicht eingehen muss, sondern selbst Forderungen (z.B. Regalpflege, Werbekostenzuschüsse, Regalmieten) stellen kann.
- **Verändertes Rollenverständnis des Handels:** Der Handel übernimmt heute markengestalterische Funktionen und greift so in den klassischerweise der „Quickfood AG" als Hersteller zustehenden Bereich ein. So besteht z.B. die Gefahr, dass der Handel kostengünstige Handelsmarken führt, die der Herstellermarke Konkurrenz machen.

Teilaufgabe (b)

Die „Quickfood AG" könnte versuchen, **Kooperationsformen** mit dem Handel zu finden, die beide Marktpartner langfristig besser stellen. Als möglicher Ansatz ist das Konzept des Efficient Consumer Response (ECR) zu nennen, das u.a. durch eine verbesserte Zusammenarbeit zwischen Handel und Hersteller eine Steigerung der Kundenzufriedenheit und eine Effizienzsteigerung entlang der gesamten Wertkette anstrebt.

Kapitel 9: Gestaltung der Marketingorganisation (Aufgaben)

Aufgabe 9-1

Marketing- und Vertriebskoordination

Als „Global Player" ist die „Internationale Maschinen und Motoren AG", ein führender Hersteller von Mittel- und Oberklasseautomobilen, erfolgreich auf allen wichtigen Weltmärkten tätig. Aufgrund der steigenden Wettbewerbsintensität hat sich der Vorstand zu einer **Umstrukturierung des Marketing- und Vertriebsbereichs** entschieden, die eine Auflösung des Vorstandsressorts „Vertrieb und Marketing" vorsieht. In Zukunft sollen die Vertriebsleiter innerhalb ihrer Vertriebsregion auch operative Marketingaufgaben wahrnehmen. Dementsprechend ist für den in der Zentrale verbleibenden Stabsbereich Marketing eine Reduzierung der Zuständigkeit auf strategische Aufgaben vorgesehen.

(a) Diskutieren Sie die Umstrukturierungspläne des Vorstands. Wo sehen Sie **Vor- und Nachteile** der Initiative aus Marketing- und Vertriebssicht? Legen Sie Ihrer Lösung geeignete Kriterien zur Beurteilung von Marketingorganisationen zugrunde!

(b) Welche **Konsequenzen** ergeben sich speziell für die **Koordination** der marketingorientierten Aktivitäten? Gehen Sie dabei insbesondere auf die Abstimmung regionen-, kunden- und produktbezogener Entscheidungen ein!

Aufgabe 9-2

Reorganisation und Beurteilung von Matrixorganisationen

Die „Chemo AG" gehört mit einem weltweiten Umsatz von 8,3 Mrd. GE zu den erfolgreichen international tätigen Mischkonzernen. Der Schwerpunkt der geschäftlichen Aktivitäten bestand ursprünglich in der Herstellung und dem Verkauf von **chemischen Produkten** für industrielle Weiterverarbeiter (z.B. Textilfarben, Fasern). In den letzten Jahren hat das Unternehmen seine Aktivitäten konsequent auf andere Geschäftsfelder ausgeweitet. So stieg man erfolgreich in den Markt für **Kosmetika** ein und diversifizierte – nach dem Erwerb eines Patents – durch den Aufbau eines Geschäftsfeldes für **pharmazeutische Produkte**.

(a) Die kontinuierliche Expansion der Geschäftsaktivitäten macht eine **Reorganisation** des Marketing erforderlich. Als Unternehmensberater werden Sie für die Reorganisation beigezogen. Entwickeln sie einen Vorschlag und liefern Sie eine **Begründung** für Ihre Entscheidung!

(b) Zunehmende Kommunikations- und Koordinationserfordernisse lassen die Einführung einer **mehrdimensionalen Organisationsstruktur** effizient erscheinen. Beurteilen Sie einen entsprechenden Reorganisationsvorschlag hinsichtlich seiner Effizienz! Welche **Vor- und Nachteile** sind damit verbunden? Wann ist die Anwendung eines solchen Systems sinnvoll?

Aufgabe 9-3

Produktmanagement

Durch den Relaunch bestehender **Marken** hat sich die mittelständische „Wash GmbH“ in den letzten Jahren die Marktführerschaft auf dem ostdeutschen **Waschmittelmarkt** erkämpft, wobei der Markt für Waschmittel insbesondere durch immer kürzer werdende Produktzyklen gekennzeichnet ist. Um die Organisationsstruktur des Marketing der Unternehmensentwicklung anzupassen, wird beabsichtigt, ein **Produktmanagement** einzuführen.

(a) Welche **Vor- und Nachteile** weist diese Organisationsform auf?

(b) Welche **organisatorische Stellung** des Produktmanagements würden Sie für das Unternehmen vorschlagen? Begründen Sie Ihre Entscheidung!

Aufgabe 9-4

Key Account Management

Die „Teile AG“ ist weltweit einer der größten Automobilzulieferer. Darüber hinaus wurde eine an technischen Gesichtspunkten ausgerichtete Diversifikation in neue Märkte durchgeführt, so dass die „Teile AG“ in den elektronischen Branchen Kommunikationstechnik, Hausgeräte und Elektrowerkzeuge tätig ist. Mit dem zunehmenden Umsatzanteil dieser Geschäftsbereiche wurde die Forderung nach einer „kunden- und marktnahen“ Führungsorganisation immer lauter.

Die Geschäftsbereiche beklagten sich über mangelnde Vertriebskoordination, da sie identische Großkunden bzw. identische Absatzkanäle bedienten, ohne ihre Absatzkonditionen abzustimmen. Ähnliche Interdependenzen bestehen auf Handelsebene. Deshalb setzen sich einzelne Geschäftsbereiche dafür ein, ein **Key Account Management** einzurichten, das für die Betreuung der Großkunden zuständig ist.

(a) Welche **Aufgaben** müsste ein Key Account Management bei der „Teile AG" übernehmen?

(b) Welche alternativen **Möglichkeiten zur Integration** eines Key Account Management sind grundsätzlich in Erwägung zu ziehen?

Kapitel 9: Gestaltung der Marketingorganisation (Lösungshinweise)

Lösungshinweise Aufgabe 9-1

Um die Erfüllung der Marketingfunktion sichern zu können, ist eine institutionelle Verankerung der einzelnen Aufgaben und ein zielgerichteter Aufbau der Marketingorganisation erforderlich. Ausgehend von den Zielen des Marketing sind für eine entsprechende markt- und marketinggerichtete Unternehmensorganisation **Anforderungskriterien** zu formulieren, die eine Bewertung alternativer Organisationsstrukturen und damit eine Entscheidung über deren Vorteilhaftigkeit ermöglichen:

- Die Marketingorganisation muss ihren Beitrag zum **integrierten Marketing** leisten, d.h. eine effiziente Koordination aller Marketingaktivitäten und eine Abstimmung mit den anderen unternehmerischen Einheiten (z.B. Funktionen, Produkte, Regionen).
- Eine sinnvolle Anpassung, d.h., hinreichende **Flexibilität** der Marketingorganisation an neue Gegebenheiten (Umweltdynamik) muss erfolgen; einhergehend mit der Fähigkeit zu einer **schnellen Reaktion**.
- Durch eine entsprechende **Produktivität** und **Effizienz** hat die Organisationsstruktur einen positiven Einfluss auf den Marketing- bzw. Gesamtunternehmenserfolg auszuüben.
- Die **Innovationsbereitschaft** und die **Kreativität** der Mitarbeiter sollte sich in einem hohen Maße entwickeln können.
- Die **Mitarbeitermotivation** und **-zufriedenheit** sollte durch die Marketingorganisation sichergestellt werden.

Teilaufgabe (a)

Am Beispiel des Automobilherstellers lassen sich folgende **Vorteile** durch die Umstrukturierung feststellen:

- Die operativen Marketing- und Vertriebsaufgaben werden in selbständigen Profit-Centern abgewickelt. Damit entsteht eine hohe Motivation der Vertriebsleiter, die mit größerer Entscheidungsfreiheit als Entrepreneure eigenständig am Markt agieren.

- Die Flexibilität steigt in den Vertriebsregionen, da die Vertriebsleiter sich direkt an die Veränderungen der Rahmenbedingungen (z.B. regionale Besonderheiten) anpassen können.
- Eine steigende Flexibilität ergibt sich außerdem durch kürzere Entscheidungswege in Marketing und Vertrieb.
- Die Marktnähe der Entscheidungen wird erhöht durch eine Verlagerung der Entscheidungen vor Ort und nicht in der Zentrale.
- Es lassen sich Kostensenkungseffekte im Falle entsprechender Personalfreisetzungen, v.a. durch Einsparung von Mitarbeitern in der deutschen Zentrale, realisieren.

Dem stehen insbesondere folgende **Nachteile** gegenüber:

- Es besteht keine personelle Verantwortlichkeit für strategische Marketing- bzw. Vertriebsentscheidungen im Vorstand. Dadurch besteht mittelfristig die Gefahr zu geringer Marktorientierung, wenn nicht eine Marketingkultur herausgebildet wird, die auch ohne strukturelle Verankerung eine Marktorientierung sicherstellt.
- Aufgrund der Verselbständigung der Vertriebsleiter können Standardisierungsprobleme i.S. eines einheitlichen Marktauftritts im Marketing entstehen.
- Bei Entscheidungen im Vorstand entsteht ein steigender Koordinationsaufwand zwischen den Vertriebsregionen.
- Aufgrund des fließenden Übergangs ist eine Abgrenzung von strategischen und operativen Marketingentscheidungen problematisch. Da dies jedoch die Kompetenz der Vertriebsleiter determiniert, wird es zu Kompetenzkämpfen kommen.
- Je nach Aufgabenzuweisung ist eine Überlastung der Vertriebsleiter möglich, so dass sich die Entscheidungsqualität in den Regionen verschlechtern kann.

Befürwortet man die neue Organisationsstruktur, dann wäre zu fragen, wie der Automobilhersteller die verschiedenen Nachteile in den Griff bekommen kann. Zur Optimierung der Marketingorganisation sollten z.B. Marketingentscheidungen regelmäßig auf der Agenda von Vorstandssitzungen sein und Workshops bzw. Seminare eine Marketingkultur im Unternehmen implementieren.

Teilaufgabe (b)

> **„Koordination bezeichnet die Abstimmung der Aktivitäten der einzelnen Organisationsmitglieder im Hinblick auf das Gesamtziel der Unternehmung.“** (Quelle: *Kieser/Kubicek* 1992)

Für die Koordination der marketingorientierten Aktivitäten des Automobilherstellers ergeben sich folgende **positive Konsequenzen**:

- Durch die Einbeziehung aller Funktionsbereiche bei strategischen Entscheidungen im Vorstand ergibt sich eine stärkere Integrationswirkung.
- Da eine individuelle Anpassung der Subsysteme ermöglicht wird (horizontale und vertikale Autonomie), erleichtert sich die Koordination innerhalb der Vertriebsregionen.
- Durch die Schaffung klarer, regional ausgerichteter Verantwortungsbereiche wird die Transparenz der Organisationsstruktur erhöht.
- Innerhalb der jeweiligen Vertriebsregionen ist eine Abstimmung kundenbezogener Entscheidungen möglich (z.B. bei homogenen Bedürfnissen länderübergreifender Zielgruppen in einer Vertriebsregion).
- Insbesondere bei einem differenzierten Marketing ist eine Regionalstruktur sinnvoll (Anpassung der Marketinginstrumente an die spezifischen Kundenbedürfnisse innerhalb einer Vertriebsregion).

Als **negative Konsequenzen** lassen sich erwähnen:

- Aufgrund der Dezentralisierung ergibt sich insgesamt ein steigender Koordinationsbedarf zwischen den Regionen und eine zusätzliche zentrale Koordinationsstelle ist u.U. notwendig.
- Bei internationaler Marketingstandardisierung wird die Vereinheitlichung produktbezogener Entscheidungen zwischen den Vertriebsregionen erschwert.

Grundsätzlich ist **regionenbezogen** eine verbesserte Abstimmung möglich, während ceteris paribus zwischen den Regionen eine schlechtere Abstimmung bzw. ein höherer Koordinationsaufwand nötig ist.

Die Abstimmung **kundenbezogener** Entscheidungen ist abhängig von der nationalen Homogenität der Zielgruppe: Bei regional abweichenden Zielgruppen ist ein differenziertes Regionalkonzept vorteilhaft, ansonsten dagegen ein standardisiertes Marketing.

Bei der Abstimmung **produktbezogener** Entscheidungen ergibt sich der erforderliche Koordinationsbedarf in Abhängigkeit von der internationalen Standardisierung versus Differenzierung des Leistungsprogramms. Je differenzierter die Produktangebote, desto höher der Koordinationsaufwand.

Lösungshinweise Aufgabe 9-2

Beschränkt man sich auf **integrierte Marketingorganisationen**, so lassen sich funktions-, objekt- und matrixorientierte Marketingorganisationen als **Grundformen** unterscheiden. Die objektorientierten Marketingorganisationen kann man wiederum in produkt-, kunden-, regionen- und projektorientierte Marketingorganisationen unterscheiden.

Teilaufgabe (a)

Typisch für größere Mehrproduktunternehmen wie die „Chemo AG" mit heterogenen Leistungsprogrammen und mit stark voneinander abweichenden Abnehmerkreisen (z.B. industrielle Abnehmer für chemische Produkte, Privatkunden im Kosmetikbereich) ist die dezentrale, **produktorientierte Marketingorganisation**. Hierbei werden **Sparten** oder „**Divisons**" (Produkt- oder Kundengruppen) zum primären Kriterium für die Zusammenfassung von Aufgaben gewählt, wobei jede Sparte für sich die Grundbereiche, wie z.B. Marktforschung, Produktentwicklung, Verkaufsförderung, Verkauf und Distribution, enthält und jeder der Spartenleiter die Gesamtverantwortung für das Marketing in seinem Bereich trägt.

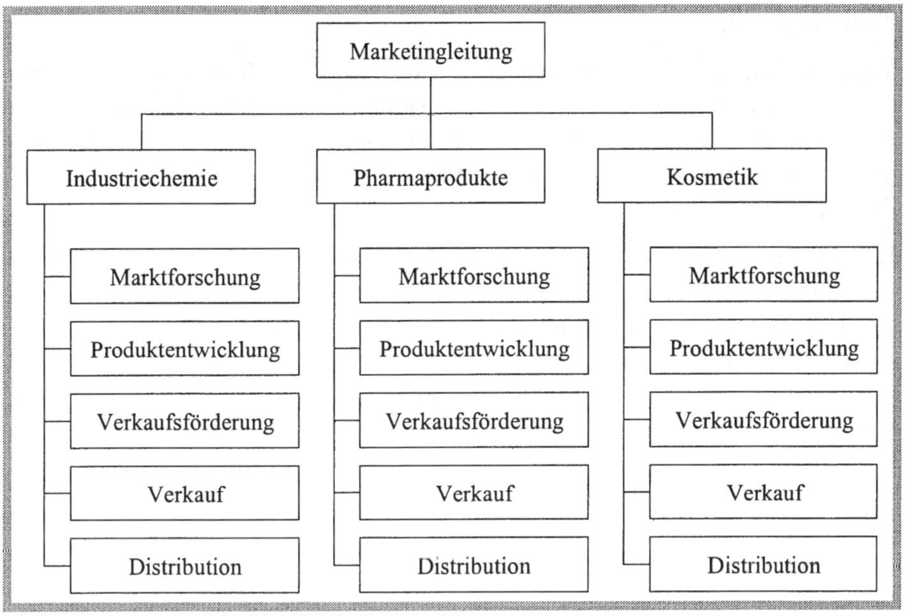

Schaubild 9-1: Beispiel einer produktorientierten Marketingorganisation

Die Steuerung der Sparten lässt sich über finanzielle, rechenhafte Größen, welche leicht zu operationalisieren sind, besonders einfach vornehmen. Man spricht in diesem Zusammenhang auch von **Profit-Centern**, deren Spartenerfolg am Gewinn oder der Rentabilität des eingesetzten Kapitals gemessen wird. Probleme können sich jedoch dadurch ergeben, dass durch die individuelle Gewinnmaximierung in den Sparten der Blick für das Optimum des Gesamtunternehmens verloren geht.

Die **Gründe**, die viele Unternehmen dazu veranlassen, ihre Marketingorganisation primär produktorientiert auszurichten, liegen in:

- der Entwicklung vieler Unternehmen zu Multiprodukt- bzw. Multimarkenunternehmen,
- der Dynamik, Ausweitung und Integration der Märkte,
- den kürzeren Lebenszyklen der Produkte,
- der Verbesserung der Reaktionsmöglichkeiten auf Abnehmerwünsche,
- der Führung der Einheiten durch gewinnverantwortliche Manager.

Teilaufgabe (b)

Wird im Rahmen einer funktionalen Organisation ein Mehrliniensystem etabliert, kann eine Erfolgsverantwortung wie in einer divisionalen Organisation erreicht werden. Dabei wird eine nach Funktionen vertikal gegliederte Organisation von einer objektorientierten, horizontalen Organisation überlagert. So entsteht die sog. **Matrixorganisation**.

Im Fall der „Chemo AG" würde eine Matrixstruktur mit der Gliederung in Marktbereiche (Industriechemie, Kosmetik, Pharmaprodukte) auf der einen Seite und Funktionen (Produktentwicklung, Produktion, Vertrieb, Werbung usw.) auf der anderen Seite entstehen (siehe Schaubild 9-2). Die Elemente der Matrix sind entsprechend dem **„Prinzip der dualen Führung"** fachlich und disziplinarisch sowohl dem jeweiligen Funktionsbereichsleiter als auch dem Marktbereichsleiter unterstellt.

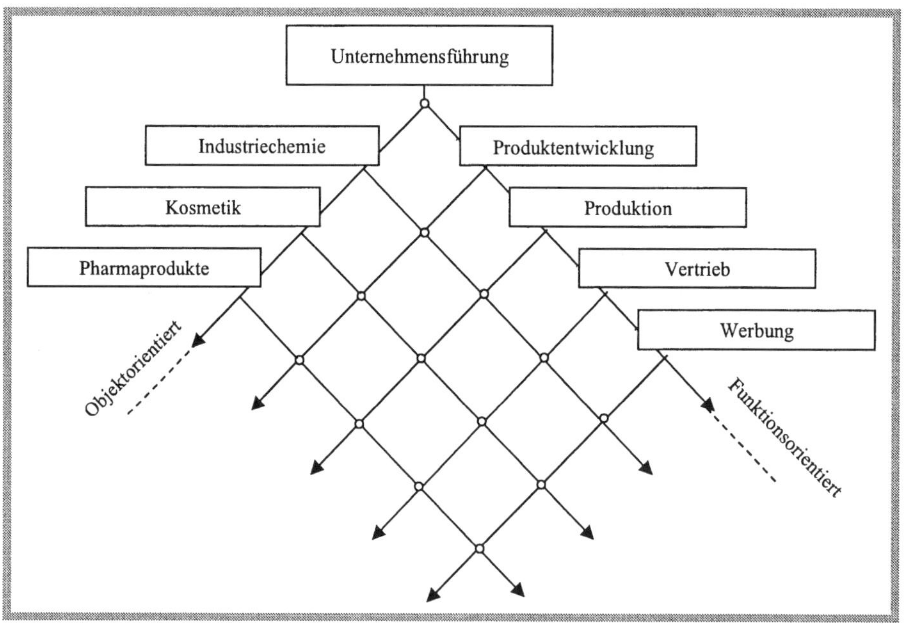

Schaubild 9-2: Matrixorientierte Unternehmensorganisation am Beispiel der „Chemo AG"

Die Effizienz der Matrixstruktur lässt sich wie folgt bewerten:

Vorteile einer solchen Organisationsstruktur:

- Durch die Verflechtung unterschiedlicher Abteilungen lassen sich Ressourcen gemeinsam nutzen und es besteht die Möglichkeit zur Synergierealisierung.
- Die Qualität der Entscheidungen ist hoch, da alle Aspekte eines Problems systematisch berücksichtigt werden müssen. Es kommt nicht zu Willkürentscheidungen.
- Die bestehende Struktur bleibt erhalten, wodurch die Kosten und der Widerstand gegen eine Reorganisation geringer ausfallen.

Nachteile einer Matrixorganisation:

- Abstimmungs- und Kompetenzprobleme zwischen den Produktmanagern und den Funktionsbereichsleitern sind zwangsläufig. Es besteht die Gefahr zu vieler Kompromisse.
- Der Entscheidungsprozess in einer Matrixorganisation kann verzögert werden und führt damit zu Zeitverlust, da die Zahl der Stellen, die einbezogen werden, hoch ist.
- Entsprechend hoch ist der Koordinations- und Kommunikationsaufwand.

Um den bestehenden Koordinations- und Kommunikationsaufwand der „Chemo AG" durch die Einführung der Matrixorganisation nicht noch weiter zu erhöhen, bedarf es der Institutionalisierung eines **Produktmanagers**, der in funktional gegliederten Mehrproduktunternehmen die Koordination aller Pläne und Entscheidungen für ein Produkt oder eine Produktlinie über alle Funktionen und den Lebenszyklus des Produktes bzw. der Produktlinie hinweg vornimmt.

Dem Produktmanager wird dabei horizontal bei den Funktionsstellen die Weisungsbefugnisse bezüglich des **Was** und des **Wann** in Bezug auf die von ihm betreuten Produkte zugestanden. Die Funktionsmanager haben diesen Weisungen zu folgen, entscheiden jedoch über das **Wie** der Verrichtung (Ausnutzung der fachlichen Spezialisierung der Funktionen) und eventuell über das **Wer** (personelle Spezialisierung). Bei dieser Lösung treffen Produktmanagerautorität und Autorität der Funktionsmanager zusammen. Daraus können Konflikte resultieren, die jedoch in vielen Fällen zu einer höheren Effizienz der Gesamtorganisation führen.

Die Anwendung der Matrixorganisation ist **sinnvoll** bei:

- Unternehmungen mit heterogenen Produktlinien ab einer bestimmten Größe,
- einem großen Bedarf an Koordination zwischen Sparte und Funktion,
- einem kooperativen Führungsstil und Betonung der Teamarbeit,
- einer vielfältigen, dynamischen und unsicheren Umwelt,
- dem Vorhandensein zweier für die Aufgabenerfüllung etwa gleich wichtiger Dimensionen.

Lösungshinweise Aufgabe 9-3

Beim Produktmanagement geht man davon aus, dass die Aufgabe der Abstimmung aller unternehmerischen Funktionen auf die Erfordernisse des Absatzmarktes in einer Mehrproduktunternehmung von einer einzigen zentralen Instanz nicht mehr wirkungsvoll bewältigt werden kann. Die **Dezentralisierung der Führungsaufgaben** und gesonderte Marketingkonzeptionen **nach Produktbereichen** wirken einer Zersplitterung der Kräfte entgegen, gewährleisten eine marktspezifische Gestaltung aller Teilfunktionen und entlasten das Topmanagement.

Grundsätzlich kann man davon ausgehen, dass das Produktmanagement als eine nach dem **Objektprinzip** fixierte, zeitlich nicht limitierte Organisationsform aufzufassen ist, bei der ein Produktmanager eine produktbezogene Querschnittskoordinationsfunktion übernimmt. Hierbei sind die Produkte die Erfolgsgrößen der Unternehmung, für deren Erfolg der Produktmanager verantwortlich ist.

Teilaufgabe (a)

Die **Vorteile** eines Produktmanagements – wie es die „Wash GmbH" einführen will – liegen v.a. in:

- der Bündelung produktspezifischer Kompetenzen,
- klaren Zuständigkeiten durch einen zentralen Verantwortlichen bzw. Ansprechpartner für interne und externe Geschäftspartner,
- der Vereinfachung der konsequenten Ausrichtung der Produkte auf den Markt und die Kundenbedürfnisse bzw. -erwartungen.

Dem stehen u.a. folgende **Nachteile** gegenüber:

- die potenzielle Arbeitsüberlastung des Produktmanagers,
- die Gefahr der Ausrichtung am kurzfristigen Erfolg (aus Karrieregründen).

Teilaufgabe (b)

Da es die Aufgabe des Produktmanagers ist, die produktbezogenen Marktaktivitäten zu steuern, liegt die Einordnung in die Marketingabteilung nahe. Hier gibt es nun unterschiedliche aufbauorganisatorische Möglichkeiten:

- **Stabsorientiertes Produktmanagement**: Das Produktmanagement fungiert als Stab der Marketingabteilung, wobei Marketingfunktionen wie Marktforschung oder Kundendienst der Marketingleitung als Linieninstanz untergeordnet sind. Aufgabe des Produktmanagers ist es bei dieser Gliederung, für die Marketingleitung analytische und konzeptionelle Vorarbeiten zu leisten, während die Marketingleitung durch ihre Weisungsbefugnisse die Maßnahmen durchsetzt.
- **Linienorientiertes Produktmanagement**: Hierbei wird das Produktmanagement zwischen die Marketingleitung und die verschiedenen funktionsbezogenen Abteilungen eingerichtet und verfügt über den entsprechenden formalen Status, seine Entscheidungen durchzusetzen.
- **Matrixorientiertes Produktmanagement**: Als eine Zwischenlösung zwischen diesen beiden Extremen kann das Produktmanagement als Querschnittsfunktion über allen funktionsbezogenen Abteilungen liegen.

Auf das Beispiel des Waschmittelherstellers „Wash GmbH" bezogen, stellt sich die erste Ausprägungsform, den Produktmanager als **Stab der Marketingleitung** im Rahmen eines Stab-Linien-Systems anzusiedeln, als problematisch dar. Durch die Trennung zwischen Fach- und Machtautorität ist der Produktmanager, da er über keine Weisungsbefugnis verfügt, in der Verwirklichung seiner Funktionen beschnitten. Insbesondere in der Konsumgüterindustrie ist die **Entwicklung von Marketingkonzeptionen** und die **Innovationsfunktion** bei neuen und bestehenden Produkten stärker ausgeprägt.

Die Einrichtung des Produktmanagements als **Linienabteilung** setzt voraus, dass die zu führenden Produkte für das Unternehmen so bedeutsam sind – wie in unserem Beispiel –, dass eine Aufteilung der Funktionsbereiche wirtschaftlich vertretbar ist. Bei Unternehmen mit **bedeutenden Marken** ist diese Lösung sinnvoll.

Lösungshinweise Aufgabe 9-4

Im Laufe der Zeit hat sich gezeigt, dass der klassische Produktmanager den geänderten Verhältnissen auf den Märkten nach differenzierter Bearbeitung unterschiedlicher Märkte und Kundengruppen in vielen Fällen nicht gerecht werden kann. Diese Entwicklung führte zur Einführung des **Kundengruppen- bzw. Key Account Managers**.

Der Key Account Manager hat alle vom Hersteller auf seine Key Accounts gerichteten Marketingaktivitäten zu planen, zu koordinieren und zu kontrollieren.

Teilaufgabe (a)

Der Key Account Manager hat im Fall der „Teile AG" insbesondere folgende **Funktionen** zu erfüllen:

- **Informationsfunktion**: z.B. Sammlung aller Informationen über die Key Accounts der „Teile AG"; Ermittlung der wichtigsten Großkunden mit Hilfe einer ABC-Analyse nach der Umsatz- bzw. Deckungsbeitragsbedeutung der Großkunden.
- **Planungsfunktion**: z.B. Planung und Realisation von Lieferverträgen; Planung der Absatzkonditionen; Planung neuer Produkteinführungen mit Großkunden.
- **Koordinationsfunktion**: z.B. Abstimmung mit dem Vorstand und anderen Bereichen (interne Abstimmung).
- **Kontrollfunktion**: z.B. Auswertung der Deckungsbeitrags-Rechnungen; Kontrolle der Werbewirkung.

Teilaufgabe (b)

Als **Integrationsmöglichkeit** des Key Account Managements sind folgende Alternativen in Erwägung zu ziehen:

- Key Account Management als Stabsfunktion des Marketing (vgl. Schaubild 9-3).

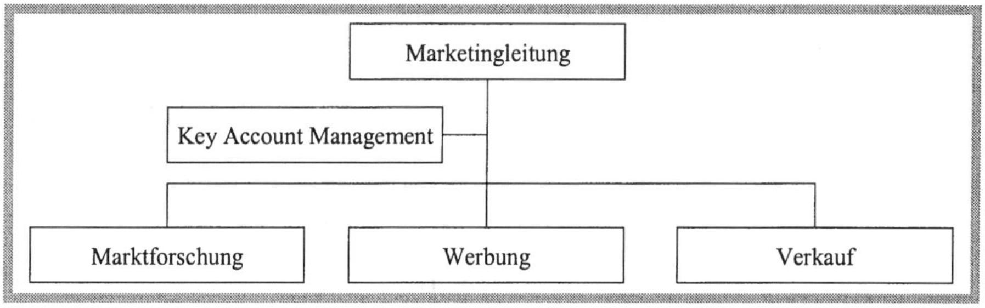

Schaubild 9-3: Funktionsorientierte Marketingorganisation mit stabsmäßigem Key Account Management

- Key Account Management ist den einzelnen Geschäftsbereichen zugeordnet (vgl. Schaubild 9-4).

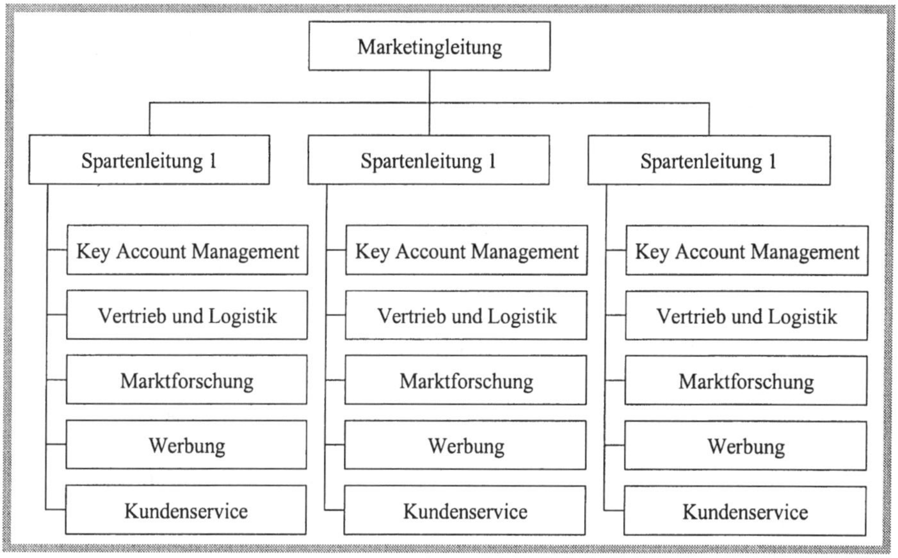

Schaubild 9-4: Kundenorientierte Spartengliederung in der Marketingorganisation

- Key Account Management als Bestandteil einer Matrixorganisation (vgl. Schaubild 9-5).

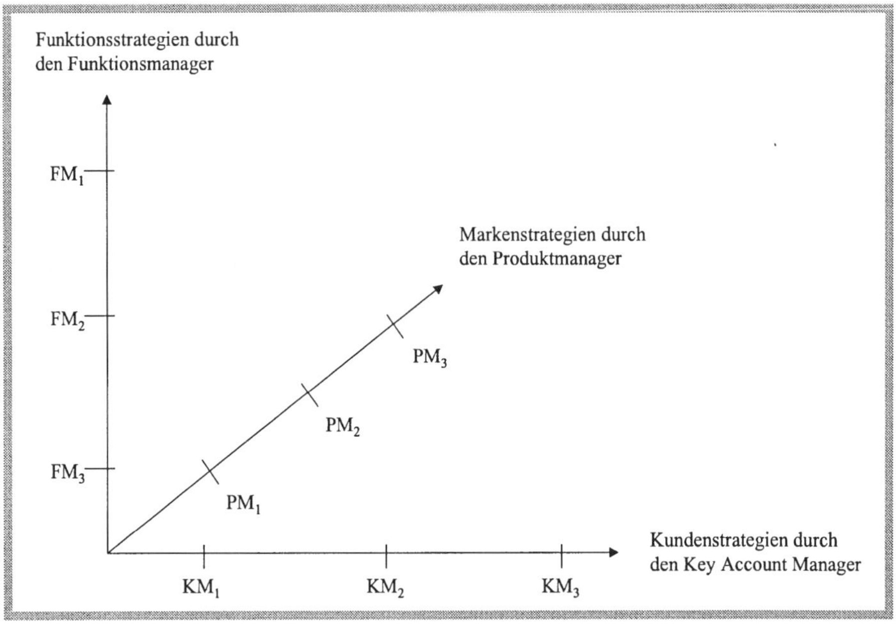

Schaubild 9-5: Zusammenwirken von Produkt-, Kunden- und Funktionsmanager

Ein Key Account Management, das den einzelnen Geschäftsbereichen zugeordnet ist, würde der Forderung innerhalb der „Teile AG" nach einer „kunden- und marktnahen" Führungsorganisation und dem Bedürfnis nach Koordination des Vertriebs am ehesten entsprechen.

Die Matrixorganisation wird sich nur unter spezifischen Unternehmens- und Marktbedingunggen empfehlen (z.B. Unternehmensgröße, heterogenes Leistungsprogramm, Nachfragemacht der Abnehmer). Sie fördert in besonderer Weise die Teamarbeit und das Einbringen spezifischer Kompetenzen. Als Ergebnis stellt sich ein integriertes Marketing dar, bei dem Kunden-, Produkt- und Funktionsmanager zusammenwirken.

Kapitel 10: Aufbau eines Marketingcontrolling (Aufgaben)

Aufgabe 10-1

Begriff und Ziele des Marketingcontrolling

Die „Belle AG“ produziert u.a. die Shampoomarke „Glanz“. In den vergangenen zwei Monaten wurden Maßnahmen der Mediawerbung und der Verkaufsförderung für diese Marke durchgeführt.

Als idealtypisch letzte Phase im Marketingmanagementprozess soll im Rahmen des Marketingcontrolling die Kontrolle dieser beiden Marketingaktivitäten erfolgen. Der Marketingleiter betont, dass das Marketingcontrolling der „Belle AG“ dem heutigen Marketingverständnis folgend in seinen Funktionen über die klassische Marketingkontrolle hinausgeht. Gleichzeitig plant er, innerhalb der „Belle AG“ zukünftig auch die Frage der Institutionalisierung des Marketingcontrolling zu diskutieren.

(a) Interpretieren Sie jeweils die Aussage des Marketingleiters zur **Funktion** des Marketingcontrolling und seine Absicht, Marketingcontrolling als **Institution** zu etablieren!

(b) Zeigen Sie am Beispiel von „Glanz“ typische **Ziele** des Marketingcontrolling auf!

Aufgabe 10-2

Aufgaben des Marketingcontrolling

Bei der mit über 100 Filialen national tätigen Baumarktkette „Heimwerker AG“ wird das Marketingcontrolling explizit seit fünf Jahren genutzt. Vor drei Jahren erfolgte eine Institutionalisierung des Marketingcontrolling, indem eine eigene Stelle geschaffen wurde. Die große Bedeutung des Marketingcontrolling bei der

„Heimwerker AG" ist heute bei den Mitarbeitern des Unternehmens allerdings umstritten.

Geben Sie am Beispiel der „Heimwerker AG" einen kurzen Überblick über die verschiedenen **Koordinationsaufgaben**, die der Inhaber der Stelle Marketingcontrolling erfüllen muss, damit die Vorbehalte der Mitarbeiter ausgeräumt werden!

Aufgabe 10-3

Instrumente zur Koordination der Informationsversorgung

Die „Sweet AG" hat sich auf die Produktion von Süßwaren spezialisiert. Im nächsten Quartal soll unter dem Namen „Bubble" ein neuer Kaugummi produziert und im Markt eingeführt werden. Im Rahmen des Marketingcontrolling soll dabei die Koordination der **Informationsversorgung** sichergestellt werden.

Nennen sie Beispiele für **Instrumente**, die zur Erfüllung dieser Aufgabe im Rahmen der Informationsbeschaffung und -aufbereitung in der beschriebenen Situation der „Sweet AG" sinnvoll eingesetzt werden können!

Aufgabe 10-4

Instrumente zur Koordination der Planung

Das Unternehmen „Adventure-Africa-Tours GmbH" bietet seit zehn Jahren Reisen in ausgewählte Regionen West-Afrikas an. Zielgruppe sind Individualtouristen, die abseits der Haupttouristenströme die Lebensweise der Landesbewohner kennen lernen wollen. Die kontinuierlich gestiegene Nachfrage nach derartigen Reisen und der gute Ruf, den die „Adventure-Africa-Tours GmbH" im Lauf der Jahre innerhalb seiner Zielgruppe erlangt hat, führten dazu, dass aus dem ehemaligen Zwei-Personen-Unternehmen heute ein professioneller Reiseveranstalter mit 53 fest angestellten Mitarbeitern geworden ist.

Angesichts dieser Entwicklung sollen zukünftig die einzelnen Marketinginstrumente umfassender und systematischer Anwendung finden. In einem ersten Schritt soll eine umfassende **Marketingplanung** vorgenommen werden. Als neuer Mitarbeiter der „Adventure-Africa-Tours GmbH" werden Sie beauftragt, hierbei die Koordination zu übernehmen.

(a) Zeigen Sie an Beispielen auf, mit welchen Instrumenten **die strategische Marketingplanung** der „Adventure-Africa-Tours GmbH“ sinnvoll koordiniert werden kann!

(b) Welche Instrumente kann die „Adventure-Africa-Tours GmbH“ zur Koordination der **operativen Marketingplanung** nutzen? Begründen Sie Ihre Antworten durch Aufzeigen geeigneter Beispiele für die „Adventure-Africa-Tours GmbH“!

Aufgabe 10-5

Instrumente der klassischen Marketingkontrolle

Die „Holiday Camping AG“ bietet ein breites Sortiment an Campingartikeln an. Die einzelnen Produkte wurden bis vor zwei Jahren ausschließlich über Spezialgeschäfte und ausgewählte Kaufhäuser vertrieben. Seit zwei Jahren werden – ergänzend zu den klassischen Vertriebswegen – alle Produkte auch direkt von der „Holiday Camping AG“ im Internet den Endabnehmern zum Verkauf angeboten. Die Anzahl der im Vertrieb Beschäftigten wurde im Rahmen dieser Maßnahme auf 30 Personen erhöht. Die Gesamtmitarbeiterzahl (inkl. im Vertrieb Beschäftigte) blieb dagegen in den letzten zwei Jahren mit 150 Personen konstant.

Schaubild 10-1 zeigt einige ausgewählte Daten des Rechnungswesens. Ergänzend zu diesen Daten sei noch der Kapitaleinsatz erwähnt, der, bezogen auf das Gesamtunternehmen: 200 Mio. GE, bezogen auf das Lager: 50 Mio. GE, beträgt.

„Holiday Camping AG“	Gesamt	Internetverkauf
Brutto-Umsatz (nach Abzug Steuer)	120 Mio. GE	20 Mio. GE
Variable Herstellkosten	60 Mio. GE	10 Mio. GE
Transportkosten im Rahmen des Vertriebs	6 Mio. GE	2 Mio. GE
Verwaltungskosten für Marketing und Vertrieb	2 Mio. GE	0,4 Mio. GE
Ausgaben für Marktforschung	0,5 Mio. GE	0,2 Mio. GE
Gewährte Rabatte/Skonti	10 Mio. GE	0,5 Mio. GE

Schaubild 10-1: Ausgewählte Daten des Rechnungswesens der „Holiday Camping AG“

(a) Führen Sie als Erfolgsanalyse mit den Ihnen zur Verfügung stehenden Daten eine **marketingspezifische Deckungsbeitragsrechnung** jeweils für das Gesamtunternehmen und den Internetverkauf durch und interpretieren Sie das Ergebnis! Verwenden Sie zur Berechnung folgenden Ansatz:

	Brutto-Umsatz
./.	Mehrwertsteuer
./.	Erlösschmälerungen
=	Netto-Umsatz
./.	variable Herstellkosten
=	Deckungsbeitrag I
./.	umsatzvariable Marketingkosten
=	Deckungsbeitrag II
./.	nicht-umsatzvariable Marketingkosten
=	Deckungsbeitrag III
./.	fixe Marketing- und Vertriebskosten
=	Netto-Erfolg

(b) Nehmen Sie an, die in (a) durchgeführte Rechnung wird auch separat für das Produkt „Holiday-Camping-Family“, ein von der „Holiday Camping AG“ hergestelltes 4-Personen-Zelt, durchgeführt. Stellt der entsprechend für die „Holiday-Camping-Family“ berechnete Netto-Erfolg eine geeignete **Vorgabe für den zugehörigen Produktmanager** dar? Begründen Sie Ihre Antwort!

(c) Berechnen Sie (jeweils für die gesamte „Holiday Camping AG“) den **Kapitalumschlag** und den **Umsatz je Beschäftigtem**. Um welche Art von Kennzahlen handelt es sich dabei? Nennen Sie eine weitere Art von Kennzahlen, die darüber hinaus für die „Holiday Camping AG“ in Frage kommt!

(d) Die „Holiday Camping AG“ führt neben Ergebnis- auch **Prozesskontrollen** durch. Zeigen Sie an einem selbstgewählten Beispiel für die „Holiday Camping AG“ auf, was darunter zu verstehen ist!

Aufgabe 10-6

Instrumente des Marketing-Auditing

Die Unternehmensberatung „Müller Consulting und Partner GmbH“ (kurz: „MCP“) berät seit einem Jahr Unternehmen im Dienstleistungsbereich. Der Unternehmensgründer Hans Müller war vor Gründung der „MCP“ in den Bereichen Bank und Versicherung tätig. Bei Unternehmensgründung wurde in diesen Bereichen ein klarer Schwerpunkt der Beratungstätigkeiten anvisiert, um neben dem bereits bestehenden Fachwissen von Hans Müller und vereinzelten, noch bestehenden Kontakten zu potenziellen Kunden, auch kurz- und langfristige Synergie- und Lerneffekte nutzen zu können.

Trotz dieser Schwerpunktsetzung wurden im ersten Jahr auch Aufträge von Unternehmen aus anderen Bereichen angenommen, um eine möglichst gute Auslastung der für die „MCP“ tätigen Berater zu erreichen. Besonders das Angebot der „MCP“, Beratungen zur Optimierung der Kundenbeziehungen durchzuführen, stieß auf reges Interesse bei diversen Unternehmen. Heute gilt „MCP“ als Spezialist in diesem Bereich.

Die Zielsetzung, im kommenden Jahr erstmals schwarze Zahlen zu schreiben, hält Hans Müller angesichts zahlreicher Neukunden der „MCP“ – die wiederum v.a. aus dem Angebot der Optimierung von Kundenbeziehungen resultieren – sowie diverser Folgeaufträge bisheriger Kunden für realisierbar. Ab dem Erreichen der Gewinnschwelle will Hans Müller dann auch sein bereits bei Unternehmensgründung festgelegtes Ziel weiterverfolgen, Niederlassungen im Ausland einzurichten.

Beschreiben Sie anhand des geschilderten Falles die einzelnen **Aufgaben** des **Marketing-Auditing**!

Aufgabe 10-7

Schnittstellenbeziehungen des Marketingcontrolling

Die „Trend AG“ ist ein Handelsunternehmen, das sich auf Mode für die Zielgruppe der 12- bis 30-Jährigen konzentriert hat und heute in über 54 Städten Europas Niederlassungen besitzt. Große Bedeutung erlangt innerhalb des Unternehmens die Marktforschung, da neben der Erfassung von aktuellen Trends innerhalb der Zielgruppe auch eine stetige Optimierung des von der „Trend AG“

intensiv genutzten kommunikationspolitischen Instrumentariums angestrebt wird.

Zeigen Sie am Beispiel der „Trend AG“ die **Schnittstellen** auf, die sich zwischen der **Marktforschung**, dem **Rechnungswesen** und dem **Marketing** ergeben!

Kapitel 10: Aufbau eines Marketingcontrolling (Lösungshinweise)

Lösungshinweise Aufgabe 10-1

Die Kontrolle der Marketingaktivitäten stellt die letzte Phase im idealtypischen Marketingmanagementprozess dar. Kontrollen beinhalten nach heutigem Verständnis nicht mehr nur Kontrollen i.S. eines Soll-Ist-Vergleiches, sondern auch die kritische Prüfung von Verfahrensweisen und Entscheidungsprozessen ebenso wie die Beachtung von Interdependenzen zwischen Planung und Kontrolle. Aus der entsprechenden Aufgabe, planungs- und kontrollrelevante Informationen bereitzustellen, leitet sich der Begriff des Marketingcontrolling ab.

Teilaufgabe (a)

Mögliche **Funktionen des Marketingcontrolling** bei der „Belle AG“ sind z.B.:

- Soll-Ist-Vergleich des Erfolges der Mediawerbung und der Verkaufsförderung. Soll z.B. mit der durchgeführten Mediawerbung eine Steigerung des Bekanntheitsgrades von „Glanz“ in der Zielgruppe um mindestens 10 Prozent erreicht werden, ist nach Durchführung der Maßnahmen die tatsächlich erreichte Steigerung des Bekanntheitsgrades von „Glanz“ zu ermitteln.
- Kritische Überprüfung, wie die Mediawerbung und die Verkaufsförderung für „Glanz“ eingesetzt wurde. Es kann z.B. untersucht werden, inwieweit sich die zeitliche Abstimmung des Einsatzes der beiden bei „Glanz“ eingesetzten Marketinginstrumente bewährt hat, um Kenntnisse für die Planung zukünftiger Marketingmaßnahmen zu erhalten.

Das Verständnis vom Marketingcontrolling als **Institution** zielt dagegen auf die Institutionalisierung der Controllingfunktionen im Sinne einer Stelle im Unternehmen ab. Die Aussage zum Plan des Marketingleiters deutet daher darauf hin, dass die Einführung einer derartigen Stelle bei der „Belle AG“ zur Diskussion steht. Eine Institutionalisierung des Marketingcontrolling hat dann zur Folge, dass die Controllingaufgaben nicht mehr nur sporadisch, sondern dauerhaft und kontinuierlich wahrgenommen werden und so eine gute Abstimmung zwischen Marketing und Controlling realisiert werden kann.

Teilaufgabe (b)

Mögliche **Ziele des Marketingcontrolling** bei „Glanz" sind z.B.:

- Früherkennung von Chancen und Risiken für die Marke „Glanz", d.h., das Marketingcontrolling soll prüfen, dass externe Einflussfaktoren, die die Marketingsituation von „Glanz" betreffen, regelmäßig identifiziert und analysiert werden. Hierzu zählen z.B. neue Patente im Bereich der Kosmetikindustrie ebenso wie Veränderungen des Kaufverhaltens der Zielgruppe von „Glanz" (z.B. Trend zu Fruchtshampoos).
- Effizienter Einsatz der Mediawerbung und der Verkaufsförderung bei „Glanz". Ein Beispiel hierfür ist die Suche nach Nutzungsmöglichkeiten von Synergieeffekten zwischen beiden Instrumenten beim Einsatz für „Glanz". Ebenso kann überlegt werden, welche Form der Verkaufsförderung bei „Glanz" besonders gut zur Realisierung der festgelegten Ziele geeignet ist, z.B. inwieweit die Abgabe einer Gratis-Produktprobe von „Glanz" vorteilhafter ist als eine einwöchige Preisreduktion.

Weitere Ziele sind z.B. die Sicherung der Unternehmensexistenz, die Sicherstellung von Entscheidungs- und Planungshilfen, die gewinnorientierte Steuerung des Marketingbereichs, die Risikominimierung der Absatzgestaltung, die Flexibilität der Entscheidung bei wechselnden Marktverhältnissen sowie die Gewährleistung der Entscheidungssicherheit.

Lösungshinweise Aufgabe 10-2

Das Marketingcontrolling hat die Aufgabe, unter Beachtung der zwischen den einzelnen Marketingentscheidungen bestehenden Interdependenzen sämtliche Marketingaktivitäten zu koordinieren. Die Koordinationsfunktion bezieht sich dabei insbesondere auch auf die Informationsversorgung und den Planungs- und Kontrollprozess.

Die Notwendigkeit zur Bewältigung der folgenden **Koordinationsaufgaben** bei der „Heimwerker AG" sind den Mitarbeitern deutlich zu machen:

- **Koordination der Informationsversorgung**, z.B. Aufbereitung von Absatz- und Umsatzzahlen aus dem Rechnungswesen für das Marketing der „Heimwerker AG", um die Wirkung von Marketingmaßnahmen zu überprüfen,

- **Koordination der Planung**, z.B. Abstimmung der einzelnen Marketingpläne der „Heimwerker AG" (Planung der Mediawerbung, Planung der Verkaufsförderung in den einzelnen Baumärkten für einzelne Produkte, Planung von Sonderpreisaktionen usw.) und Bereitstellung von Bewertungsmethoden (z.B. Effizienzvergleich zwischen Sponsoring und klassischer Mediawerbung beim Zielpublikum der „Heimwerker AG"),
- **Koordination der Kontrolle**, z.B. Aufbereitung verschiedener Kennzahlen des Rechnungswesens der „Heimwerker AG" (Umsatz je Flächeneinheit, Umsatz je Beschäftigtem usw.) zum Vergleich der verschiedenen Filialen der „Heimwerker AG" miteinander.

Lösungshinweise Aufgabe 10-3

Das Marketingcontrolling hat u.a. die Aufgabe, die im Rahmen der Planung und Kontrolle notwendigen Informationen in der erforderlichen Genauigkeit und Verdichtung am richtigen Ort und zum richtigen Zeitpunkt sicherzustellen. Als Phasen des Informationsprozesses können die Informationsbedarfsermittlung, die Informationsbeschaffung und -aufbereitung sowie die Informationsübermittlung unterschieden werden, wobei für jede Phase unterschiedliche Insrumente in Frage kommen.

Zu den **Instrumenten**, die im Rahmen der Informationsbeschaffung und -aufbereitung vor der Produktneueinführung von „Bubble" einsetzbar sind, gehören insbesondere Systeme der Erhebung und Integration von für „Bubble" marketingrelevanten Daten aus

- dem Rechnungswesen der „Sweet AG" (z.B. Umsatzzahlen ähnlicher Produkte im Jahr ihrer Neueinführung zu Prognosezwecken für „Bubble"),
- der Marktforschung (z.B. Informationen aus Konsumentenbefragungen über Konsumentenwünsche hinsichtlich Süßwaren im Allgemeinen und Kaugummis im Besonderen; Ergebnisse von Produkttests für „Bubble" und/oder früher eingeführte, vergleichbare Produkte der „Sweet AG"),
- dem Database-Management (z.B. Informationen über die Zielgruppe bezüglich Alter, geschmackliche Vorlieben, Konsumhäufigkeit von Süßigkeiten, Gesundheitsbewusstsein) und
- den Berichten des Außendienstes (z.B. Informationen über Absatzkanäle und Konkurrenzprodukte von „Bubble").

Lösungshinweise Aufgabe 10-4

Eine Aufgabe des Marketingcontrolling besteht darin, den **Planungsprozess** im Marketing aktiv zu unterstützen. Dies beinhaltet nicht nur die Koordination einzelner Teilpläne innerhalb des Marketing, sondern u.a. auch die Bewertung von Strategien und Maßnahmen sowie die Schnittstellenkoordination, z.B. zwischen Marketing und Rechnungswesen, bei Budgetfragen.

Zur Erfüllung dieser Aufgabe stehen zahlreiche **Instrumente** zur Verfügung, die entsprechend dem Planungshorizont in strategische und operative Instrumente eingeteilt werden können.

Teilaufgabe (a)

Die Strukturierung und Verdichtung qualitativer Daten der „Adventure-Africa-Tours GmbH" ist Zielsetzung der **Instrumente zur Koordination der strategischen Planung**. Es können z.B. Szenaritechniken und Früherkennungssysteme zur Beobachtung und Analyse politischer Veränderungen in den Zielländern der „Adventure-Africa-Tours GmbH" i.S. einer qualitativen Datensammlung und -analyse eingesetzt werden. Zur Strukturierung quantitativer Daten können mehrperiodige Wirschaftlichkeitsrechnungen eingesetzt werden, indem z.B. Daten aus dem Rechnungswesen für eine bestimmte von der „Adventure-Africa-Tours GmbH" angebotene Reise entsprechend aufbereitet werden. Eine Verknüpfung von qualitativen und quantitativen Daten ist z.B. durch Portfolios bezüglich der Geschäftsfelder oder der Kunden der „Adventure-Africa-Tours GmbH" möglich.

Neben den genannten kommen noch alle weiteren in Kapitel 3 behandelten, strategischen Analyseinstrumente (z.B. Stärken-Schwächen-Analyse, Chancen-Risiken-Analyse) zur Erfüllung der Planungskoordination in Frage.

Teilaufgabe (b)

Die **Instrumente zur Koordination der operativen Marketingplanung** basieren größtenteils auf Daten aus dem Rechnungswesen. Konkret können Kapazitätsbelegungspläne zur optimalen Auslastung der einzelnen Touren der „Adventure-Africa-Tours GmbH" entworfen werden. Ebenfalls unter Verwendung von Daten aus dem Rechnungswesen können Sortimentsplanungen (Aufgabe einzelner bisher von der „Adventure-Africa-Tours GmbH" angebotener Touren, Aufnahme neuer Touren in das Programm bei der „Adventure-Africa-Tours GmbH") vorgenommen werden. Zu denken ist auch an Ressourcenzuweisungen, z.B. die Festlegung von Marketingbudgets und Budgets der einzelnen Marketinginstrumente bei der „Adventure-Africa-Tours GmbH" oder Spezialbudgets für einzelne Touren.

Ebenfalls zur Koordination zählen Entscheidungskalküle zur Kurzfristplanung des gesamten Marketingmix der „Adventure-Africa-Tours GmbH". Hierzu zählen z.B. die Wirtschaftlichkeitsrechnung einer Print-Kampagne für die „Adventure-Africa-Tours GmbH"), Break-even-Analysen (vgl. Kapitel 5) und Nutzwertanalysen.

Lösungshinweise Aufgabe 10-5

Die klassische Marketingkontrolle prüft die Ergebnisse der Marketingaktivitäten im Hinblick auf die vorab festgelegten Ziele am Ende der Planungsperiode. Eine mögliche **Einteilung der Instrumente** zeigt Schaubild 10-2.

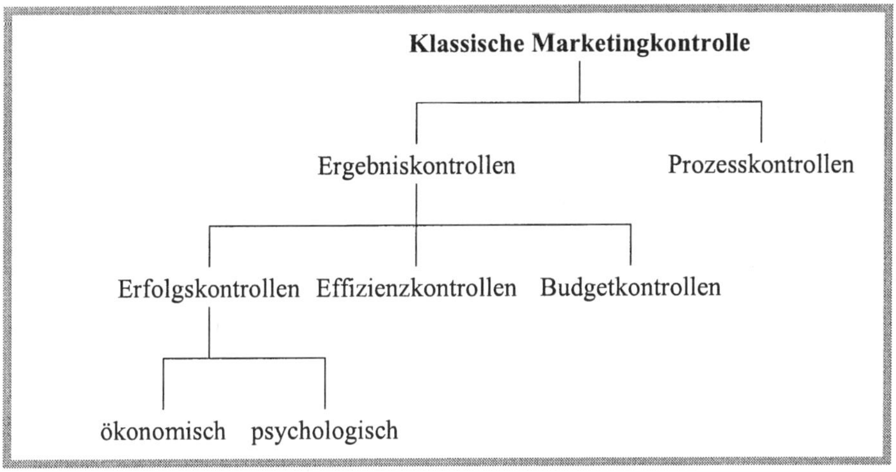

Schaubild 10-2: Einteilung der Instrumente der klassischen Marketingkontrolle

Die sog. **Erfolgskontrollen** setzen mit Soll-Ist-Vergleichen bei den Marketingzielen an. Als Erfolgsgrößen kommen ökonomische oder psychologische Größen (z.B. Umsätze bzw. Bekanntheitsgrad) in Frage. In jüngster Zeit haben sich als Erfolgsgröße z.B. auch der Marken- und der Kundenwert etabliert.

Von zentraler Bedeutung im Rahmen von Erfolgskontrollen sind in der Kostenrechnung vorhandene Erfolgsanalysen, die marketingspezifisch (z.B. in Form einer differenzierten Deckungsbeitragsrechnung) aufbereitet werden können.

Effizienzkontrollen setzen bestimmte Marketingzielgrößen in Relation zu anderen Bezugsgrößen aus dem Marketingbereich. Für derartige Kennziffern werden neben Soll-Ist-Vergleichen der Kennziffern auch Zeitvergleiche (verschiedene Planungsperioden des Unternehmens) und Betriebsvergleiche (verschiedene Betriebe einer Branche) durchgeführt. Der Trend geht dabei in jüngerer Zeit in Richtung nicht-monetärer Kennzahlen, wie z.B. Kundenzufriedenheit, Kundenbindung und Markenimage.

Budgetkontrollen erfolgen entweder formal, d.h., es erfolgt lediglich eine Überprüfung der Einhaltung von Budgets, oder inhaltlich, indem den Budgets marketingrelevante Erfolgs- und Effizienzgrößen gegenübergestellt werden. Dies ist i.d.R. mit Abweichungsanalysen (Suche nach Gründen für Abweichungen) oder Wertanalysen (Untersuchungen der Angemessenheit der Budgethöhe) verbunden.

Im Gegensatz zu den aufgeführten Ergebniskontrollen werden bei **Prozesskontrollen** nicht Ergebnisse, sondern zeitliche Abläufe, Verfahren und eingesetzte Maßnahmen in den einzelnen Planungsschritten untersucht.

Teilaufgabe (a)

Der Überlegung folgend, dass jeweils

- Transportkosten beim Vertrieb als umsatzvariable Marketingkosten,
- Verwaltungskosten beim Vertrieb als fixe Marketing- und Verwaltungskosten,
- Ausgaben für die Marktforschung als nicht-umsatzvariable Marketingkosten und
- gewährte Rabatte/Skonti als Erlösschmälerungen

einzustufen sind, ergibt sich für die gesamte **„Holiday Camping AG“** die im Folgenden dargestellte **Berechnung** der Deckungsbeiträge I, II und III sowie des Netto-Erfolges.

	120.000.000	Brutto-Umsatz abzüglich Steuern
./.	10.000.000	Erlösschmälerungen
=	110.000.000	Netto-Umsatz
./.	60.000.000	variable Herstellkosten
=	50.000.000	Deckungsbeitrag I
./.	6.000.000	umsatzvariable Marketingkosten
=	44.000.000	Deckungsbeitrag II
./.	500.000	nicht-umsatzvariable Marketingkosten
=	43.500.000	Deckungsbeitrag III
./.	2.000.000	fixe Marketing- und Vertriebskosten
=	41.500.000	(Netto-Erfolg)

Analog erfolgt die **Berechnung** für den **Teilbereich „Internetverkauf"**:

	20.000.000	Brutto-Umsatz abzüglich Steuern
./.	500.000	Erlösschmälerungen
=	19.500.000	Netto-Umsatz
./.	10.000.000	variable Herstellkosten
=	9.500.000	Deckungsbeitrag I
./.	2.000.000	umsatzvariable Marketingkosten
=	7.500.000	Deckungsbeitrag II
./.	200.000	nicht-umsatzvariable Marketingkosten
=	7.300.000	Deckungsbeitrag III
./.	400.000	fixe Marketing- und Vertriebskosten
=	6.900.000	Netto-Erfolg

Für eine **Interpretation der Berechnungen** bietet sich ein Vergleich zwischen Gesamtunternehmen „Holiday Camping AG" und dem Bereich „Internetverkauf" an. Hier fällt auf, dass der Netto-Erfolg jeweils gut 30 Prozent (Gesamte „Holiday Camping AG": 32 Prozent, Bereich „Internetverkauf": 34,5 Prozent) des Brutto-Umsatzes ausmacht. Unterschiede ergeben sich bei den einzelnen Kostenbereichen: Wird der Netto-Umsatz als Vergleichsmaßstab verwendet, fallen beim Bereich „Internetverkauf" je erzielter GE Umsatz doppelt so viele Transportkosten für den Vertrieb an wie je erzielter durchschnittlicher Einheit im Gesamtunternehmen. Unter Beachtung der Tatsache, dass in den Werten zum Gesamtunternehmen der Internetvertrieb mit enthalten ist, kann von mehr als 100

Prozent höheren Transportkosten beim Vertrieb via Internet gegenüber den klassischen Vertriebswegen bei der „Holiday Camping AG“ ausgegangen werden.

Ebenfalls gemessen am Umsatz überproportional viele Kosten entstehen beim Internetverkauf durch die Marktforschung. Hier ist zu bedenken, dass der Internetverkauf eine neue Vertriebsform bei der „Holiday Camping AG“ darstellt und aus diesem Grund evtl. überproportional viele Marktforschungskosten in der betrachteten Periode entstanden sind (z.B. für Umfragen zur Zufriedenheit mit den einzelnen Web-Seiten, um diese zu optimieren). Inwieweit deshalb in Folgeperioden mit geringeren Marktforschungskosten für diesen Bereich zu rechnen ist, bleibt offen.

Der Internetvertrieb erweist sich mit einem positiven Netto-Erfolg dennoch unter Verwendung der zur Verfügung stehenden Zahlen als rentabel. Dieses Ergebnis resultiert insbesondere aus den geringen Erlösschmälerungen, die durch Skonti/Rabatte bei diesem Vertriebsweg anfallen.

Teilaufgabe (b)

Der **Netto-Erfolg** stellt nur dann eine geeignete **Vorgabe für den Manager** des 4-Personen-Zeltes dar, wenn dieser Manager für die einzelnen Kostenblöcke auch verantwortlich ist. Im geschilderten Fall der „Holiday Camping AG“ ist zu vermuten, dass der Produktmanager keine Verantwortung für die fixen Marketing- und Vertriebskosten trägt. Dieser Überlegung folgend, stellt – je nach tatsächlicher Stellung des Produktmanagers innerhalb der Marketinghierarchie der „Holiday Camping AG“ – der **Deckungsbeitrag III** oder der **Deckungsbeitrag II** eine geeignetere Vorgabe für ihn dar.

Teilaufgabe (c)

Bei beiden Kennzahlen handelt es sich um **Umsatzkennzahlen**. Die „Holiday Camping AG“ kann daneben auch **Deckungsbeitragskennzahlen** verwenden, z.B. die Kapitalrentabilität, die sich wie der Kapitalumschlag (s.o.) berechnet, nur dass an Stelle des Umsatzes der Deckungsbeitrag in der Betrachtungsperiode verwendet wird.

Die Berechnung der **Kennzahlen** ist wie folgt vorzunehmen:

$$\text{Kapitalumschlag} = \frac{\text{Umsatz in Zeiteinheit}}{\text{Ø Kapitaleinsatz im Gesamtunternehmen}}$$

$$= \frac{120.000.000\,\text{GE}}{200.000.000\,\text{GE}}$$

$$\text{Umschlag je Beschäftigtem} = \frac{\text{Umsatz in Zeiteinheit}}{\text{Ø Anzahl der im Unternehmen Beschäftigten}}$$

$$= \frac{120.000.000\,\text{GE}}{150} = 800.000\,\text{GE}$$

Teilaufgabe (d)

Ein **Beispiel für eine Prozesskontrolle** bei der „Holiday Camping AG" ist, wenn die einzelnen Ablaufschritte der Entwicklung und Durchsetzung eines Neuproduktes (z.B. Suche nach Produktideen, Grobauswahl, Entwicklung und Prüfung von Produktkonzepten, Feinauswahl inkl. Markttest usw.) durch die Netzplantechnik kontrolliert werden.

Lösungshinweise Aufgabe 10-6

Das Marketing-Auditing beinhaltet eine kritische Prüfung sämtlicher Verfahrensweisen und Entscheidungsprozesse im Marketing. Zentrale Aufgaben des Marketing-Auditing sind die Beobachtung der strategischen Marktposition, die Überprüfung der strategischen Marketingpläne, die Überprüfung der zugrunde gelegten Planungsprämissen und die Überprüfung der Marketingsituation.

Für die „MCP" ergeben sich u.a. folgende **Aufgaben**:

- **Beobachtung der strategischen Position der „MCP":** Es ist zu ermitteln, wie die Position der „MCP" einerseits von den Kunden und andererseits von den Wettbewerbern wahrgenommen wird. Von Bedeutung ist hier insbesondere, dass die „MCP" als Spezialist für die Optimierung von Kundenbeziehungen und nicht – wie eigentlich angestrebt – als Beratung für Banken und Versicherungen angesehen wird.
- **Überprüfung der strategischen Marketingpläne:** Zu überprüfen ist, inwieweit die im Marketingplan vorgegebenen Zielgrößen bei der „MCP" erfüllt wurden und inwieweit die formulierten Ziele in der nächsten Planungsperiode realisierbar sind. Die Erreichung der Gewinnschwelle als Ziel wird

laut Aufgabenstellung vermutet; hier müsste jedoch eine genauere Analyse erfolgen. Kritisch ist die Tatsache, dass eine Zielerreichung in der Vergangenheit nur durch ein Abweichen von der ursprünglichen Marktbearbeitungsstrategie („Nur Banken und Versicherungen") realisiert werden konnte. Insgesamt ist zu überprüfen, ob langfristig mit der ursprünglichen Strategie tatsächlich Gewinn zu erzielen ist bzw. ob die Erfahrungen der Vergangenheit nicht für eine Modifikation der bisherigen Strategien in dem Sinne sprechen, dass die Beratungstätigkeit im Bereich Kundenbeziehungen den eigentlichen USP der „MCP" darstellt.

- **Überprüfung der zugrunde gelegten Planungsprämissen:** Es stellt sich die Frage, ob alle Prämissen, die bei der strategischen Planung der „MCP" unterstellt wurden, zukünftig noch erfüllt werden. Nicht mehr erfüllt ist z.B. die bei der Unternehmensgründung zugrunde gelegte Annahme, vor allem Banken und Versicherungen zu beraten. Alle Planungsbereiche und Ziele, denen diese Annahme zugrunde gelegt wurde, sind entsprechend neu zu überdenken, z.B. die Identifikation von Konkurrenten ebenso wie das Ziel einer internationalen Tätigkeit.

Lösungshinweise Aufgabe 10-7

Das Marketingcontrolling weist zahlreiche **Schnittstellen** zwischen dem Marketing und anderen Unternehmensfunktionen auf. Besonders bedeutend und innerhalb des Marketingcontrolling zu beachten sind die Schnittstellen zur Marktforschung und zum Rechnungswesen, da die hier generierten, aufbereiteten und archivierten Informationen innerhalb des Marketingcontrolling benötigt werden. Die Koordination mit diesen unterschiedlichen Unternehmensbereichen stellt eine der Hauptaufgaben des Marketingcontrolling dar.

Bei der „Trend AG" erhält das Marketingcontrolling vom **Rechnungswesen** z.B. Informationen über die Umsätze und Deckungsbeiträge der einzelnen Produkte, die bei der „Trend AG" verkauft werden und die Kosten für einzelne Werbekampagnen der „Trend AG". Die **Marktforschung** liefert z.B. Informationen über das Unternehmensimage der „Trend AG" in der relevanten Zielgruppe, Daten über die Kundenzufriedenheit und die Beurteilung des Sortiments aus Kundensicht, Marketingaktivitäten der Konkurrenten der „Trend AG" sowie generelle Trends im Konsumentenverhalten der 12- bis 30-Jährigen.

Literaturverzeichnis

Abell, D.F. (1980): Defining the Business. The Starting Point of Strategic Planning, Englewood Cliffs.

Ansoff, H.I. (1966): Management Strategie, München.

Backhaus, K./Erichson, B./Plinke, W./Weiber, R. (1999): Multivariate Analysemethoden, 9. Aufl., Berlin u.a.

Becker, J. (1998): Marketing-Konzeption. Grundlagen des strategischen und operativen Marketing-Managements, 6. Aufl., München.

Berekoven, L./Eckert, W./Ellenrieder, P. (1999): Marktforschung. Methodische Grundlagen und praktische Anwendung, 8. Aufl., Wiesbaden.

Böcker, F. (1996): Marketing, 6. Aufl., Stuttgart.

Böhler, H. (1998): Marktforschung, 3. Aufl., Stuttgart u.a.

Bruhn, M. (2001): Marketing. Grundlagen für Studium und Praxis, 5. Aufl., Wiesbaden.

Bühl, A./Zöfel, P. (2000): SPSS Version 10. Einführung in die moderne Datenanalyse unter Windows, 7. Aufl., München.

Diller, H. (2000): Preispolitik, 3. Aufl., Stuttgart u.a.

Freter, H. (1983): Marktsegmentierung, Stuttgart u.a.

Freter, H. (1992): Marktsegmentierungsmerkmale, in: Diller, H. (Hrsg.): Vahlens Großes Marketinglexikon, München, S. 737-740.

Hruschka, H. (1996): Marketing-Entscheidungen, München.

Kieser, A./Kubicek, H. (1992): Organisation, 3. Aufl., Berlin u.a.

Kilger, W./Vikas, K. (1993): Flexible Plankostenrechnung und Deckungsbeitragsrechnung, 10. Aufl., Wiesbaden.

Kotler, P./Bliemel, F. (1999): Marketing-Management. Analyse, Planung, Umsetzung und Steuerung, 9. Aufl., Stuttgart.

Kreikebaum, H. (1997): Strategische Unternehmensplanung, 6. Aufl., Stuttgart u.a.

Kroeber-Riel, W. (1993): Bildkommunikation. Imagerystrategien für die Werbung, München.

Laakmann, K. (1995): Value-Added-Services als Profilierungsinstrument im Wettbewerb, in: Meffert, H. (Hrsg.): Schriften zu Marketing und Management, Band 27, Frankfurt a.M.

Meffert, H. (1992): Marketingforschung und Käuferverhalten, 2. Aufl., Wiesbaden.

Meffert, H. (1994): Marketing-Management. Analyse, Strategie, Implementierung, Wiesbaden.

Meffert, H. (2000): Marketing. Grundlagen marktorientierter Unternehmensführung. Konzepte – Instrumente – Praxisbeispiele, 9. Aufl., Wiesbaden.

Nieschlag, R. Dichtl, E./Hörschgen, H. (1997): Marketing, 18. Aufl., Berlin.

Porter, M.E. (1995): Wettbewerbsstrategie. Methoden zur Analyse von Branchen und Konkurrenten, 8. Aufl., Frankfurt a.M.

Riebel, P. (1994): Einzelkosten- und Deckungsbeitragsrechnung. Grundfragen einer markt- und entscheidungsorientierten Unternehmensrechnung, 7. Aufl., Wiesbaden.

Simon, H. (1992): Preismanagement. Analyse, Strategie, Umsetzung, 2. Aufl., Wiesbaden.

Steffenhagen, H. (2000): Marketing. Eine Einführung, 4. Aufl., Stuttgart u.a.

Weis, H. Ch. (1993): Marketing, 8. Aufl., Ludwigshafen.